Raphaela Höfner
Von Liebe und Hoffnung

Raphaela Höfner

Von Liebe und Hoffnung

Familienschicksale im Dritten Reich

rosenheimer

Die nachfolgende Geschichte ist, obwohl sie in der Heimatstadt der Autorin spielt, fiktiv. Rückschlüsse auf noch lebende oder bereits verstorbene Personen sollen in keiner Weise nahegelegt werden. Obwohl die Protagonisten an realen Schauplätzen agieren und bei historischen Ereignissen, die sich so zugetragen haben, vor Ort sind, sind die Handlungsstränge größtenteils frei erfunden. Dies gilt insbesonders für die Verstrickungen einiger Handlungsträger mit Nationalsozialisten. Weitere Handlungen im Roman entspringen Zeitzeugenberichten oder auch den Erzählungen meiner Großeltern.

© 2021 Rosenheimer Verlagshaus GmbH & Co. KG,
Rosenheim
www.rosenheimer.com

Titelbild: Michaela Stocker, Meißen
Lektorat und Bearbeitung: Christine Rechberger, Rimsting
Satz: SATZstudio Josef Pieper, Bedburg-Hau
Druck und Bindung: GGP Media GmbH, Pößneck
Printed in Germany

ISBN 978-3-475-55451-3

Inhalt

Für meine Großeltern,
deren Erzählungen mich zu dieser
Geschichte inspirierten

»Denn steinerne Grenzen können Liebe nicht fernhalten,
und was Liebe kann, das wagt Liebe zu versuchen.«

William Shakespeare

30. Januar 1933

Rosenheim

Die Luft schmeckte nach Schnee, als Hannah und Jacob nach Hause stapften. Ein klarer, wolkenloser Tag mit klirrender Kälte. Ihre Stiefel knirschten über die Schneedecke, auf der die Eiskristalle in der Sonne glitzerten. Seit Wochen hatte es nicht getaut, und der Schnee hielt sich hartnäckig auf den Feldern und Wiesen vor der Stadt. Wie schön es war, dachte Hannah. Im Süden erstreckte sich die lange Bergkette, deren Gipfel weiß schimmerten. Rosenheim. Diese Stadt war ihr Zuhause. Ihre Heimat. Ihr schützendes Nest, in dem sie sich sicher und geborgen fühlte.

Heimat – das waren die leuchtend gelben, von Löwenzahn gespickten Wiesen im Frühling, die rauschenden Kornfelder im Sommer, das Gefühl von Klee unter den nackten Fußsohlen. Im September waren es die prächtigen Apfel- und Birnbäume, deren Äste unter der Last erzitterten, wenn man die Früchte erntete und daraus Saft presste. Heimat – das waren die Sonnenblumen, die tief ihre Häupter senkten, die Heuernte der Bauern, der Almabtrieb der Kühe, die mit ihren scheppernden Glocken ins Tal trotteten. Es war der erste Frost im Herbst, die hungrigen Igel, die es sich im Laub heimisch machten, die dichten Nebelschwaden, die schwer auf den Boden und das Gemüt drückten. Heimat – das waren die schneereichen Winter, die Bäume, die wie mit Puderzucker bestäubt waren, Schneeschuhwanderungen und Skifahrten mit der Familie.

9

Hannah schirmte ihre Augen mit der flachen Hand ab, als die Sonne ein letztes Mal zwischen den Berggipfeln hervorspähte. Ihre Augen schweiften über die Felder, und als sie Jacobs Silhouette wahrnahm, zog sie die Luft lautstark durch die Zähne ein.

»Mir ist kalt«, rief sie Jacob hinterher, doch er schien sie gar nicht zu hören. »Jacob!«, schrie sie noch einmal. Lauter. Kräftiger. Kalt füllte die Luft ihre Lungen. Endlich drehte er sich um.

Die eisigen Temperaturen brachten seine Ohren wie Kohlen zum Glühen und aus seinem Mund formte sich der Atem zu Wolken. Er sah sie direkt an und watete durch das Schneemeer auf Hannah zu. Diese ließ die Schlittschuhe von den Schultern rutschen. Lange waren sie jetzt schon draußen in der Kälte gewesen. Zu lange. Den gesamten Nachmittag hatten sie beim Eislaufen am See verbracht.

»Was ist los? Warum bleibst du stehen?«

»Ich kann nicht mehr. Ich gehe keinen Schritt mehr weiter.« In ihren Augen blitzte und trotzte es, und Hannah vergrub ihre Hände tief in den Manteltaschen. »Ich kann meine Fingerspitzen nicht mal mehr fühlen. Wir hätten schon viel eher umkehren müssen.« Vorwurfsvoll schob sie die Unterlippe nach vorne und blickte Jacob direkt in die Augen. Schuldgefühle schimmerten darin.

»Wir hatten doch so viel Spaß«, begann er, um sich zu rechtfertigen, doch sie unterbrach ihn mit lautem Zähneklappern.

»Ich will nach Hause. Sofort.« Hannahs Blick senkte sich auf ihre Schuhe. Das Mädchen bewegte die Fußspitzen auf und ab. Alles taub.

»Wir haben es gleich geschafft.« Jacobs Stimme war plötzlich nah an ihrem Ohr. Samtweich wie der Flaum eines Kükens. Tatsächlich. In nicht allzuweiter Ferne war der

Weidezaun auszumachen. Die Pfosten sahen aus, als hätten sie weiße Hauben auf.

»Jetzt komm schon, Hannah. Es ist nur noch ein kleines Stück.« Seine Hand ruhte auf ihrem Rücken. Die beiden waren beinahe gleich groß, doch Jacobs lange Beine deuteten darauf hin, dass er noch ein gutes Stück wachsen würde. »Hier nimm.« Jacob hielt ihr seine Handschuhe dicht vors Gesicht, sodass ihr der Geruch von Leder in die Nase stieg. Er bückte sich, hob ihre Schlittschuhe auf und hängte sie sich zu seinem eigenen Paar über die Schulter. Dabei fiel ihr auf, dass auch seine Hände zitterten.

»Weiter jetzt. Sonst frieren wir hier noch fest. Ich meine es wirklich ernst.«

Jacob war ihr bester Freund seit Kindertagen. Sie hatten zusammen laufen gelernt, Sandburgen gebaut, waren um die Wette gerannt. Er hatte ihr beigebracht, wie man Kirschkerne spuckte, später wie man auf die höchsten Bäume kletterte und im Wald Fährten las. Sie hatten zusammen Streiche ausgeheckt, und Jacob hatte dabei die Schuld stets auf sich genommen, damit sie ohne Ärger davonkam. Es war für die Erwachsenen ohnehin immer schwer zu glauben, dass hinter Hannahs lieblichem Puppengesicht mit den blauen Augen und den blonden Haaren der Schalk schlummerte. Seit zwölf Jahren waren sie unzertrennlich.

Endlich löste sich Hannah aus ihrer Starre. Schritt für Schritt. Immer weitergehen. In der Ferne erkannte man die Umrisse der Häuser. Aus den Fenstern dämmerte Licht. Von hier waren sie winzig wie Stecknadelköpfe. Hannah entfuhr ein erleichterter Seufzer, als sie endlich die Allee der Obstbäume erreichten, die die Zufahrt zu ihrem Haus säumten.

Das große Gutshaus war seit Generationen im Besitz ihrer Familie. Rechts und links vom Eingangstor thronten steinerne Löwen. Dichter Efeu kletterte an den Hausmauern empor und klammerte sich ganz oben an die Dachbalken. Mit einem Quietschen schwang das Eisentor auf. Unter dem Schnee knirschte der Kies, als Hannah und Jacob über die Einfahrt liefen. Wahrscheinlich hatte sich ihr Vater schon Sorgen gemacht, wo sie so lange blieb. Sie hasste es, ihn in Unruhe zu versetzen.

Am Fenster ein Schatten, wahrscheinlich Sofia. Als junge Frau war sie aus Russland gekommen, um als Dienstmädchen zu arbeiten. Sofia sorgte dafür, dass die Böden glänzten, die Federbetten nach Frühling dufteten, dass am Sonntag ein Kuchen auf dem Tisch stand. Sofia erledigte die Einkäufe, kümmerte sich um den Kräutergarten und die Rosenbüsche ihrer Mutter. Trotz der täglichen Anforderungen, die der Haushalt bereithielt, wirkte sie nie angestrengt oder überlastet. Stets fand sie freundliche Worte. Für Hannah war sie alterslos. Obwohl ihre Haut an die Rinde des Kastanienbaumes im Garten erinnerte, waren ihre Stimme und ihr Lachen mädchenhaft jung, genau wie ihre Gestalt. Wenn Sofia saß, dann aufrecht, mit geradem Rücken.

Als Hannahs Fuß die erste Treppenstufe erreicht hatte, riss Sofia die Haustür auf.

»Schnell. Schnell. Reinkommen. Ist zu kalt. Mussen frieren.« Besorgt strich sie Hannah über die Wangen. »Mussen leise sein. Familie hören Radio«, flüsterte sie und hielt den Zeigefinger an die Lippen. Sie nahm Hannah und Jacob die Mäntel ab. Die beiden warfen sich einen verwunderten Blick zu. Hannah hatte sich so sehr aufs Heimkommen gefreut, wollte von ihrem Tag erzählen, doch keiner schien auch nur bemerkt zu haben, dass sie erst in der Dämmerung nach Hause gekommen war.

»Ist Hitler«, raunte ihnen Sofia zu, als sie den Flur entlanggingen.

Als sie das Wohnzimmer betrat, fiel Hannahs Blick zuerst auf ihren ältesten Bruder Hermann, der angestrengt lauschend am Kamin lehnte. Eines seiner Bücher lag noch geöffnet auf seinem Schoß. Vergessen. Er nahm sie nicht einmal wahr, als sie an ihm vorbeilief.

Dr. Georg Sedlmayr, Hannahs Vater, polterte im Wohnzimmer auf und ab. Im Mundwinkel hing seine Pfeife. Das linke Bein zog er dabei etwas nach. Eine schwere Verletzung aus dem Krieg. Oft schmerzte ihn das Bein so sehr, dass er sich in unbeobachteten Momenten setzen musste, doch er beklagte sich nie. Seit vielen Jahren führte er in der Innenstadt eine eigene Arztpraxis. Urlaub war für ihn ein Unwort. Seine Pflicht war es, den Leuten zu helfen. Georg Sedlmayr war kein großer Mann. Er maß keine einsachtzig, doch die Art, wie er ging und beim Reden mit den Händen sprach, ließ ihn viel größer erscheinen. Auf seiner Stirn bemerkte Hannah eine tiefe Zornesfalte. Sofort ging ihr Atem unwillkürlich schneller. So hatte sie ihren Vater noch nie gesehen. Aufgebracht. Wütend.

»Hindenburg hat Hitler zum Reichskanzler ernannt«, sagte Hannahs Mutter, um die Frage zu klären, die ihr auf der Zunge brannte. »Was bedeutet das? Reichskanzler?«

Aus dem Radio brach eine tobende Stimme hervor: »Unendlich ist die Kolonne der heranrückenden Freiheitskämpfer, auf deren braunen Hemden der Fackelschein gespenstisch hin und her huscht«, tönte der Sprecher.

Braune Hemden? Freiheitskämpfer? Hannah hatte davon schon gehört, genauso wie der Name »Hitler« in aller Munde war. Sein Gesicht zierte sämtliche Zeitungen: Braune Haare. Stechend blaue Augen. Der charakteristische Oberlippenbart. Von Gesprächen zwischen ihrem Vater und ihren zwei Brüdern wusste sie, dass er der NSDAP angehörte. In der Schule, auf den Straßen, beim Einkaufen hörte man die Leute reden. Hitler sei der Mann für Deutschland.

Hannah sah von einem zum anderen. Erst jetzt fiel ihr auf, dass auch Jacobs Eltern, Hans und Sarah Sternlicht, auf dem grünen Samtsofa saßen. Rechts und links von ihnen seine Brüder. Der vierzehnjährige Simon war groß gewachsen für sein Alter. Breitschultrig und stark wie ein Bär. Keiner konnte ihm beim Armdrücken das Wasser reichen. Simon und Karl, Hannahs anderer Bruder, besuchten dieselbe Klasse. Beim genaueren Beobachten fiel Hannah auf, dass bereits Bartstoppeln an Simons Kinn sprossen. Der neunjährige Levi war das Nesthäkchen der Familie. Sein Mund war halb geöffnet, und auch er horchte konzentriert. Jedes Wort saugte er auf wie ein trockener Schwamm. Auf seinen farblosen Wangen drängten sich so viele Sommersprossen wie Sterne am Himmelszelt und sein rotes Haar leuchtete. Hannah hatte Levi fest ins Herz geschlossen. Er war wie der kleine Bruder für sie, den sie selbst nicht hatte.

»Über zehn Jahre hat die NSDAP auf den Machtwechsel hingearbeitet. Jetzt ist es ihnen endlich gelungen, die Macht an sich zu reißen!«, grollte die Bassstimme ihres Vaters, aber heute blieb der sonst freundliche Klang fern. Hannah ließ sich auf einen der Holzstühle sinken und zwirbelte ihre zu zwei langen Zöpfen geflochtenen Haare.

»Fackelzüge!«, stieß Georg Sedlmayr verächtlich aus. »Hitler gewinnt immer mehr und mehr Anhänger. Ich kann gar nicht so viel fressen wie ich kotzen könnte!« Hannah erschrak über die ungewohnte Wortwahl ihres Vaters. So sehr er sich gerade aufplusterte wie ein Kampfhahn, sie wusste, dass er das weichste Herz verbarg. Kein Kätzchen konnte er miauen hören, kein Kind weinen. Vor ihr stand ein Fremder, der ihr mit seinem Auftreten Angst machte.

»Hitler als Reichskanzler. Dass ich nicht lache! Hindenburg hat jeglichen Respekt verloren. Dieser dämliche alte Ziegenbock!«

Energisch griff er nach dem Gehstock, der zumeist in der Ecke lehnte, da er sich weigerte ihn zu benutzen. »Eins sag ich dir, Hans!«, donnerte Georg Sedlmayr und zeigte mit der Spitze des Stockes auf das Radio. »Dieser Mann ist gefährlich.«

»Wir können jetzt erst einmal nur abwarten«, schaltete sich nun Hans Sternlicht ein. Auf seiner Halbglatze spiegelte sich das Licht der Wohnzimmerleuchter. Hannah mochte es, dass seine Stimme eine leichte Rauchnote hatte. Sie mochte die lächelnden, blauen Augen, die Jacob von ihm geerbt hatte. Seine Ruhe. Den scharfen Verstand. Er trug einen langen Bart, in den sich einige graue Haare webten. Hans Sternlicht und Georg Sedlmayr waren eng befreundet. Vertraute. Sie waren Kameraden gewesen und gemeinsam aus dem Krieg heimgekehrt.

»Ungewöhnlich ist es aber trotzdem. Da gebe ich dir recht«, ergriff Hans erneut das Wort. »Vor ein paar Jahren noch hat die NSDAP bei der Reichstagswahl lediglich ein paar Prozent der Stimmen erhalten.«

»Genau das ist der springende Punkt! Hitler und seine Anhänger werden übermächtig. Glaub mir, Hans! Hitler bedeutet Krieg!«

Die Luft im Wohnzimmer schien zum Zerreißen gespannt und plötzlich herrschte Totenstille. Georg Sedlmayr hatte von Krieg gesprochen. Das lange Schweigen, das eintrat, schmerzte Hannah mehr in den Ohren als lautes Gebrüll.

»Jetzt übertreibst du aber, Schorsch. Rede doch nicht solch einen Blödsinn! Du machst ja noch die Pferde wild und setzt den Kindern Flausen in den Kopf.« Theresa Sedlmayr, Hannahs Mutter, schüttelte erzürnt den Kopf. Sie war eine hochgewachsene Frau schmaler Statur. Auch nach drei Geburten war ihre Taille gertenschlank. Von ihrer französischen Mutter hatte sie die leicht schrägen Augen und die tintenschwarzen Wimpern geerbt. Nach wie vor war sie eine Schönheit.

»Binnen vier Jahren muss der deutsche Bauer der Verelendung entrissen sein. Binnen vier Jahren muss die Arbeitslosigkeit endgültig überwunden sein«, drang die Stimme aus dem Radio.

Auch in Rosenheim war die Arbeitslosigkeit ein leidiges Thema. Die Bürgerinnen und Bürger tuschelten am Zaun des Nachbarn darüber. Sie suchten nach Arbeit auf einem der vielen Höfe, die genug Geld abwarf, um die hungrigen Mäuler daheim zu stopfen. War die Lage wirklich so aussichtslos? Im ganzen Land? Ihr Vater arbeitete seit Jahren als Arzt. Hans Sternlicht unterhielt eine Apotheke in der Innenstadt.

»Hitler ist der Einzige, der die Bevölkerung aus der Not und der sozialen Unterdrückung befreien kann.« Karl, der bisher an der Wand gelehnt hatte, richtete sich nun zu voller Größe auf. Schon jetzt überragte er Hannah um einen halben Kopf. Seine Beine waren lang und dünn wie Stelzen. Die Haare honigfarben.

»Wie kommst du denn auf diesen Kuhmist?«, blaffte Georg Sedlmayr seinen Sohn an. »Als ob du auch nur einen Funken Ahnung von Politik hast. Befreiung. Befreiung! Hindenburg stürzt uns alle ins Verderben.« Seine Brust hob und senkte sich, als würde ihn das Sprechen anstrengen. »Wir hatten schon einmal einen Krieg. Seitdem bin ich hellhörig. Wie wir wissen, ist dieser verdammte Krieg nicht gut für uns ausgegangen.«

»Das hier ist doch etwas völlig anderes, Schorsch«, fauchte seine Frau. »Du wirst ja richtig wild mit deinem Kriegsgefasel. Wie immer malst du den Teufel an die Wand!«

»Denk an meine Worte, Resi!«

Theresa Sedlmayr verzog den Mund und schüttelte den Kopf.

»Wir werfen einen Blick ins Arbeitszimmer Adolf Hitlers. Im hellen Licht steht er am Fenster und blickt hinaus auf die vorbeimarschierende SS, auf die ungeheuren Menschenmassen, die ihm zujubeln. Adolf Hitler steht mit todernstem Gesicht am Fenster. Er ist eben aus seiner Arbeit herausgerissen, keine Spur von irgendwelcher Siegesstimmung, die auf seinem Gesicht liegt. Er ist nur unterbrochen worden und doch leuchtet es in seinen Augen über dieses erwachende Deutschland, über die Massen von Menschen aus allen Ständen, aus allen Schichten der Bevölkerung, die hier vorbeimarschieren. Arbeiter der Stirn und der Faust.« Der Sprecher überschlug sich fast vor Begeisterung.

Wie konnte ihr Vater denn so negativ sein? Alles klang großartig. Vielleicht übertrieb er ja wirklich, wie ihre Mutter es gesagt hatte. Im Radio konnte man doch nicht einfach irgendwelche Lügen erzählen. Schließlich hörten so viele Menschen zu.

Dr. Sedlmayr polterte zum Wohnzimmer hinaus und warf die Tür ins Schloss, die aber mit einem Knall wieder aufsprang.

»Ich sehe wohl besser mal nach ihm«, sagte Hans Sternlicht.

»Er muss jetzt nicht seine ganze Wut an den Türen auslassen«, schimpfte Hannahs Mutter. Mit beiden Händen strich sie sich das Kleid glatt, das vom Sitzen etwas verknittert war.

In der Küche hörte Hannah Sofia mit dem Geschirr klappern.

»Schorsch besteht bestimmt darauf, dass ihr zum Abendessen bleibt. Wir haben frisches Bauernbrot gebacken«, sagte Theresa Sedlmayr zu Jacobs Mutter.

»Warum ist Papa so wütend? Wird es wirklich Krieg geben?«, flüsterte Hannah ihrer Mutter zu.

»Hannah«, rief sie laut aus, sodass alle sich ihr zuwandten. »Ich hätte wirklich nicht geglaubt, dass auch du so ein dummes Schäfchen bist. Jetzt hör auf vom Krieg zu reden.

Genau das habe ich vorhin gemeint. Dein Vater setzt dir Flausen in den Kopf.«

»Hoffentlich! Hoffentlich wird es Krieg geben. Hitler will doch was gegen die Arbeitslosigkeit machen. Außerdem wurde Deutschland beim Versailler Vertrag über den Tisch gezogen. Ich würde sofort in den Krieg ziehen, wenn es sein muss«, mischte sich Karl ein.

»Natürlich würdest du das, mein Engel. Aber jetzt will ich kein Wort mehr vom Krieg hören. Verstanden!«

Im ersten Stock hörte man die beiden Männer noch lautstark diskutieren.

»Komm, wir decken den Tisch, während Sofia das Essen vorbereitet«, raunte Jacob Hannah zu.

Georg und Hans kamen mit erhitzten Gesichtern die Treppe herunter. Laut schnaubend ließ sich Hannahs Vater auf einen der Holzstühle fallen.

Von draußen drangen plötzlich Geräusche herein. Durch die Gassen auf der Rückseite des Hauses hallten Lieder und lautes Gelächter. In der nächsten Sekunde waren alle Kinder am Erkerfenster, das auf die Straße blickte. In nicht allzu weiter Ferne erkannte man einen Zug von Menschen, der sich die Straße entlangschlängelte. Das Licht der Fackeln tanzte über ihnen und erfüllte die Dunkelheit. Hannah drückte sich die Nase an der Scheibe platt. Lachen. Rufe. Was musste es für ein Gefühl sein, da dazuzugehören! Der Wunsch, sich dem Treiben anzuschließen, keimte so schnell in ihr hoch wie eine Knospe in der Frühlingssonne.

»Seht mal da!«, rief Karl, der auf der gegenüberliegenden Seite des Wohnzimmers aus dem Fenster geblickt hatte. Zwei Jungen standen vor dem Tor und winkten. »Das ist ja Max!« Karl eilte zur Garderobe und griff nach seinem Mantel.

»Hiergeblieben!« Georg Sedlmayr lief, so schnell es sein Bein erlaubte, hinter seinem Sohn her. Er packte ihn am Arm, bevor dieser die Haustür aufreißen konnte.

»Zurück ins Wohnzimmer sag ich dir!« Seine Stimme war scharf wie ein Messer. Hannah erstarrte. Noch nie hatte ihr Vater gegen eines der Kinder so die Stimme erhoben, geschweige denn eines je grob angefasst.

»Alle meine Freunde sind da draußen. Es ist meine Entscheidung, was ich mache. Ich bin ja kein kleines Kind mehr.« Karl riss sich los und rannte zur Tür hinaus. Die Nacht war klar. Ein samtiges Schwarz mit einem Himmel voller Sterne.

Georg Sedlmayr warf die Tür ins Schloss und fluchte vor sich hin. Karl war weg. Die Sternlichts warfen sich irritierte Blicke zu. Keiner wollte sich einmischen.

»Lass den Jungen doch seinen Spaß haben. Schließlich habe ich Max selbst gesehen. Was ist schon dabei.« Theresa schnalzte mit der Zunge.

»Göring wird gleich im Radio zu hören sein«, brummte Hannahs Vater.

»Göring ist hier in Rosenheim geboren worden«, erklärte ihr Hans, da er Hannahs fragenden Blick aufgefangen hatte. »Er hat die ersten drei Jahre seines Lebens bei Familie Graf verbracht. Eure Großmutter war damals mit Frau Graf befreundet, und sie sind öfter mit den Jungen spazierengegangen. Göring und dein Vater sind ja beinahe gleich alt.«

Das Radio wurde wieder laut. »Hunderttausend und Aberhunderttausend SA, SS, Stahlhelm, Volk und immer wieder Volk strömte vorbei, um den geliebten Führer zu sehen. Strömte vorbei, um damit kundzutun, dass heute ein Wendepunkt in der deutschen Geschichte gekommen ist. Darin sehen wir auch den Zusammenschluss der deutschen Nation. Hunderttausend im ganzen Land, Millionen deutscher Menschen fällt eine Zentnerlast von der Brust herunter, sie glauben wieder, dass das Volk zu sich selbst zurückgefunden hat. Die neue Reichsregierung wird vom ersten Tage an bestrebt sein, nicht in alten ausgefahrenen Gleisen dahinzuwandern, sondern neue Wege zu führen, um zum Erfolg zu kommen.«

»Ich kann den Blödsinn nicht mehr mit anhören.« Georg Sedlmayr drehte das Radio ab.

»Es ist schon spät geworden, Schorsch. Wir wollen euch keine Umstände machen und machen uns am besten gleich auf den Heimweg«, sagte Hans.

»Das kommt ja überhaupt nicht in Frage. Der ganze Pöbel ist auf den Straßen unterwegs. Ich lasse nicht zu, dass ihr auch nur einen Fuß nach draußen setzt. Ausgeschlossen! Sofia wird euch die Betten im Gästezimmer herrichten. Hermann schläft bei Karl, und deine Jungen können dann sein Zimmer haben. Jacob kann von mir aus zu Hannah.«

Theresa zog laut die Luft durch die Zähne, doch ihr Mann ignorierte sie. Georg Sedlmayr duldete keinen Widerspruch, sodass die Sternlichts doch am gedeckten Tisch Platz nahmen. Das Essen verlief schweigend. Es war genug gesagt worden. Nachdem das Abendbrot beendet war, nutzten Hannah und Jacob sofort ihre Chance, um sich schnellstmöglich abzuseilen. Karl war weg, und keiner wusste, wann er wiederkommen würde.

Als sie aus dem Badezimmer kam, lag Jacob schon auf der Gästematratze auf dem Fußboden. Hannah löschte das Licht und hörte Jacob in der Dunkelheit laut atmen.

»Papa hat mir heute Angst gemacht. Glaubst du auch, dass es Krieg geben wird?« Keine Antwort. »Jetzt sag schon endlich. Glaubst du es auch?«

»Ich glaube nicht, dass es so schlimm wird, wie dein Vater gemeint hat. Du wirst sehen, morgen sieht die Welt wieder ganz anders aus.« Die Bettdecke raschelte. »Schlaf jetzt, Hannah. Mach dir nicht zu viele Gedanken.«

Hannah drückte ihr Gesicht ins weiche Federbett mit dem frisch gewaschenen Bezug, doch heute konnte sie den Duft nach Frühling einfach nicht riechen.

31. Januar 1933

Als Hannah und Jacob am Morgen zum Frühstück heruntertapsten, saß nur Theresa Sedlmayr am Eichentisch. Jacobs Eltern schliefen noch und die älteren Jungen waren dabei, sich anzuziehen und für die Schule fertigzumachen. Hannah hatte die lautstarke Diskussion, wer zuerst ins Badezimmer durfte, von der Treppe aus mitverfolgt. Ihre Lippen formten sich zu einem Lächeln, als Karls Stimme an ihre Ohren drang. Er war nach Hause gekommen und es ging ihm gut. Ob er ein Donnerwetter zu erwarten hatte? Theresa blätterte durch die Zeitung und stieß hin und wieder einen lauten Seufzer aus. Hannah erkannte, dass ein großes Bild von Hitler auf der Titelseite prangte und die Seiten mit Informationen zur Machtergreifung gefüllt waren. Fragend blickte sie ihre Mutter an und hoffte, dass sie ihnen etwas sagen würde, Stellung beziehen, sie beruhigen, doch Theresas Lippen blieben stumm. Ihre Anspannung sprang sofort auf Hannah über, die sich steif auf ihren Stammplatz am Tisch setzte.

Wortlos faltete Theresa die Zeitung zusammen, stand auf und legte sie auf die Ofenbank. Hannahs Finger juckten vor Neugierde. Wie gern wäre sie aufgestanden und hätte die Zeitung genommen, Seite für Seite gelesen, die Nachrichten verschlungen, doch sie saß wie versteinert da und blickte voller Sehnsucht auf das große Stück Papier. Vielleicht konnte sie später einen Blick hineinwerfen.

»Ist Papa schon in der Praxis?«, wollte sie von ihrer Mutter wissen und griff über den Tisch nach einer Scheibe Brot.

Jacob kaute bereits genüsslich und häufte wieder ein paar Löffel der Erdbeermarmelade auf, die Sofia im Sommer selbst gemacht hatte.

»Er ist bei einem Notfall. In der Nacht hat jemand angerufen. Anscheinend gab es gestern ein paar *Zwischenfälle*.« Theresa betonte das letzte Wort merkwürdig, so als hätte sie kurz überlegen müssen, wie sie es ausdrücken sollte.

»Was für Zwischenfälle?«

»Was weiß ich! Er hat mir auch nichts gesagt und ist gleich losgefahren.« Theresas Stimme klang zornig, und Hannah hatte das Gefühl, als hätte sie etwas falsch gemacht. »Iss nicht zu viel von der Marmelade. Sofia hat sie mit Unmengen Zucker gesüßt. Ungenießbar!«

Hannah blickte auf ihre Brotscheibe, die mit der leuchtend roten Masse bedeckt war, und legte sie halb angebissen zurück auf ihren Teller. Jacob zuckte nur mit den Schultern und schob sich bereits die vierte Scheibe in den Mund. Junge müsste man sein!

Vom ersten Stock polterten ihre Brüder zusammen mit Simon und Levi die Treppe herunter. Sie alle trugen Lederhosen und Strümpfe, die über die Waden gezogen waren. Hannah bemerkte, wie die Augen ihrer Mutter vor Stolz glühten, als ihre Söhne neben ihr Platz nahmen. Obwohl sie es nicht wollte, keimte Eifersucht in ihr auf. Warum konnte die Mutter sie nicht einmal so ansehen? Nur ein einziges Mal!

Auch Levi schlurfte auf den Tisch zu, seine Augenlider schwer wie Gardinen. Die Nacht war für ihn zu kurz gewesen. Gähnend griff er nach einem Glas Milch, stützte den Kopf auf und nippte immer wieder. Als er aufsah, säumte seine Oberlippe ein Milchbart. Hannah musste schmunzeln.

Simon wünschte Jacob einen guten Morgen und wuschelte durch seine dunkelblonden Haare. Karl erblickte die Zeitung auf der Ofenbank, hastete durchs Wohnzimmer und riss das Papier an sich.

»Es sind Bilder von uns drin«, raunte er stolz und zeigte die Aufnahmen in die Runde. Hannah erkannte Menschenmengen und einzelne, die Fackeln in die Höhe hielten, ihre Gesichter wirkten glücklich. In ihren Augen Euphorie und Begeisterung.

»Sieht man dich auch, Karl?«, wollte Hermann wissen.

»Ich hoffe nicht! Euer Vater würde völlig den Verstand verlieren, wenn sein Sohn auf den Bildern dieses – wie hat er es genannt – Narrenzuges zu erkennen wäre. Das hat Papa wirklich nicht verdient. Du hast ihm gestern den ganzen Schlaf geraubt, Karl. Er war krank vor Sorge!«, richtete sie nun das Wort an ihren jüngeren Sohn. Karls Wangen färbten sich etwas rot, doch er zuckte nur mit den Schultern und blätterte weiter in der Zeitung. Auch Hermann und Simon rückten näher zusammen, um alles genau sehen zu können.

»Ihr seid ja bis zum Max-Josefs-Platz marschiert«, staunte Hannah. »Wie bist du denn nach Hause gekommen? Etwa wieder gelaufen?«

»Max' Vater hat mich mitgenommen. Er ist in der Partei.« Karl reckte das Kinn nach oben und der Stolz, den er empfand, ließ sich nicht verbergen.

»Du solltest lieber etwas essen, bevor Sofia den Tisch abräumt«, mahnte Theresa. Sie holte eine Haarbürste und begann, Hannahs lange, goldblonde Haare zu kämmen. Theresa flocht seitlich zwei Zöpfe, schlug sie einmal um und band sie jeweils mit einer hellblauen Schleife, die farblich genau zu Hannahs Dirndlkleid passte, gekonnt zu großen Affenschaukeln zusammen. Sie fasste Hannah am Kinn und drehte ihren Kopf nach rechts und links, um ihr Kunstwerk zu betrachten. Theresa strich ihrer Tochter noch eine Strähne hinter das Ohr und befestigte diese mit einer Klammer. Zufrieden nickte sie. Die Kopfhaut spannte, da die Zöpfe sehr streng geflochten waren, doch Hannah schluckte ihren

Protest hinunter. Sie würde die Schaukeln später in der Schule etwas lockern.

»Guten Morgen.« Sofia betrat mit einem Lächeln das Esszimmer und legte jedem eine Brotzeittüte auf den großen Tisch. Hannah spähte hinein und grinste. Brot mit Marmelade und ein rot leuchtender Apfel. Sofia wusste stets, was die Kinder am liebsten aßen. Manchmal steckte sie heimlich eine Süßigkeit dazu, damit Theresa es nicht bemerkte. Diese war nämlich der Auffassung, dass sofort alle Zähne ausfielen, wenn sie mit Zucker in Kontakt kämen.

Nachdem alle mit dem Frühstück fertig waren, begleitete sie Sofia zur Tür, damit sie nicht zu spät zur Schule kamen. Levi hatte es nicht weit in die nahegelegene Volksschule, während sich die Älteren denselben Schulweg teilten. Sie alle besuchten das Humanistische Gymnasium in der Stadt. Jacob und Hannah die dritte Klasse, Karl und Simon die fünfte, und Hermann war bereits in der Oberstufe.

Als sie nach draußen traten, empfing sie wieder die gewohnte Kälte. Wann würde es endlich etwas wärmer werden? Am Tor verabschiedeten sie sich von Levi, der in die andere Richtung bog. Die Straßen wirkten wie ausgestorben. Hannah vermisste das sonst übliche Treiben, wenn die Menschen in die Arbeit und in die Schule strömten. Hatte es etwas mit der gestrigen Nacht zu tun?

An der Schule angekommen, schlugen Hannah und Jacob den Weg zu ihrem Klassenzimmer ein. Hintereinander marschierten sie durch die Tür und Hannah staunte, als sie bemerkte, dass viele Klassenkameraden bereits das Hakenkreuz trugen. Herbert Bauer, ein riesiger Kerl und zwei Jahre zu alt für die siebte Klasse, hatte seine Hitlerjugenduniform angezogen und grinste über das ganze Gesicht, als fielen alle Feiertage des Jahres zusammen.

»Hallo Hannah«, rief er fröhlich und kam auf sie zu. Er riss den rechten Arm nach oben und schlug die Hacken zusammen. Herbert blickte Jacob einen Augenblick abschätzig von oben bis unten an, als wäre er ein Insekt, und drehte ihm dann den Rücken zu. »Schau mal, mein Abzeichen.« Seine Wangen glühten vor Aufregung, als er Hannah das Hakenkreuz zeigte, das auf seiner rechten Brust steckte. Liebevoll strich er mit seinen Bärentatzen über das Eisen.

»Hannah, du bist ja auch schon da!« Elsa, Hannahs beste Freundin, eilte zu ihr und fiel ihr freudig um den Hals. Auch sie trug ihre rötlichen Haare, wie fast alle Mädchen der Klasse, zu zwei Schaukeln gebunden. »Warst du gestern dabei? Papa hat uns erlaubt mitzugehen. Es war so aufregend.« Ihre Stimme überschlug sich fast.

»Wir durften leider nicht mitgehen. Ich wäre so gerne raus, aber mein Vater hat es uns nicht erlaubt.« Hannah bemerkte, wie Jacob sie von seinem Platz aus irritiert ansah, als sie die Lüge laut aussprach, doch sie ignorierte seinen Blick und würde es ihm später erklären. Sie konnte unmöglich blöd vor ihren Freunden dastehen.

»Oh«, rief Elsa theatralisch aus, »du Ärmste. Du hast vielleicht was verpasst!« Hannah hatte jetzt tatsächlich das Gefühl, etwas Bedeutendes verpasst zu haben. Sie blickte sich im Klassenzimmer um. Fast alle Kinder berichteten aufgeregt von dem gestrigen Ereignis. Dem Wendepunkt der Geschichte. Was hatte sich ihr Vater nur dabei gedacht, sie davon fernzuhalten? Wie sehr sie Karl beneidete. Warum war sie ihm nicht gefolgt? Warum war Hermann nur danebengestanden? Wollte er nicht dazugehören?

»Ist ja nicht schlimm«, tröstete sie Elsa, »das nächste Mal bist du auch mit von der Partie. Jetzt geht es ja erst richtig los. Wird dein Vater auch in die Partei eintreten? Meiner ist schon dabei!«

»Ich weiß nicht. Ich frage ihn gleich nach der Schule.«

Hannah spürte erneut Jacobs Blick im Rücken. Als sie sich umdrehte, sah er sie an. War es Wut? Mitleid? Angst?

Der Ausdruck in seinen Augen war ihr fremd und passte nicht zu Jacob. Er drehte den Kopf weg, als Herbert wieder auf sie zuging und damit begann, seine Schulbücher auf dem Tisch zu stapeln. Dann ließ er sich auf den Holzstuhl plumpsen, der viel zu klein für seine massige Statur war. »Komm, setzen wir uns. Der Lehrer wird gleich kommen.« Elsa grinste breit. Hannah drehte sich mit Schwung um, sodass der Rock ihres Dirndls nach oben flog, und ließ sich dann neben ihre beste Freundin in die zweite Reihe sinken.

Von draußen drang das Geräusch polternder Stiefel herein und alle Schülerinnen und Schüler flitzten auf ihre Plätze. Schweigen kehrte ein. Max Völkl, ihr Lehrer, marschierte stramm, als würde er eine Militärparade anführen, ins Klassenzimmer. Das Hakenkreuz an seinem Oberarm kennzeichnete auch ihn als Parteimitglied. Kleine Schweinsaugen blitzten unter den buschigen Augenbrauen hervor und wanderten von einem zum anderen.

»Heil Hitler!«, schrie Völkl laut, knallte die Hacken zusammen und riss den rechten Arm nach oben.

»Heil Hitler!«, riefen die Kinder wie ein Echo zurück.

»Was ist das für ein gottverdammter Sauhaufen? Seid ihr Deutsche oder seid ihr das nicht?« Die Anspannung wuchs. »Wenn ich ›Heil Hitler‹ rufe, schaut ihr mich gefälligst nicht an wie eine Herde Rindviecher, sondern antwortet mit gebührendem Respekt. Ist das bei jedem von euch Hornochsen angekommen oder soll ich erst meinen Rohrstock herausholen?«

Totenstille. Hannah wagte kaum zu atmen. Noch nie zuvor hatte sie den Rohrstock zu spüren bekommen. Sie gehörte stets zu den Klassenbesten, schrieb gute Zensuren, war fleißig und lernte gerne. War das jetzt zweitrangig geworden?

»Heil Hitler!«, brüllte Völkl noch einmal.

»Heil Hitler«, brüllten die Kinder im Chor. Jeder so laut er konnte. Dabei rissen sie wie ihr Lehrer den rechten Arm nach oben. Zu Ehren Hitlers.

Endlich nickte Völkl zufrieden. Dabei wabbelte sein Gesicht wie Pudding, und er fuhr sich mit seinen Wurstfingern über den Mund, als würde er die Reste einer Nachspeise abwischen.

»Ihr habt gestern bestimmt die Radionachrichten verfolgt«, begann Völkl und schritt vorne auf und ab. Der Boden bebte unter seinem Gewicht.

Herbert Bauers Finger schoss in die Luft, ohne dass er überhaupt gefragt worden war.

»Ja bitte, Herbert.« Völkl lächelte väterlich, als sein Blick an Herberts Hakenkreuz hängen blieb.

»Die NSDAP hat die Macht übernommen. Hitler ist Reichskanzler. Hindenburg hat ihn dazu ernannt«, sprudelte es aus seinem Mund. »Mein Vater ist deswegen ganz aus dem Häuschen. Jetzt bekommt er wohl endlich bessere Arbeit.«

»Ausgezeichnet, Herbert«, lobte ihn der Lehrer, als hätte der Junge gerade den ganzen Goethe aufgesagt. »Endlich hat das deutsche Volk erkannt, dass allein die Partei dazu in der Lage ist, uns aus der Verelendung zu holen. Das Trauma von Versailles können wir damit vergessen und begraben. Gott sei Dank hat Hindenburg das eingesehen. Hitler ist der Mann der Zukunft!«

Hannah war überrascht, dass Völkl sich so klar positionierte. Den Biologieunterricht hatte er anscheinend komplett vergessen.

»Herbert! Du bist doch Mitglied bei der Hitlerjugend. Erzähl' deinen Klassenkameraden davon.«

Herberts dunkelbraune Augen leuchteten vor Stolz, als wäre er gerade zum Ritter geschlagen worden. Betont langsam stand er auf und klammerte sich an der Stuhllehne fest. Hier war seine Bühne.

»Wir alle sind das junge Deutschland«, begann er und drückte die Brust heraus wie ein Hahn. »Jeder Deutsche kann beitreten. Eigentlich müsst ihr alle zu den Pimpfen, da ihr noch zu jung seid. Die Mädchen können dem Jungmädelbund beitreten. Wir unternehmen alles in der Gemeinschaft. Wir veranstalten Zeltlager, Lagerfeuer, machen Wanderungen, sportliche Wettkämpfe, wir singen. Das alles macht unwahrscheinlich viel Spaß. Meine Kameraden und ich würden uns freuen, wenn wir euch in unserer Mitte begrüßen dürften.« Herberts Stimme überschlug sich beinahe vor Euphorie und Hannah musste zugeben, dass seine Ansprache Neugierde in ihr geweckt hatte. Elsa stupste sie mit dem Ellenbogen an und nickte.

»Ach ja, bevor ich es vergesse. Juden dürfen nicht mitmachen.« Dabei sah Herbert Jacob missbilligend an, der unbewegt in der dritten Reihe saß. Auch Hannah drehte sich zu ihm um. Sein Gesicht wirkte wie in Stein gemeißelt. Unbewegt. Emotionslos. Erlaubte sich Herbert womöglich nur einen dummen Scherz? Unsicher sah sie zu ihm hinüber, doch er hielt die Arme vor seiner Brust verschränkt. Erst jetzt bemerkte Hannah, wie groß er über den Winter geworden war. Vor allem schien er in die Breite gewachsen zu sein. Stark. Muskulös. Dem Bild der deutschen Jugend entsprechend.

Völkl nickte anerkennend und wiederholte noch einmal Herberts Satz: »Jawoll, Juden müssen draußen bleiben.« Für Hannah klangen die Worte wie die einer Verkäuferin, die zeterte: »Hunde müssen draußen bleiben«, wenn jemand seinen Vierbeiner mit in den Laden nehmen wollte.

Was sollte sie davon halten? Hannah war sich sicher, dass Elsa, Anni und Matilda, ihre anderen Freundinnen, dem BDM beitreten würden. Sie saß in der Zwickmühle. Einerseits wollte sie zu ihnen gehören, gemeinsam an den Aktivitäten teilnehmen, von denen Herbert so geschwärmt hatte, doch andererseits war Jacob ihr bester Freund. Aber er war Jude. Seine Brüder waren Juden. Seine Eltern waren Juden. Er durfte nicht dabei sein. Ausgeschlossen.

Immer wieder hatte sie aufgeschnappt, wie antisemitische Stimmen in Rosenheim aufflammten. Die Zeitungen und die Politiker der Partei schimpften öffentlich über die Juden, als wären sie eine Last. Abschaum. Dreck. Unrat. Doch weshalb? Was hatten sich Jacob und seine Familie zuschulden kommen lassen, dass sie der Bevölkerung ein Dorn im Auge waren?

Als sie die Schulglocke nach einer Doppelstunde erlöste, verabschiedete sich Völkl mit dem Hitlergruß, den alle erwiderten. Als nächstes stand der Deutschunterricht bei Alfons Seibt an. Hannah sank in ihrem Stuhl zusammen, als sie auch an Seibts Oberarm das Parteiabzeichen erblickte. Alles lief schon wie automatisiert ab, als der Lehrer ins Klassenzimmer trat. Hitlergruß. Hacken zusammenschlagen. Lautes Rufen. Strammstehen. Die Klasse hatte schnell gelernt.

Auf Hannahs Tisch wartete bereits Goethes *Faust*. Seibt legte sehr viel Wert auf das Werk, bezeichnete es sogar als den größten Klassiker. Unzählige Passagen mussten sie auswendig herunterleiern und einzelne Szenen hatten sie detailliert bearbeitet.

»Legt die alten Schinken weg«, flötete Seibt und fummelte an seinem Monokel herum.

Ein Raunen ging durch den Klassenraum, dennoch packten alle ihren *Faust* in den Lederranzen. Der kleine, hagere Mann zog ein anderes Buch aus seiner Tasche und hielt es nach oben, sodass jeder es sehen konnte. *Mein Kampf*. Hitlers Werk. Hannah hatte ihre Eltern darüber reden hören und natürlich hatte es Hermann bereits verschlungen. Wie jedes Buch, das ihm in die Hände fiel.

»Das wird in nächster Zeit unsere Lektüre sein. Wir erfahren viel über das Leben Adolf Hitlers. Über seine

Überzeugungen und seine Vorstellungen. Das müssen wir auch, da ihr anständige deutsche Bürger werden wollt.«

Seibt räusperte sich und begann zu lesen. Wort für Wort ging er die ersten Passagen des Buches durch, blätterte und blätterte, während sich die Kinder in ihren Stühlen zurücklehnten, lauschten, flüsterten, staunten. Je mehr der Lehrer las, desto klarer nahmen Hitlers Gedanken Gestalt an, und Hannah merkte, wie auch sie an Seibts Lippen hing.

Ein Anruf in den frühen Morgenstunden. Das schrille Klingeln des Telefons hatte ihn aus dem Schlaf geschreckt. Bis nach Mitternacht war er wachgelegen und hatte darauf gewartet, dass Karl zurückkam. Als er den Schlüssel im Schloss vernommen und das Knarzen der Treppe unter den Füßen seines Sohnes gehört hatte, hatte er endlich einschlafen können. Das Donnerwetter musste bis zum nächsten Morgen warten.

Dr. Georg Sedlmayr setzte sich auf, darauf bedacht, seine Frau nicht zu wecken, die sich zur Seite drehte.

»Wer ruft denn um diese Zeit an?« Zu spät. Theresa richtete sich schlaftrunken auf. Zorn in ihrer Stimme.

»Schlaf ruhig weiter.« Dr. Sedlmayr schälte sich aus der Daunendecke und humpelte aus dem Zimmer. Nach dem Aufstehen pulsierte stets der Schmerz durch sein Bein und er krallte sich am Geländer fest, als er die Treppe nach unten ging. Dieses verdammte Knie.

»Sedlmayr«, raunte er in den Hörer.

»Herr Doktor? Kommen Sie schnell in Ihre Praxis. Ein Notfall.« Er kannte die Männerstimme am anderen Ende nicht, doch er hörte Panik heraus. Trotz der kurzen Nachricht war Georg Sedlmayr sich aufgrund der Dialektfärbung sicher, dass der Anrufer nicht aus Bayern kam. Was wollte ein Nordlicht um diese Uhrzeit in seiner Praxis?

»Was ist passiert?«, hakte er nach.

»Ein Notfall. Nun kommen Sie einfach.« Der andere legte auf.

Verwundert sah Dr. Sedlmayr auf den Hörer, aus dem nur noch ein Rauschen drang. Wer zum Teufel war das? So schnell es sein Bein erlaubte, zog er sich an und eilte zum Auto. Vor dem Tor musste er anhalten, aussteigen und es öffnen. Der Weg war vereist und glatt. Die Fahrt würde volle Konzentration erfordern, deswegen war es von Vorteil, dass er die Strecke in die Stadt in- und auswendig kannte.

Als er auf den Parkplatz vor seiner Praxis einfuhr, sah er bereits zwei Gestalten an der Tür warten. Ein Mann in einem langen, dunklen Mantel stützte eine Frau, die den Kopf an seine Brust gelehnt hielt. Als Dr. Sedlmayr aus dem Auto stieg und auf das Paar zuhumpelte, drehte der Mann den Kopf zur Seite. Seine Gesichtsfarbe war fahl, beinahe etwas gelb. Er trug einen schwarzen Hut, den er zog, als er den Doktor begrüßte. Hellgrüne Augen stachen hervor. Augen wie gemähtes Gras. Die Pupillen groß und schwarz wie Einschusslöcher. Die arrogante Art, wie der Mann den Hut gezogen hatte und mit gerümpfter Nase sein verkrüppeltes Bein beäugte, wirkte auf Sedlmayr sofort unsympathisch. Er bereute, dass er aus dem Bett gestiegen war. Aber ging es nicht um die Frau?

»Herr Doktor, wie gut, dass Sie so schnell kommen konnten.« Der Mann streckte ihm mit einem Lächeln, das nicht die Augen erreichte, die Hand entgegen und drückte sie. Ein fester, ordentlicher Händedruck, den Georg Sedlmayr nicht von dem schlanken, beinahe zarten Mann erwartet hatte. Dennoch fühlte er sich nicht echt an, so als hätte er viele Male geübt, wie er die Hand des Gegenübers schütteln sollte. Seine Handflächen waren weich wie Butter. Wahrscheinlich hatte er im Norden noch nie eine Schaufel oder einen Besen benutzt. Ein Schreibtischtäter. Immer wieder waren ihm Leute wie er begegnet. In der Praxis. Im Leben. Sie hielten nichts von Wartezeiten, stellten sich über Bauern, Maurer und Schmiede. Sie hielten sich für etwas Besseres.

Die Augen des Mannes kamen ihm irgendwie bekannt vor. Aber woher? War er ihm womöglich schon einmal begegnet? Sedlmayr grub tief in seinen Erinnerungen. Unmöglich. Er hatte ein extrem gutes Gedächtnis, wenn es um Gesichter und Namen ging. Schreibtischtäter waren die schlimmste Sorte Mensch. Der Schmerz in seinem Bein erinnerte ihn wieder daran, dass er seine Verwundung auch einem Mann verdankte, der selbst noch nie Frontluft geschnuppert hatte. Er unterschrieb wichtige Dokumente und Befehle, entschied über das Leben und den Tod unzähliger Soldaten, schickte sie in die schlammigen Gräben, schickte neue Männer nach, wenn die alten abgeschossen worden waren wie Wachteln. Nein. Er durfte nicht an die dunkelste Zeit zurückdenken. Nicht jetzt.

Die Gesichtshaut des Fremden erinnerte an die eines Kindes. Glatt. Bartlos. Nicht einmal ansatzweise sprossen Bartstoppeln darauf. Aber es ging nicht um ihn.

Der Mund der Frau war vor Schmerz nur noch ein schmaler Strich, die Augen hielt sie geschlossen und immer wieder entschlüpfte ein Stöhnen ihren Lippen.

Der Doktor zog den Schlüssel der Praxis heraus und öffnete die Tür. »Bitte, kommen Sie herein.« Sofort führte er das junge Paar in den Behandlungsraum und half der Frau, auf der Liege Platz zu nehmen.

»Was ist passiert?«

»Sie ist gestern Abend in der Menge hingefallen und zahlreiche Menschen sind einfach über sie getrampelt wie eine Herde Elefanten.« Zorn schwang in seiner Stimme mit. »Sie dachte eigentlich, dass es nicht so schlimm wäre, doch die Schmerzen sind immer größer geworden«, antwortete er für sie, »und dann musste ich Sie einfach kontaktieren.« Er wirkte, als wäre ihm die Situation äußerst unangenehm.

»Sie haben alles richtig gemacht.«

Dr. Sedlmayr half der Dame aus ihrem Wintermantel. Erst jetzt sah er, dass sie darunter nur ein Nachthemd trug. Ihr Mann wandte sich beschämt ab.

»Sie war nicht in der Lage sich anzukleiden«, versuchte er den Anblick seiner Frau zu entschuldigen.

»Können Sie das Nachthemd ausziehen?«, fragte der Arzt die junge Frau behutsam. Ein zaghaftes Nicken. Ihr Mann zog laut hörbar Luft ein, doch er protestierte nicht.

Der ganze rechte Brustkorb färbte sich bereits lila und blau. Als Sedlmayr sie berührte, zuckte sie unter seinen Fingern zusammen und wimmerte. Zwei Rippen waren mit Sicherheit gebrochen. Mit dem Stethoskop hörte er ihre Lunge ab und war erleichtert, dass es keine großen Auffälligkeiten gab. Anschließend tastete er ihren Bauch ab. Diese Frau war zerbrechlich wie eine Blume. Sie schien aber auf den ersten Blick keine inneren Verletzungen zu haben.

»Sie bekommen gleich ein Schmerzmittel. Dann müssen wir Sie röntgen. Ich vermute, dass zwei Rippen gebrochen sind.«

»Gebrochen? Sind Sie sich sicher, Herr Doktor?« Der Mann schüttelte verständnislos den Kopf. Er leckte sich über die Lippen und verschränkte die Finger, sodass die Knöchel weiß anliefen.

Georg Sedlmayr ignorierte ihn und zog eine Spritze auf, die er ihr in die Vene stach. Augenblicklich wurde der Atem der Frau etwas ruhiger.

»Bitte gehen Sie kurz vor die Tür, während ich Ihre Frau röntge.« Der Mann hob die Augenbrauen, verzog die Lippen aber dann zu einem Grinsen, erhob sich und ging vor die Tür.

»Es wird nicht weh tun. Keine Sorge«, redete er auf die Frau ein. Als er fertig war, holte er den Mann wieder herein, der nur wenige Zentimeter von der Tür entfernt gestanden hatte. Hatte er gelauscht? Als der Arzt zurück zum Behandlungstisch humpelte, spürte er erneut, wie der Fremde ihn beäugte. Sedlmayr entschied sich für die Konfrontation. »Interessant, nicht wahr?« Ertappt zuckte der Mann zusammen, als wäre er von seiner Mutter beim Stehlen von Süßigkeiten erwischt worden. »Tut mir leid. Ich äh ...« So leicht war er also aus der Fassung zu bringen. Er schien noch nicht viel Erfahrung zu haben. Sedlmayr ließ ihn nicht aus und wandte bewusst den Blick nicht ab. Sollte er doch rot anlaufen.

»Ihr Bein. Wie ist das geschehen?« Endlich rückte er mit der Sprache heraus.

»Krieg.« Eine knappe Frage, eine knappe Antwort.

»Sie haben bestimmt heldenhaften Mut auf dem Schlachtfeld bewiesen.« So einer war er also.

»Im Krieg gibt es keine Helden«, meinte Sedlmayr, woraufhin der Fremde wieder die Augenbrauen hob. Er öffnete den Mund, wollte etwas sagen, doch der Doktor ließ ihn nicht zu Wort kommen.

»Ein Krieg fordert nur Opfer. Tote. Invaliden. Verkrüppelte Seelen. Ich wünsche Ihnen, dass Sie nie diese Erfahrung machen müssen.« Schachmatt. Der Fremde sah beschämt wie ein Schuljunge auf seine Schuhspitzen. Sedlmayr entschied von ihm abzulassen und begann mit seiner Diagnose.

»Ich kann Ihnen erst morgen Genaueres sagen, wenn die Röntgenbilder entwickelt sind. Ich bin mir aber, wie bereits vorher schon erwähnt, sicher, dass mindestens zwei Rippen gebrochen sind. Ihre Frau sollte unbedingt das Bett hüten. Sie braucht jetzt viel Ruhe. Ich melde mich dann sofort bei Ihnen, Herr ...?«

»Winter. Erich Winter.« Der Name versetzte ihm einen Stich. Winter. Grüne Augen. Wie die einer Schlange. Er hatte all die Jahre gehofft, dass er diesen Namen nie wieder laut aussprechen müsste. Nun befiel ihn Atemnot. Er lockerte seinen Kittel und zog die Luft ein. Der Fremde schien sein Entsetzen bemerkt zu haben.

»Ist etwas, Herr Doktor?«

Sedlmayr schüttelte den Kopf und wandte sich der Frau zu. »Bleiben Sie bitte im Bett und schonen Sie sich«, sagte er zu ihr. Stummes Nicken.

Erich Winter strich mit steifen Fingern über die rotblonden Haare seiner Frau. »Das wird schon wieder, Helene«, raunte er ihr zu. Seine Stimme klang kalt. Ohne Wärme.

»Vielen Dank, Herr Doktor, dass Sie sich Zeit genommen haben. Für die Nachtschicht werde ich Sie natürlich entschädigen.«

»Das ist nicht nötig. Ich bin Arzt. Krankheiten und Verletzungen suchen sich nicht die passende Zeit aus.«

»Das klingt sehr selbstlos, aber das kommt überhaupt nicht in Frage. Ich möchte nicht als Schmarotzer dastehen. Ich bringe das Geld morgen in die Praxis, wenn ich die Röntgenbilder ansehe.« Seine Stimme duldete keinerlei Widerspruch.

»Also schön. Dann sehen wir uns morgen wieder.«

Winter nickte zufrieden und half seiner Frau aufzustehen. Helene Winter drückte dem Doktor noch kurz die Hand, dann war das Paar aus seiner Praxis verschwunden.

Georg Sedlmayr sank auf dem Stuhl zusammen und stützte den Kopf in die Arme. Das konnte doch nicht wahr sein? Die grünen, kalten Augen. Der Name? Er musste Hans Sternlicht Bescheid geben. Oder sollte er es besser für sich behalten? All die Jahre hatte er seine Gefühle im Griff gehabt und allein der Klang dieses Namens ruinierte alles. Georg Sedlmayr gab es nicht gern zu. Aber er hatte Angst.

1. Februar 1933

Erich Winter zählte nach der Machtübernahme Hitlers zu jenen Männern, die ihre Chance in der deutschen Politik gekommen sahen. Sein Hass galt den Sozialisten und Kommunisten, doch was er am meisten verabscheute, waren die Juden. Sie waren aus seiner Sicht Christusmörder, resistentes Ungeziefer, das sich in der Stadt eingenistet hatte wie Ratten im unterirdischen Kanalsystem. Verlogene Kaufmänner, die den anständigen Deutschen das Geld aus der Tasche ziehen wollten und den Bürgern die Arbeitsplätze stahlen. Großen Stolz empfand er, da kein Tropfen jüdisches Blut durch seine Adern pulsierte. Auch die Blutlinie seiner Frau Helene hatte er genau unter die Lupe genommen, bevor er um ihre Hand angehalten hatte. Besser gesagt sein Vater. Er verfügte über die nötigen Kontakte, die es dazu brauchte, und saß am richtigen Schalter, wenn es darum ging, die Mühlräder zum Laufen zu bringen.

Dieter Winter. Ein bedeutender Mann. Ein hohes Tier in der Politik. Ihm verdankte er selbstverständlich seine Position in der fremden Stadt im Süden von Deutschland. Er verdankte ihm seinen Platz im Jurastudium, das er nur mit seiner Hilfe geschafft hatte, er verdankte ihm seine Intelligenz, seinen scharfen Verstand. Natürlich erinnerte ihn sein Vater bei jeder einzelnen Begegnung daran, dass er noch nichts selbstständig erreicht hatte. Ein fremder Sohn. Ein Taugenichts. Ohne Führungsqualität. Ohne Durchblick. Ohne Macht. Er brauchte seinen Vater wie die Luft zum Atmen. Obwohl dieser mittlerweile den größten Teil seiner

Zeit auf dem Familienwohnsitz in Preußen verbrachte, edle Rennferde züchtete und einmal die Woche auf die Jagd ging, so war er doch über all die Kilometer, die zwischen ihnen lagen, allgegenwärtig. Allgegenwärtig in seinen Entscheidungen, in seinen Gedanken, in seinen Taten. Als läge ein dunkler Schatten über ihm, als säße eine Marionette auf seiner Schulter, die ihn steuerte. Manipulierte. Aber war das nicht gut so? Hatte sein Vater nicht nur richtige Entscheidungen getroffen?

Der Einfluss seines Vaters schickte ihn über Berlin und München in die kleine Provinz, in diese elendige Kleinstadt. Hier unten sollte er Fuß fassen, angeblich, um Macht zu erlangen. Dieter Winter bezeichnete den Ort stets als die kleine Schwester Münchens. Eine Perle im Import und Export von Gütern, Knotenpunkt für das benachbarte Österreich. In München war der Nationalsozialismus eingeschlagen wie eine Bombe. Auch dort rannten die Bürger nach der Machtübernahme auf die Straßen und hielten Fackeln in die Luft. Ihre Euphorie schien einfach zu entflammen zu sein, so leicht, als würde man Benzin auf ein kleines Feuer schütten. Er würde derjenige sein, der die Flammen nährte und kontrollierte. Das war er seinem Vater schuldig.

Aber Erich Winter befand sich nicht wie von ihm gewünscht in der Landeshauptstadt. In München wollte er groß werden, sich einen Namen machen. Stattdessen war er hier unten, tief im Süden, wo die Luft nach Kuhmist schmeckte, wo die Menschen in einer unprivilegierten Mundart sprachen, die unvertraut in seinen Ohren klang, in einer Stadt, die andere Bräuche und Traditionen pflegte. Alles fremd. Zumindest gelang es ihm, schnell Kontakte aufzubauen. Kontakte, die ihm sein Vater empfohlen hatte.

Erwin Holzer, einem Parteigenossen, der als Jurist tätig war und Winter in seiner Kanzlei angestellt hatte, fühlte er sich eng verbunden. Obwohl Winter erst sechsundzwanzig

Jahre alt war, behandelte Holzer ihn nicht wie einen Jüngling, der gerade die erste Berufserfahrung sammelte; Holzer behandelte ihn ebenbürtig.

Die Machteroberung stieß bei der Bevölkerung hier im Süden auf Begeisterung. Ein großes Problem stellten die Kommunisten dar. Nur zwei Wochen zuvor waren sie zu einer Versammlung in eines der Wirtshäuser gekommen, bei der sich einige Kommunisten unter die Parteimitglieder gemischt hatten. Die Männer der SA hatten sie gewaltsam vor die Tür setzen müssen. Daraufhin hatte das Gesindel einen Fahnenmast mit der Parteiflagge umgesägt. Die Kommunisten waren es auch gewesen, die Winters Frau niedergetrampelt hatten. Am liebsten hätte er sie der Reihe nach an den Bäumen aufgehängt. Leider war das nicht möglich. Noch nicht.

Winter setzte seinen Hut auf und sah auf seine goldene Taschenuhr. Ein Geschenk seines Vaters. Er war eine halbe Stunde zu früh dran, also würde er pünktlich bei Holzer in der Kanzlei ankommen. Helene lag noch immer im Bett. Sie brauchte Ruhe. Wer wohl in der Zwischenzeit den Haushalt führte, wenn sie herumlag wie Falschgeld? Darüber konnte er sich später noch Gedanken machen. Bald würde er sich eine Haushälterin leisten können.

Er stieg in sein Auto und fuhr durch die verschneiten Straßen, bis er die Kanzlei erreichte. Rasant bog er auf den Parkplatz ein und sperrte den Wagen ab. Als er die Kanzlei betrat, begrüßte ihn Holzer mit dem Hitlergruß. Er überragte Winter um einen Kopf, seine Haare färbten sich an den Seiten bereits grau. Ebenso sein voller Schnauzbart.

»Hast du's schon mitbekommen? Die verdammten Kommunisten machen Rabatz«, kam er sofort zum Punkt. »Die ganze Innenstadt ist voll von ihnen. Ich habe bei Heinzmann angerufen und den Schnarchnasen bei der Polizei etwas Druck gemacht. Die sollen sich beeilen und die nette Zusammenkunft schnellstmöglich zerstreuen. Erst musste ich ihnen erklären, dass es erlaubt ist, den Roten einen Gummiknüppel über die Rübe zu hauen!«

Winter nickte zustimmend. Mit ihnen ging man viel zu achtsam um. Sie waren schließlich nicht aus Zucker. Gewalt erforderte Gegengewalt. Nach diesem Prinzip lebten selbst die primitivsten Tiere.

»Wir müssen etwas unternehmen, Erich. Die Kommunisten und Sozialisten aus dem Stadtrat rausbringen. Sie dürfen keinen Einfluss mehr haben, so einfach ist das. Meiner Meinung nach gehören die allesamt an die Wand gestellt und erschossen.«

»Schade um die guten Kugeln. Ein einfacher Strick reicht auch.« Holzer lachte, als hätte Winter einen Witz gemacht, doch es war sein voller Ernst.

»Über kurz oder lang werden wir sie schon los. Ich habe gestern mit Göring telefoniert. Auch er ist guter Hoffnung, dass die Partei noch mehr an Macht gewinnt. Er muss es ja wissen, wo der doch direkt an der Quelle sitzt. In erster Linie müssen wir die führenden Rosenheimer auf unsere Seite ziehen. Bürger, die uns von Nutzen sind. Bürger, die Einfluss haben. Anwälte. Architekten. Selbstständige. Ärzte.«

Ärzte. Sofort dachte Winter an Dr. Georg Sedlmayr. Er schien eine bekannte Persönlichkeit in der Stadt zu sein. Aber wie ließ er sich ködern? Winter bildete sich das Misstrauen, das er in seiner Praxis gespürt hatte, sicher nicht ein. Sedlmayr hatte seine Frau bestmöglich versorgt, dennoch hatte er sich selbst in seiner Gegenwart wie ein kleiner Schuljunge gefühlt. Unwissend. Neugierig. Unprofessionell. Gut, da wusste Sedlmayr noch nicht, dass er Mitglied der SA war. Sonst hätte er ihm gewiss anderen Respekt gezollt. Aber er gab Holzer recht. Sie mussten die hohen Tiere für ihre Sache gewinnen, dann würden die Schafe schon folgen.

»Wie steht Göring zu den Entwicklungen? Was hält er von den Juden?«

»Dasselbe wie wir auch«, bestätigte Holzer. »Sie besetzen unser ganzes Land wie blutsaugende Zecken und treiben es in den Ruin. Die Juden sind elende Ausbeuter, die nur auf ihren Gewinn aus sind und den Hals niemals vollbekommen können. Göring meint, dass sie an der Inflation schuld gewesen sind. Unsere Aufgabe ist es, dem deutschen Volk die Augen zu öffnen. Aufklärung. Berichte in den Zeitungen. Woher sollen sie es auch wissen, wenn wir sie nicht informieren.«

Winter lauschte aufmerksam, sichtlich zufrieden damit, dass Holzer genau das aussprach, was auch in seinem Kopf vor sich ging. Sie mussten nun als Parteimitglieder die Verantwortung übernehmen, Aufklärung in den Schulen betreiben, Artikel für die Zeitungen schreiben. Am besten machten sie sich sofort an die Arbeit. Alle Geheimnisse entlarven und an die Öffentlichkeit bringen. Die ganze Stadt, das ganze Land, nein, ganz Europa sollte erfahren, wer die Juden wirklich sind.

»Am 6. Februar findet unsere Siegesfeier zu Ehren Hitlers statt. Wir müssen Stillschweigen bewahren, nicht dass plötzlich Kommunisten auftauchen und einen Aufstand machen.«

»Das wird wohl durchzuführen sein.«

»Genauso schlimm wie die Kommunisten sind diese Katholiken. Pfarrer Resch und Chorregent Pfaffenhuber. Ich habe die beiden eingeladen, doch sie wollen nichts davon hören. Machen einen auf unpolitisch. Glaub mir, die machen mir nichts vor. Sie verabscheuen die Partei. Sie verabscheuen Hitler.«

»Noch«, sagte Winter kalt. Jeder war kleinzukriegen. »Wie geht es deinen beiden Söhnen?«, fragte er, um das Thema zu wechseln, da er spürte, wie die Wut unkontrollierbar in ihm aufkochte.

»Sehr gut, danke! Alfred ist jetzt Vorstand der Hitlerjugend. Er möchte wie ich Jura studieren. Ein Prachtbursche. Wie die Zeit vergeht, bald ist er achtzehn. Konrad eifert seinem Bruder nach. Er ist einer der sportlichsten Jungen in der Ortsgruppe.« Stolz schwang in Holzers Stimme mit.

»Das freut mich zu hören. Wenn Kinder von klein auf deutsch aufwachsen, dann werden sie auch anständige Deutsche. Schade, dass nicht jeder so denkt wie du, Erwin!«

Geschmeichelt fuhr sich der Anwalt durch den Schnauzbart und lächelte.

»Wie geht es Helene? Hat sie sich schon etwas erholt?«

»Wir waren gleich in der Nacht noch in der Praxis von Dr. Sedlmayr. Zwei Rippen sind gebrochen. Sonst zahlreiche Prellungen.«

Holzer schlug sich die Hand vor den Mund und seine Augen weiteten sich vor Entsetzen.

»Du liebe Zeit! Du weißt hoffentlich, von wem Sedlmayr seine Medikamente bezieht, mit denen er deine Helene behandelt?«

»Nein«, sagte Winter.

»Er holt sie bei Hans Sternlicht. Diesem Juden mit der Apotheke in der Innenstadt.«

Plötzlich war Winters Hals staubtrocken und er hustete laut. Unfassbar. Wenn er das gewusst hätte, hätte er Helene woanders hingebracht. Doch genoss Sedlmayr nicht den besten Ruf?

Winter nahm sich fest vor, den Doktor direkt damit zu konfrontieren. Er konnte seine Medikamente schließlich auch in arischen Geschäften erwerben. Dafür musste er nicht bei einem Juden einkaufen.

»Erich, ich muss mich wieder an die Arbeit machen. Lass uns in der Mittagspause weiterreden. Ich habe viele neue Fälle auf den Schreibtisch bekommen.«

Winter nickte und stand auf. Er glättete seine Uniform, riss den rechten Arm nach oben und verließ Holzers Büro, um in sein eigenes zu gehen. Auch er hatte viel Arbeit vor sich. Besser er fing gleich damit an.

6. Februar 1933

»Den haust du windelweich!« Simons aufmunternde Worte erreichten Jacob kaum. In seinen Augen lag Ferne. Volle Konzentration. Die Boxhandschuhe umschlossen seine Fäuste, und Schweißtropfen perlten über seine Stirn. Mit dem Unterarm wischte Jacob über seine blutende Nase. Mehr als einmal hatte sein Gegner harte Treffer gelandet. Schmerz pulsierte durch seinen Körper. Simon setzte ihm eine Trinkflasche an die aufgesprungenen Lippen und flößte ihm beinahe gewaltsam ein paar Tropfen Wasser ein. Seine Kehle war rau und trocken, sodass er husten musste.

»Der ist doch viel zu fett. Schau ihn dir an, der pfeift schon aus dem letzten Loch. Lass ihn noch ein bisschen tanzen und dann hau voll zu.« Simons Zuversicht rührte ihn. Sein Bruder, immer auf seiner Seite. Immer glaubte er an ihn. Noch nie hatte Simon ihn im Stich gelassen. Er war nicht nur der Beste im Armdrücken, sondern auch ein hervorragender Boxer, der ihn noch dazu selbst trainierte.

»Er ist zwei Jahre älter als ich«, begann Jacob, doch Simon fasste sein Gesicht mit beiden Händen und rüttelte ihn. Dabei blickte ihm sein Bruder tief in die Augen und endlich drangen seine Sätze zu ihm durch.

»Jeder ist zu schlagen. Denk an David gegen Goliath. Man muss nur wissen wie. Der Junge hat einen Schlag, wenn der dich kalt erwischt, gehst du schlafen. Aber du hast blitzschnelle Beine und eine Lunge wie ein Rennpferd. Mach ihn müde.« Simon hatte recht. Er musste recht haben, wenn er den Kampf gewinnen wollte. Die Glocke ertönte zur

45

nächsten Runde und Simon zog ihn auf die Beine. Zitterten diese etwa schon? Seine Knie schienen aus Gummi, sodass sie jeden Augenblick wegzuknicken drohten.

Sein Gegner wippte schon in der Mitte des Boxringes umher, die Fäuste schützend vor seinem Gesicht. Herbert Bauer. Das Los hatte angeblich entschieden, dass er gegen ihn kämpfen sollte, doch Jacob bezweifelte dies. Fakt war, dass Herbert zwei Jahre älter war, einen Kopf größer und bestimmt zehn Kilo mehr auf die Waage brachte als er selbst. Ein würdiger Gegner für seinen Bruder. Simon hatte die Wahrheit gesagt. Ein ungleicher Kampf. David gegen Goliath. Jude gegen Vorzeigedeutschen. Ein ausgeklügelter Plan, damit Herbert stolz die Schärpe über den Kopf ziehen und die Fäuste nach oben reißen konnte, während er selbst mit dem Gesicht auf dem Boden lag und den Schweißgeruch, der sich dort festgesetzt hatte, einatmen musste.

Mach ihn müde. Wie ein Echo hallten Simons Worte durch seinen Kopf. Beinarbeit. Technik. Geschwindigkeit. Der Schiedsrichter gab den Kampf frei und Herbert stürzte wie ein hungriger Wolf nach vorne. Keuchend bleckte er die Zähne. Sein nackter Oberkörper glänzte vom Schweiß. Die ersten Schläge wirbelten durch die Luft, ohne ein Ziel zu treffen, da sich Jacob unter seinen Fäusten pfeilschnell wegduckte. Rechts. Links. Runter. Ein paar Schritte zurück. Ein paar Schritte nach vorn. Herbert war Linkshänder. Das wusste Jacob von der Schule, doch auch spätestens, nachdem er ihn hart im Gesicht erwischt hatte. Mit der rechten Hand schlug Herbert viel langsamer zu. Als der Riesenkerl ausholte und ins Leere taumelte, machte Jacob einen Satz nach vorne und rammte ihm seine Faust mit voller Wucht leicht seitlich in den Bauch. Volltreffer. Er hatte den Schlag unterhalb von Herberts Brust platziert. Direkt in die Leber. Herbert jaulte laut auf und ließ sich zu Boden sinken. War der Kampf schon vorbei? Der Riese krümmte sich unter Schmerzen und der Schiedsrichter begann laut anzu-zählen. Simon jubelte aus den Rängen. Dann war Herbert plötzlich wieder auf den Beinen. Ein harter Knochen. Die Glocke ertönte und die beiden Kämpfer gingen in ihre Ecke.

»Die Pause ist viel zu früh«, maulte Simon. »Das hat der mit Absicht gemacht, damit er sich erholen kann. Ein richtig guter Schlag!«, lobte er und klopfte seinem Bruder anerkennend auf den Rücken.

»Ich hab ihn richtig erwischt. Man konnte es regelrecht spüren. Wie du es mir beim Training gesagt hast.«

»Schau ihn dir an! Er ist schon ganz bleich und kann kaum aufrecht sitzen. Sein Kreislauf verabschiedet sich bald. Ein Leberhaken ist tückisch.«

Simon war ein sehr guter Trainer. Er war in der Lage, die Körpersprache seines Gegenübers zu lesen und hatte sein Wissen an seinen kleinen Bruder weitergegeben. Als Kinder hatten sie viel gerauft und ihre Kräfte gemessen, doch einen ernsten Boxkampf würde es zwischen ihnen niemals geben.

Die Glocke schrillte erneut und Jacob stand auf einmal leichtfüßig auf. Ein Treffer, und jetzt schien auch sein Kopf wieder voll bei der Sache zu sein. Er glaubte wieder ans Gewinnen.

Herberts Augen flackerten verdächtig, so als würde er Mühe haben, wach zu bleiben, doch mechanisch holte er immer wieder zum Schlag aus. Sein Trainer rief wie wild Ratschläge in den Ring. Jacob täuschte mit links an und ließ seine rechte Faust gegen Herberts Kiefer prallen. Dieser zog seinen Gegner jetzt kräftig an sich heran und klammerte sich fest. Jacob versuchte sich aus der Umklammerung zu befreien, doch plötzlich durchzuckte ihn ein alles betäubender Schmerz. Herberts Faust hatte ihn mit voller Wucht unterhalb der Gürtellinie getroffen. Jacob zog die Luft ein wie ein Karpfen auf dem Trockenen, krümmte sich am Boden und wollte den Schmerz herausschreien. In Wellen pulsierte er durch seinen Körper und er hatte das Gefühl, sich sofort übergeben zu müssen.

»Er hat ihn unter der Gürtellinie getroffen! Das ist ein Foul!«, schrie Simon zornig, doch der Schiedsrichter reagierte nicht.

»Steh auf, du dreckiger, kleiner Jude und kämpfe anständig!«

Herberts Worte prasselten wie Nägel auf ihn herab. Verletzend. Zerstörend. Er war ihnen schutzlos ausgeliefert und sie taten mehr weh als alle Schläge zuvor. Jude. Das Wort schmeckte bitter auf seiner Zunge, als er es wisperte.

Das Publikum brach in Beifall aus und Herbert riss die Hände in Siegerpose nach oben. Nein. So einfach konnte er es ihm nicht machen. David gegen Goliath. David gegen Goliath.

Jacob biss die Zähne zusammen und rappelte sich unter den Zurufen seines Bruders auf. Nach Anzahl der Treffer konnte er nicht mehr gewinnen. Außerdem war das Ganze ein ausgemachtes Spiel, wenn der Schiedsrichter nicht einmal bei einem Tiefschlag einschritt. Ein K.O. war alles, was zählte. Jacob wollte seine Fäuste in Herberts grinsender Fratze versenken. Er wollte, dass sein arrogantes Lachen verstummte. Er wollte respektiert werden. Beweisen, dass auch ein Jude kämpfen konnte. Jacob nickte dem Schiedsrichter zu, der überrascht die Augenbrauen hob.

»Brechen Sie den Kampf ab. Sehen Sie nicht, dass der kleine Jude schon völlig am Ende ist«, rief Herberts Trainer hinein, doch der Schiedsrichter gab die neue Runde frei.

Der Riese hatte Kraft getankt, während er selbst am Boden wie ein Wurm herumgekrochen war. Jacob spürte aber, dass Herbert nicht mehr Herr seiner Emotionen war. Blanker Hass sprang aus seinen Augen. Er drosch blind vor Wut drauflos, ohne auf seine Technik zu achten. Da. Keine

Deckung. Mit der Rechten holte Jacob aus und erwischte Herbert hart an der Schläfe. Wie ein Mehlsack fiel er um. Unkontrolliert. Bewusstlos.

»Eins. Zwei. Drei ...«, begann der Schiedsrichter, und Simon sprang bei Zehn in den Ring und hob Jacob vor Freude schreiend nach oben. Ein breites Grinsen huschte über sein Gesicht und erst da wurde Jacob bewusst, dass er gewonnen hatte. Der Kampf war zu Ende. Herbert hatte das Bewusstsein zurückerlangt und rappelte sich benommen auf.

»Das ist ungerecht«, beschwerte sich sein Trainer und rannte wild gestikulierend auf den Schiedsrichter zu. »Der war doch schon am Boden, der Kampf war schon längst zu Ende.« Mit seinem Wurstfinger deutete er auf Jacob, das Gesicht feuerrot.

Der Schiedsrichter schüttelte aber entschlossen den Kopf, ging auf Jacob zu und riss dessen Hand nach oben. Ein K.O. war schließlich ein K.O. Daran gab es nichts zu rütteln.

Glücksgefühle strömten wie Quellwasser durch Jacobs Körper. Er hatte tatsächlich Herbert Bauer besiegt. Dieser stampfte wie ein Kleinkind auf und schimpfte vor sich hin. Sein Trainer versuchte ihn zu beruhigen. Endlich trat er einen Schritt auf Jacob zu, der dachte, dass Herbert ihm gratulieren wollte. Stattdessen starrte er ihn hasserfüllt an.

»Das wirst du bereuen, du verdammter Jude! Du hast gerade dein Todesurteil unterschrieben. Ich mache dich fertig.« Im Vorbeigehen funkelte er Simon an, der spöttisch grinsend die Arme vor der Brust verschränkte und Herbert frech in die Augen sah.

»Dann viel Glück. Du musst es wohl gegen uns beide aufnehmen, aber jetzt hast du schon einmal gegen meinen kleinen Bruder verloren.«

Herbert schnaubte wie ein Rhinozeros und war kurz davor, Simon zu schlagen. Er hatte bereits die Boxhandschuhe achtlos auf den Boden geworfen und knackte mit den

Fingerknöcheln. Die Fäuste geballt, ihre Gesichter nur wenige Zentimeter voneinander getrennt.

Auf einmal entschied sich Herbert aber gegen einen Kampf und verließ zornig den Boxring. Als sein Trainer ihn berühren wollte, schlug er dessen Hand von seiner Schulter. Simon hob Jacob in die Luft und setzte ihn auf seine Schultern.

»Du hast gewonnen. Du hast gewonnen!«

Mit einem Mal war die Euphorie, die eben noch vollständig von ihm Besitz ergriffen hatte, wie weggeblasen. Herbert hatte seine Worte ernst gemeint. Eine schreckliche Wahrheit. Er würde alles daransetzen, ihm ab sofort das Leben zur Hölle zu machen. In der Schule. Im Schulhof. Auf dem Heimweg. Überall. Jacob wusste, dass Herbert nicht alleine war, er hatte Rückendeckung. Jacobs Herz rutschte ihm in die Hose. Er fühlte sich nicht wie ein Gewinner. Er fühlte sich klein und schwach. Wie ein ängstliches Rehkitz, das dem Rudel Wölfe schutzlos ausgeliefert ist. Während der Schiedsrichter ihm die Siegesschärpe über den Kopf zog, fühlte er sich wie der größte Verlierer aller Zeiten.

Winter beäugte sich im Spiegel, als er sich für die Siegesfeier der Nationalsozialisten ankleidete. Seine hellbraunen Haare klebten ihm aus unerfindlichen Gründen an der Stirn und ließen sich nicht bezähmen. Langsam verlor er die Geduld. Unter den Fransen blickten ihn hellgrüne Augen an. Winter war nicht besonders groß gewachsen und seine Beine formten sich zu einem leichten O. Obwohl er seinen schmalen, schmächtigen Körperbau verabscheute, liebte er nichts mehr als seinen Anblick in der SS-Uniform. Wenn sein Vater ihn doch nur so sehen könnte. Sobald sich die Uniform an seinen Körper schmiegte, fühlte er sich viel größer, stärker und mächtiger. Er war jemand. Eine Persönlichkeit. Das Hakenkreuz zierte seinen linken Oberarm.

Winters Frau Helene tauchte im Spiegelbild auf, und ihr Atem kitzelte ihn im Nacken.

»Du weißt, dass ich es nicht ausstehen kann, wenn du dich so anschleichst.«

»Du siehst einfach fabelhaft aus, Erich. Beeindruckend!«, raunte sie voller Ehrfurcht und er nickte ihr zu. Seit gestern schien es mit ihr wieder etwas bergauf zu gehen. Endlich war sie wieder in der Lage Treppen zu steigen, denn das ewige Rauf und Runter, wenn sie etwas benötigte, ging ihm gehörig auf die Nerven.

»Diese Uniform«, schwärmte sie weiter, »sie macht dich zu einem Helden.« Lächelnd küsste sie ihn auf die Wange. Ihre Lippen kratzten leicht über seine Haut.

»Ich muss los, Helene. Überanstrenge dich bitte nicht.« Er küsste sie flüchtig, befestigte dann noch seinen Schlagstock am Gürtel und verließ das Haus. Er fuhr mit dem Auto zur Kanzlei und stellte es auf dem Parkplatz davor ab. Erwin Holzer erwartete ihn bereits, auch er trug seine SS-Uniform.

Zu Fuß machten sich die beiden Männer auf den Weg zur Wirtschaft. Vor dem Gasthaus blähte sich die nationalsozialistische Flagge im Wind. Winter und Holzer salutierten zackig und betraten dann den Keller. Die anderen Parteimitglieder, die bereits anwesend waren, begrüßten sie mit einem lauten »Heil Hitler«. Winter und Holzer nahmen am Stammtisch Platz und der Wirt reichte ihnen sofort einen vollen Bierkrug.

»Die Sozis und die Kommunisten haben ihre Reichsbanner auf dem Max-Josefs-Platz aufgestellt. Genau da geht unser Siegeszug durch«, rief einer der Männer und Winter knallte seinen Krug auf den Tisch. Schon wieder wollten diese Volksverräter alles ruinieren.

»Wir gehen auf der Stelle los!« Holzer erhob sich. »Lieber reagieren wir sofort und mit aller Härte, bevor sie noch einen Aufstand anzetteln. Und noch einen. Und noch einen. Diesen Tag lasse ich mir von denen nicht kaputt machen und wenn ich ihnen eigenhändig mit dem Schlagstock die leere Rübe einschlage!«

Das Lachen der Parteimitglieder erfüllte den Keller, einige stimmten zu. Die Männer ließen ihre halbvollen Maßkrüge stehen und machten sich sofort auf den Weg.

Die Straße des Siegeszugs quoll über vor Menschen. Viele waren gekommen, um ihren Triumph zu feiern, die anderen waren hier, um ihn mit allen Mitteln zu zerstören. Winter führte zusammen mit Holzer die erstere Gruppierung an. Als sie die Riederstraße passierten, stellten sich ihnen einige kommunistische Anhänger demonstrativ in den Weg.

»Hier könnt ihr nicht durch«, begann der Erste, doch kaum waren diese Worte über seine Lippen gekrochen, brannten bei Winter die Sicherungen durch. Er packte seinen Schlagstock und schlug zu. Er traf den Mann an der Schulter, der entsetzt aufschrie und das Weite suchte. Seine Freunde rissen vor Schreck die Augen auf, doch Winter war schneller. Bevor sie abhauen konnten, drosch er noch ein paarmal auf ihre Rücken ein. Jeder Schlag fühlte sich besser an. Richtig. Befreiend.

Als er wieder ausholte, wurde er plötzlich selbst von den Beinen gerissen. Etwas Hartes hatte ihn am Kopf getroffen und er sackte zusammen. Dann durchfuhr ihn ein stechender Schmerz, und als er nach seinem rechten Oberarm tastete, färbte sich seine Hand rot. Blut. Plötzlich sah er erneut die Klinge vor ihm auftauchen. Bevor sie ihm eine weitere Verletzung zufügen konnte, hatte einer seiner Männer die Situation erkannt und den Angreifer zu Boden gestreckt.

»Abführen!«, schrie Winter zornig. »Abführen!« Der Mann wurde hochgezerrt und weggebracht.

Winter rappelte sich auf. Schwindel. Nein, das hier war sein Tag. Sein Siegeszug. Er ließ sich das sicher nicht wegen eines kleinen Kratzers verderben.

»Du blutest.« Holzer hatte sich durch die aufgebrachte Menge einen Weg zu ihm gebahnt und besah seinen Oberarm. »Die Uniform ist aufgerissen und du hast eine ziemliche Wunde.« Die Uniform! Das durfte nicht sein. Erst wenige Male hatte er sie getragen und schon jetzt war sie zu seinem wertvollsten Schatz geworden.

»Du musst sofort ins Krankenhaus.« Winter schüttelte den Kopf. Er würde sicher nicht weggehen und seine Feier versäumen. Doch der Arm begann langsam zu schmerzen und wieder wurde ihm schwindelig.

»Also schön. Ich gehe zu Sedlmayr. Seine Praxis ist nicht weit von hier.«

»Ich begleite dich. Du solltest jetzt nicht alleine gehen«, bot Holzer an.

Winter winkte ab und setzte sich in Bewegung. Als er an einem der Kommunisten vorbeiging, spuckte dieser ihm abschätzig vor die Füße. Genug war genug. Winter rief seine Männer zusammen, die ihre Schulterriemen abschnallten, sie als Peitschen verwendeten und mit roher Gewalt auf die Parteigegner losgingen. Jetzt machte sich auch endlich die Polizei nützlich und unterstützte sie nach Kräften mit ihren Gummiknüppeln. Nach wenigen Minuten war der gesamte Platz geräumt, zurück blieb Chaos. Zeitungen lagen zerfetzt auf dem Asphalt, kaputte Flaschen breiteten sich aus, in ihren Scherben glitzerte die Sonne.

Wenn er sich beeilte und in der Praxis sofort drankam, konnte er noch an der Feier teilnehmen. So schnell es seine Beine erlaubten, marschierte Winter über den Platz, schlängelte sich durch ein paar Straßen und erreichte die Arztpraxis von Dr. Sedlmayr. Ohne sich anzumelden oder im Wartezimmer Platz zu nehmen, riss er die Tür zum

Behandlungszimmer auf. Sedlmayr fuhr erschrocken herum.

»Was zum Teufel …«, begann er.

»Ich brauche eine Behandlung«, herrschte Winter ihn an.

Das Kind, das auf dem Behandlungstisch saß und aus einer Wunde am Kopf blutete, blickte ihn mit angsterfüllten Augen an. Auch seiner Mutter stand der Schrecken im Gesicht, und sie legte den Arm um den kleinen Jungen.

»Ich bin verletzt. Eine Stichwunde.« Winters Stimme überschlug sich beinahe vor Zorn. Noch wütender machte es ihn, dass Sedlmayr in völliger Gelassenheit aufstand und zu ihm ging. Mit hochgezogenen Augenbrauen besah er seine Wunde.

»Das ist nichts Lebensbedrohliches. Warten Sie einen Moment vor der Tür. Ich bin gleich für Sie da.«

Wie bitte! Er hatte als Mitglied der SS wohl das Recht, vor einem Kind an die Reihe zu kommen. Winter wollte protestieren, doch Sedlmayr schob ihn vor die Tür. Nach wenigen Minuten öffnete sich diese wieder und die Mutter trug ihren Sohn auf dem Arm heraus. Als sie an Winter vorbeihuschte, beschleunigte sie ihre Schritte.

»Was erlauben Sie sich!«, rief Winter, doch der Doktor hob nur die Hand und brachte ihn so zum Schweigen.

»Ich dachte, Sie sind schwer verletzt. Dann schreien Sie gefälligst nicht so herum. Das Wartezimmer ist voll und nicht jeder braucht Ihren Auftritt mitzubekommen.«

Fassungslos über diese Frechheit ließ sich Winter auf den Behandlungstisch fallen, zog die Uniformjacke aus und legte seine blutende Wunde frei.

»Was ist passiert?«, wollte Dr. Sedlmayr wissen.

»Kommunisten«, sagte Winter, als wäre dies die Antwort auf Sedlmayrs Frage. »Sie haben mich beim Siegeszug überfallen und wollten mich abstechen. Ich habe mich aber gewehrt und so haben sie mich nur am Arm erwischt.«

Erneut zog Sedlmayr die Augenbrauen nach oben, schwieg aber. Er reinigte die Wunde und nahm sie genauer unter die Lupe.

»Das muss genäht werden«, stellte er trocken fest. Er drehte sich um, ging zu seinem Arzneischrank und zog mit der Spritze eine Flüssigkeit auf. Nachdem er sie Winter injiziert hatte, begann er mit der Arbeit. Zehn Stiche waren notwendig. Argwöhnisch drehte er den Kopf und musterte seinen Oberarm.

»Bleiben da Narben zurück?«

»Gewiss. Aber Sie können sicherlich stolz darauf sein.«

Winter lächelte breit und mit einem Mal war seine Wut verblasst. Der Tag hatte sich doch als Glückstag entpuppt. Immerhin hatte er eine Stichverletzung erlitten, die von einem Kommunisten stammte. Der Täter war leicht dranzubekommen Er konnte sich auch an die Zeitung wenden, die über den Vorfall berichten würde. Außerdem konnte Helene ihn für seinen Mut bewundern. Sie würde vor Dankbarkeit, dass er überlebt hatte, auf die Knie sinken.

Sedlmayr war gerade dabei, den Oberarm mit geübten Händen zu verbinden. Als er fertig war, zog Winter sein Hemd über den Kopf, stand auf und schüttelte dem Arzt die Hand.

»Vielen Dank, dass Sie sich die Zeit nehmen konnten. Ich weiß das zu schätzen.«

Sedlmayr kramte in seinem Schrank herum und wandte ihm den Rücken zu. »Ich hoffe, Ihrer Frau geht es inzwischen besser.«

»Sie fühlt sich deutlich kräftiger und kann schon etwas mehr im Haus herumlaufen.«

»Freut mich zu hören.«

»Auf Wiedersehen, Herr Doktor.«

»Auf Wiedersehen, Herr Winter.« Er war sich sicher, dass Sedlmayr mit Absicht verweigerte, ihn bei seinem

Dienstgrad zu nennen. Als würde ein einfaches Herr Winter bei ihm ausreichen.

Winter verließ die Praxis und schlenderte durch die geräumten Straßen. Die SA hatte die Oberhand behalten, so wie es sein sollte. Auf dem Weg zurück zur Kanzlei traf er auf Holzer.

»Wie geht es dir, Erich? Ist alles in Ordnung?« Die Besorgnis war deutlich aus seiner Stimme herauszuhören. Winter hasste es, wenn er diese Art von Aufmerksamkeit erhielt. Sorge. Mitleid.

»Alles gut.« Er winkte ab. »Wie ist die Feier gelaufen?«

»Die SA ist gerade dabei, ein paar Wohnungen zu durchsuchen. So können wir die Kommunisten entlarven. Stell dir vor, der Bürgermeister ist auf uns zugekommen, um sich zu beschweren.« Dicke Flocken wirbelten vom Himmel und setzten sich auf Winters Hut und seine Uniform. »Er war völlig außer sich und war doch tatsächlich der Meinung, dass wir zu hart vorgegangen wären.« Winter konnte nicht anders. Er brach in schallendes Gelächter aus und verstummte erst, als der Schmerz in seinem Oberarm zu groß wurde.

»Du machst Witze!«

»Nein. Er hat auch gesagt, dass es Aufgabe der Polizei sei, Aufstände zu kontrollieren, und nicht die der Partei. Er hat wohl Tomaten auf den Augen. Ich habe ihm zwar versichert, dass wir in Notwehr handeln mussten, aber wir lassen uns sicher nicht von den Kommunisten angreifen. Der Bürgermeister sollte mal deinen Arm sehen.«

Winter nickte zustimmend. »Angeblich wurden auch Schaulustige und Passanten verletzt.«

»Das kann ich mir nicht vorstellen. Es wird schon die Richtigen mit dem Knüppel erwischt haben.« Er schnippte ein paar lästige Flocken von seiner Uniform.

»Dieser Herr Bürgermeister klang ja nicht unbedingt begeistert.«

Holzer schüttelte energisch den Kopf. »Nein, es hat sich fast so angehört, als wäre er ein Gegner der Nationalsozialisten.«

»Den müssen wir loswerden.« Winters Stimme war leise, beinahe sanft wie der Schneefall. Holzer schien ganz Ohr.

»Wir brauchen noch mehr Stimmen. Es muss so aussehen, als wären die Kommunisten an allem schuld.«

»Waren sie doch auch. Sie haben den Aufstand angezettelt. Sie haben mir ein Messer in den Arm gerammt. Hätten wir uns nicht gewehrt, wäre ich vermutlich nicht mehr hier.«

»Ich werde mich sofort an die Pressestelle wenden. Die Bürger müssen schließlich erfahren, dass wir sie vor den Kommunisten beschützen wollten. Sie haben sich heute mehr denn je als Feinde des Reiches ausgesprochen.«

»Das spricht der Jurist, Erwin. Erstaunlich wie schnell du weiterdenkst. Wirklich beeindruckend. Wir müssen die Presse für uns gewinnen. Jeder idiotische Bauer, jeder Maurer und jeder Kanalarbeiter glaubt doch den Zeitungen, als würde das Wort Gottes gepredigt. Wenn wir die Presse auf unsere Seite ziehen, dann gewinnen wir die ganze Stadt.«

Holzer klopfte ihm väterlich auf die Schulter. »Genau so machen wir es. Ich wende mich sofort an die Pressemitarbeiter, damit sie von den heutigen Angriffen der Kommunisten berichten. Nicht, dass die am Ende schneller auf der Matte stehen als wir.«

Die beiden Männer verabschiedeten sich. Holzer machte sich auf den Weg zur Pressestelle, während Winter nach Hause wollte, zu Helene. Ihre Augen würden aufleuchten, wenn er ihr die Verletzung zeigte. Er hatte schließlich eine Messerattacke überlebt. Winter konnte es kaum erwarten, von seiner Heldentat zu berichten. Er musste wieder zu Kräften kommen. Nicht nur sein Arm war getroffen worden, sondern auch sein Selbstbewusstsein. Zu Hause konnte er seine Wunden lecken und sich von Helene bestaunen lassen.

28. Februar 1933

Erschrocken fuhr Hannah aus dem Schlaf, als sie im Wohnzimmer das Telefon klingeln hörte. Ihre langen Haare klebten im Nacken und sie strich sich eine Strähne von den Augen. Das Mädchen schlug die Federdecke weg und tapste barfuß über den kalten Boden. Auf Zehenspitzen schlich sie in ihrem Nachthemd die Treppe nach unten.

Ihr Vater musste schon beim ersten oder zweiten Klingeln aufgesprungen sein, da er trotz des verletzten Beines schneller unten war als sie. Eine noch nie gesehene Sorgenfalte zog sich quer über seine Stirn, während er sich den Hörer ans Ohr presste. »Und dir ist auch sicher nichts passiert?«

Hannahs Herz hämmerte hart gegen ihre Brust. Was konnte passiert sein? Wer war am Telefon? Vorsichtig schlich sie zu einem der grünen Samtsessel und ließ sich auf das Polster sinken.

»Das ist nicht dein Ernst!«, fuhr ihr Vater fort. »Brandstiftung! Sind sie sich absolut sicher?«

Hannah setzte sich alarmiert auf. Plötzlich erschien ihre Mutter im Wohnzimmer. Sie bemerkte ihre Tochter sofort auf dem Stuhl. »Was machst du denn hier unten? Belauschst du etwa deinen Vater?«

Georg Sedlmayr fuhr herum, legte dann die Hand über die Sprechmuschel und wandte sich seiner Frau und seiner Tochter zu.

»Der Berliner Reichstag hat gebrannt! Onkel Tim ist am Apparat«, meinte er aufgelöst. Obwohl Theresa gerade erst aufgestanden war, hatte sie sich bereits das Haar glatt gekämmt und einen Seidenmantel über das Nachthemd geworfen.

»Wie bitte? Frag ihn, wie das passieren konnte.«

Georg war wieder in das Gespräch vertieft, doch Theresa ließ nicht locker.

»Jetzt frag ihn doch endlich, wie das passieren konnte. War er vor Ort? Wie viel ist abgebrannt?« Fragen über Fragen. Als ihr Mann nicht antwortete, ging Theresa auf ihn zu und wollte ihm das Telefon aus der Hand nehmen.

»Einen Augenblick bitte, Tim.« Georg drehte sich zu seiner Frau um. »Resi, was soll das. Ich bin gerade am Telefon. Wenn ich fertig bin, erzähle ich alles.« Theresa warf ihr schulterlanges Haar zurück und verschränkte mit wütender Miene die Arme vor der Brust. Onkel Tims Stimme am anderen Ende der Leitung konnte man leider nicht verstehen, aber er redete offenbar wie ein Wasserfall. Endlich verabschiedete sich Georg und hängte auf.

»Was ist nun?«, fuhr ihn Theresa an.

»Brandstiftung«, erwiderte er knapp, und Theresa schlug sich theatralisch die Hände vor den Mund.

»Wie ist das möglich? Wer zündet denn den Reichstag an?«

Tim Sedlmayr war Georgs älterer Bruder und Abgeordneter der Sozialisten im Berliner Reichstag. Seit etlichen Jahren lebte er nun schon mit seiner Frau und den beiden Kindern in der Hauptstadt. Er bekam alle politischen Auswirkungen sofort aus erster Hand mit.

»Bereits in der Nacht wurde die Verordnung des Reichspräsidenten zum Schutz von Volk und Staat verfasst. Direkt nach dem Brand! Die Öffentlichkeit weiß noch gar nichts davon. Tim hat es nur im Vorfeld erfahren, da er Abgeordneter ist und es die Runde gemacht hat. Unfassbar! Mit diesem Gesetz sind praktisch alle Grundrechte der

Weimarer Verfassung außer Kraft gesetzt. Tim meint, dass dieser Schritt den Weg zur Verfolgung aller politischen Gegner legalisiert. Er muss aufpassen.«

»War er dabei, als der Reichstag in Flammen aufging?«, wollte Theresa wissen, ohne auf die Aussage ihres Mannes einzugehen.

»Nein. Er hat einen Anruf erhalten und ist sofort losgefahren. Ein gigantisches Feuer hat ganz Berlin erhellt. Die Kuppel ist von den Flammen fast vollständig verschlungen worden.« Theresa zog lautstark Luft durch die Schneidezähne. »Auch der Sitzungssaal ist abgebrannt. Tim meint, dass die Polizei verschiedene Brandnester entdeckt hat. Alles deutet auf Brandstiftung hin.«

»Wer könnte das Feuer gelegt haben?«, schaltete sich Hannah nun ein und rutschte auf ihrem Stuhl hin und her. Theresa schenkte ihr einen überraschten Blick.

»Sie haben einen Maurer festgenommen. Einen Marinus van der Lubbe.«

»Nie gehört den Namen«, meinte Hannahs Mutter. »Wahrscheinlich waren es wieder die Kommunisten. Selbst hier in unserer kleinen Stadt treiben sie ihr Unwesen.«

»Die Nazis wollen doch nur, dass wir das alle glauben. Tim meinte auch, dass sie das Feuer womöglich selbst gelegt haben und jetzt einen Schuldigen suchen, den sie der Presse zum Fraß vorwerfen können. Das klingt für mich plausibel. So schnell wie sie ihr neues Gesetz verfasst haben. So etwas schreibt sich doch nicht in einer halben Stunde, noch dazu mitten in der Nacht. Wahrscheinlich haben sie nur darauf gewartet, es schnellstmöglich aus der Tasche zu ziehen. Das alles ist doch bis ins kleinste Detail geplant worden! So können sie den Schwarzen Peter schön den Kommunisten zuschieben.«

»Was redest du da für einen Blödsinn? Und das vor Hannah. Morgen rennt sie in der Schule rum und erzählt den

Lehrern davon. Solche Lügen kommen bestimmt gut an. Das fällt dann bloß auf uns zurück.«

Hannah schluckte ihre Wut hinunter. Ihre Mutter redete über sie, als wäre sie ein kleines, dummes Mädchen, das herumlief und jedem unter die Nase rieb, was in der Familie gesprochen wurde. Doch sie biss sich auf die Zunge. Es machte keinen Sinn, etwas zu erwidern.

»Mit deinen Hirngespinsten bringst du noch unsere komplette Familie in Gefahr. Was bedeutet es schon für uns hier unten in Bayern, wer das Feuer letztendlich gelegt hat? Es liegen mehrere hundert Kilometer zwischen uns und Berlin.«

»Tim hat mir noch erzählt, dass Hitler außer sich war. Er hat getobt, dass er alle Kommunisten aufhängen lässt, und noch in der Nacht hat Göring die kommunistische Presse verboten. Alle Parteibüros wurden geschlossen und 1500 Mitglieder der KPD warten im Gefängnis auf ihre Anklage. Hörst du das? Fast die ganze Reichsfraktion ist inhaftiert.« Theresa seufzte laut hörbar. »Dieser Herr van der Lubbe hat behauptet, dass er Verbindungen zur SPD gehabt hätte. Tim hat seinen Namen aber noch nie gehört. Jetzt können sie die Sozis auch noch zum Sündenbock machen. Die sozialdemokratische Presse wurde für vierzehn Tage verboten.«

»Da können wir nur hoffen, dass sich Onkel Tim nichts zuschulden hat kommen lassen.«

Georg erbleichte. »Denkst du wirklich, dass mein Bruder ein Brandstifter ist?«

»Ich denke gar nichts. Ich will jetzt in Ruhe frühstücken.« Sie drehte sich um und rief nach Sofia. »Ich würde es sehr begrüßen, wenn du erst einmal etwas Abstand zu Tim nimmst und nicht täglich mit ihm telefonierst.«

»Er ist mein Bruder!«

»Ich bin mir dessen schon bewusst, Schorsch. Aber am Ende werden noch die Telefone der Verdächtigen überwacht und ich habe keine Lust darauf, dass die Polizei auf unseren Namen kommt.«

»Er ist kein Verdächtiger!«, donnerte Georg Sedlmayr.

»Du widersprichst dir. Gerade eben hast du doch selbst gesagt, dass die Sozialisten auch daran beteiligt gewesen sein sollen. Tim gehört dieser Partei an. Ich zeige dir nur die Fakten auf.« Mit diesen Worten ging Theresa Sedlmayr in die Küche.

Georg Sedlmayr blickte auf das Telefon, als würde es jede Sekunde erneut klingeln und bessere Nachrichten liefern.

»Sind nicht bald Wahlen?«, erkundigte sich Hannah vorsichtig. »Es steht in den Zeitungen.«

Ihr Vater nickte. »Kannst du dir vorstellen, was das für die NSDAP bedeutet? Jeder wird sie wählen. Jeder! Die Partei hat jetzt eine blütenweiße Weste. Sie ist schließlich das Opfer gemeiner Angriffe. Bessere Presse gibt es nicht für sie!«

»Aber du wählst sie doch nicht, Papa. Mama nicht, und Hans und Sarah Sternlicht auch nicht.«

Er nickte abwesend. Plötzlich fuhr er zu ihr herum und fasste sie mit beiden Händen an den Oberarmen.

»Hannah, hör mir zu. Du darfst so etwas niemals außerhalb dieses Hauses sagen. Hörst du mich?!« Er packte so fest zu, dass es langsam schmerzte, doch das Mädchen nickte erschrocken. Was war nur in letzter Zeit mit ihrem Vater los? »Du bist jetzt kein kleines Mädchen mehr. Weißt du noch, was ich nach der Machtübernahme gesagt habe?«

»Hitler bedeutet Krieg.«

Ihr Vater küsste sie auf die Haare. »Ganz genau. Man wird große Schwierigkeiten bekommen, wenn man öffentlich etwas gegen ihn oder die Partei sagt. Ich habe schon einmal einen Krieg erlebt. Es ist immer gleich. Erst Euphorie, dann folgt die Katastrophe.« Bisher hatte ihr Vater vor ihr noch nie den Krieg angesprochen und war all ihren Fragen stets ausgewichen.

Das Telefon schrillte bedrohlich und Georg Sedlmayr riss beim ersten Läuten den Hörer von der Gabel.

»Sie machen jetzt Hausdurchsuchungen!«, hörte sie Onkel Tim atemlos ins Telefon sagen. Ihr Vater hatte das Gespräch laut gestellt. »Die SA darf jetzt jeden verhaften, ohne auch nur einen Grund zu nennen. Es gibt keinen Rechtsschutz mehr. Von ein paar Mitgliedern der SPD haben sie bereits die Wohnungen durchsucht, alle Briefe herausgekramt und gelesen. Die Wohnung sieht aus wie nach einem Bombenangriff. Ich habe Angst, dass sie auch uns unter die Lupe nehmen.«

»Beruhige dich, Tim. Sie werden nicht in deine Wohnung kommen. Dafür bist du ein zu kleiner Fisch im Ozean.«

»Sag das nicht. Die Wohnungen, die durchsucht wurden, waren jene von so kleinen Fischen. Was noch schlimmer ist: Hitler will für die Brandstiftung rückwirkend die Todesstrafe einführen.«

»Was! Das kann doch nicht wahr sein. Er weiß doch gar nicht, wer es war.«

»Das ist offenbar völlig egal. So kann er ein paar Parteigegner umbringen lassen. Als Abschreckung.«

»Eine Katastrophe. Bleib du nur in deiner Wohnung und versuche nicht weiter aufzufallen. Wie geht es Cilly und den Kindern?« Georg Sedlmayr klang ernsthaft besorgt.

»Alle sind hier. Wir werden das Haus die nächsten Tage nicht verlassen, bis wieder etwas Ruhe eingekehrt ist. Wir haben genug daheim an Konserven und Trinkwasser.«

Hannahs Vater stellte das Gespräch wieder auf lautlos.

»Tim«, sagte er eindringlich, »besitzt du etwas, was ihnen missfallen könnte? Irgendetwas, das dich belastet? Einen Brief? Dokumente?«

Onkel Tim antwortete, doch Hannah konnte seine Worte nicht mehr verstehen.

»Wenn sie jetzt jeden Brief öffnen, dann verbrenne alles, was du hast. Alles, was dich irgendwie belasten könnte. Alles!«

Die Treppe knarzte und Hannah bemerkte, wie Hermann die Stufen herunterkam. Als er sah, dass sein Vater am Hörer war, blieb er wie angewurzelt stehen und hob fragend die Augenbrauen.

»Onkel Tim aus Berlin. Der Reichstag hat gebrannt«, wisperte Hannah ihrem Bruder zu. Dieser schlug die Hand vor den Mund und eilte zu ihnen ins Wohnzimmer. Georg Sedlmayr hängte auf. Er erzählte seinem Sohn alle Informationen, die er zuvor auch mit Hannah geteilt hatte.

»Tim meint, dass er bald aus dem Reichstag verbannt wird. Alle anderen Parteien sollen auch raus. Die NSDAP plant, einstimmig gewählt zu werden.«

»Wie soll das denn möglich sein? Das hat bisher noch keine Partei geschafft.« Hermann klang zuversichtlich.

»Tim hat noch etwas gesagt«, begann Georg vorsichtig. »Hitler lässt sich permanent über die Juden aus. Alle jüdischen Abgeordneten sind aus dem Reichstag verschwunden. Wie vom Erdboden verschluckt. Keiner weiß, wo sie hingekommen sind. Er bezeichnet sie als Feinde des Reiches.« Stille.

Hannah merkte, wie ihr die Tränen in die Augen stiegen, doch sie schluckte tapfer den Kloß, der sich in ihrem Hals gebildet hatte, hinunter. Hermann legte tröstend den Arm um ihre Schulter.

»Keine Angst, Hannah. Wir sind viel zu weit weg. Den Sternlichts passiert schon nichts. Hans ist kein Abgeordneter und schließlich wohnen sie nicht in der Hauptstadt. Die interessieren Hitler doch gar nicht.« Seine Worte taten gut, linderten die Angst, konnten sie aber doch nicht vollständig aus Hannahs Herzen verbannen.

»Es gibt Millionen von Juden. Die kann man nicht mir nichts dir nichts loswerden. Das ist einfach unmöglich«, meinte Hermann weiter.

»Wollen wir hoffen, dass sich Hitlers Judenhass legt. Er verspricht der Bevölkerung Arbeitsplätze und behauptet, dass die Juden ihre Arbeit besetzen. Anscheinend gab es schon etliche Ausschreitungen.«

»Aber das ist in Berlin, Papa. Da sind doch alle ziemlich verrückt dort. Hier auf dem Land ist alles anders.«

»Hier auf dem Land verspricht Hitler vor den Wahlen, dass die Bauern entschuldet werden sollen. Autobahnen sind geplant. Die Rüstungsindustrie wird angekurbelt. Das verspricht Millionen von Arbeitsplätzen. Auch hier bei uns.«

Hermann stimmte seinem Vater zu. »Das alles klingt wirklich so, als ob Hitler einen Krieg plant. Du hast recht, Vater.«

»Was geschieht, wenn Krieg ausbricht?« Hannah wagte kaum diese Frage laut auszusprechen. Ihre Stimme war dünn wie ein Seidenfaden. Hermann wandte sich seiner Schwester zu und beugte sich leicht zu ihr hinunter.

»Alles ist gut, Hanni. Vielleicht gibt es ja auch gar keinen Krieg. Vielleicht möchte Hitler einfach mehr Arbeitsplätze schaffen, damit jeder Bürger zufrieden ist. Jetzt mach dir keine Gedanken.«

Hermann meinte es gut mit ihr, doch Hannah wusste, dass er log. Er merkte doch selbst, dass Jacob und Simon Sternlicht in der Schule ausgegrenzt wurden. Dass sie eine einfache Zielscheibe für die Hänseleien der Lehrer waren, dass sie nicht zur Hitlerjugend mitdurften. Auch hier war der Hass auf die Juden angekommen.

»Fantasiert ihr jetzt immer noch?« Theresa Sedlmayr betrat in gewohnter Perfektion das Wohnzimmer. Inzwischen waren ihre Haare geflochten und aufwändig nach oben gesteckt, die Augen und Lippen geschminkt. »Ihr habt noch nicht einmal gefrühstückt. Wo bleibt überhaupt Karl?«

»Er kommt gleich«, anwortete Hermann wie aus der Pistole geschossen.

»Ich weiß gar nicht, was das Problem ist. Alle Kinder von meinen Freundinnen gehen schon zur Hitlerjugend oder zum Bund Deutscher Mädel. Allesamt sind sie begeistert. Allesamt«, betonte sie noch einmal. »Ich finde, ihr solltet euch auch da sehen lassen. Damit ihr wieder auf andere Gedanken kommt. Da wird so viel Sport getrieben, dass ihr todmüde ins Bett fallt.«

Irritiert sah Hannah zu ihrem Vater.

»Ja, wahrscheinlich ist das keine schlechte Idee. Eure Mutter hat recht.« Wie bitte? Hannah verstand die Welt nicht mehr. Erst kritisierte er alles und lehnte energisch alle Veränderungen ab, und jetzt auf einmal wollte er, dass sie zu den Treffen gingen? Theresa nickte zufrieden.

»Geht Elsa nicht auch dorthin? Das wäre doch schön, wenn ihr beide zusammen teilnehmt. Früher hast du dich viel öfter mit ihr getroffen.«

Hannah nickte nur stumm. Die Sache war ohnehin schon entschieden. Entschieden, ohne auf Hannahs Antwort zu warten oder ihre Meinung zu hören. Wie immer.

»Karl ist doch auch schon angemeldet.« Stolz schwang in Theresas Stimme mit. Hannah bemerkte, wie ihr Vater überrascht den Kopf zu seiner Frau drehte. Er hatte davon nichts gewusst. Oben im ersten Stock erwachte Leben. Karl stolzierte die Treppe herunter und als er ins Wohnzimmer trat und sich zu ihnen gesellte, bemerkte Hannah, dass auf seiner Brust das Hakenkreuz prangte. Theresa begrüßte ihn mit einem Kuss auf die Wange. Georg Sedlmayrs Augen verengten sich bei dem Anblick, doch er sagte nichts.

»Jetzt, wo alle endlich wach sind, können wir ja zusammen frühstücken. Sofia hat schon den Tisch vorbereitet.«

Beim Gedanken an ein gemeinsames Frühstück schlug Hannahs Magen Saltos. Doch keiner protestierte. Alles schien wie immer zu sein, obwohl doch alles anders war.

10. März 1933

Winter stand am offenen Fenster und blickte auf den Park hinaus. Die ersten Schneeglöckchen sprossen auf dem verblichenen Wintergras. Seitlich neben der Grasfläche erhoben sich Bäume. Einige prächtige Kastanien und ein paar ortstypische Obstbäume, deren Kronen jedoch noch völlig kahl waren. Die Sonne stand deutlich höher als noch die Wochen zuvor und viele Menschen spazierten durch den Park, um die ersten wärmenden Sonnenstrahlen zu tanken. Sie lachten, Kinder tobten.

Winter war aber alles andere als zum Lachen zumute. In der einen Hand hielt er seine halbleere Kaffeetasse, während er mit der anderen den ein paar Tage alten Rosenheimer Anzeiger zusammengeknüllt hatte. Die Wahlergebnisse standen dort schwarz auf weiß. Die NSDAP hatte nur 36,2 Prozent der Wählerstimmen erhalten, während sich selbst die KPD über 7,8 Prozent freuen konnte. Ein Desaster. Wieder und wieder musste er sich diese Schmach ansehen, doch nach wie vor konnte er es einfach nicht glauben. Die Gleichschaltung Bayerns, an die sie so lange hingearbeitet hatten, war zwar ein kleiner Erfolg, doch Winter wollte mehr. Viel mehr.

Vorgestern Abend waren sie mit vierhundert Mann vor das Rathaus marschiert. Obwohl der Bürgermeister protestierte, konnten sie sich am Ende durchsetzen und ihre Flagge hissen. An diesem Abend wehte vor dem Rathaus zum ersten Mal das Hakenkreuz.

Winter vernahm ein Geräusch und bemerkte, dass ein Wagen zu ihnen in die Einfahrt einbog. Kies knirschte. Er spürte eine leichte Gereiztheit, da er nicht gestört werden wollte, doch dann sah er, dass es sich um Erwin Holzer handelte. Selbst von hier oben konnte Winter sehen, dass er sein schütteres Haar pomadisiert hatte. Ein feierliches Auftreten, eine Unechtheit im Angesicht der schrecklichen Ergebnisse.

Die Glocke schrillte und Winter hörte Stimmen im Flur. Helene hatte die Tür aufgemacht und den Gast ins Haus gebeten. Vorsichtig steckte seine Frau den Kopf zur Tür herein.

»Erwin Holzer ist hier«, sagte sie.

»Ich habe es schon mitbekommen.« Sie blickte betreten drein und verschwand. Nur einen Augenblick später trat Erwin ein.

Winter sah ein letztes Mal aus dem Fenster und bemerkte, dass der Motor von Holzers Wagen noch leicht rauchte, dann drehte er sich zu ihm um.

»Erwin!«, rief er freudig aus.

»Ich habe gute Neuigkeiten«, begann sein Gegenüber sofort und trat zu Winter ans Fenster. »Wir haben heute ganz in der Früh mit einer Verhaftungswelle gegen KPD-Mitglieder begonnen. SS, SA und Stahlhelme haben um fünf Uhr morgens Wohnungen gestürmt, sie durchsucht und einige inhaftiert. Stell dir vor, wir haben sogar den Kommunistenführer am Schloßberg erwischt.«

»Das sind wahrhaftig gute Neuigkeiten.« Winter nahm einen großen Schluck Kaffee.

»In Bad Aibling platzt das Amtsgerichtsgefängnis bereits aus allen Nähten. Gerade eben haben meine Männer das sozialdemokratische Gewerkschaftshaus in der Salinstraße durchsucht und unsere Flagge gehisst. Die gefundenen Schriften und das Bargeld sowie das Vermögen der Organisationen fallen der Staatskasse zu.«

Das wurde ja immer besser. Winter knallte die alte Zeitung aufs Fensterbrett und Holzers Blick fiel darauf.

»Reg dich nicht zu sehr über die Ergebnisse auf, Erich.« Winter schnaubte auf. »Bei der nächsten Wahl schaut es schon ganz anders aus, vertrau mir!«

»Ich kann einfach nicht glauben, dass die Bürger hier im Süden so dumm sind! Sie haben neue Arbeitsplätze bekommen. Schon jetzt. Hitler ist noch gar nicht lange im Amt.«

Die Bäume warfen dunkle Schatten und die ersten Spaziergänger machten sich schon auf den Nachhauseweg. Ein paar Krähen pickten ihre Hinterlassenschaften auf. Zwei Vögel stritten sich um ein Stück Brot. Ihr verärgertes Krächzen war selbst bei geschlossenem Fenster zu hören.

»Es kommt noch besser.« Holzer legte erst jetzt die Trümpfe auf den Tisch. Dem Anschein nach hatte er Winters Anspannung bemerkt. »Weißt du noch, als du gesagt hast, dass alle Kommunisten erschossen gehören?«

»Aufgehängt«, verbesserte Winter trocken. Jetzt hatte Holzer seine volle Aufmerksamkeit.

»Georg Bell. Sagt dir der Name etwas?«

Winter schüttelte den Kopf. Worauf wollte er hinaus?

»Er ist Ingenieur und ein ehemaliger Vertrauter von Ernst Röhm.«

»Und weiter?«

»Er ist Mitglied einer Gruppe, die Hitler töten will. Unsere Truppe ist ihm auf der Spur. Seine Verlobte haben wir bereits in ihrem Haus am Simssee festgenommen, damit wir ein Druckmittel gegen ihn haben. Bell hat sich ins Ausland abgesetzt.«

Winter wusste immer noch nicht, worauf Holzer hinauswollte.

»Wenn wir ihn erwischen, können wir ihn exekutieren.«

Exekution. Das war das Wort, auf das Winter gewartet hatte. Endlich war es so weit und sie durften die Maßnahmen ergreifen, die man ergreifen musste. Was nützte Zuckerbrot, wenn es die Peitsche gab. Gewalt lehrte die Menschen

Gehorsam, nicht gutes Zureden oder Belohnungen. Er hatte es doch selbst am eigenen Leibe erfahren. Winter war ein weiches Kind gewesen. Kränklich. Erst durch die harte Erziehung und den Rohrstock des Vaters war er zu dem geworden, der er heute war. Auch Erwachsene brauchten Richtlinien. Grenzen. Angst war der beste Lehrmeister.

»Das klingt großartig«, lobte er Holzers Arbeit. »Endlich kommen wir unserem Ziel ein Stück näher.«

»Du kannst dabei sein, wenn du willst. Bei seiner Festnahme.«

Damit hatte Winter nicht gerechnet. Holzer übertrug ihm eine große Verantwortung. Es klang verlockend.

»Gerne«, sagte er mit einem Lächeln. In ihm lag die Wärme eines Sommertages.

Ende März 1933

Die Zeiger der großen Uhr im Wohnzimmer standen fast
auf zehn Uhr. Um Punkt zehn sollte Hannah abgeholt werden. Für einen Tag im März war es draußen recht warm.
Heller Sonnenschein strömte durch die beigen Gardinen
der Wohnzimmerfenster. Der Holztisch schimmerte und
der Fußboden spiegelte wie Glas, wo er nicht mit den teuren Teppichen belegt war. Sofia hatte wieder ganze Arbeit
geleistet.

Hannah öffnete eines der Wohnzimmerfenster und der
schwere Duft von Blüten und taunasser Erde wehte herein.
Das Mädchen streckte den Kopf hinaus und erblickte die
farbenprächtigen Narzissen zu beiden Seiten ihrer Einfahrt.
Hannah liebte keine Jahreszeit mehr als den Frühling. Die
Tage wurden länger. Die Sonne etwas wärmer. Die Natur
wieder bunter. Neues Leben erblühte.

Sie stützte die Ellenbogen auf dem Fenstersims ab und
winkte Sofia zu, die gerade dabei war, den Kies aus der Wiese einzusammeln und ihn wieder auf die Einfahrtsstraße zu
werfen. Hannah entfernte einen Fussel von ihrer blütenweißen Bluse. Heute trug sie nicht wie sonst den dunkelblau-
en Rock, wenn sie zu einem der Treffen des Jungmädel-
bunds ging, sondern eine dunkelblaue Hose. Ihren Hals
zierte ein schwarzes Halstuch mit einem Lederknoten. Die
Uniform eines deutschen Mädels. Ihre goldblonden Haare
waren wie üblich zu zwei langen Zöpfen geflochten, die ihre
Mutter zu Affenschaukeln gebunden hatte. Hannah warf
einen letzten Blick in den Spiegel und stellte verzweifelt fest,

73

dass die weiße Bluse gar nicht zu ihrer Gesichtsfarbe passte. Die Haut schimmerte elfenbeinfarben, die Lippen waren blutleer. Allein auf ihre Augen war Verlass. In der ganzen Stadt kannte sie kein Mädchen, das so blaue Augen hatte wie sie. Hastig eilte sie die Treppen nach oben und huschte ins Schlafzimmer der Eltern. Dort stand der große Schminktisch ihrer Mutter. Das Mädchen fischte nach einem roten Lippenstift und tupfte ihn sich auf den Zeigefinger. Bloß nicht erwischt werden. Theresa hielt Schminke für zwölfjährige Mädchen für vulgär. Vorsichtig strich Hannah über ihre Lippen, die endlich einen leichten Rotton erhielten. So sah sie etwas besser aus. Hoffentlich würde es den anderen Mädchen nicht auffallen, dass sie mit Schminke nachhelfen musste.

Sie legte alles genau so hin, wie sie es vorgefunden hatte, ließ die Tür exakt den Spaltbreit offen, wie Theresa es zu tun pflegte, und eilte dann wieder nach unten. Punkt zehn Uhr. Die Türglocke schrillte. Sie nahm sich eine Jacke vom Haken und trat aus der Haustür. Vor dem Eingangstor erkannte sie Elsa, die ihr zuwinkte.

»Aufpassen«, rief ihr Sofia auf Russisch zu, als sie für Hannah das Tor öffnete.

»Ich passe doch immer auf.«

»Oh, deine Lippen! Wie schön! Hast du Lippenstift drauf?«, schwärmte Elsa, sobald Hannah durchs Tor war.

»So ein Quatsch.« Ertappt schielte sie zu Sofia hinüber, die wissend die Augenbrauen hochzog und ihr halbseitiges Lächeln lächelte. Bevor sie ins Auto einstieg, flüsterte sie Sofia noch zu: »Verrat mich besser nicht. Mama würde toben.«

»Ich habe gesagt aufpassen, und du aufgepasst. Sie dich nicht erwischt.« Dann legte sie den Finger auf die Lippen und schloss das Tor.

Hannah nahm neben Elsa auf der Rückbank Platz. Dabei achtete sie genau darauf, dass sie ihre Hose nicht zerknitterte, obwohl das völliger Unsinn war, da die erste Bergwanderung in diesem Jahr anstand. Wahrscheinlich würde sie hinterher aussehen, als hätte sie sich in einem Schweineauslauf gesult.

»Guten Morgen, Fritz.« Fritz war so etwas wie eine männliche Sofia. Er arbeitete für Elsas Familie, da beide Elternteile berufstätig waren. Ihr Vater schenkte ihm sogar so viel Vertrauen, dass er das Auto, mitsamt seiner Tochter darin, fahren durfte.

»Ich wünschte, ich würde so aussehen wie du«, meinte Elsa. Wie bitte? Weshalb sollte Elsa das wollen? Sie war ein Stück größer als Hannah, hatte haselnussbraune Augen und leicht rötliche Haare, die sich wellten. Wenn sie einen Pferdeschwanz trug und die Sonne daraufschien, sahen die Haare aus wie ein Fuchsschwanz. Neidisch stellte Hannah fest, dass sich unter der Bluse ihrer Freundin die ersten Rundungen abzeichneten. Man konnte schon von einem richtigen Busen sprechen, während sie selbst noch den Körper eines Kindes hatte. Elsa war zwar zehn Monate älter, aber es schien Hannah trotzdem ungerecht.

»Hat deine Mutter dir erlaubt, dass du den Lippenstift benutzen darfst?« Nachdem Elsa ihre beste Freundin war und sie sie ohnehin schon erwischt hatte, zog Hannah es vor, nicht weiter zu schwindeln.

»Bist du verrückt? Natürlich nicht.«

Elsa hielt sich kichernd die Hand vor den Mund. »Vielleicht treffen wir heute auf die Jungs. Wenn du einen von ihnen küsst, bekommt er auch ganz rote Lippen.«

Bei der Vorstellung quiekte Hannah los wie ein Meerschweinchen. Jemanden küssen? Einen Jungen? Allein der Gedanke daran ließ ihr die Röte ins Gesicht schießen.

Elsa amüsierte sich weiter. »Du wirst ja schon ganz rot. Wen würdest du denn gerne küssen?« Hannah zuckte die Schultern.

»Jetzt komm schon. Sag es.« Elsa ließ nicht locker.

»Ich weiß es ehrlich nicht. Sind wir nicht auch noch ein wenig jung?«

Ihre Freundin schüttelte lachend den Kopf. »Natürlich nicht! Ich habe schon einige Jungen geküsst. Anni und Matilda auch schon. Es macht wirklich jede«, erklärte sie altklug. Hannah kam sich in dem Moment richtig dumm vor. Ein Kleinkind neben Elsa, die bereits einige Jungen geküsst und schon fast den Körper einer Frau hatte. »Naja, ist nicht schlimm. Das kannst du heute nachholen.«

»Danke, aber ich entscheide selbst, wann ich wen küssen will.« Endlich erwachte Leben in ihr. Elsa entging Hannahs scharfer Unterton nicht und endlich verstummte ihr albernes Gelächter.

»War doch nicht böse gemeint«, begann sie entschuldigend, doch Hannah blickte stur aus dem Fenster. Warum zum Teufel hatte sie sich den dämlichen Lippenstift ins Gesicht gemalt. Anscheinend kam das einer Einladung zum Küssen gleich. Sie wischte ihn sich vom Mund und verrieb die Farbe an ihrem Handrücken.

»Soll ich dir sagen, wen ich schon geküsst habe?«

»Von mir aus.« Hannah wunderte sich, dass Elsa solche Gespräche vor Fritz führte, der sie doch nur daheim zu verraten brauchte.

»Ich habe Martin, Lenz, Hans …« Elsa überlegte angestrengt und zählte mit den Fingern mit. »Achja, und Alois geküsst.«

»Vier«, stellte Hannah fest. Was würde ihre Mutter von ihr halten, wenn sie wüsste, dass ihre Tochter schon vier Jungen geküsst hatte? Was würde sie von Elsa halten? Ihrer besten Freundin. Eine Dirne in ihren Augen. Ein Flittchen. Theresa Sedlmayr würde ihr mit sofortiger Wirkung den Kontakt verbieten. Jetzt war es umso wichtiger, dass Fritz den Mund hielt.

»Soll ich dir sagen, wen ich am liebsten küssen würde?«

»Wen?«

»Herbert.« Elsas Augen glitzerten merkwürdig und sie leckte sich mit der Zunge über die Lippen.

»Bauer?«

»Ja natürlich Herbert Bauer. Sieht er nicht gut aus?«, schwärmte Elsa weiter.

»Er ist doch zwei Jahre älter als du.« Herbert erschien vor Hannahs innerem Auge. Groß. Breit. Riesige Bärentatzen. Grimmige Augen.

»Das ist ja gerade das Gute. Glaubst du, ich küsse irgendwelche Babys? Ich würde alles dafür geben, Herberts Lippen zu berühren. Alles.«

»Dann mach es doch einfach.«

»Einfach?« Elsa lachte spitz auf. »Fast alle Mädchen finden ihn toll. Da wird er sich ja nicht gerade mich aussuchen.« Sie klang resigniert.

»Schau mal, wir sind gleich da«, rief Hannah schnell, um das Thema zu wechseln. Sie wollte nicht zu viele Gedanken an Herbert Bauer verschwenden. Er war ihr bisher immer grob vorgekommen. Sicher nicht der ideale Kusspartner.

Am Wanderparkplatz warteten schon einige andere Mädchen. Eine der Leiterinnen winkte, als das Auto zum Stillstand kam. Anni und Matilda rannten wie junge Hunde auf sie zu und fielen erst Elsa und dann Hannah um den Hals. Matildas Haare dufteten nach Rose. Jetzt, wo Hannah wusste, dass ihre Freundinnen auf der Suche nach einem Kusspartner waren, machte es Sinn, dass sich alle hübsch gemacht hatten.

»Du glaubst nicht, wer schon oben auf der Hütte ist«, schrie Anni beinahe.

»Die Jungs. Sie sind vor zwanzig Minuten los, um oben Feuer zu machen«, kreischte Matilda. Elsa und die beiden anderen Mädchen fassten sich an den Händen und hüpften auf und ab. Hannahs Gedanken schweiften ab, und auf einmal sah sie Jacob vor sich, wie er beim Gekreische von Mädchen den Kopf schüttelte. Warum musste sie jetzt an ihn denken?

»Abmarsch«, rief ihre Leiterin, die sich mit dem Namen Vroni vorgestellt hatte. Hannah ließ sich absichtlich etwas zurückfallen, da sie die Gespräche über Jungen viel zu anstrengend fand. Außerdem konnte sie sowieso nicht mitreden. Ein unwissendes kleines Mädchen.

Die Wege waren noch feucht vom Morgentau und teilweise rutschig. Ein kleiner Feuersalamander suchte schnell das Weite und schlängelte sich unter einen moosbewachsenen Stein. Die Singvögel waren wieder da und pfiffen ihre Melodien durch die Wälder. Der Weg war nicht besonders steil, dennoch fielen immer mehr Mädchen zurück, die von Vroni ein Donnerwetter zu erwarten hatten. Als die Bäume langsam lichter wurden, sah Hannah eine Holzhütte, vor der ein großes Lagerfeuer brannte. Elsa, Anni und Matilda quiekten wieder auf, sodass ihr Echo durch den ganzen Wald hallte und ein paar Vögel erschrocken aufflatterten. Mit ungeahnten Kräften begannen sie einen Wettlauf, wer als erste am Feuer war. Hannah schüttelte nur den Kopf. Auch andere Mädchen rannten vor Vorfreude lachend an ihr vorbei und sie stellte überrascht fest, dass sie selbst nun die letzte in der Gruppe war.

»Hallo.«

Das Mädchen fuhr erschrocken herum und sah Jacob, der mit dem Rücken gegen einen der Baumstämme gelehnt stand. Seine Füße steckten in hohen Stiefeln, die voller Erde und durchnässt waren.

»Bist du durch den Wald gerannt?«, fragte Hannah ohne eine Begrüßung.

»Was ist schlimm daran?«

»Ich mein ja bloß. Was machst du überhaupt hier? Du darfst doch gar nicht an den Treffen teilnehmen.«

»Darf ich den Wald auch nicht mehr betreten? Ist das jetzt deiner Meinung nach auch verboten?« Er sah sich um und hob die Hände nach oben. »Dein Wald. Euer Wald!« Er wies mit einem Kopfnicken auf die Gruppe, die oben beim Lagerfeuer war.

»So ein Blödsinn! Geh doch meinetwegen in den Wald. Ich verstehe zwar nicht wieso, aber es ist mir auch egal.«

»Auch wenn es dich nichts angeht, aber ich prüfe die kaputten Bäume. Der Bauer, dem sie gehören, gibt mir Geld, wenn ich es ihm melde.«

»Aha.« Hannah blickte gelangweilt auf ihre Fingernägel. Jacob lehnte auf einmal nicht mehr am Baum, sondern ging auf sie zu und blieb vor ihr stehen.

»Du bist jetzt also eine von denen.« Spott troff aus seiner Stimme.

»Besser eine von denen, als allein im Wald herumlaufen. Du bist doch ständig allein. Keiner will mehr mit dir befreundet sein.« Sobald die Worte aus ihrem Mund gesprudelt waren, bereute sie Hannah sofort. Jacob sah aus, als wäre er geschlagen worden. Betreten senkte er den Kopf und besah seine Schuhspitzen.

»Weißt du, was das Schlimmste ist? Weißt du es? Ich dachte, *du* wärst meine Freundin. Aber ich habe mich geirrt.« Er sah ihr direkt in die Augen, während er sprach: »Komm, geh, lauf zu deinen neuen Freunden. Die warten auf dich.« Er drehte sich um und rannte davon.

»Jacob! Jetzt bleib doch stehen! Jacob!«, rief Hannah ihm nach, doch er war bereits zwischen den Bäumen verschwunden. Tränen brannten wie Säure in ihren Augen. Sie fühlte sich schuldig und sie wusste, dass er recht hatte. Noch vor wenigen Wochen hatten sie sich fast jeden Tag nach der Schule getroffen. Jetzt schien sie keine Zeit mehr für ihn zu haben. Die Treffen des BDM fanden immer häufiger statt, und die anderen sahen es nicht gerne, wenn sie sich mit einem Juden traf. Doch war ihr das nicht immer egal gewesen? War sie wirklich eine von ihnen geworden? Hannah wollte Jacob nachlaufen, ihn suchen, doch wo sollte sie anfangen? Sie stapfte in die Richtung, in die er verschwunden war.

»Jacob?« Immer wieder rief sie seinen Namen. Immer lauter und lauter. Keine Antwort. Mittlerweile war die Hose bis zu den Knien voller Matsch. Kälte und Nässe krochen in ihre Schuhe. Alles egal. Als sie Salz im Mund schmeckte, merkte Hannah erst, dass sie weinte. Er war weg.

Das Mädchen ging zurück auf den Wanderweg und marschierte zur Hütte hinauf, den lauten und fröhlichen Stimmen entgegen. Den Liedern, die sie jetzt anstimmten. All ihre neuen Freunde waren dort oben. Sie würden sich bestimmt schon fragen, wo sie blieb.

Je näher sie auf die Gruppe zutrat, umso einsamer fühlte sich Hannah. Jetzt hatte sie ihren einzigen ehrlichen Freund verloren. Einen Freund, den sie seit Kindertagen kannte. Einen Freund, der immer für sie da gewesen war. Hannah fühlte sich elend.

Anfang April 1933

Von Weitem sah man schon, dass die Flagge der Nationalsozialisten vor der Schule im Wind flatterte. Jacob und Simon hielten kurz inne, als sie den Pausenhof betraten, sahen sich an und liefen dann wortlos weiter. Was würde auf
sie zukommen? Bereits jetzt waren sie im Klassenzimmer
in die letzte Reihe verbannt worden, in der eigentlich nur
diejenigen Platz nehmen mussten, die schlechte Zensuren
schrieben. Je besser man war, desto weiter rückte man nach
vorne. So hatte der Lehrer sofort einen Überblick, wer zu
den Dummköpfen und wer zu den schlauen Füchsen gehörte. Jetzt war alles anders. Jacob saß ganz hinten. Nicht
weil er dumm war. Nicht weil er schlechte Noten schrieb.
Einzig und allein, weil er Jude war.

Ein paar Mitschüler beobachteten, wie sie auf die Fahne reagieren würden, doch Jacob hatte gelernt, seine Wut zu schlucken. Gefühle auszublenden. Zu ignorieren. Obwohl es bei
einem Boxkampf hauptsächlich darum ging, den Gegner K.O.
zu schlagen, musste man seine Emotionen im Griff behalten.
Gingen sie mit einem durch, verlor man. Auch im richtigen
Leben. Zeigte man Schwäche, verlor man. So einfach war das.

Jacob fiel es schwer, einige Mitschüler nicht zu beachten,
die die Hacken zusammenschlugen und ›Heil Hitler‹ don-
nerten, als die beiden Jungen an ihnen vorbeigingen. Jacobs
Blick wanderte über die Fenster im ersten Stock, in dem
sich das Lehrerzimmer befand, und er sah Völkl hinter der
Scheibe, der sie beobachtete. Jacob hielt seinem Blick stand,
so lange, bis er durch die Eingangstür geschritten war.

Simon klopfte ihm aufmunternd auf den Rücken, bevor er die Treppen nach oben ging, während Jacob gleich nach rechts in den Gang bog, der zu seinem Klassenzimmer führte.

Hannah war schon da. Seit ihrer Begegnung im Wald hatten sie kaum mehr miteinander gesprochen. Sie trug ihr blaues Dirndlkleid mit einer weißen Leinenbluse. Ihr Vater nahm sie in letzter Zeit immer mit zur Schule, wenn er in die Praxis fuhr. Hannah und ihre Freundinnen kicherten und lachten vergnügt. Sie nahm keinerlei Notiz von ihm, als er sich an ihrem Rücken vorbeidrückte und sich auf seinen Platz in der letzten Reihe fallen ließ.

Draußen im Gang hallten die Stiefel des Lehrers. Völkl war auf dem Weg in die erste Stunde. Alle Kinder liefen sofort auf ihre Plätze. Hannah setzte sich neben ihre Freundin Elsa in die erste Reihe. Die beiden schienen wie siamesische Zwillinge verwachsen, man sah sie kaum noch getrennt.

Sobald Völkl über die Türschwelle trat, sprangen alle auf und rissen den rechten Arm nach oben. »Heil Hitler«, riefen sie wie aus einem Mund.

»Heil Hitler«, kam es zurück. Stille kehrte ein.

»Packt eure Sachen weg. Anstelle von Biologie haben wir ab heute ein neues Fach.« Er blickte in die Runde. »Rassenkunde.«

Jacob merkte, wie ihm die Wärme ins Gesicht schoss und sein Herz trommelte. Rassenkunde? Das konnte nicht Völkls Ernst sein.

»Ihr wisst, dass es bei Hunden verschiedene Rassen gibt. Ein Schäferhund, der sehr gelehrig ist, dem man viel beibringen kann, ist nicht mit einem Dackel zu vergleichen. Auch bei Pferden gibt es stolze Reitpferde, mit denen man Preise gewinnen kann, und es gibt gewöhnliche Ackergäule, die einen Pflug ziehen. Hier würde keiner die Tatsache in Frage stellen, dass es Unterschiede zwischen den Rassen gibt, obwohl alle zur selben Tierart gehören.«

Die Klasse lauschte. Viele Kinder hingen interessiert an Völkls Lippen. Jacob beobachtete Hannah, die an ihren Fingernägeln kaute. Er kannte sie schon zu lange. Es war Unsicherheit. Wusste sie, worauf das Ganze hinauslaufen würde? Mochte sie ihn womöglich doch noch?

»Jetzt stellt sich mir die Frage, weshalb es bei Tieren zu dieser Einteilung kommen kann, aber beim Menschen nicht, wo es doch auch bei uns unübersehbare Unterschiede gibt. Auch bei uns gibt es sogenannte Schäferhunde, eine Elite. Und es gibt sogenannte Promenadenmischungen. Viecher, bei denen man besser daran täte, sie als Welpen in einer Regentonne zu ersäufen.«

Herbert Bauer nickte eifrig und drehte sich zu Jacob um. Dem Jungen fiel der Boxkampf ein, bei dem Herbert geschworen hatte, ihn vollständig zu zerstören. Der Zeitpunkt dafür schien näher zu rücken.

»Auch beim Menschen kann man schon allein das Aussehen ansprechen. Ein Neger sieht völlig anders aus als ein Arier. Schließlich ist er rußschwarz. Ein Jude sieht ebenso völlig anders aus als ein Arier.«

Jacob hatte das Gefühl, keine Luft mehr zu bekommen. Mit den Händen klammerte er sich an seiner Tischkante fest. So fest, dass die Knöchel weiß wurden.

»Beschäftigen wir uns heute erst einmal mit den äußeren Merkmalen eines Juden. Ein Neger ist schon fast zu einfach. Da könnte mir ein Kleinkind alle Unterschiede sofort aufzählen. Glücklicherweise haben wir auch keinen in der Klasse sitzen.« Er schien in Gedanken zu sein und schüttelte angewidert den Kopf. »Ich werde beim Direktor einen Klassenausflug beantragen, damit wir gemeinsam eine Völkerschau besuchen können. Dann hat jeder von euch die Möglichkeit, sich selbst ein Bild zu machen.« Er rieb die

Hände aneinander. »Aber jetzt zu den Juden. Die kennt ihr ja aus dem täglichen Leben. Merkmale?«, fragte Völkl in die Klasse.

Herberts Hand schoss so schnell in die Luft wie eine Kanonenkugel. Sein Hintern berührte schon gar nicht mehr die Sitzfläche seines Stuhles.

»Ja, bitte, Herbert?«

»Juden sind raffgierig, betrügerisch und hinterhältig«, sprudelte es aus ihm heraus und er bleckte die Zähne zu einem kalten Lächeln, während er wieder Jacob anstierte.

»Ich wollte zwar vielmehr auf die äußeren Merkmale hinaus, aber das ist natürlich alles richtig, was du gesagt hast.« Völkl nahm die Kreide aus dem Behälter und schrieb das Wort ›Jude‹ mit großen Lettern an die Schiefertafel. Außen herum notierte er die Adjektive, die Herbert gerade genannt hatte.

»Noch jemand?«

Zögerlich wachte die Klasse auf und immer mehr Kinder hoben die Hand, um zu antworten.

»Christusmörder«, rief ein Junge aus der zweiten Reihe.

Das Wort schien Völkl besonders gut zu gefallen, da er es sogar doppelt unterstrich. Um das Schlagwort ›Jude‹ sammelten sich nun mehr und mehr Begriffe. Jedes der Wörter schmerzte wie ein Peitschenhieb, und Jacob wünschte sich in diesem Moment, dass es noch einen wie ihn in der Klasse gäbe. Einen zweiten Juden, damit er die Gemeinheiten leichter ertragen konnte. Geteiltes Leid.

Alle schienen etwas zu sagen zu haben, bis auf Hannah. Ihre Hand blieb unten, die Lippen unbewegt. So keimte trotz allem etwas Freude in ihm auf, dass Hannah stumm blieb.

»Jetzt haben wir die Charakterzüge der Juden besprochen. Aber es gibt natürlich auch die Äußerlichkeiten, an denen ihr einen Juden sofort erkennen könnt.«

Herbert streckte die Hand wieder nach oben. Endlich hatte er ein Fach gefunden, in dem auch er punkten konnte. Sonst gehörte er nicht zu den hellen Köpfen in der Klasse. Nicht umsonst drehte er die zweite Ehrenrunde.

Jacobs Wut schlug um in Hass. Hass auf Herbert, der selbstgefällig grinste und so viele Gemeinheiten sagte. Hass auf den Lehrer, der dieses dämliche Fach angefangen hatte. Hass auf die Schule. Hass auf sich selbst, da er Jude war. Tränen stachen in seinen Augen, doch er konnte sich nicht die Blöße geben und losheulen. Er musste weit weg von hier. An einen Ort, an dem es ihm gutging. Wie war es mit dem Wald? Jacob versuchte, das Harz der Kiefern zu riechen. Den Gesang der Vögel zu hören. Den Ausblick vom Gipfel eines Berges zu sehen.

»Hakennase. Engstehende Augen. Kurze Stirn. Wulstige Lippen. Dunkle, krause Haare.«

Völkl nickte beeindruckt. »Ausgezeichnet, Herbert. Ich trage dir deine erste Eins in Rassenkunde ein. Ich nehme an, dass du auch schon mit deinen Eltern viel über dieses Thema gesprochen hast?« Herbert nickte eifrig.

Hannahs beste Freundin Elsa, die hervorragend malen konnte, durfte nach vorne kommen und ein Portrait eines Juden zeichnen.

»Vergiss die Plattfüße und die krummen Beine nicht, Elsa«, erinnerte sie Völkl. An der Tafel prangte nun eine entsetzliche Karikatur, die eher einem Dämon glich als einem Menschen.

»Hannah?« Das Mädchen zuckte zusammen, als hätte es gerade einen Stromschlag erhalten. »Komm bitte nach vorne.«

Mit einem Mal war Jacob wieder da. Seine Gedanken, die ihn weit weggetragen hatten, waren zurück. Zurück in der Realität. Zurück im Klassenzimmer. Hannahs Mund stand leicht offen und ihre Finger zitterten, als sie neben den Lehrer trat.

»Eine arische Schönheit«, lobte der Lehrer, als wäre Hannah ein Gemälde und kein Mensch aus Fleisch und Blut. Er nahm den Zeigestab heraus und Hannahs Wangen färbten sich in Erwartung eines Hiebs kalkweiß. »Blaue Augen. Blonde Haare. Ein symmetrisches Gesicht.« Das Ende des Zeigestabs berührte fast ihr Gesicht. »Schlanker Körperbau. Gerade Beine.« Jacobs Blick fiel auf ihre Füße, die in geschlossenen Sandalen steckten.

»Noch ist ihr Becken schmal, aber es wird etwas breiter werden, damit sie dem Führer schon in ein paar Jahren arische Kinder gebären kann. Dafür muss sie sich natürlich mit einem arischen jungen Mann paaren.« Hannahs Gesichtsfarbe glich einer Chilischote und sie schielte auf Völkl, während der den Zeigestab an ihrer Hüfte hoch und runter führte. »Auch die anderen Geschlechtsmerkmale sind noch nicht richtig ausgereift.«

Jacob war völlig klar, worauf Völkl als nächstes zeigen würde. Er schien komplett übergeschnappt zu sein. Solche Themen wurden sonst hinter vorgehaltener Hand besprochen. Im Flüsterton. Nicht beim Namen genannt.

Jacob musste ihr aus dieser Situation helfen. Koste es, was es wolle. Wie automatisiert bewegten sich seine Beine und er ging zwischen den Bänken nach vorne. Einige starrten ihn überrascht an, als er an ihnen vorbeischritt.

»Was zum Teufel suchst du hier vorne?«, herrschte ihn Völkl an. In Hannahs Gesicht standen Überraschung und Entsetzen gleichermaßen.

»Sie wollten doch mit den Äußerlichkeiten des Juden weitermachen. Ich dachte, dass ich schon einmal vorkomme, jetzt, wo der Arier fertig ist.«

Völkl kniff die Augen zusammen, sofern das bei seinen kleinen Schlitzen überhaupt noch möglich war. Aber er nickte.

Jacob stellte sich neben Hannah.

»Du kannst dich wieder hinsetzen«, flüsterte er ihr zu, doch sie schüttelte den Kopf und blieb neben ihm stehen.

Die ersten Kinder meldeten sich. Völkl rief natürlich Herbert auf.

»Deformation der Beine!«

»Richtig. Das zeigt die Unfähigkeit zum Marschieren«, erklärte Völkl fachmännisch. »Fast schon krankhaft. Typische Skelettverformungen, Anfälligkeiten für Krankheiten. Froschbauch. Zwergwuchs. Quadratschädel. Mangelnder Muskeltonus. X- oder O-Beine. Henkelohren. Nicht zu vergessenen der ammoniakalische Windelgeruch.«

Die Klasse tobte vor Lachen.

»Die Plattfüße kommen daher, dass der Jude immer auf Wanderschaft ist. Er ist zur Heimatlosigkeit verdammt und irrt rastlos in der Welt umher.« Völkls Augen hatten einen irren Glanz angenommen. Seine Stimme überschlug sich fast, so sehr war er in Ekstase.

»Dann die Kopfform eines Juden. Ein auffällig deformierter Schädel.«

Jacob konnte nicht anders. Er brach in schallendes Gelächter aus, klopfte sich auf die Schenkel und deutete von dem schrecklichen Gemälde an der Tafel auf sich selbst. Totenstille. Man hätte eine Stecknadel fallen hören.

Völkl baute sich vor Jacob auf und fletschte dabei die Zähne wie eine Raubkatze. Zum Angriff bereit.

»WAS IST SO LUSTIG?«, brüllte er, so laut er konnte. Da Jacob nicht augenblicklich verstummte, packte ihn Völkl am Kragen und knallte ihn mit dem Rücken gegen die Tafel. Die Kreideablage drückte sich schmerzhaft in Jacobs Rücken. Das Gesicht des Lehrers war seinem so nahe, dass sein unangenehmer Atem über seine Haut strich. Völkls Augen quollen beinahe aus ihren Höhlen und seine dicken Wurstfinger krallten sich in Jacobs Hals, der nach Luft japste.

»Dir wird das Lachen schon vergehen, Bürschlein!«, zischte er Jacob ins Ohr. Seine Füße berührten kaum noch den Boden. Die Sekunden fühlten sich wie Stunden an. Würde Völkl ihn umbringen? Sauerstoff. Er brauchte Sauerstoff!

»Hören Sie auf!« Eine leise Stimme drang an Jacobs Ohren. »Hören Sie sofort auf! Sie bringen ihn um!« Die Stimme wurde lauter, bis sie in einem Schrei gipfelte. Hannahs Stimme.

Zu Jacobs Überraschung ließ Völkl ihn los und tigerte nun vorne auf und ab. Wie ein Leopard, der kurz von seiner Beute abgelassen hatte. Würde ein erneuter Angriff kommen? Jacob sank auf dem Boden zusammen und rang nach Luft. Bei jedem Atemzug, der durch seine Lungen strömte, versuchte er, sich mehr zu beruhigen. Wie bei einem Boxkampf. Als er den Kopf hob und in die Klasse blickte, bemerkte er, dass alle wie erstarrt waren. In den Gesichtern der Mitschüler stand das Entsetzen. Hannah löste sich aus ihrer Versteinerung, kam auf ihn zu und ging neben ihm in die Hocke.

»Bist du in Ordnung?«, fragte sie besorgt und legte ihm ihre Hand auf die Schulter. Sie war eiskalt. Jacob nickte.

»Ich glaube schon.« Sein Hals fühlte sich immer noch an, als wäre ein Strick um ihn gelegt.

»Kommen Sie schnell, Herr Direktor.« Erst jetzt fiel ihm auf, dass die Klassenzimmertür offenstand. Elsa eilte herein, dicht gefolgt vom Direktor.

»Was ist hier bitteschön los?« Der Direktor blickte von der Klasse auf Völkl und seine Augen blieben dann an Jacob hängen, der noch am Boden kauerte. »Völkl! Was ist hier los? Ich habe gehört, dass Sie ein Kind gewürgt haben!«

»Diszipliniert«, korrigierte Völkl. Offenbar hatte er sein Selbstvertrauen zurückgewonnen.

»Kommen Sie sofort in mein Büro! Ihr beide auch«, meinte er und deutete auf Jacob und Hannah. »Natürlich nur, wenn du mitkommen kannst und willst.« Die Sanftheit in seiner Stimme erschreckte Jacob. Kaum einer der Lehrer hatte ein freundliches Wort für ihn übrig. Nur Spott, Beleidigungen, Zorn.

Sie folgten dem grauhaarigen Mann in sein Büro.

»Rufen Sie Dr. Sedlmayr an«, sagte er zu seiner Sekretärin, die sofort den Hörer in die Hand nahm und in einem Buch blätterte, um die Nummer herauszusuchen.

»Ich möchte erst allein mit den Kindern sprechen. Dann sind Sie an der Reihe«, meinte er an Völkl gerichtet. Der schnaubte wie ein Rhinozeros und verschränkte zornig die Arme.

»Bitte, kommt rein und nehmt Platz.«

Im Raum stand ein großer Schreibtisch mit Stühlen auf beiden Seiten. Die Wände zierten Landschaftsbilder. Zögerlich traten die beiden Kinder auf die Stühle zu und setzten sich.

»Was hat sich vorhin im Klassenzimmer ereignet?« Keiner traute sich zu antworten. »Ihr müsst keine Angst vor mir haben. Ihr dürft offen mit mir reden.« Sein Lächeln war warm und wirkte echt, doch Jacob war in letzter Zeit misstrauisch geworden. Man konnte niemandem mehr trauen. Vor allem nicht in der Schule.

»Herr Völkl hat heute ein neues Unterrichtsfach begonnen«, antwortete Hannah stattdessen. Sie schien weniger misstrauisch, aber sie hatte auch noch keine Demütigungen am eigenen Leib erfahren. Bis heute. »Rassenkunde. Dabei hat er die äußeren Merkmale eines Juden aufgelistet, aber auch Charakterzüge, die einen Juden angeblich beschreiben.« Angeblich? Also dachte Hannah nicht so. Jacob fiel ein Stein vom Herzen. Sie wiederholte beinahe alle Wörter, die an der Tafel gestanden hatten.

»Dann musste erst ich nach vorne kommen.« Der Direktor zog die grauen, buschigen Augenbrauen nach oben, unterbrach das Mädchen aber mit keiner Silbe.

»Herr Völkl hat anhand meines Aussehens ein arisches Mädchen beschrieben. Er ist dabei auch auf meine Geschlechtsmerkmale eingegangen.« Der Direktor verschluckte sich beinahe an seinem Kaffee. Mit ihm gab es offenbar doch wenigstens einen Menschen an dieser Schule, der noch klar denken und fühlen konnte.

»Dann ist Jacob plötzlich neben mir gestanden, um mir aus der Patsche zu helfen.« Sie lächelte ihm von der Seite zu und ihre Augen glitzerten dabei.

»Was geschah weiter?«, wollte der Direktor wissen.

»Herr Völkl hat ganz schreckliche Sachen gesagt, dann ist er plötzlich auf Jacob losgegangen, hat ihn gegen die Tafel gepresst und ihm die Kehle zugedrückt.«

Bevor der Direktor antworten konnte, riss jemand die Tür von außen auf und Völkl trampelte ins Zimmer.

»Mir reicht diese Warterei. Ja, ich habe dem Bengel hier eine Lektion erteilt. Er hat einen Lachanfall bekommen und somit meinen Unterricht lächerlich gemacht. Irgendwie musste ich dem Ganzen ja Einhalt gebieten.«

»Haben Sie den Jungen gedemütigt? Vor der gesamten Klasse?«

»Gedemütigt, gedemütigt. Irgendjemand muss die Jugend doch aufklären. Woher soll sie sonst das Wissen bekommen? Der Führer gibt vor, dass wir über die Juden informieren.«

»Nicht auf diese Art und Weise«, zischte der Direktor, und plötzlich befanden sich Hannah und Jacob inmitten einer verbalen Auseinandersetzung. »An meiner Schule werden Kinder nicht gedemütigt! Auch Juden sind Schüler meiner Schule und haben das Recht, respektiert zu werden. Habe ich mich klar genug ausgedrückt?«

Im selben Moment klopfte es an der Tür, und Georg Sedlmayr trat ein. Er sah besorgt aus, eilte sofort auf seine Tochter zu und stellte sich schützend hinter sie.

»Alles in Ordnung?«, fragte er seine Tochter. Hannah nickte. Jacob merkte, dass sie sich freute, ihren Vater zu sehen und er musste zugeben, dass es ihm selbst auch so ging. »Und bei dir, Jacob?« Auch dieser nickte.

Der Direktor erzählte Georg Sedlmayr schnell von den Ereignissen, der mit jedem Wort zorniger wurde.

»Was sind Sie nur für ein Lehrer? Ein Pädagoge!?«, griff Sedlmayr Völkl offensiv an. »Wie weit ist es denn schon gekommen? Wollen Sie den Jungen das nächste Mal auspeitschen wie im Mittelalter? Oder an die Wand nageln? Genug ist genug.«

»Sie sollten besser Ihre Zunge hüten« rief Völkl und seine ohnehin schon breite Brust spannte sich vor Wut. »Ich habe gute Kontakte zur SA. Die werden Sie genauer unter die Lupe nehmen, wenn Sie hier so einen Aufstand veranstalten.«

»Diesen Aufstand veranstalten Sie schon selbst. Ein richtiges Kasperltheater. Tut mir leid, Herr Direktor, aber ich muss den Jungen mitnehmen und untersuchen. Vielleicht ist er nach dem Angriff ernsthaft verletzt worden. Das würde die Schule in ein ganz schlechtes Licht rücken, wenn an die Öffentlichkeit dringt, dass hier Kinder gewürgt werden. Und die Lehrer auch noch damit durchkommen.«

Völkl schluckte schwer, dann blieb ihm der Mund offen stehen. Ihm fiel keine passende Antwort mehr ein.

»Ich bitte Sie, von einer Meldung an die Zeitung abzusehen«, begann der Direktor. Also jetzt bezog er doch Stellung für eine Seite.

»Das hängt ganz davon ab, wie weiter mit jüdischen Schülern hier umgegangen wird.« Sedlmayr nahm Hannah am Arm und zog auch Jacob auf die Beine. »Auch meine Tochter ist vor der gesamten Klasse gedemütigt worden. So etwas dulde ich nicht! Sie werden mit Konsequenzen rechnen müssen.« Der Direktor erbleichte.

»Davon können wir doch sicherlich absehen. Aber ich finde auch, dass Herr Völkl den beiden eine Entschuldigung schuldet.« Völkl erschrak, als hätte der Direktor gerade sein Todesurteil laut ausgesprochen.

»So?«, meinte Sedlmayr trocken. Er blieb stehen und sah dem Lehrer tief in die Augen.

»Kommt nicht wieder vor«, knurrte er in Hannahs Richtung und marschierte dann mit donnernden Schritten aus dem Raum.

»Habe ich mir schon gedacht«, murmelte Sedlmayr und verabschiedete sich vom Direktor.

Hannah und Jacob gingen zusammen mit ihm aus dem Büro, holten noch schnell ihre Schultaschen aus dem Klassenzimmer und fuhren dann mit ihm zu seiner Arztpraxis. Dr. Sedlmayr schien die Art Mensch zu sein, die man sich in seiner Nähe wünschte, wenn es Probleme gab.

»Dieser gottverdammte Sedlmayr!« Winters Hände zitterten vor Wut, als er den Hörer in der Kanzlei auf die Gabel hängte. Völkl, ein Lehrer aus dem Humanistischen Gymnasium, hatte ihn über die Vorkommnisse informiert. Nur weil er den Unterricht umsetzen wollte, wie ihn der Führer vorschrieb, hatte ihm eines der jüdischen Bälger einen Strich durch die Rechnung gemacht. Und er war damit durchgekommen. Der Direktor selbst hatte sich gegen seinen Lehrer verschworen und einem Mädchen und einem Juden geglaubt. Unmöglich.

Winter ging ins benachbarte Büro und berichtete Erwin Holzer von Völkls Erzählungen. Auch dieser schüttelte fassungslos den Kopf. Die Stimmung bei ihnen war ohnehin schon angespannt, da Hitler vor ein paar Tagen auf dem Rückweg von Berchtesgaden durch Rosenheim gefahren war. Sie hatten gehofft, nein, erwartet, dass er die Ausstellung »Deutsche Frauen – Deutsche Waren« des landwirtschaftlichen Hausfrauenvereins besuchen würde, doch er hatte sich nicht blicken lassen.

Holzer hatte im Stadtrat, aus dem die KPD mittlerweile völlig verbannt war, durchsetzen können, dass die Innstraße, die der Führer auf seiner Durchreise benutzt hatte, nach Hitler benannt wurde. Auch einige andere Straßen erhielten neue Namen. Die Münchner Straße ehrte Hindenburg und die Hubertusstraße trug nun den Namen von General Epp. Winter selbst schlug vor, die Straße, die an Görings Geburtshaus vorbeiführte, Göringstraße zu nennen, was Begeisterung auslöste.

Ein Dorn im Auge waren aber nach wie vor die Sozialisten. Winter hatte über Sedlmayr recherchiert und herausgefunden, dass er einen Bruder hatte, der als Abgeordneter der SPD im Reichstag in Berlin saß. Ob der Doktor auch ein heimlicher Sozialist war?

»Wir sind schon auf dem richtigen Weg, Erich. Wir brauchen einfach noch ein wenig Zeit.«

»Zeit? Es geht hier nicht schnell genug!«

»Mit dem neuen zweiten Bürgermeister haben wir den richtigen Mann an der Spitze. Er hat schon dafür gesorgt, dass einige Lehrer, die sich regimefeindlich geäußert hatten, ausgestellt wurden. Völkl hat alles richtig gemacht. Wir sollten lieber den Direktor im Auge behalten.« Und Sedlmayr, fügte Winter in Gedanken dazu.

»Schritt für Schritt. Wir können nicht alles auf einmal schaffen. Die KPD ist schon so gut wie besiegt, auch die SPD haben wir im Griff. Die Gebäude und Büros jeglicher Vereine, Organisationen und Verbände, die im Verdacht stehen, der sozialdemokratischen Bewegung anzugehören, wurden von unseren Leuten auf verdächtiges Material durchsucht. Schon bald sind alle auf unserer Seite, glaub mir.«

»Besser, wir kümmern uns so schnell wie möglich um diese Angelegenheiten«, zischte Winter grimmig.

»Ein Brief ist vorhin für dich gekommen, Erich«, meinte Holzer und reichte ihm den versiegelten Umschlag.

»Er ist aus München. Vom Parlament«, sagte dieser überrascht. Gierig riss Winter den Umschlag auf, zog den Brief heraus und verschlang die Sätze. Bei jedem Wort wurde sein Lächeln breiter.

»Ich wurde zum Ortsgruppenleiter befördert«, japste Winter atemlos.

Holzer sprang freudig auf.

»Gratuliere, Erich! Das sind ja hervorragende Neuigkeiten. Den großen Fischen scheint deine Arbeit zu gefallen.«

Winter wusste nicht, was er sagen sollte. Glück. Zufriedenheit. Stolz. Ein buntes Gefühlskaleidoskop.

»Du musst eine Feier geben, Erich. Einen großen Empfang im Rathaus! Wir laden alle wichtigen Leute ein. Alles, was Rang und Namen hat. Die ganze Stadt wird dich feiern!«

Holzer hatte Recht. Winter sah sich in Gedanken vor Hitler persönlich stehen. Er schüttelte ihm die Hand und wurde zum Ehrenbürger ernannt. Vielleicht hatte sein Vater doch das Richtige getan. Diese kleine Stadt konnte für ihn ein Sprungbrett sein. Straßen würden nach ihm benannt werden, Schulen. Winter grinste von einem Ohr zum anderen. So gut hatte er sich seit Wochen nicht gefühlt.

»Ich mache mich gleich an die Einladungen«, sagte er zu Holzer und verschwand freudestrahlend in seinem Büro. Der beste Tag für solch eine Feierlichkeit erschien ihm der Samstag nach Hitlers Geburtstag.

22. April 1933

Kuchenduft durchströmte die Küche und das Esszimmer der Sedlmayrs, drang durch alle Türen und erreichte sogar den zweiten Stock. Sofia bereitete seit den frühen Morgenstunden das Frühstück vor. Erdbeerkuchen, Nusszopf, Rührei mit Speck, frisches Brot, Butter, Wurst und Käse. Sie hatte sogar einen Haferbrei angerührt, indischen Tee aufgekocht, Honig und verschiedenste Konfitüren aufgetischt. Die Fruchtschale quoll über vor Nektarinen, Orangen, Äpfeln, Trauben und den ersten Erdbeeren. Mit geübten Fingern putzte sie zum wiederholten Mal das Silberservice, das sonst in einer Vitrine schlummerte, und platzierte es anschließend auf den großen Eichentisch. In der Mitte thronte eine Vase, gegen deren durchsichtige Wände die grünen Stängel der Narzissen drängten, während ihre Köpfe sonnengelb strahlten. Wie schön es heute war. Auf Hermanns Stammplatz stapelten sich einige Pakete, die in buntes Papier gewickelt waren. Sein sechzehnter Geburtstag.

Theresa Sedlmayr eilte als Erste die Treppe herunter. Sie steckte in einem dunkelroten Dirndlkleid, das ihre gertenschlanke Taille betonte, die Lippen unterstrich sie im selben Farbton. Die Haare waren zu einem lockeren Knoten zusammengebunden.

»Ist schon alles fertig? Alles bereit für das Geburtstagskind?« Kritisch ließ sie den Blick über den gedeckten Tisch schweifen und blieb kurz am Silberservice hängen. Nachdem sie keine rußigen Ränder feststellen konnte, zündete sie noch zwei Kerzen an und drapierte die Geschenke um.

»Georg? Hermann? Karl? Hannah? Wo seid ihr denn alle?«, rief sie ungeduldig nach oben. Die Stufen stöhnten auf und der Reihe nach kamen alle nach unten. Auch die Männer des Hauses hatten sich in Schale geworfen und trugen festliche Lederhosen. Als Theresa Hannah erblickte, zog sie die Augenbrauen nach oben und kräuselte säuerlich den Mund.

»Wieso hast du denn dein weinrotes Dirndl nicht angezogen? Das blaue trägst du seit Wochen immer wieder. Heute sollte doch ein besonderer Anlass sein.«

Hannah sah an sich herunter und biss sich ertappt auf die Unterlippe. Sie schirmte mit den Händen ihren Körper ab, so, als könnte sie damit das Kleid verdecken.

»Lass gut sein, Resi. Wir freuen uns schon alle auf das Geburtstagsfrühstück«, kam Georg Sedlmayr ihr zu Hilfe und klopfte seinem ältesten Sohn auf die Schultern.

»Das sieht ja toll aus, danke Sofia!«, meinte Hermann an die russische Haushälterin gewandt, die zu ihm eilte, um ihm zu gratulieren.

»Wir haben das wahrhaftig gut hinbekommen!«, sagte Theresa mit einem stolzen Lächeln und küsste ihren Sohn auf beide Wangen. »Herzlichen Glückwunsch zum Geburtstag! Wie schnell nur die Zeit vergangen ist. Ich erinnere mich noch an den Tag deiner Geburt. Über zwanzig Stunden bin ich in den Wehen gelegen, bis du dich endlich entschieden hast, dich auf den Weg zu machen!«

Hermann lachte herzlich. Dabei legte er den Kopf leicht in den Nacken. »Ach Mama. Kommst du wieder mit diesen alten Kamellen.«

»Jetzt mach schon deine Geschenke auf, sonst reiß ich noch das Papier ab«, neckte ihn Karl, klaute eines der Pakete vom Tisch und versteckte es hinter seinem Rücken. Dann warf er es seinem Bruder zu, der es mit einem breiten Grinsen sicher auffing.

»Ein Notizbuch«, freute sich Hermann, als er den schwarzen Lederband aus dem Papier wickelte.

»Für deine Aufzeichnungen. Ich dachte, du kannst das brauchen«, sagte Hannah. Hermann drückte seine kleine Schwester fest an sich. Der Duft ihrer frisch gewaschenen Haare stieg ihm dabei in die Nase.

Von Karl bekam er einen passenden Federkiel, von seinen Eltern eine neue Trachtenjacke mit auffälligen Holzknöpfen und Geld für seine Spardose. Mit leuchtenden Augen sah sich Hermann die neuen Bücher an, die sein Vater für ihn ausgesucht hatte. Lesen war seine große Leidenschaft.

»Sind diese Bücher nicht verboten?«, fragte Karl plötzlich und durchbrach damit die fröhliche Stimmung.

»Zeig mal!« Er wollte nach einem der Werke greifen, doch Hermann drehte sich weg, damit er die Titel nicht lesen konnte.

»Ein medizinischer Atlas«, erklärte Georg Sedlmayr ernst. »›Im Westen nichts Neues‹, ausgewählte Werke von Schiller und Goethe. Was soll daran verboten sein, du neunmalkluger Bengel!«

»Dieses Buch da.« Karl deutete auf Remarques Roman ›Im Westen nichts Neues‹. »Ich dachte, das ist ein Buch über den Krieg. Angeblich ist es verboten.«

»Ich bestimme, was in meinen eigenen vier Wänden verboten ist und was nicht!«, donnerte Georg Sedlmayr los und schlug bekräftigend mit der Faust auf den Tisch.

»Kein Streit an Hermanns Geburtstag!«, warf Theresa ein und schnitt den Kuchen auf. »Heute ist ein ganz besonderer Tag. Am Nachmittag beginnt die Feierlichkeit zur Beförderung von Ortsgruppenleiter Erich Winter. Wir sind alle eingeladen.«

Georg Sedlmayr verschluckte sich beinahe an seinem Kaffee. Der heiße Inhalt schwappte aus der Tasse über den

Tisch und lief am Tischbein herunter. Sofia hatte die Situation sofort erfasst und wischte das Holz trocken, bevor die Flüssigkeit Flecken hinterlassen konnte.

»Was für eine Feierlichkeit?«, drang die Stimme des Vaters schmerzhaft laut in Hermanns Ohr, da er links neben ihm saß. Meist hatte er die Gewohnheit, sich beim Essen zurückzuziehen, zu schweigen und den anderen den Vortritt bei den Gesprächen zu überlassen, doch dieser Kommentar der Mutter hatte ihn aufhorchen lassen, beinahe rasend gemacht.

»Ich habe dir doch Bescheid gesagt. Der Termin steht schon seit Wochen in unserem Kalender. Sofia sollte auch die ganze Wäsche und unsere Ausgeh-Garderobe vorbereiten. Die Schürzen und Hemden bügeln, die Schuhe putzen.«

»Kommt gar nicht in Frage, dass wir da hingehen. Wir feiern zu Hause Geburtstag! Wie jedes Jahr!«

Hermann blickte zwischen seiner Mutter und seinem Vater hin und her. Eine Auseinandersetzung auf Augenhöhe. Ein offener Kampf. Auch Hannah war von ihrem Stuhl hochgefahren und knetete krampfhaft die Finger im Schoß.

»Der Empfang ist im Rathaus. Jeder, der Rang und Namen hat, wird dort sein. Wir können auf gar keinen Fall absagen. Erich Winter würde sich vor den Kopf gestoßen fühlen.«

»Ich will mitgehen«, mischte sich Karl ein, doch ein vernichtender Blick seines Vaters brachte ihn sofort zum Schweigen.

»Mir ist vollkommen egal, wie der sich fühlt! Wir kennen den Mann doch nicht einmal.«

»Natürlich kennen wir ihn. Du hast seine Frau behandelt und ihn selbst auch!« Theresa unterstrich ihre Aussage, indem sie mit dem Zeigefinger auf ihren Mann deutete.

»Das heißt noch lange nicht, dass ich ihn kenne. Es wäre mir auch egal, wenn er zum Mann im Mond ernannt worden wäre.«

Theresa schnalzte mit der Zunge. »Dass du so abfällig von so einer wichtigen Persönlichkeit sprichst. Und das vor den Kindern!«

»Wichtige Persönlichkeit?« Georg schüttelte den Kopf.

»Jeder wird dort sein«, wiederholte Theresa, ihre Stimme wurde immer lauter, und sie begann, jedes Wort einzeln zu betonen. »Spätestens am Montag werden uns alle fragen, wo wir gewesen sind. Die Kinder werden in der Schule durchlöchert. Aber schön. Wenn du es so haben willst, dann bleib du meinetwegen zu Hause, während wir uns schick machen und auf den Empfang gehen. Ich lasse mir nicht nachsagen, dass ich eine so wichtige Einladung ignoriert habe!«

Georg Sedlmayr schlug noch einmal mit der Faust auf den Tisch, doch seine Lippen blieben stumm. Theresa reckte überlegen das Kinn hoch und rührte in ihrer Teetasse. Sie hatte gewonnen.

Nachdem das Frühstück beendet war, ging Hermann auf sein Zimmer. Er wollte die Zeit bis zum Nachmittag nutzen, um in seinen neuen Büchern zu schmökern. Sein Zimmer blickte Richtung Süden in den Garten hinaus, und so hatte er freie Aussicht auf die Berge. Regale, in denen sich unzählige Bücher türmten und reihenweise Ordner nebeneinander standen, in denen er Zeitungsausschnitte und Bilder sammelte, nahmen eine ganze Wandseite ein. Liebevoll strichen Hermanns Finger über die abgenutzten Buchrücken, während er mit der anderen Hand seine neuen Schätze an ihren Platz im Bücherdschungel stellte. Die Bettdecke war stets akkurat gefaltet, er tat das selbst jeden Morgen, sodass Sofia es nicht erledigen musste. Außerdem mochte er es, wenn das Bett genau so gemacht war, dass sich die Decke und das Kissen nicht berührten. Exakt zwei Handbreit.

Er ließ sich auf die Fensterbank sinken und öffnete den medizinischen Atlas. Sein Vater würde sich freuen, wenn Hermann in seine Fußstapfen treten und die Praxis übernehmen würde, und auch er selbst spürte, dass das sein Lebensweg war. Hermann wollte Menschen helfen. Nach wenigen Minuten war er tief versunken in die Lektüre.

Ein sanftes Klopfen an der Tür riss ihn aus seinen Gedanken.

»Hermann?« Sofia steckte vorsichtig den Kopf herein. »Du musst machen dich fertig. Für die Empfang.« Wie schnell die Zeit vergangen war. Die Zeiger der Uhr rasten, wenn er eines seiner Bücher verschlang. Hermann nickte ihr zu und ging ins Badezimmer, um sich seine Haare zu machen. Karl kam ihm schon entgegen. Er hatte sich einen Seitenscheitel frisiert und sah wie ein richtiger Hitlerjunge aus. Der Stolz war ihm anzusehen.

»Versuch es auch einmal mit den Haaren. Sie sind bestimmt nicht zu kurz«, sagte sein Bruder und drückte ihm Pomade in die Hand. Hannah erschien am Treppenrand und lächelte Hermann zu. Wie Theresa es sich gewünscht hatte, trug sie nun das weinrote Dirndl.

»Ich bin gleich so weit«, rief er seiner Schwester zu, die nickte und nach unten ging.

Als Hermann seine Haare endlich in die gewünschte Position gebracht und gebändigt hatte, eilte auch er nach unten. Seine Mutter reichte ihm mit einem Lächeln die neue Trachtenjacke, die er sich überwarf. Darunter blitzten noch die eingestickten Rosen auf seinen breiten Hosenträgern hervor. Das Stadtwappen.

Georg Sedlmayr saß mürrisch im Eingangsbereich, und fast bildete Hermann sich ein, ihn knurren zu hören.

»Na dann wollen wir mal in die Höhle des Löwen«, brummte er, doch Theresa überhörte seinen spitzen Kommentar.

Sofia half Theresa in ihren Mantel und legte einen Wollschal um ihren Hals. Dann öffnete sie die Tür und verabschiedete sich.

Die Kinder quetschten sich zu dritt auf die Rückbank des Wagens, während Theresa vorne auf dem Beifahrersitz Platz nahm. Der Motor schnurrte, und Georg Sedlmayr steuerte das Auto aus der Einfahrt. Am Rande der Straße verhüllten die vollen Äste der Obstbäume die Sicht auf den Himmel. An den wilden Apfelbäumen waren die Knospen aufgesprungen, ein zartes Weiß und ein tiefes Rosarot.

Die Sonne schien warm und freundlich durch die Fensterscheibe, und Hermann schirmte seine Augen ab. Was würde sie wohl erwarten? Bisher kannte er Erich Winter nur aus der Zeitung. Ein paarmal hatte sein Vater über ihn gesprochen, doch selten ein gutes Wort verloren. Er hatte recht. Sie kannten ihn überhaupt nicht.

Der Wagen rüttelte über die Straßen, und Hermann stellte staunend fest, dass viele Bürger auf den Beinen waren. Die meisten trugen prachtvolle Tracht. Die Männer und Jungen Lederhosen, Wadenwärmer und grob gestrickte Trachtenjacken, die Frauen und Mädchen Dirndlkleider mit auffälligen Schürzen. Wie freizügig die neue Mode doch war. An den Menschenmassen erkannte er, weshalb es seiner Mutter so wichtig gewesen war, persönlich beim Empfang zu erscheinen.

Georg Sedlmayr parkte das Auto vor seiner Praxis, da diese nur wenige hundert Meter vom Rathaus entfernt war. Gemeinsam schlossen sie sich der Menschentraube an.

Vor dem Rathaus standen die Bäume in voller Blüte. Die Hakenkreuzflagge hing träge am Fahnenmast. Es war vollkommen windstill. Rechts und links neben dem roten Teppich reihten sich Jungen der Hitlerjugend auf, und Hermann erspähte ein paar bekannte Gesichter. Sie alle streckten den rechten Arm nach oben und schlugen die Hacken zusammen.

Einige Mädchen hielten eine bunte Blume in der Hand und winkten fröhlich. Eine Hochstimmung.

Applaus brandete auf und Hermann sah, wie einige Männer vom Rathaus nach draußen traten und den Hitlergruß machten. Alle trugen Uniformen und am Oberarm eine Binde mit dem Hakenkreuz. Der junge Mann in der Mitte musste Erich Winter sein. Selbst aus der Entfernung sah man sein Lächeln und er winkte der Menge verhalten zu. Hermann hatte ihn sich irgendwie größer vorgestellt. Eine große Persönlichkeit. Doch waren nicht auch kleine Männer in der Geschichte zu großen Taten fähig gewesen? Napoleon. Er war das beste Beispiel.

Eine Blaskapelle setzte ein und die Musik wehte zu ihm herüber. Das Summen einer Biene an seinem Ohr mischte sich zu den Trompetenklängen und Hermann schnippte sie sich von der Schulter. Ärgerlich flog sie weiter.

»Wir müssen näher ran«, sagte Theresa Sedlmayr, als die Kapelle verstummte und zog ihren Mann am Ärmel. »Wir haben schließlich eine Einladung.« Sie bahnte sich ihren Weg durch die Menge und die anderen Familienmitglieder hatten Mühe, ihr zu folgen. Elegant wiegte sie die Hüften hin und her, ignorierte Ausrufe, wenn sie jemanden anrempelte, und schaffte es tatsächlich bis ganz nach vorne.

Winter und die anderen Männer waren bereits wieder im Inneren des Rathauses verschwunden.

Theresa hielt den Wachen die Einladung unter die Nase und deutete auf ihren Mann und ihre Kinder. Sofort machten die Posten Platz und ließen sie ein.

Innen erstrahlte das Rathaus im Lichterglanz. Hermann pfiff bewundernd aus. Wohin auch das Auge blickte, überall hingen Hakenkreuzflaggen. Trotz seiner anfänglichen Skepsis über die Einladung, war Hermann aufgeregt, als er all die Leute in Uniformen sah. Stadtratsmitglieder. Männer der SA und SS. Und umringt von Bewunderern der neue Ortsgruppenleiter Erich Winter.

Hannah und Theresa ließen ihre Mäntel an der Garderobe, dann schritten sie langsam, von Georg Sedlmayr eskortiert, durch die Halle an den Säulen mit ihren großen Vasen vorbei, die mit weißen und roten Rosen gefüllt waren. Stimmengewirr. Lautes Lachen. Der Geruch von gebratenem Fleisch. Jubelrufe. All das begleitete Hermann, als sie sich in die Schlange reihten, um Winter persönlich zu begrüßen. Er stand am Ende der Halle, schüttelte Hände, nahm Glückwünsche entgegen. Er wirkte ausgelassen und heiter. Trotzdem schien er immer wieder abgelenkt zu sein und ließ seinen Blick über die Leute wandern. Wie ein hungriger Wolf. Ein Schauer lief Hermann über den Rücken. Er konnte nicht sagen, was es war, doch irgendwie ging etwas Bedrohliches von Winter aus. Obwohl er etwa zehn Jahre älter war als er selbst, schien sein Gesicht vollkommen glatt. Frei von Lachfalten. Frei von Bartstoppeln. Hatte er überhaupt Bartwuchs?

»Dr. Sedlmayr. Wie schön, dass Sie kommen konnten. Ich freue mich ganz außerordentlich«, sagte Winter mit einem schmalen Lächeln und schüttelte seinem Vater die Hand. »Ihre Familie ist auch dabei. Großartig.« Sein Blick wanderte von einem zum anderen. Anstelle einer anständigen Begrüßung brummte sein Vater nur auf.

»Darf ich Ihnen meine Frau vorstellen?« Georg rückte etwas zur Seite, damit Theresa Winter die Hand reichen konnte. »Theresa Sedlmayr.«

Winter hob anerkennend die Augenbrauen, sein Lächeln wurde breiter. Strahlender.

»Du liebe Zeit. Eine so schöne Frau«, schwärmte er und küsste Theresa die Hand. Sie errötete.

»Vielen Dank für die Einladung. Wir sind Ihnen sehr dankbar. Und das am Geburtstag meines Sohnes.« Sie zerrte Hermann nach vorne ins Rampenlicht, und Winters grüne Augen tasteten ihn ab wie Scheinwerfer.

»Herzlichen Glückwunsch zum Geburtstag«, sagte er freundlich und reichte Hermann die Hand. Die Finger waren trotz der Wärme im Rathaus eiskalt. »Wie alt bist du denn geworden?«

»Sechzehn«, antwortete Hermann.

»Ein zäher, junger Bursche. Das muss wohl der Bruder sein.« Karl trat vor und begrüßte Winter. Stolz erzählte er, dass auch er schon Mitglied der Hitlerjugend sei, was der Ortsgruppenleiter mit einem Lächeln quittierte.

»Eine arische Schönheit, Ihre Tochter, Herr Doktor!«, sagte Winter. Diesmal klang er nicht mehr schmierig. Seine Worte hörten sich ernst gemeint an. »Gewitterblaue Augen«, raunte er bewundernd und besah sich Hannah, als wäre sie ein Ausstellungsstück in einer Kunstgalerie. Diese schlug die Lider nieder. »Wir sind auf der Suche nach einem Gesicht für die Werbeplakate des BDM. Wir suchen ein typisches deutsches Mädel. Blond. Blauäugig. Ich glaube, wir haben das perfekte Gesicht gefunden. Mit Ihrer Erlaubnis natürlich.« Er blickte zu Theresa, die Hannah die Hand auf den Rücken legte und für sie antwortete.

»Es wäre uns eine große Ehre, Herr Ortsgruppenleiter. Nicht wahr, Hannah?« Diese nickte.

Theresas Gesicht war von innen erleuchtet, als sie sich wieder unter die Menge mischten.

»Meine Tochter wird für kein dämliches Foto posieren«, knurrte Georg Sedlmayr, sodass nur seine Familie ihn hören konnte. »Ein Werbeplakat für den BDM. Damit sie in der ganzen Stadt aushängt. Was für eine Schnapsidee!«

»Natürlich wird sie das. Ihr Bild wird überall zu sehen sein. Mach ihr nicht die Zukunft kaputt, Schorsch!« Theresa zischte bedrohlich, und es kam Hermann vor, als würden ihre Augen Funken sprühen.

»Macht, was ihr wollt«, sagte Georg wütend und gesellte sich zu einigen Männern, die ihn zu sich in die Runde winkten.

Hannah und Theresa blieben bei den anderen Frauen und Mädchen stehen, während Hermann und Karl sich aufs Buffet stürzten. Mit vollgeladenen Tellern bahnten sie sich einen Weg zu einem der Stehtische, als eine laute Stimme das fröhliche, ausgelassene Geplapper der Gäste übertönte.

»Hitler treibt uns alle in den Krieg. Macht doch eure Augen auf, ihr Narren!« Ein Mann mit schneeweißen Haaren stand in der Mitte der Halle und schrie aus Leibeskräften. »Dieser Kerl hier ist sein Handlanger. Der Handlanger des Teufels.« Mit seinem krummen Zeigefinger deutete er auf Winter, der erbleicht war und sich nervös und hilfesuchend umsah. »Habt ihr nicht ›Mein Kampf‹ gelesen? Da steht doch alles schwarz auf weiß. Hitler ist unser Untergang«, tobte er weiter. Das Gerede verstummte augenblicklich. Alle Augenpaare richteten sich auf den Mann.

»Hitler ist …«, begann er wieder, bevor er von zwei Uniformierten zu Boden gedrückt und aus dem Saal getragen wurde. »Erinnert euch an meine Worte«, kreischte er, während er zwischen den Türen verschwand. Ein Kommunist? Ein Verrückter? Auf jeden Fall gehörte Mut dazu, einen solchen Auftritt hinzulegen.

»Wir haben alles unter Kontrolle«, rief der Mann an Winters Seite. Erwin Holzer. Auch sein Gesicht kannte Hermann aus der Zeitung.

Obwohl alle wieder plauderten und lachten, merkte Hermann, dass die Stimmung gekippt war. Winters Lachen wirkte versteinert. Wie sah es wohl hinter seiner Maske aus?

Strahlend und hell wie ein Komet fuhr Hermann ein Gedanke durch den Sinn. Was, wenn der Mann recht behielt? Einen langen, atemlosen Moment stockten seine Überlegungen, dann rasten sie weiter. Hitler treibt uns alle in den

Krieg. Das waren seine Worte gewesen. Auch sein Vater hatte am Tag von Hitlers Ernennung zum Reichskanzler einen Krieg prophezeit. Steckte doch Wahrheit dahinter? Hermann fühlte sich auf einmal fehl am Platz. Er wünschte sich nach Hause in sein Zimmer. Er wollte zwischen die Seiten eines Buches fliehen, an den Abenteuern und Geschichten seiner Romanfiguren teilnehmen, doch je öfter er sich den Ausdruck von Verzweiflung im Blick des Mannes ins Gedächtnis rief, desto mehr fühlte er, dass er selbst inmitten einer Geschichte steckte. Wie würde diese weitergehen? Konnte er die Handlung mitbestimmen? Hermann war sich mit einem Mal sicher, dass Hitler genau wusste, wie seine Geschichte aussehen sollte. Welche Schauplätze es gab, wo sie hinführte. Nach und nach deckte er eine Seite auf, doch welche Seiten würden bis zum Ende folgen? Wusste er letztendlich schon, wie das Ende aussehen würde?

Mai 1933

Die Anzahl der in Rosenheim lebenden Juden war im Vergleich zu den im Umkreis liegenden Städten hoch. Viele jüdische Familien waren Ende des 19. Jahrhunderts in die Stadt gezogen, da die Wirtschaft lebendig war und sie hier vom Einzelhandel leben konnten. Hans Sternlicht war mit seinen Eltern als Junge von Polen nach Deutschland gekommen und hatte später die Apotheke seines Vaters übernommen. Obwohl er noch Polnisch beherrschte, fühlte er sich hier zu Hause.

Jacob schlenderte nach Schulschluss durch die Straßen. Vorsichtig wie ein Fuchs spitzte er die Ohren, um dem Gerede der anderen Kinder zu lauschen. Er hatte gelernt zu warten, bevor er ihnen in die Falle tappte. Als Boxer kannte er natürlich einige Tricks und war in der Lage sich zu verteidigen, doch schon zweimal hatte ihn Herbert mit seinen Freunden von der Hitlerjugend in eine Sackgasse getrieben und auf ihn eingeschlagen. Wie immer benötigte er seine Eskorte, da er allein nicht den Mumm aufbringen konnte, um gegen Jacob zu kämpfen. Die Schmach bei der Niederlage im Boxen war noch allgegenwärtig. Deshalb mussten immer zwei Jungen Jacobs Arme auf den Rücken drehen und ihn festhalten, wenn Herbert ihm ins Gesicht schlug. Zweimal war er schon mit einem blauen Auge nach Hause gekommen. Simon war jedes Mal ausgerastet, doch als er seinen Bruder rächen wollte, war er selbst mit einer blutigen Lippe nach Hause gekommen. Es waren einfach zu viele Gegner.

Etwas leichter hatte es noch ihr jüngster Bruder Levi. In der Grundschule verstanden die Kinder den Unterschied zwischen einem Juden und einem Deutschen noch nicht richtig und spielten ausgelassen miteinander. Es gab Tage, da beneidete Jacob ihn. Um seine Sorglosigkeit. Um seine Freunde. Um sein Lachen.

In den letzten Monaten war Jacob vorsichtig geworden. Er wechselte täglich seine Route, nahm Straßen, die zunächst in die falsche Richtung führten, nur um Herberts Bande aus dem Weg zu gehen. Nicht weil er die Schläge nicht einstecken konnte. Die Tränen seiner Mutter versetzten ihm jedes Mal einen Stich ins Herz, wenn er nach einer Schlägerei nach Hause kam. Er fühlte sich schuldig, da er ihr so Kummer bereitete. Seine Sinne hatten sich dadurch geschärft. Jacob konnte mittlerweile die Körpersprache der anderen entschlüsseln, ihre Gespräche belauschen und ihre Fährten lesen. Schon länger hatten sie ihn nicht mehr in die Finger bekommen.

Als Jacob um die Ecke bog, erspähte er Herbert, der mit ein paar Freunden am alten Stadttor lehnte. Wenn er nach Hause wollte, musste er das Tor passieren. Aber er wusste, dass er hier in Sicherheit war. Vielleicht würden sie ihm einige Beleidigungen an den Kopf werfen, ihm drohen, doch einen Angriff mitten auf dem großen Platz würden diese Feiglinge sicher nicht riskieren. Möglichst unauffällig schlenderte Jacob auf sie zu, blieb immer wieder betont fröhlich an einem der Schaufenster hängen und blickte interessiert hinein.

Einer aus der Bande bemerkte ihn und rempelte Herbert mit dem Ellenbogen an.

»Hallo Jude!«, schrie Herbert ihm laut zu, doch Jacob ignorierte ihn und ging gelangweilt weiter. Nur noch wenige Meter trennten ihn von der Gruppe und sein Herz pochte heftig gegen seinen Brustkorb. Warum trieben ihm diese Idioten nur immer den Schweiß auf die Stirn?

»Hörst du jetzt auch noch schlecht? Du hast doch so große Henkelohren.«

»Ach, hallo«, sagte Jacob freundlich und grüßte einen ihrer Stammkunden, der ebenfalls durchs Tor schritt.

»Gibt es Probleme?«, fragte der alte Herr und drehte sich zu Herbert um.

»Nein danke, alles gut.« Am Ende würde es nur noch schlimmer kommen, wenn er Erwachsene um Hilfe bat. Der Mann hielt einen Wimpernschlag inne und setzte dann seinen Weg fort.

»Hast du das schon gesehen?« Herbert deutete auf ein großes Plakat, das nach dem Tor in einem Schaukasten hing. Es zeigte ein blondes Mädchen, das in die Kamera lächelte. Darunter stand irgendein dämlicher Werbespruch für die Partei. Oder war es eine Werbung für den BDM? Jacob hatte bisher noch gar nicht so genau hingesehen.

»Wir haben jetzt eine Berühmtheit in unserer Klasse. Vielleicht müssen wir zukünftig einen Hofknicks machen, wenn Hannah das Klassenzimmer betritt.«

Jacob stockte der Atem. Mit schnellen Schritten ging er auf das Plakat zu und tatsächlich. Sie war es. Hannahs blonde Affenschaukeln. Hannahs Lächeln. Hannahs blaue Augen. Sie trug eine schneeweiße Bluse und so etwas wie eine schwarze Krawatte und blickte mit glänzenden Augen in die Ferne. ›Jugend dient dem Führer‹ stand in großen Lettern über ihrem Bild. Darunter war ein Aufruf vermerkt, dass alle Zehnjährigen sich bei der HJ melden sollten.

»Willst du das Bild jetzt auch noch abknutschen, oder wie?«

Jacob hatte nicht bemerkt, dass seine Finger die Scheibe berührten. Erst jetzt spürte er die glatte Oberfläche und zog die Hand zurück, als hätte er sich auf einer heißen Herdplatte verbrannt. Dann rannte er. Jacob raste in vollem Tempo davon. Ihm war alles egal. Er wollte nur weg. Er schob den Schlüssel ins Schloss und riss die Haustür auf. Als er in den Hausgang stolperte, rannte er in den Keller hinunter und lehnte sich im Dunkeln an die kalte Steinwand. Hastig sog er die Luft ein. Dann sank er in die Hocke. Wie konnte ihn dieses Bild nur so aus der Bahn werfen? Es ist nur ein verdammtes Bild!, versuchte er sich einzureden, doch es gelang ihm nicht. Elsa, Matilda und wie sie alle hießen, die Mädchen an seiner Schule. Warum ausgerechnet Hannah? Warum hatte sie ihm erst noch geholfen und lächelte nun von einem Werbeplakat. Die Jugend des Führers. Sie gehörte nun zu ihnen.

Die Wut kochte in ihm hoch und Jacob merkte erst jetzt, dass er weinte. War er verletzt? Enttäuscht? Zu viele Gefühle stritten in ihm und er drehte sich um und trat mit dem Fuß ein paarmal heftig gegen die Wand. Bis der Schmerz alles andere betäubte und keinen Platz für weitere Gedanken mehr ließ. Jacob wartete noch einige Minuten, bis alle Tränen versiegt waren, dann löste er sich aus seiner Erstarrung und ging die Treppe nach oben bis zur Wohnungstür.

Als er hineinging, fielen ihm sofort die fremden Schuhe auf. Stimmen drangen aus der Küche.

»Schatz, du bist es?«, sagte Sarah Sternlicht, als ihr Sohn die Küche betrat, und küsste ihn auf die Wange. »Ist alles in Ordnung? Du siehst so mitgenommen aus.«

»Schon gut, Mama«, meinte er schnell und ließ Leitungswasser in ein Glas laufen. Sie sah ihn weiterhin mitfühlend an, sagte aber nichts.

»Jacob, wie geht es dir?« Auch Georg Sedlmayr, der Hans besuchte, war die Besorgnis in der Stimme anzuhören.

»Was soll schon sein«, gab er patzig zur Antwort zurück. Er brauchte das ständige Mitleid der Erwachsenen nicht. Im selben Moment fühlte er sich schon wieder schuldig, da Georg es nur gut gemeint hatte.

»Tut mir leid. Ich wollte nicht unhöflich sein«, entschuldigte er sich, doch Georg winkte lächelnd ab.

»Jeder hat mal einen schlechten Tag. Das ist doch ganz normal.« Wie scheinheilig er am Tisch saß. In einem jüdischen Haus, während er seine Tochter als Werbegesicht für den Führer einsetzte. Jacob schluckte eine freche Antwort hinunter und trank von dem Wasser. Sein Mund war staubtrocken.

»Jemand hat bei Fichtl ein Hakenkreuz an den Laden geschmiert«, sagte Hans Sternlicht zu Jacob. Dieser sah erschrocken auf. Moses Fichtl unterhielt eine Schneiderei im Zentrum der Stadt.

»*Kauft nicht beim Juden.* Die Teerfarbe war kaum von der weißen Wand zu bekommen.« Sarah seufzte. »Wenn sie das bei uns auch anfangen, dann kauft am Ende keiner mehr in der Apotheke ein und wir haben kein Geld mehr.« Tränen standen in ihren Augen.

»Jetzt sieh nicht alles gleich so schwarz, Liebling«, versuchte Hans seine Frau zu beruhigen und griff nach ihrer Hand.

»Nicht so schwarzsehen? Hast du gesehen, wie deine Söhne in letzter Zeit nach Hause kommen? Mit blauen Augen. Blutigen Lippen. Sie werden beleidigt, angespuckt. Wir werden beleidigt. Die Läden werden beschmiert. Wo soll das alles noch hinführen? Ich kann nicht mehr!«, schluchzte sie und schneuzte in ihr besticktes Taschentuch.

»So schlimm ist es gar nicht«, versuchte Jacob seine Mutter zu beruhigen. »Simon und ich kommen schon klar.«

Sarah zog ihn zu sich und vergrub ihr Gesicht an seinem Hals. Unsicher tätschelte er ihren Rücken, während ihre Tränen seine Schulter nässten.

»Sie hat recht. So geht es doch nicht mehr! Wollen sie uns aus der Stadt treiben? Aus dem Land? Wo sollen wir denn alle hin?« Auch Hans Sternlicht klang verzweifelt.

Jacob wünschte sich weg. Weit weg. Ein blaues Auge zu kassieren war die eine Sache, aber die eigenen Eltern so hilflos zu sehen, schmerzte noch viel mehr. »Macht euch keine Sorgen, solange ich meine Medikamente bei euch kaufe. Ich habe doch auch schon die letzten Jahre fast eure ganze Apotheke mitfinanziert«, versuchte Georg Sedlmayr die Situation aufzulockern, doch keinem konnte er damit ein Lächeln entlocken.

»Jacob wird in der Schule schlecht behandelt. Die Lehrer fragen ihn über Stoff aus, den sie nicht einmal durchgenommen haben, damit sie ihm eine schlechte Zensur eintragen können. Dann wird er auch noch geschlagen.«

»Nur das eine Mal, Mama«, log Jacob. Von dem einen Mal hatte er ihr erzählt. Mehr musste sie nicht wissen.

»Es ist bestimmt nur vorübergehend, meinst du nicht auch, Schorsch? In ein paar Monaten wird sich alles wieder legen.«

Alle Augen blickten auf Georg Sedlmayr. Er beugte sich über den Tisch und verschränkte die Finger ineinander. »Ich weiß es nicht, Hans. Ehrlich, ich weiß es nicht. Ich würde gerne sagen, dass alles besser wird. Einfacher. Aber ich kann es nicht.«

Jacobs Vater nickte langsam, als würde er die Worte erst jetzt begreifen. Keiner wusste, wie die Zukunft aussah.

August 1933

»Ich kann es kaum erwarten! Das werden die besten zwei Tage unseres Lebens«, schwärmte Elsa, als Fritz sie zum See fuhr. Der perfekte Start in die Sommerferien. Die Hitlerjugend hatte am Ufer des Sees ein großes Zeltlager errichtet, bei dem auch die Mädchen des BDM teilnehmen durften. Elsa strahlte, als würden alle Feiertage des Jahres zusammenfallen.

»Wir können uns nachts ins Zelt der Jungen schleichen. Ich bin ja so aufgeregt. Sind deine Brüder auch dabei?«

»Nur Karl. Hermann macht ein Praktikum bei einem Arzt in Augsburg. Ein Studienkollege meines Vaters«, gab Hannah zur Antwort.

Fritz setzte die beiden Mädchen am Parkplatz ab und reichte ihnen die voll gepackten Rucksäcke. Wildes Treiben wie in einem Ameisennest. Jungen und Mädchen liefen durcheinander, begrüßten sich, verabschiedeten ihre Eltern, tobten am Ufer des Sees, neckten sich in der heißen Sommersonne.

Elsa und Hannah bahnten sich einen Weg durch die vielen Jugendlichen. Hannah erspähte ihren Bruder, der gerade dabei war, Brennholz aufzuschichten. Er nickte ihr zu und ließ die Holzscheite zwischen die zu einem Kreis gelegten Steine fallen. Der Junge neben ihm drehte sich um. Herbert Bauer.

»Hallo ihr beiden«, sagte Karl und grinste. Sein Gesicht war voller Dreck, auch die Hände waren erdverkrustet.

»Hast du im Matsch gebuddelt?«, lachte Hannah, und Karl streckte seiner Schwester die Zunge heraus.

»Wisst ihr schon, in welchem Zelt ihr übernachtet? Kommt, ich helfe euch suchen. An den Zelten hängt eine Einteilung.«

»Willst du deiner Schwester nicht ihren Rucksack abnehmen?«, erkundigte sich Herbert schleimig.

»Soll sie doch selbst tragen«, lachte Karl, und jetzt war es an Hannah, die Zunge herauszustrecken. »Ich würde ihr schon helfen, aber dann käme Dreck auf ihre blitzsauberen Träger.«

Herbert trat auf Hannah zu und nahm ihr großmütig den Rucksack ab. Als er Elsas Blick auffing, streckte er ihr seinen anderen Arm hin. Ihre Augen strahlten, als sie ihm den schweren Rucksack in die Hand drückte. Herbert ließ sich nichts anmerken und ging voran. Hannah bemerkte, wie ein paar Jungen ihm neidische Blicke zuwarfen. Sie folgten seinem Vorbild und liefen auf die nächste Mädchengruppe zu.

»Glaub mir, Hannah, ich kriege ihn. Er steht auf mich, das habe ich gleich gespürt.«

Wie selbstbewusst Elsa klang. Herbert hatte schließlich zuerst Hannah den Rucksack abgenommen, doch sie hielt es für besser, ihrer Freundin das nicht zu sagen. Vielleicht hatte sie ja Chancen bei Herbert. Sie selbst würde Elsa sicherlich nicht im Wege stehen.

Die beiden Mädchen packten ihr Gepäck in einem der Zelte aus und suchten sich nebeneinander einen Schlafplatz. Dann gingen sie nach draußen zu den anderen.

Hannah schirmte ihre Augen mit der flachen Hand vor der grellen Sonne ab und hielt Ausschau nach ihren Freundinnen. Elsa entdeckte sie zuerst. Anni und Matilda saßen mit ein paar anderen an einem der aufgestellten Tische auf Bierbänken und waren dabei, ein Brettspiel zu spielen.

»Elsa! Hannah!«, rief Matilda freudig und winkte sie heran. »Ihr könnt gleich mitspielen. Wir sind mit der Runde in ein paar Minuten fertig, dann könnt ihr einsteigen.«

Hannah warf einen Blick auf das Spiel. Sie kannte es, und sie verabscheute es. Das Spiel trug den Namen ›Juden raus‹. Der Hersteller versprach auf der Verpackung ein unheimlich lustiges Brettspiel, doch der Witz kam bei Hannah nicht an. Als Spielfiguren dienten spitze Hüte. Sie erinnerten an jene Hüte, die Juden im Mittelalter tragen mussten. Die Erklärung war der Spielanleitung zu entnehmen. Auf dem Spielbrett waren schreckliche Karikaturen abgebildet, die in etwa an Elsas Zeichnung in der Rassenkunde-Unterrichtsstunde heranreichten.

»Meine Juden sind schon fast alle auf dem Sammelplatz«, quiekte Anni. »Ab nach Palästina mit ihnen.«

»Dann hast du ja gleich gewonnen.« Elsa rückte näher an ihre Freundin heran und pustete auf die Würfel.

»Zeige Geschick im Würfelspiel, damit Du sammelst der Juden viel«, las Hannah leise die Anweisung auf dem Spielfeld.

»Hurra! Ich habe gewonnen!« Elsa und Anni fielen sich um den Hals.

»Ich steige bei der neuen Runde ein«, rief Herbert und quetschte sich auf die Bank neben Hannah, sodass diese fast herunterfiel.

»Das geht leider nicht. Es sind keine Spielfiguren mehr frei«, erklärte Anni besserwisserisch.

»Herbert und ich teilen uns einfach die Spielfiguren«, bot Elsa sofort an.

»Ich spiele nicht mit. Das Wetter ist so schön, ich gehe lieber schwimmen«, meinte Hannah und ließ den Blick über den See wandern, dessen Oberfläche im Sonnenlicht glitzerte.

Viele sprangen kopfüber vom Steg ins kühle Nass, spritzten sich gegenseitig an und warfen Bälle hin und her.

»Wir kommen dann nach«, meinte Herbert, und Enttäuschung war aus seiner Stimme herauszuhören.

Hannah ging ins Zelt, holte ihren blauen Badeanzug aus dem Rucksack und zog sich in einer der Toiletten um.

Als sie am Seeufer stand, sah sie fast am anderen Ende des Sees ein paar Jungen, die ein Seil an einen der großen Bäume gebunden hatten und sich von dort aus ins Wasser platschen ließen. Karl. Es war ganz sicher ihr großer Bruder, denn solche Ideen waren typisch für ihn. Höher, schneller, weiter. Hannah erinnerte sich daran, wie er beim Skifahren mit voller Geschwindigkeit in ein Waldstück gerast war und sich dabei den Arm gebrochen hatte. Anschließend hatte Karl in aller Ruhe seine Ski gesucht Dann war er aus dem Waldstück gestapft und hinunter ins Tal gefahren. Unten stellte er fest, dass sein linker Arm geschwollen war und etwas wehtat.

Hannah stapfte barfuß über den kleinen Trampelpfad, fluchte auf, als ihr Knöchel eine Brennnessel streifte und bahnte sich ihren Weg durch hohes Gebüsch. Mehrere hundert Meter vom Zeltlager entfernt, kam sie dem Baum immer näher.

»Klettern wir noch höher rauf?«, fragte eine bekannte Stimme.

»Klar, wenn du dich traust.«

»Als ob ich mich nicht trauen würde.«

War das etwa …?

»Jacob?«, rief Hannah erstaunt aus, als sie ihn erkannte. Von seinen Haaren perlten Wassertropfen, sein rechtes Knie war aufgeschürft und Blut lief in einem Rinnsal über sein Scheinbein.

»Hallo«, sagte er kühl und drehte sich von ihr weg.

»Hallo, du Werbeikone«, neckte Simon sie und verbeugte sich theatralisch vor ihr. Was zum Teufel sollte das?

»Was macht ihr denn hier?«

»Entspann dich, Hannah, und verpetz uns nicht, ja? Die anderen können nicht so gut klettern wie wir und außerdem haben sie nicht den Mumm, von dort oben zu springen. Wir machen das schon seit Jahren hier.« Karl deutete auf ein Absprungbrett, das an einen dicken Ast genagelt war. Waren es fünf Meter? Sieben? Hannah konnte es nicht einschätzen.

Aus Karl wurde sie nicht recht schlau. Er verschlang jeden Zeitungsartikel über Hitler, hielt ihn für eine Art Gott, doch mit den Sternlicht-Brüdern war er nach wie vor dick befreundet. Natürlich. Kein anderer neben Karl war so sportlich und so draufgängerisch wie Simon. Mit wem sollte er sonst seine verrückten Aktivitäten betreiben? Sicher nicht mit jemandem wie Herbert Bauer. Seit wann aber war Jacob bei waghalsigen Manövern dabei? Früher war er stets die Stimme der Vernunft gewesen und hatte Simon und Karl einmal davon abgehalten, mit selbstgebastelten Flügeln vom Scheunendach zu springen. Oder mit dem Fahrrad über die Kuhwiese einer Alm ins Tal zu fahren. Karl war damals nicht mehr als zwanzig Meter weit gekommen. Sein Rad und er selbst waren über und über mit Kuhfladen besudelt gewesen. Am Ende hatten ihn noch zwei der Kühe über die ganze Wiese gejagt. Ein Bild für Götter!

Jetzt mit dem Zeltlager am anderen Ufer war es außerdem riskant für die beiden, hierher zu kommen und zu schwimmen. Wenn sie jemand erwischen würde! Das Baden an öffentlichen Seen war eigentlich nicht verboten, aber man konnte nie wissen, wie die Leiter des Lagers reagieren würden, wenn ihnen zwei halbstarke Juden in die Arme laufen würden. Simon war in der Zwischenzeit schon an den Brettern, die in den Stamm genagelt waren, hochgeklettert und hielt das Seil, das am Ast festgebunden war, in den Händen.

»Drückt mir die Daumen«, lachte er und sprang ab. Mit gestreckten Armen pendelte er zwischen den Bäumen hervor und ließ am höchsten Punkt los. Platsch. Mit einem breiten Grinsen tauchte er wieder auf und reckte beide Daumen nach oben.

»Ich will es auch mal versuchen«, sagte Hannah und setzte den Fuß auf das unterste Brett.

»Du wirst dir nur dein hübsches Gesicht verkratzen. Wir wollen ja nicht, dass du nicht mehr für Fotos ausgewählt wirst.« Jacob stand dicht vor ihr und lehnte mit dem Ellenbogen am Baumstamm.

»Bitte was?«

»Du hast mich schon verstanden.«

Die Kälte aus seinen Worten traf Hannah wie die Klinge eines Messers in der Brust und sie war einen Augenblick wie vor den Kopf gestoßen.

»Ich habe keine Ahnung, wovon du sprichst.«

»Du weißt genau, was ich meine«, zischte Jacob und seine Augen verengten sich zu Schlitzen. Er sah in die Ferne und ahmte Hannahs Grinsen nach. »*Auch* du *gehörst dem Führer.*«

»Ach«, stieß Hannah verächtlich hervor. »Darauf willst du also hinaus. Dir passt es nicht, dass ich auf einem Plakat bin.«

Simon war inzwischen die Böschung nach oben geklettert und verfolgte nun zusammen mit Karl, der sich vor Lachen den Bauch hielt, die hitzige Auseinandersetzung.

»Unsere Vorzeigedeutsche.« Jacobs Stimme triefte vor Spott. »Dient natürlich ausschließlich dem Führer.«

»Immerhin habe ich Freunde im Gegensatz zu dir. Du versteckst dich hier irgendwo in den Büschen, um schwimmen gehen zu können. Das ist aber dein Problem«, fauchte Hannah.

»Ich habe kein Problem!«

»Doch, das hast du«, mischte sich Simon ein.

»Halt die Klappe«, fuhr Jacob seinen Bruder an.

»Ich weiß ja nicht genau, *was* dein Problem ist. Aber, dass ich auf einem Plakat bin, heißt noch lange nicht, dass du mich wie Luft behandeln musst.« Jacob sah sie irritiert an und brach dann in lautes Gelächter aus.

»*Ich* behandle *dich* wie Luft?« Er sprach jedes Wort provokant langsam aus, als wäre Hannah nicht ganz richtig im Kopf. »Was hast du denn für eine Wahrnehmung? Du rennst ständig weg, wenn du mich siehst. Versteckst dich hinter deinen ganzen Freundinnen und den anderen Schwachköpfen, die mit ihrer Uniform herumlaufen. Sie sind wie ein Schutzschild für dich, damit du mir ja nicht zu nahe kommst.«

»So ein Blödsinn!«

»Das ist kein Blödsinn«, meinte Karl.

»Halt du dich da raus«, zischte Hannah ihrem Bruder zu, der beschwichtigend die Hände hob.

»Du willst es nur nicht zugeben. Du bist gern jemand Besonderes. Die hübsche Deutsche vom Werbeplakat. Das Mädchen, das nie aus der Reihe tanzt und dem Führer gehört.«

»Du lügst!«, schrie Hannah, doch Jacob hatte auf einmal einen wunden Punkt getroffen. War es nicht so? Hatte sie sich nicht insgeheim gefreut, dass Winter sie ausgewählt hatte?

»Als perfektes deutsches Mädel kann man natürlich nicht seine wertvolle Zeit mit einem Juden vergeuden. Schon klar. Schließlich sind wir beide Untermenschen.« Jacob deutete auf sich und seinen Bruder. Hannah hatte ihn noch nie so wütend gesehen. Das Schlimmste war, dass diese Wut allein ihr galt, nur gegen sie gerichtet war.

»Du weißt genau, dass das nicht stimmt!«

»Dass was nicht stimmt?«

Warum machte er es ihr nur so schwer?

»Ich denke nicht so!«

»Sprich es endlich aus, Hannah! Ich ertrage die Wahrheit schon. Sag mir, dass du denkst, wir seien Untermenschen.«

Hannah stiegen die Tränen in die Augen. Sie durfte jetzt nur nicht losheulen.

»Ihr seid …«, begann sie.

»Untermenschen«, beendete jemand hinter ihr den Satz. Alle drehten sich zu Herbert Bauer um, der aus dem Gebüsch trat. Er musste ihr nachgeschlichen sein. Wie lange hatte er schon gelauscht?

»Deshalb hüpft ihr auch hier herum wie Urwaldaffen, während wir vorne ein Zeltlager machen. Und zivilisiert sind.« Herbert stellte sich schützend vor Hannah. Was sollte das? Sie brauchte keinen Schutz von ihm. Nicht vor Jacob.

»Was fällt dir überhaupt ein, so mit ihr zu reden, du dreckiger Jude!«

Mit einem Satz stand Simon dicht neben Jacob, der wütend die Hände zu Fäusten ballte.

»Was du mit diesem Gesindel zu schaffen hast, verstehe ich auch nicht, Sedlmayr. Ich dachte, dass du einer von uns bist. Keine Judenmama.« Karl sah auf seine Zehenspitzen.

»Halt deine Klappe, Bauer. Ich habe dich schon einmal K.O. geschlagen«, warnte ihn Jacob.

»Nachdem du gegen die Regeln verstoßen hast. Wie verlogen ihr Juden doch seid! Lügen und betrügen, das könnt ihr! Und Mädchen anschreien.«

Jacob wollte sich auf Herbert stürzen, doch Simon und Karl hielten ihn zurück.

»Du solltest besser abdampfen. Vom Baum springen ist nichts für dich. Flink wie Windhunde. Zäh wie Leder. Hart wie Kruppstahl. Dass ich nicht lache! Ich habe noch nie etwas anderes gesehen, als dass du mit deinen Leibwächtern durch die Straßen rennst. Alleine traust du dich wahrscheinlich nicht mal zum Bäcker, um Semmeln zu holen«, sagte Simon.

Herbert funkelte ihn wütend an.

»Gib mir das verdammte Seil. Ich beweise euch schon, dass ich springen kann.« Er drückte Hannah zur Seite, trat an den Baumstamm heran und packte das Seil. Dann kletterte er an den Brettern nach oben. Sein Gesicht hatte sich von tomatenrot zu mehlweiß verfärbt, als er sich oben auf der Plattform aufrichtete und nach unten sah. Hatte Herbert etwa Höhenangst?

»Was muss ich jetzt machen?« Seine Stimme war brüchig.

»Du musst dich am Seil festhalten und übers Wasser pendeln und dann loslassen. Aber nicht zu früh oder zu spät, sonst knallst du gegen die Böschung.« Karl versuchte ihm etwas Mut zu machen, was ihm aber sichtlich misslang.

»Soll das ein Witz sein? Dieser dünne Faden hält doch niemals einen Menschen aus«, rief er von oben. Man konnte seine Angst bis unten deutlich spüren.

»Hab ich doch gleich gesagt, dass du die Hosen voll hast. Vielleicht sollten wir einen deiner Leibwächter holen, damit er dich sicher vom Baum holt und zum Lager zurückträgt«, rief Simon spöttisch.

Herbert zögerte einen Moment und dann fasste er einen Entschluss. Er hängte sich ans Seil und sprang ab. Dann ging plötzlich alles viel zu schnell. Mit einem lauten Schrei schnellte er weit nach draußen, ließ aber nicht rechtzeitig los, sondern knallte mit voller Geschwindigkeit mit dem Kopf gegen den Baumstamm. Noch im Fallen wurde sein Körper schlapp wie eine Marionette, der man gerade die Fäden abgeschnitten hatte, und er klatschte unkontrolliert ins Wasser. Die Luftblasen an der Oberfläche zeigten noch die Stelle, an der sein Körper untergegangen war. Hannah schlug sich mit einem lauten Aufschrei die Hand vor den Mund. Bevor sie irgendwie reagieren konnte, war Jacob schon kopfvoraus ins Wasser gesprungen und untergetaucht. Wenige Sekunden später folgte ihm Simon. Stille.

Hannah und Karl rannten zur Uferböschung. Das Wasser war zu trüb, zu tief, als dass man erkennen konnte, was sich unter seiner Oberfläche abspielte. Panik machte sich in Hanna breit.

Prustend tauchten Jacob und Simon auf und zogen Herbert neben sich her. Sein Kopf hing schlaff nach unten und selbst von hier aus konnte man sehen, dass er nicht bei Bewusstsein war. Simon kletterte ans Ufer, während Jacob Herbert über Wasser hielt. Karl und Simon packten ihn unter den Achseln. Endlich hatten sie ihn an Land gezogen und legten Herberts Körper auf die nasse Erde. Blut floss aus einer Platzwunde am Kopf über die Schläfe bis runter zum Hals.

»Verdammt! Er atmet nicht«, rief Simon panisch aus. »Was machen wir nur?«

Jacob ließ sich neben Herbert auf die Knie fallen und drückte mit beiden Händen und ausgestreckten Armen schnell hintereinander auf seine Brust. Keine Reaktion. Erneut begann er gegen seinen Brustkorb zu drücken. Wieder und wieder.

»Wach endlich auf!«, schrie Simon.

»Er braucht Luft.« Mit einem Mal erwachte Hannah aus ihrer Versteinerung und beugte sich zu Herberts Gesicht herunter. Sie nahm all ihren Mut zusammen und senkte ihren Mund auf Herberts bläuliche Lippen. Eiskalt. Sie pustete ihren Atem in seinen Mund und als sie aufschaute, nickte Jacob ihr zu. Er holte aus und ohrfeigte Herbert ein paarmal.

»Jetzt komm schon! Wach auf!« Gerade als Hannah sich erneut zu ihm herunterbeugte, prustete Herbert los. Ein großer Schwall Wasser brach aus ihm heraus und er drehte sich keuchend auf den Bauch. Immer wieder und wieder spie er Wasser aus. Jacob klopfte ihm dabei auf den Rücken.

»Ruhig Herbert, alles ist gut«, beruhigte er ihn. Dieser schnappte nach Luft wie ein Fisch auf dem Trockenen, doch nach wenigen Minuten wurde er leiser, während der Sauerstoff seine Lungen erreichte. Er kroch zu einem der Bäume und lehnte sich erschöpft gegen den Stamm.

»Alles in Ordnung, Herbert?« Hannah kniete sich besorgt neben ihn. Er war noch immer leichenblass, aber seine Augen flimmerten nicht mehr so beängstigend.

»Geht es dir gut?«, wollte Karl wissen, der auch vor ihm in die Hocke ging. Endlich nickte er.

»Wir müssen vorne Bescheid sagen und dich zu einem Arzt bringen. Im Lager gibt es doch ein Funkgerät. Ich versuche damit meinen Vater zu erreichen«, sagte Hannah.

Herbert schüttelte den Kopf. »Ich brauche keinen Arzt«, stieß er keuchend hervor und wischte sich das Blut aus dem Gesicht

»Du bist fast ertrunken«, sagte Jacob.

»Und warum? Wegen eurer schwachsinnigen Idee!«

Das war wirklich die Höhe. Wie immer suchte er die Schuld bei jemand anderem.

»Wir haben dir gerade das Leben gerettet«, zischte Simon wütend, doch Herbert winkte ab.

»Das wäre nicht nötig gewesen, wenn ihr mich nicht gezwungen hättet zu springen.«

Was bildete sich dieser Kerl nur ein?

»Lasst mich bloß in Ruhe. Und kein Wort, zu niemanden. Ich will nicht, dass jemand erfährt, dass zwei Juden mich aus dem Wasser geholt haben. Habt ihr mich verstanden? Sonst erzähle ich, dass ihr mich ertränken wolltet.«

»Wir haben dir gerade dein Leben gerettet«, wiederholte Jacob noch einmal, so, als hätte Herbert vorhin die Worte nicht verstanden. »Du bist gegen den Baum geknallt und dann untergegangen wie die Titanic. Hätten wir dich nicht rausgezogen, wärst du jetzt Fischfutter.«

»Halt deine verdammte Fresse!«, schrie Herbert und wurde mit einem Hustenanfall bestraft. »Ihr Juden treibt einen noch in den Tod.« Herbert funkelte ihn so wütend an, dass Hannah das Gefühl hatte, er würde gerade einen Mord planen.

»Simon und Jacob haben recht, Herbert. Du wärst gestorben, wenn wir nicht ...«, begann Hannah.

»Halt du dich raus, du Judenhure!«

Judenhure. Das Wort traf sie wie ein Peitschenhieb.

»Was hast du gerade zu ihr gesagt!?« Kräftig schubste Jacob Herbert gegen die Brust, der sofort kraftlos nach hinten kippte. »Pass bloß auf, wie du mit ihr sprichst.«

Herbert machte den Mund auf, als wollte er etwas erwidern, verengte aber nur die Augen und rappelte sich dann mit zittrigen Beinen auf. Er erinnerte Hannah an ein Rehkitz, das zum ersten Mal im Leben aufstand und die Balance nicht halten konnte.

»Ihr könnt mich alle mal!«, schrie er. Dann verschwand er ohne ein weiteres Wort im Gebüsch.

»So ein verdammter Idiot! Wir haben dem Schwachkopf gerade den Hals gerettet und er beleidigt und demütigt uns!« Simon warf einen großen Stein in den See, um seinem Zorn freien Lauf zu lassen. Karl tat es ihm nach.

»Alles in Ordnung bei dir?«, fragte Jacob besorgt. Das Adrenalin war so schnell verschwunden, wie es gekommen war und Hannah malte sich aus, wie die Situation hätte ausgehen können. Herbert hätte sterben können. Mausetot sein.

Tränen stachen in ihren Augen und rollten mit einem Mal unaufhaltsam über ihre Wangen. Verschämt hielt sie ihr Gesicht in den Händen.

»Es ist doch alles gut.« Jacob war ihr ganz nah und legte den Arm um sie. Seine Wärme fühlte sich gut an. »Du hast ihm geholfen, Hannah. Er lebt.« Sie nickte, doch die Tränen flossen weiter und weiter. Jacob hielt ihr Gesicht und wischte sie mit dem Daumen fort. »Jetzt komm schon. Du brauchst nicht zu weinen. Es ist alles gut ausgegangen.«

Hannah legte ihren Kopf gegen seine nackte Schulter. Jacob strich ihr vorsichtig übers Haar und drückte sie dann fest an sich. Das Beben ihres Körpers verebbte langsam. Dicht umschlungen standen sie zwischen den Bäumen und Hannah wünschte sich, dass Jacob sie niemals loslassen würde.

Oktober 1933

Kühl und grau erwachte der Morgen, und Nebelschwaden drückten auf die Straßen Rosenheims. Erich Winter schlenderte in seiner Uniform über den Markt. Mittlerweile war die oberbayerische Stadt schon ein kleines Stück Heimat geworden. Kinos, Kirchen, Architektur, Tradition und Natur. Man fand alles, was das Herz begehrte. Er brachte sogar Verständnis für die vielen Feste und die Bräuche der Bayern auf. Sie waren schon ein eigenes Volk, das Auswärtigen stets mit Misstrauen begegnete.

Winter sog die kühle Luft ein. Herbst. Die Blätter der Bäume leuchteten in bunten Farben. Maisgold. Kupferrot. Orangegrün. Viele welkten bereits von den Ästen und Zweigen und regneten auf das Kopfsteinpflaster der Innenstadt. Der Ortsgruppenleiter genoss es, wenn er mit seinen Stiefeln durch das Laub raschelte, das sich wie ein Teppich auf die Straßen und Wege legte. Er hob wehmütig den Blick Richtung Himmel, als ein Heer Wildgänse über den Horizont flatterte. Sie flogen Richtung Süden und ihr Krächzen hallte an den Hausmauern wider. Seine Hände steckten in schwarzen Rindslederhandschuhen, dennoch schob er sie in die wärmende Manteltasche. In der Stadt pulsierte nicht mehr das Leben wie an heißen Sommertagen. Nur wenige Menschen kreuzten seinen Weg, als er am Max-Josefs-Platz ankam.

Wie viele jüdische Geschäfte es hier gab. Vier? Fünf? Zu viele. Das jüdische Ungeziefer überzog die ganze Stadt. Vergiftete sie. Sie besetzten die Räumlichkeiten, die eigentlich für deutsche Bürger bestimmt waren.

Ein Herr mit schwarzem Hut und einem kleinen Mädchen an der Hand steuerte auf eines der Bekleidungsgeschäfte zu, vor dessen Tür ein Schild mit der Aufschrift ›Jude‹ stand. Winter beobachtete, wie der Mann ins Schaufenster sah und auf eines der Kleider zeigte. Er setzte sich in Bewegung, und als sein Spiegelbild in der Fensterscheibe neben dem Mann auftauchte, zuckte dieser erschrocken zusammen.

»Deutscher?«, fragte Winter monoton. Der Mann nickte sofort.

»Name?«, fuhr er in derselben Stimmlage fort. Vollkommen ruhig.

»Walter Maier«, gab der Herr zur Antwort und zog den Hut.

»Sie sind sich bewusst, dass Sie ein jüdisches Geschäft betreten wollten?« Winter deutete auf die Aufschrift vor dem Laden, die selbst von Weitem nicht zu übersehen war. Alles Leugnen brachte nichts. Eine Sackgasse.

»Ich … ich …«, begann der Herr, doch Winter schnalzte nur mit der Zunge und schüttelte den Kopf. »Ich nehme an, dass Sie bewusst den Konsum bei Juden unterstützen?« Alle Farbe war aus dem Gesicht des Mannes gewichen. »Sie kaufen lieber bei einem Juden ein, der mit seinen Wucherpreisen die Leute in den Ruin stürzen möchte, um sich eine goldene Nase zu verdienen? Warum gehen Sie nicht in *diesen* Laden.« Winter zeigte auf ein Geschäft auf der gegenüberliegenden Seite.

»Meine Frau mag die Stoffe der Kleider«, flüsterte der Mann kleinlaut.

»Wie bitte? Sprechen Sie so, dass man Sie auch verstehen kann.«

»Meine Frau mag die Stoffe der Kleider.«

»Ach«, hauchte Winter. »Ich bin mir sicher, dass Ihre Frau auch für andere Stoffe zu erwärmen ist, nicht nur für diese Judenfetzen. Eine deutsche Frau sollte in deutschen Läden einkaufen.« Eindringlich sah er den Mann an.

Der murmelte eine Entschuldigung und machte sich dann fluchtartig aus dem Staub.

Andere Passanten hatten die Szene verfolgt und waren neugierig stehen geblieben. Als Winter sie fixierte, hasteten sie weiter.

Er wollte sich gerade abwenden, als er Georg Sedlmayr erkannte. Zielstrebig überquerte dieser den Platz, wobei er sein Bein leicht nachzog.

»Guten Morgen«, grüßte er, ging an Winter vorbei und öffnete die Tür zum Laden. Die Passanten, die noch im Sichtfeld waren, blieben wie angewurzelt stehen, flüsterten und zeigten auf ihn. Was erlaubte sich dieser Sedlmayr? Für wen hielt er sich? Winters Körper bebte vor Zorn, doch er konnte jetzt nicht die Beherrschung verlieren und sich vor aller Augen lächerlich machen. Er atmete tief durch und betrat dann den Laden.

Der jüdische Verkäufer, der hinter der Kasse stand, fuhr erschrocken zusammen, als er Winter in seiner Uniform erblickte.

»Guten Tag«, sagte er spitz und der Verkäufer grüßte leise. Dr. Sedlmayr ignorierte seine Anwesenheit, ging weiter durch die Gänge und besah sich die Kleidungsstücke. Er zog ein Dirndlkleid heraus und hielt es vor sich ins Licht.

»Schon was gefunden?«, fragte Winter.

Sedlmayr antwortete nicht.

»Schon was gefunden, Doktor?«, wiederholte er die Frage noch einmal. Diesmal lauter.

Der Arzt drehte sich zu ihm um. »Ja, ich denke schon. Was halten Sie von diesem Dirndl? Für meine Tochter. Zum Erntedankfest.«

Winter erinnerte sich an Hannah. Schließlich lächelte ihr Gesicht von zahlreichen Plakaten in der Stadt. Winter hatte sie nicht nur aufgrund ihres Aussehens ausgewählt. Vielmehr wollte er damit Sympathien gewinnen. Bei Sedlmayrs Frau schien das gelungen zu sein.

»Wissen Sie, was für eine große Ehre es ist, dass Ihre Tochter auf den Werbeplakaten der Hitlerjugend zu sehen ist?«

»Meine Frau hat sich sehr darüber gefreut«, sagte Sedlmayr mit dem Rücken zu ihm.

»Ich bin mir sicher, dass sie auch auf den nächsten Bildern zu sehen sein möchte.«

»Sie wird es überleben, wenn es nicht so ist.«

»Ich kann nicht länger ihr Gesicht in der Öffentlichkeit zeigen, wenn die Leute wissen, dass Sie in einem jüdischen Geschäft einkaufen. Das wäre ein Widerspruch in sich«, erklärte Winter geduldig.

»Dann hängen Sie die Plakate meinetwegen ab. Suchen Sie einfach jemand anderen.«

Winter blieb der Mund offen stehen und für einen Augenblick fiel ihm keine passende Antwort ein.

»Denken Sie doch nach, Herr Doktor. Sie haben einen guten Ruf zu verlieren. Ihre ganze Familie hat einen Ruf zu verlieren.«

»Es steht nirgends im Gesetz geschrieben, in welchen Läden ich einkaufen darf und in welchen nicht. Solange das nicht der Fall ist, kaufe ich dort ein, wo mir die Kleidung am besten gefällt.«

»Noch nicht«, brach es aus Winter heraus und endlich hatte er Sedlmayrs volle Aufmerksamkeit.

»Sie sind ein kluger Mann. Schauen Sie sich die Entwicklung doch an. Entscheiden Sie sich für die richtige Seite, bevor es zu spät ist.«

»Richtig. Richtig«, meinte Sedlmayr und trat auf Winter zu. »Wie alt sind Sie, Bürschlein? Noch keine Dreißig. Dann wollen gerade *Sie* mir etwas vom Leben erzählen. *Sie* wollen mir sagen, was richtig ist und was falsch?«

Winter ärgerte sich, dass er darauf wieder keine Antwort parat hatte. Bürschlein. Was für eine Unverschämtheit. Er war Ortsgruppenleiter.

»Ich habe im Krieg gekämpft und gehorsam das gemacht, was andere Männer für richtig hielten. Erfahrene Männer. Hätte ich letztendlich nicht das gemacht, was *ich* für richtig hielt, sondern sie, dann wäre ich nicht mit einem verkrüppelten Bein zurück nach Hause gekommen. Ich wäre irgendwo in Frankreich in einem gottverdammten Graben verreckt. Oder im Stacheldraht. Von Maschinengewehren durchsiebt. Also sparen Sie sich Ihre Weisheiten für jemand anderen auf.«

»Die Franzosen werden für ihre Taten noch bezahlen«, sagte Winter zähneknirschend. »Alle werden dafür bezahlen, was sie uns Deutschen angetan haben.«

»Achja? Wie gedenken Sie, dass sie bezahlen sollen? Hauchen sie den vielen Toten wieder Leben ein? Bringen sie den Witwen ihre Männer zurück? Den Kindern ihren Vater? Den Verkrüppelten neue Beine? Den Gaskranken eine neue Lunge? Ich habe den Krieg gesehen, junger Mann! Habe ihm ins Auge geblickt. Ich habe auch den Tod gesehen. Viele Male! Im Krieg gibt es kein Richtig und kein Falsch. Es gibt nur Verlierer auf beiden Seiten.«

Dieser Mann war ja vollkommen kriegsgeschädigt. Was musste er nur erlebt haben?

Sedlmayr ging währenddessen zur Kasse und bezahlte das Dirndlkleid, das er für seine Tochter ausgewählt hatte.

»Mein Vater war auch im Krieg«, begann Winter. »Ein hoher Offizier. Er meinte, dass die Männer tapfer gekämpft haben. Alle werden entschädigt. Hitler hat es versprochen.«

»Ihr Vater?« Sedlmayr drehte sich zu Winter um und seine Augen sprühten Funken. »Ihr Vater hat sich hinter seinem Schreibtisch versteckt, während die einfachen Soldaten für ihn gefallen sind.«

»Was reden Sie da für einen Blödsinn! Er hat die Front selbst gesehen.«

»Auf Bildern!« Sedlmayr schrie inzwischen. »Keinen Fuß hat er jemals in einen Schützengraben gesetzt. Keinem Kameraden hat er beim Sterben zugesehen. Er hat die Schreie nicht gehört. Kennt nicht den Geruch von Eiter, Gas und Tod. Er kennt nichts von alledem. Nichts!«

»Sie kennen ihn doch nicht einmal.« Obwohl er selbst kein gutes Verhältnis zu seinem Vater hatte, hatte er mit einem Mal das Gefühl, dass er ihn vor Sedlmayrs Angriffen verteidigen musste.

»Oh doch! Ich kenne Ihren Vater. Dieter Winter!« Er spie das Wort verächtlich aus. »Dieter Winter gab damals den Befehl zum Angriff, obwohl die Schlacht schon verloren war. Nicht *er* ist in die feindlichen Linien gerannt. Nicht *er* hat sich im Stacheldraht verfangen. Nicht *er* wurde von den Maschinengewehrern niedergemäht. Nicht *er* ist fast verblutet.« Sedlmayrs Stimme überschlug sich. »Ich! Ich habe seinem irrsinnigen Befehl Folge geleistet. Ich bin fast verblutet. Ich habe jetzt ein verkrüppeltes Bein.« Er zeigte mit hochrotem Gesicht an sich herunter. »Und jetzt sagen *Sie* mir noch einmal, was richtig und was falsch ist. Sie, wo so viele Männer vor Ihnen es nicht gewusst haben.« Mit diesen Worten verließ Sedlmayr den Laden und knallte die Tür zu. Winter blieb mit pochendem Herzen zurück.

24. Dezember 1933

»Warst du auch schön brav dieses Jahr, damit dir das Christ-
kind Geschenke bringt?«, säuselte eine von Theresas Freundinnen. Als sie lächelte, fiel Hannah auf, dass ihr roter Lippenstift auf ihren Zähnen klebte. Wieso sprach sie mit ihr,
als wäre sie ein kleines Kind? Immerhin hatte sie im Sommer ihren dreizehnten Geburtstag gefeiert. Statt einer Antwort lächelte Hannah höflich und faltete die Hände im
Schoß zusammen. Wie gerne wäre sie mit ihren Brüdern
und ihrem Vater hinaus in den Wald gegangen, um einen
Tannenbaum zu schlagen. Stattdessen verlangte ihre Mutter, dass sie sich zu ihrer Runde gesellte und artig den lang-
weiligen Gesprächen folgte.

Traditionell empfing Theresa ihre Freundinnen an Weihnachten und lud sie auf Punsch, Plätzchen und Stollen ein.
Dass Elsa mit ihrer Mutter gekommen war, machte die Sache etwas erträglicher. Der Duft von Zimt schwängerte die
Luft und mischte sich mit der Würze des Glühweins. Hannah hatte Sofia beim Plätzchenbacken geholfen. Vanillekip-
ferl, Spitzbuben, Zimtsterne und Buttergebäck türmten sich
auf der silbernen Etagere. Die Frau rechts neben Hannah
griff mit spitzen Fingern nach einem Plätzchen und nagte
wie eine Maus daran. Die angebissene andere Hälfte legte
sie zurück auf ihren Teller.

»Seid ihr beide denn schon aufgeregt, weil ihr ja später in
der Kirche singen werdet?«, wollte eine der Damen wissen.

»Hannah wird sich hoffentlich nicht vor allen blamieren. Wir geben ein halbes Vermögen für die Klavier- und

Gesangsstunden aus. Wenn es sich nicht auszahlt, werden wir darüber nachdenken, den Lehrer zu wechseln«, gab Theresa zur Antwort. Beschämt blickte Hannah auf ihre Fingernägel.

»Elsa singt im Chor, nicht wahr? Hannah hat am Ende ein Solo.«

Stille Nacht, heilige Nacht. Über Wochen verfolgten sie die Noten und Wörter im Schlaf. Sie kannte sie in- und auswendig, waren ein Teil von ihr geworden. Es gab gar keine Möglichkeit, dass sie eine Zeile vergaß.

»Ich freue mich schon darauf. Deine Tochter hat eine ganz reizende Stimme«, lobte die Frau mit dem roten Lippenstift, und Theresa lächelte stolz. Als wäre Hannah unsichtbar.

»Ich bin gespannt, ob der Pfarrer wieder eine Predigt über die Juden herunterleiert«, gähnte Elsas Mutter. »Man kann schon gar nicht mehr in die Kirche gehen, ohne dass er damit anfängt. Ich kann es nicht mehr hören.«

Die anderen nickten zustimmend.

Die Türglocke schrillte und Hannah war froh, einen Grund zum Aufstehen zu haben. Sie huschte durchs Wohnzimmer in den Flur und öffnete die Haustür. Sarah und Hans Sternlicht standen davor, an ihren Mänteln klebten dicke Schneeflocken. Erst jetzt bemerkte Hannah, dass auch Simon, Jacob und Levi hinter ihnen standen. Jacob lächelte verlegen, als sich ihre Blicke trafen.

»Tut uns leid, dass wir so plötzlich auftauchen. Wir wollten euch allen frohe Weihnachten wünschen«, erklärte Hans.

»Ich hoffe, wir stören nicht«, sagte Sarah vorsichtig.

Hannah antwortete: »Papa ist mit Hermann und Karl einen Baum holen, aber sie müssten jeden Augenblick zurück sein.«

»Hannah? Wer ist an der Tür?«, rief ihre Mutter von drinnen. »Oh«, sagte sie spitz, als sie zur Haustür kam und sich neben ihre Tochter stellte. »Ich habe gerade Besuch.«

Sarah errötete. »Wir können auch einfach später wiederkommen, wenn es dann für euch besser ist.«

Gerade als Theresa antworten wollte, tauchten Georg und Hannahs Brüder auf. Hermann und Karl hatten einen großen Tannenbaum geschultert und schleppten ihn zur Haustür.

»Hans! Wie schön euch zu sehen«, sagte Georg und reichte beiden die Hand. »Kommt bitte rein.«

Theresa warf ihrem Mann einen bösen Blick zu, lächelte aber, als sie die Tür für die Gäste aufhielt.

»Pack mal mit an.« Karl drückte Simon den Ellenbogen in die Seite und dieser half ihnen, den Baum durch den Flur ins Wohnzimmer zu tragen.

Als die Sternlichts den Raum betraten, warfen sich Theresas Freundinnen entsetzte Blicke zu.

»Was wollen *die* denn hier?«, hörte Hannah Elsas Mutter sagen. Angewidert zog sie die Augenbrauen hoch. »Elsa! Trink aus, wir gehen. Du wolltest dich noch vor deinem Auftritt zurechtmachen.« Elsa stellte prompt die halbvolle Tasse auf den Tisch und stand auf.

»Wir sehen uns später«, raunte sie Hannah im Vorbeigehen zu. Ihre Mutter besah die Sternlichts wie Leprakranke, küsste Theresa rechts und links auf die Wange und verließ fluchtartig das Haus.

Nach und nach setzten sich auch die anderen Gäste in Bewegung und suchten schnell das Weite. Theresa lächelte gequält und verschwand im Flur.

Karl hatte inzwischen den Christbaumständer aus dem Keller gekramt, während Hermann und Simon den zwei Meter hohen Baum im Wohnzimmer aufstellten. Die Spitze reichte jetzt schon beinahe bis zur Decke. Ob noch Platz für den Engel blieb?

»Ddddddd der Bbbbbb Baum sssss siehtschööö schöööö schön aus«, stotterte Levi und machte große Augen. Hannah wusste, dass er nur ins Stottern geriet, wenn er nervös und unsicher war. Anscheinend hatte auch er die Feindseligkeit der Damen gespürt.

»Warte erst einmal, bis die Kugeln daran hängen«, sagte Hermann und stellte die große Kiste mit dem Weihnachtsschmuck auf den Holzboden. »Du kannst gerne helfen, ihn zu schmücken.« Levi nickte.

Die Erwachsenen setzten sich an den noch gedeckten Tisch und Georg, Hans und Sarah wärmten sich mit einer heißen Tasse Punsch auf.

»Der Engel gehört nach ganz oben«, meinte Hannah und strich liebevoll über die zerbrechlichen, goldenen Flügel. Hermann nahm ihn ihr vorsichtig ab, stellte sich auf den Schemel und platzierte den Engel an der Christbaumspitze. Als die Kugeln glitzernd an den Zweigen hingen, steckten Hannah und Jacob noch die Kerzen fest. Später würden dutzende Geschenke unter dem Baum liegen.

»Ich muss mich langsam für die Kirche fertig machen«, sagte Hannah.

»Singst du *Stille Nacht*?«, fragte Jacob. Woher wusste er das? Er hatte sie bisher noch nie proben gehört.

»Woher weißt du das?« Ihr Verhältnis hatte sich seit dem Vorfall am See entspannt. Herbert Bauer hielt sich seitdem fern von den beiden Brüdern. Er behandelte sie wie Luft, hatte kein Wort des Danks verschwendet, doch immerhin quälte er sie nicht mehr.

»Ich habe es mir einfach gedacht. Das ist doch eines der bekanntesten Lieder, oder? Und es passt gut zu deiner Stimme«, meinte Jacob und sah auf seine Fußspitzen.

»Bevor du gehst. Ich habe noch eine Kleinigkeit für dich.« Er zog etwas aus seiner Hosentasche und reichte es Hannah. Ein bläulich schimmernder Stein schmiegte sich in ihre Handfläche.

»Ich habe ihn damals an dem Tag, als wir Herbert aus dem Wasser gezogen haben, am Ufer gefunden«, flüsterte er. »Er muss wohl Glück bringen. Vielleicht kannst du ja auch eine Portion Glück brauchen.« Es war typisch für Jacob, dass er sich um das Glück anderer Leute kümmerte, bevor er an sein eigenes dachte.

»Danke«, sagte Hannah und schenkte ihm ein Lächeln. Es war das erste Mal seit Monaten, dass sie seinem Blick länger als ein paar Sekunden standhalten konnte. Dann ging sie die Treppe nach oben und Sofia half ihr dabei, sich für ihren Auftritt fertig zu machen.

Als sie in ihrem weißen Kleid und den offenen, gelockten Haaren nach unten kam, waren die Sternlichts bereits verschwunden. Ihr Vater und ihre Brüder spielten am Esstisch ein Kartenspiel, um sich die Zeit zu vertreiben. Theresa erschien wenige Minuten später. Sie trug ein samtenes Kleid und hatte sich die Lippen farbig nachgezogen.

Die Kirche, die sie zu Fuß erreichten, war bereits jetzt schon voll. Hannah verabschiedete sich von ihrer Familie, drückte ihrem Vater den Mantel in die Hand und mischte sich unter die Teilnehmer des Chors, die dabei waren, sich einzusingen.

Mehr und mehr Menschen drängten sich in die vielen Bänke und Hannah spürte, wie das Lampenfieber in ihr anwuchs. Der riesige Christbaum war mit prachtvollen roten Kugeln geschmückt und vorne neben dem Taufbecken war die Krippe aufgebaut. In einer der vorderen Reihen erkannte Hannah ihre Eltern.

Die Glocke ertönte, die Gespräche verstummten und alle standen auf. Worte des Pfarrers. Gebete. Lieder. Sobald der Chor angefangen hatte zu singen, war alle Nervosität wie weggeblasen. Der Chorleiter nickte ihr zu und Hannah stellte sich auf die oberste Treppenstufe.

Als der erste Ton über ihre Lippen kam, merkte sie, wie die Menschen verstummten und alle Augen auf sie gerichtet waren. Ihr gehörte dieser Moment. Als Hannah die letzte Strophe beendet hatte, sah sie, wie einige Frauen sich Tränen aus dem Augenwinkel wischten. Zum ersten Mal seit sie in die Kirche ging, brandete Applaus auf. Sie hatte es geschafft! Hannah knickste und aller Druck fiel mit einem Mal von ihr ab wie ein schwerer Mühlstein, den sie seit Tagen mit sich herumgetragen hatte.

Der Priester erteilte noch Gottes Segen und wünschte frohe Weihnachten. Hannah wollte schnell zu ihren Eltern.

»Eine zauberhafte Stimme«, sagte ein Mann hinter ihr, und als sie sich umdrehte, stand Erich Winter dicht vor ihr und lächelte. Seine grünen Augen funkelten im Kerzenlicht. An seinen Arm klammerte sich eine junge Frau, die eifrig nickte.

»Dankeschön.« Gänsehaut überlief sie und Hannah konnte nicht einmal den Grund dafür nennen. War es sein Blick? Seine nett gemeinten Worte?

»Hannah, da bist du ja«, drang die Stimme ihrer Mutter an ihre Ohren. »Wir sollten gleich nach Hause gehen, bevor der Tumult losbricht.« Sie verlor kein Wort über ihren Gesang.

»Frohe Weihnachten«, sagte Winter.

»O, Herr Ortsgruppenleiter. Ich habe Sie gar nicht gesehen«, entschuldigte sie sich. »Fröhliche Weihnachten.«

Georg Sedlmayr gesellte sich zu ihnen und murmelte mürrisch etwas vor sich hin, was man nicht verstehen konnte.

»Eine herrliche Messe heute. So besinnlich. Beinahe sentimental.« Winters Augen blieben verklärt am Weihnachtsbaum hängen. »Die Stimme Ihrer Tochter ist ganz außergewöhnlich. Als käme sie nicht von dieser Welt.«

Georg Sedlmayr brummte nur. Theresa legte ihrer Tochter den Arm um die Schultern. »Seit Jahren bekommt sie Gesangsunterricht«, meinte sie. Hannah schluckte.

»Genießen Sie den Abend mit Ihrer Familie, Doktor«, sagte Winter.

»Wir wünschen Ihnen auch ein gesegnetes Fest«, antwortete Theresa für ihren Mann, der sich schon zum Gehen abgewandt hatte.

Winters Blick verfolgte Hannah, bis sie über die Kirchenstufen nach draußen trat und die kalte Luft gierig einsog.

Mai 1935

»Dieser gottverdammte Pfaffenhuber!«, fluchte Winter und knallte seine Kaffeetasse auf den Schreibtisch, dass der Inhalt überschwappte und sich über die Arbeitsplatte ergoss. »So ein Dreck!«

Eine der Mitarbeiterinnen der Kanzlei hatte die Szene mitbekommen und eilte mit zwei Küchenhandtüchern auf ihn zu, um den Kaffee aufzuwischen. Sie vermied es, ihm in die Augen zu sehen, als erwartete sie, dass sie persönlich für das Unglück und für Winters schlechte Stimmung verantwortlich gemacht wurde.

Der Stuhl kippte scheppernd nach hinten um, als Winter schwungvoll aufsprang und ins Büro nebenan stürmte.

Holzer war gerade am Telefon, verabschiedete sich aber hastig und wandte sich seinem Partner zu.

»Die Schule hat bei mir angerufen. Dieser Siegmund Pfaffenhuber ist vollkommen übergeschnappt. Ein Irrer!«

»Beruhige dich, bitte. Erzähl erstmal, was los ist. Wer ist noch mal dieser Pfaffenhuber?«

»Siegmund Pfaffenhuber«, klärte Winter ihn auf und schnaubte wütend. »Das ist der Chorregent und Leiter der katholischen Jugendarbeit. Er unterrichtet Religion in der Schule.«

»Ist das dieser Kerl, der den Jungen mit dem Stock verprügelt hat?«

»Genau der!«

Winter bekam immer noch einen Tobsuchtsanfall, wenn er sich daran zurückerinnerte. Pfaffenhuber hatte einen

Jungen bestraft, da dieser ein Hakenkreuz an die Tafel gemalt und den Hitlergruß gemacht hatte. Ein guter deutscher Junge, der gescholten worden war, weil er alles richtig gemacht hatte. Kurzzeitig war Pfaffenhuber auf sein Drängen von der Bildfläche verschwunden und plötzlich wieder aufgetaucht wie ein Pilz im Laubboden. Ein Giftpilz. Der Mann hatte ihn Zeit, Energie und Nerven gekostet. Allein dafür hasste er ihn schon. In der nächsten Woche hatte er ein Plakat vom Zaun des Pfarrhofs gerissen, das Hitler zeigte. Als Winter ihn zur Rede stellte, faselte er nur wirres Zeug und war der Überzeugung, dass Hitler auf Gottesboden nichts verloren hätte. Was für ein hirnloser Schwachkopf. Es provozierte Winter, dass Pfaffenhuber mit allem durchkam. Wahrscheinlich klopfte er sich am Ende des Tages auf die Schenkel, wenn er wieder mit einer Frechheit davongekommen war. Er erlaubte sich zu viel. Viel zu viel.

»Bei einem Schulausflug gab es doch auch Beschwerden von Eltern, nicht wahr?«

»Genau. Er wollte ein Mädchen ohrfeigen, da es ihn richtigerweise darauf hingewiesen hat, dass einheitliche Mützen nur in der Hitlerjugend getragen werden dürfen. Dann hat er die Beherrschung verloren, als die Kinder das Horst-Wessel-Lied angestimmt haben. Ein Lied, das sie singen sollen!«

»Ich erinnere mich. Mehr als eine lausige Geldstrafe ist nicht dabei rausgekommen«, sagte Holzer und lehnte sich in seinem Stuhl zurück.

»Es ist jetzt viel schlimmer geworden. Du kennst doch Herbert Bauer? Er ist ein Führer der Hitlerjugend. Pfaffenhuber hat ihm mit dem Rohrstock die Hand blutig geschlagen, als er zum Appell gehen wollte. Erwin, das geht nun wirklich zu weit! Die Bauers sind einflussreiche Leute und der Partei treu ergeben. Wir können Pfaffenhuber nicht damit durchkommen lassen. Nicht dieses Mal!« Winter sah ihm eindringlich in die Augen. Er holte sich gern Holzers Meinung ein, obwohl er sie nicht mehr unbedingt brauchte, da er ja schließlich Ortsgruppenleiter war. Sein Wort stand über dem Holzers.

»Nein! Das geht zu weit! Ich rufe gleich bei der Zeitung an. Wenn keiner etwas gegen diesen Mann unternimmt, dann wir.«

Entschlossen griff er zum Hörer und wählte die Nummer der Pressestelle. Er hatte sich die Worte bereits passend zurechtgelegt und schilderte den Vorfall zweimal. Wahrscheinlich machte die Person am anderen Ende Notizen.

»Die Nachricht geht heute noch als Eilmeldung raus. Ich finde, wir sollten dem gottesfürchtigen Herren einen kleinen Besuch abstatten. Ich kümmere mich um alles.« Holzer ging zügig zur Tür. »Erich? Eines noch. Sorg dafür, dass er auf keinen Fall gewarnt wird!«

Das konnte heute interessant werden. Erich Winter goss sich eine zweite Tasse Kaffee ein und lehnte sich entspannt auf seinem Bürostuhl zurück.

Auf Erwin Holzer war Verlass. Pfaffenhubers Gesicht war schon wenige Stunden später auf sämtlichen Flugblättern zu sehen. Dort wurde er richtigerweise als das bezeichnet, was er wirklich war. Ein Kinderschänder und Sadist. Kein religiöser Mann, der nach dem Wort Gottes lebte. Jetzt sahen es alle Bürger. Schwarz auf weiß. Ein Teufel in ihrer Mitte.

Nach der Arbeit fuhr Winter nach Hause. Sein Nacken war leicht verspannt von der vielen Aufregung, dennoch fühlte er tiefe Zufriedenheit. Er stimmte selbst das Horst-Wessel-Lied an, während seine Finger auf das Lenkrad klopften. Die ganze Fahrt über konnte er das Grinsen nicht unterbinden. Er steuerte das Auto in die Einfahrt und lief auf die Haustür zu. Hoffentlich stellte Helene keine nervigen

Fragen, wenn er gleich wieder verschwand. In letzter Zeit war sie unangenehm aufdringlich und anhänglich. Winter hatte wenig Geduld mit ihr. Seit über zwei Jahren versuchten sie, ein Kind zu bekommen, doch ohne Erfolg. Obwohl er regelmäßig Helenes Schlafzimmer aufsuchte, wurde ihr Bauch einfach nicht rund. Darüber würde er sich aber ein anderes Mal Gedanken machen. Viel zu viel zog ihn die Tatsache hinunter, dass das Judenpack dutzende Kinder in die Welt setzte und sie nicht einmal in der Lage war, ein einziges auszutragen.

»Hallo, mein Herz«, raunte Helene ihm zu und drückte ihm einen feuchten Kuss auf die Wange. »Hast du Hunger? Ich habe Hühnerkeule vorbereitet.«

»Ich muss gleich wieder los«, sagte er knapp und drückte sie von sich weg. Sie schlug die Augenlider nieder und ihr entfuhr ein leises »Oh«. »Ist denn etwas passiert?«

»Nichts, was dich beunruhigen sollte.« Seine Stimme klang barscher, als er es eigentlich beabsichtigt hatte. Als er merkte, wie ihr die Tränen in den Augen aufstiegen, küsste er sie schnell auf die Stirn und strich ihr eine Haarsträhne hinter das Ohr. Winter eilte die Treppe nach oben. In seinem Schlafzimmer angekommen, zog er die Uniform aus und hängte sie sorgfältig auf einen Kleiderbügel, den er an der Schranktür einhakte. Er holte aus der Kommode eine Lederhose hervor und ein weißes Hemd. Nachdem er beides angezogen hatte, knöpfte er die Hosenträger fest und warf einen Blick in den Spiegel.

Winter verzog den Mund. In dieser Aufmachung fühlte er sich immer noch kostümiert. Nie und nimmer würde er sich in diesem schäbigen Gewand wohlfühlen. Aber es nützte nichts. Heute war er Zivilist. Er durfte nicht auffallen. Winter trabte die Treppe hinunter, küsste Helene noch einmal auf die Stirn und verschwand. Holzers Sekretärin hatte ihm vorhin noch Pfaffenhubers Adresse gegeben.

Die Abenddämmerung war hereingebrochen und die Glocken läuteten friedlich. Kurz bevor Winter sein Auto in einer abgelegenen Seitenstraße parken wollte, fielen ihm die vielen, grellen Lichter auf, die die Sterne verblassen ließen. Fackeln. Hunderte Fackeln, die Funken sprühten. Stimmen wurden lauter und lauter, je näher Winter an die aufgebrachte Menge heranschlich. Männer und Frauen waren auf den Beinen, die Gesichter wutverzerrte Grimassen, Fackeln und Mistgabeln in den Händen.

Sofort brannte Winter lichterloh vor Begeisterung. Wie schnell die Leute zu beeinflussen waren. Eine Zeile, ein Bild in einem dämlichen Anzeiger und sie rannten los wie zu einer Straßenschlacht.

Winter erkannte Pfaffenhubers Haus. Aus dem Kamin kräuselte sich der Rauch. Er war daheim. Das Häuschen duckte sich unter den zerfledderten Wolken. Sein Zufluchtsort. Seine Mauer. Diese galt es zu durchbrechen, wenn sie ein für alle Mal ihre Ruhe vor diesem Unruhstifter haben wollten.

»Kinderschänder!«

»Schläger! Schläger!«

»Komm raus, du feige Sau!«

Die Wut der keifenden Meute war beinahe greifbar. Wie ein Pesthauch hing sie in der Luft und erfüllte jeden mit Hass, der hineintappte. Winter hielt sich im Hintergrund. Holzer hatte ihm gesagt, dass er sich nicht bei Pfaffenhubers Haus blicken lassen sollte. Sein Gesicht war zu bekannt, sein Name in aller Munde. Schnell könnte das Gerücht aufkommen, dass die Partei die Meuterei angezettelt hatte. Das würden die Anwesenden schon ganz alleine hinbekommen.

Ein breitschultriger Mann bückte sich und hob einen Stein auf. Zielgenau warf er auf eines der unteren Fenster, das mit einem lauten Knall zersprang. Scherben splitterten und klirrten auf den Steinboden, der das Haus umzog. Keine Reaktion. Obwohl der Gartenzaun nur aus klapprigen Holzbrettern bestand, respektierte der aufgebrachte Mob die Grundstücksgrenze des Chorregenten. Keiner wagte es, einen Fuß auf den Rasen zu setzen.

»Komm schon endlich raus, du verdammter Sadist!«

»Wir zünden dein Haus an, wenn du dich nicht zeigst!«

Was für einen Lärm so viele Stimmen nur ausmachen konnten. Winter lächelte und stützte den Kopf auf seiner Hand ab. Es lief noch besser als er es erwartet hatte.

Plötzlich erschienen Polizisten aus der Dunkelheit. Winter war so in Gedanken versunken gewesen, dass er sie gar nicht hatte kommen sehen. Er verdrückte sich in den Schatten eines Baumes und stellte sich hinter einen brusthohen Busch. Die Polizisten versuchten, die Menge zu beruhigen. Vergebens.

»Ja, schämt ihr euch denn nicht? Sieht so etwa euer Deutschland aus? Schämt euch, einen Priester zu entehren«, schrie Pfaffenhubers Nachbarin, die sich aus dem Fenster lehnte. Winter hätte der alten Frau gar kein so lautes Organ zugetraut.

Zwei Männer hatten Mut gefasst und waren zur Hausmauer gerannt. Mit dem Ende ihrer Mistgabeln brachen sie die Fensterscheiben der Haustür ein und drückten von innen die Klinke nieder. Nur wenige Augenblicke später zerrten sie Pfaffenhuber aus dem Haus, der jetzt bereits aus der Nase blutete und sich kaum noch auf den Beinen halten konnte.

»Wir haben ihn! Wir haben ihn!«

»Hängt ihn auf. Dort am Baum!« Eine Frau deutete mit leuchtenden Augen auf eine gewaltige Eiche und hielt ein Seil nach oben. Die Männer, die Pfaffenhuber festhielten, verpassten ihm einen Fausthieb in die Magengrube, sodass er keuchend zu Boden ging. Auf das Haus seiner Nachbarin wurden inzwischen auch Steine geworfen. Ihr Gezeter war panischem Gekreische gewichen. Warum mischte sie sich auch ein? Das kam davon, wenn man seine Nase überall hineinstecken musste.

Die Männer legten Pfaffenhuber den Strick um den Hals und zerrten ihn zum Baum. Er wehrte sich aus Leibeskräften, schlug mit den Armen und trat um sich wie ein wildgewordenes Pferd.

»Lasst mich sofort los. Lasst mich in Ruhe!«

Flehen. Schwäche. Winter schüttelte nur träge den Kopf und verfolgte das Schauspiel, das sich in Pfaffenhubers Garten abspielte. Würde er hängen? Die Männer hielten ihn in Schach.

Bevor Pfaffenhubers Beine vom Boden abhoben, durchbrachen Schüsse die Nacht. Einer der Polizisten hatte seine Waffe abgefeuert. Auch die anderen schienen zu reagieren und es gelang ihnen, Pfaffenhuber in Gewahrsam zu nehmen. Unter dem Johlen der Meute schleppten sie ihn zum Polizeiauto und rasten davon.

Winter stand allein da und applaudierte. Niemand konnte ihn hören, doch ihm war einfach danach. Das war das beste Spektakel seit Jahren gewesen. Ihm und Holzer sei Dank. Dieser Volltrottel hatte die Abreibung dringend nötig gehabt. Morgen konnten sie ihm vielleicht einen Besuch abstatten, wenn er vernehmbar war. Die Dunkelheit schluckte Winters Silhouette und er verschmolz mit der Nacht.

»Papa?« Hannah hatte gewartet, bis die Haustür ins Schloss gefallen war. Ihre Mutter war auf dem Weg zum Stammtisch mit ihren Freundinnen, um den neuesten Klatsch und Tratsch auszutauschen. Die Verhaftung Siegmund Pfaffenhubers sorgte für große Aufmerksamkeit und viel Gerede. Wahrscheinlich war er das Hauptthema während der

Teerunde. Auch Hannah ging die Geschichte nicht aus dem Kopf. Sie musste mit ihrem Vater sprechen. Allein.

»Papa?« Zaghaft klopfte sie an seine Bürotür und trat ein. Georg Sedlmayr saß an seinem Schreibtisch und las gerade in der Zeitung, die Brille, die er seit einiger Zeit tragen musste, ruhte auf seiner Nase. Als er seine Tochter im Türrahmen stehen sah, blickte er auf und schob die Lesehilfe nach oben.

»Hannah, was ist los? Du siehst blass aus.«

»Ich muss mit dir reden.«

Er hob die Augenbrauen, sagte aber nichts. Hannah ließ sich auf den Stuhl gegenüber fallen und verkrampfte die Hände im Schoß.

»Es geht um Siegmund Pfaffenhuber. Ich weiß, was mit ihm passiert ist. Er wurde festgenommen. Die Leute wollten ihn aufhängen. In seinem eigenen Garten.« Die Worte sprudelten ihr mit einem Mal leicht von der Seele. »Es heißt, er habe einen Jungen blutig geschlagen. Mit dem Stock.«

»Ganz ruhig. Atme erst einmal tief durch, Hanni.« In seinen Augen war etwas von dem stillen Glanz eines Waldsees, aus dessen Tiefe die dunklen Gewächse durch das ruhige Wasser heraufschimmern.

»Es passierte in der Religionsstunde. Ich war an diesem Tag in seinem Unterricht. Er hat Herbert nur eine leichte Tatze gegeben. Ich habe es doch gesehen. Herbert hat nicht geblutet.«

»Hanni, wovon redest du?«

»Sie sind rausgegangen nach der Schule. Herbert und seine Freunde. Die Jungen haben Äste abgerissen. Kräftige Zweige. Sie haben mit voller Kraft auf seine Handfläche eingeschlagen, bis die Haut aufgeplatzt ist wie eine reife Melone. Es hat fürchterlich geblutet.« Ihre Stimme überschlug sich beinahe, so sehr hatte sie sich in Fahrt geredet.

»Willst du damit sagen, dass …«

»Herbert Bauer hat sich die Verletzung selbst zugefügt. Oder besser gesagt seine Freunde. Auf seinen Befehl.«

Ihr Vater sank in seinem Stuhl zusammen. »Das ist unglaublich. Bist du dir auch ganz sicher?«

Hannah nickte. Tiefe Dankbarkeit floss durch ihren Körper. Ihr Vater schenkte ihr Glauben. Theresa hingegen hätte sie gewiss als Lügnerin bezichtigt. Sie hätte ihr vorgeworfen, dass ihre Fantasie mit ihr durchginge und sie dem armen Herbert nur schaden wolle.

»Die Aktion gestern ist doch von der Partei angezettelt worden, oder?«

»Pfarrer Resch hat den Beweis dafür. Er hat den Sturmbefehl entdeckt, der das Erscheinen der aufgebrachten Menge in den Abendstunden belegt. Männer der SA, Hitlerjungen. Alle in Zivil und Lederhosen. Es sollte wohl aussehen wie ein spontaner Volksausbruch, doch jetzt sind sie entlarvt«, sagte Hannahs Vater ruhig.

»Angeblich sind die Leute sogar aus Kolbermoor, Großkarolinenfeld und Wasserburg hergefahren. Das ist dreißig Kilometer entfernt!«

»Pfarrer Resch muss jetzt aufpassen, dass er nicht selbst ins Schussfeld kommt. Jedem wird der Mund verboten. Es gibt keine Wahrheit mehr in diesem Land!« Plötzlicher Zorn flammte in Georg Sedlmayr auf und er schlug mit der Faust auf den Tisch.

»Was ist mit der Wahrheit über die Tatze?«, fragte Hannah, obwohl sie die Antwort schon kannte.

»Keiner wird diese Wahrheit glauben. Herbert wurde von Pfaffenhuber geschlagen. Wenn du erzählst, was sich danach wirklich zugetragen hat, wirst du selbst in Schwierigkeiten kommen.« Dr. Sedlmayr erhob sich und ging schlurfend im Zimmer auf und ab. »Die Wahrheit ist nicht mehr wert als ein Haufen Hundedreck. Keiner will ihr begegnen, und wenn man doch hineintappt, streift man sie klammheimlich ab, bevor sie zu stinken beginnt und sie die Aufmerksamkeit der anderen erregt.«

»Aber wäre es nicht das Richtige? Würde ich Pfaffenhuber nicht entlasten?«

»Ja, im alten Deutschland hätte ihn das entlastet. Im neuen Deutschland wird uns die Wahrheit vorgegeben. Wahrheit ist das, was die Leute glauben *wollen*. Was sie glauben *müssen*.« Enttäuscht ließ Hannah die Schultern sinken.

»Resch hat offenbar gleich heute Früh seinem Ärger in der Morgenpredigt Luft gemacht. Er hält es für anmaßend, wie die Parteimitglieder einen Mann Gottes behandelt haben. Sie wollten ihn aufhängen. Unfassbar!« Er schüttelte den Kopf und strich sich durchs Haar. »Die Katholiken reagierten brüskiert. Doch was ist die Reaktion? Was ist deren eigene Wahrheit?« Hannahs Vater erhob die Stimme. »Sie denken nicht über ihr falsches Verhalten nach. Nein, sie schieben die Schuld den anderen in die Schuhe. Austreten wollen sie aus der Kirche. Allesamt. Die Josefskirche in unserer allseits geschätzten Adolf-Hitler-Straße wurde mit Kot besudelt. So viel Achtung haben sie vor dem Haus Gottes.«

Hannah entfuhr ein leiser Aufschrei. Was waren das für Menschen, die eine Kirche beschmutzten? Barbaren?

»Was ich dir damit sagen will, Hanni. Sieh hin! Verschließe nicht die Augen vor der Wahrheit. Behalte sie aber für dich. Reden ist Silber, schweigen ist Gold. Schon früher wussten die Leute, was man besser für sich behalten muss. Ich denke, dass wir genau an dieser Stelle wieder angekommen sind.« Er drückte seine Tochter zärtlich an seine Brust, so wie er es früher immer gemacht hatte, als Hannah noch ein kleines Mädchen gewesen war. Er presste seine Lippen gegen ihren Scheitel.

»Sag deiner Mutter nichts davon«, erinnerte er sie, als sie das Arbeitszimmer verließ. Darauf war sie selbst schon gekommen. In diesen Zeiten musste man sich genau überlegen, wem man die Wahrheit anvertraute.

7. Juli 1935

München

Schon in den Morgenstunden drückte die Luft heiß auf die Landeshauptstadt. Seit dem Wintersemester studierte Hermann in München und hatte ein kleines Zimmer in der Türkenstraße bezogen. Aufgrund seiner guten Zensuren war er schon früher als üblich zum Abitur zugelassen worden. Das Lernen war ihm schon immer leicht gefallen und bereitete ihm nach wie vor große Freude. Nachdem er seinen Lehrern mitgeteilt hatte, dass er wie sein Vater Medizin studieren wollte, hatten sie seinen Wechsel in die höhere Jahrgangsstufe ausdrücklich begrüßt. Hitler brauchte schließlich gut ausgebildete Ärzte. So schnell wie möglich. Sein guter Notendurchschnitt hatte ihm auch sofort einen Platz an der Münchner Universität gesichert.

Zu Fuß brauchte Hermann nur wenige Minuten von seinem Zimmer zur Universität. Hermanns Gefühle gegenüber der Landeshauptstadt waren gemischt. Manchmal glaubte er, dass sie von seiner Tagesform abhingen. An manchen Tagen wachte er auf und fühlte sich hier in München fremd, einsam und schrecklich verloren. Die Stadt war einfach zu groß, zu anonym. Tag und Nacht schlug ihr Herz wie eine Maschine, kannte keine Ruhe, keinen Schlaf. Aus den neugebauten Fabriken fiel der Ruß in dichtem Nebel auf die Häuser. Hitler hatte Wort gehalten und tausende neue Arbeitsplätze geschaffen. Neue Straßen wurden gebaut, stündlich brausten Züge hinein und hinaus. Vor wenigen Jahren, als Hermann mit seinen Eltern die Landeshauptstadt besucht hatte, waren viele grüne Flächen noch ungenutzt und unbebaut gewesen.

Auf den Straßen herrschte stets geschäftiges Treiben und es summte wie in einem Bienenstock. Keiner hatte Zeit für den anderen. Die verschiedenen Verkehrsmittel überforderten Hermann und er hatte das Gefühl, dass die Enge der Straßen, die Menge an Leuten ihm die Luft zum Atmen nahm. Der Anblick der Hektik und Geschäftigkeit lähmte ihn und er sehnte sich heim aufs Land. Er vermisste die Ruhe. Die Berge. Die vertraute Umgebung.

An anderen Tagen jedoch musste er sich eingestehen, dass er vor allem die Abende genoss, und meinte in diesen Augenblicken zu fühlen, wie der gleichmäßige rasche Puls der Stadt mit seinem eigenen harmonierte. Er fühlte sich lebendig. Erwachsen. Frei. München hatte etwas Erregendes, Rohes und Ungeschliffenes. Die Stadt bot viele Verlockungen und Unternehmungsmöglichkeiten. Zum ersten Mal in seinem Leben hatte er mit seinen Kommilitonen Bars und Kneipen besucht. Die Kinos zeigten mehr als doppelt so viele Filme als zu Hause, sogar zu den verschiedensten Uhrzeiten. Neue Bars schossen wie Unkraut aus dem Boden und die Studenten waren ihre besten Kunden. Die Mädchen trugen moderne Hüte und luftige Kleider, nachts schnurrten ihre Füße über die Tanzflächen. Aus den Bars tönten der helle Klang des Klaviers, die Stimmen der Sänger und das Grölen der Besucher.

An diesem Morgen schien die ganze Stadt auf den Beinen zu sein. Männer, Frauen und Kinder beklatschten die Männer der SA, die mit stampfenden Schritten durch die Straßen und Gassen sämtlicher Stadtteile marschierten, Fahnen schwenkten und den rechten Arm zum Himmel emporhoben. Hermann drängte sich dicht an ein paar Kommilitonen, mit denen er gekommen war. In ihrem Rücken befand sich das große Tor zum Hofgarten, durch das sich Menschenmassen wie eine Lawine schoben, um noch einen guten Blick auf die SA-Männer zu erhaschen.

»Da sind sie!«, quiekte ein kleines Mädchen mit blonden Zöpfen, das auf den Schultern ihres Vaters thronte und sich an seinem Hut festkrallte. Mit der anderen Hand winkte es den vorbeimarschierenden Männern zu.

Der Klang ihrer Schritte hallte durch Mark und Bein, brachte den Körper ohne Anstrengung zum Beben. Was für eine Einheit. Die Männer formierten sich vor der Feldherrenhalle und blieben dort stehen. Hermann stellte sich auf die Zehenspitzen, damit er über die Hüte der Damen sehen konnte. Eingebettet zwischen den Säulen starrte der bayerische Löwe stolz von der Freitreppe aus herüber.

Hermann ließ seinen Blick weiterwandern und verharrte in der Bewegung. Eine junge Frau auf der gegenüberliegenden Seite fokussierte ihn neugierig. Hermann senkte den Kopf, doch als er erneut aufsah, waren ihre Augen immer noch auf ihn gerichtet. Ihr Gesicht kam ihm bekannt vor. Hermann kramte in seinem Gedächtnis. Sie war keine klassische Schönheit, doch irgendetwas an ihr zog ihn in den Bann. Schokoladenbraune Haare und dichte, schwarze Augenbrauen bildeten einen Kontrast zu ihrer blassen, weiß leuchtenden Haut. Unwillkürlich musste er lächeln. Sie schob ihren grünen Hut zurecht und formte einen Kussmund.

»Wen starrst du denn so an?«, fragte einer seiner Kommilitonen und folgte seinem Blick durch die Menge.

»Dort drüben steht eine Frau mit grünem Hut. Mir kommt sie bekannt vor. Kennst du sie?«

»Natürlich kenne ich sie. Das ist Marlene Liebreiz. Sie studiert Schauspiel und Gesang. Wir haben sie schon ein paarmal im ›Braunen Löwen‹ gesehen. Sie singt dort.« Plötzlich fiel es Hermann wie Schuppen von den Augen. Er sah sie die Hüften im Takt wiegen und glaubte ihre Stimme zu hören, die vom Mikrofon weitergetragen wurde.

Marlene schien zu bemerken, dass die beiden Männer über sie sprachen, denn sie drehte sich weg und wurde von der tobenden Menge verschluckt. Sie hatte sich nicht einmal umgedreht. Enttäuschung machte sich in Hermann breit.

»Lass lieber die Finger von ihr. Sie ist eine richtige *femme fatale*. So eine Frau ist wie eine Kerze. Kommst du der Flamme zu nah, dann verbrennst du dich.«

Hermann winkte sofort ab. »Ich bin zum Studieren nach München gekommen. Nicht wegen der Frauen«, empörte er sich.

»Das sagen sie alle. Bis sie der Liebe in die Klauen geraten. Dann kommen sie nicht mehr los.«

»So ein Blödsinn!«

»Warst du denn überhaupt schon einmal verliebt?«, wollte sein Kommilitone wissen und stieß ihm den Ellenbogen gegen die Rippen. Hermann schüttelte den Kopf.

»Hab ich's mir doch gedacht! Glaub mir, wenn dir eine Frau erstmal den Kopf verdreht hat, dann bist du nicht mehr derselbe. Ich spreche aus Erfahrung.«

Hermann wollte ihn mit Fragen durchlöchern, doch er hielt es für besser, es nicht zu tun. War das nicht zu persönlich? Zu intim?

Die Geräusche der zusammenschlagenden Stiefel waren in den Hintergrund getreten und Hermann nahm kaum mehr wahr, was sich auf dem Odeonsplatz abspielte. Stattdessen flogen seine Augen über das Meer aus Gesichtern. Hatte er nicht wieder einen grünen Hut gesehen? Enttäuscht sank er von den Zehenspitzen herunter, als er merkte, dass es eine alte Dame gewesen war, die ebenfalls einen smaragdfarbenen Hut trug.

»Ich wollte noch in die Bibliothek«, rief er seinen neuen Freunden zu und verabschiedete sich hastig.

Hermann schaufelte sich durch die Menschenmenge, zwängte sich zwischen den Körpern durch, die ihn einzuquetschen drohten. Um einen Durchweg zu finden, schlug er die »Drückeberger-Gasse«, wie der kleine Weg von den Münchnern genannt wurde, ein. Nach der Niederschlagung des Hitlerputsches hatte Hitler eine Gedenktafel für die getöteten Gefolgsleute an der Ostseite der Feldherrenhalle anbringen lassen. Wer hier passiven Widerstand leistete und den Hitlergruß gegenüber den Wachsoldaten verweigerte, kam nicht ungeschoren davon. Wenn man dem Ärger aus dem Weg gehen wollte, wählte man stattdessen die kleine Gasse.

Endlich wurde der Menschenstrom weniger. Nur ein paar vereinzelte Leute, die spät dran waren, rannten beinahe über das Kopfsteinpflaster, um zumindest das Ende der Veranstaltung nicht zu versäumen.

In München war die SA willkommen. Da nicht alle von Hermanns Kommilitonen aus Bayern kamen, tauschten sie sich über die Geschehnisse in anderen deutschen Städten aus. Überall zeigten sich ähnliche Tendenzen, doch München war anders. Fortschrittlicher. Weiter. Offener. Die Wiege des Nationalsozialismus. Die Bürger und auch die städtische Zeitung bezeichneten München als Hauptstadt der Bewegung. Hier hatte Hitler damals die NSDAP gegründet, die ersten Reden im Hofbräuhaus gehalten. München war ein Teil von Hitler. Ein Stück Heimat.

Wie von allein trugen seine Füße ihn nicht wie geplant zur Bibliothek, sondern tiefer ins Herz der Stadt. Viele Stunden hatte er in der Sommerhitze ausgeharrt und sein weißes Hemd klebte an einigen Stellen an seiner Haut. Er konnte auch später noch lernen. Als er vor dem ›Braunen Löwen‹ ankam, hielt ihn etwas wie eine unsichtbare Fessel zurück. Es war vollkommen lächerlich, am Spätnachmittag eine Bar zu betreten. Bestimmt füllte sie sich erst nach

Sonnenuntergang. Vielleicht wäre es klüger, schnell das Weite zu suchen und doch noch in die Bibliothek zu gehen. Ein ihm unbekanntes Gefühl ließ ihn aber zögern. Das Schild über der Bar, auf dem der Schriftzug in goldbraunen Lettern neben einem brüllenden Löwen prangte, hing leicht schief und schaukelte quietschend hin und her, als wäre es geschubst worden. Wahrscheinlich war der ›Braune Löwe‹ sowieso noch geschlossen. Weshalb sollte er sich also die Mühe machen und zur Tür laufen? Einen Wimperschlag später hielt er den hölzernen Türgriff in der Hand. Die Tür schwang auf.

Kalter Rauch umfing ihn, als er das Lokal betrat. Die Jackenhaken im Vorraum waren alle nackt. Dennoch fasste Hermann Mut und trat ein. Um die hohen Tische standen die Barhocker auf ihren langen Stelzen. Rechts von der Bar spiegelte sich das Licht der Deckenlampe auf dem polierten Holzboden der Tanzfläche. Leise Musik floss vom Plattenspieler zu ihm herüber. Hermann blickte sich um. Keine Menschenseele war zu sehen. Was zum Teufel wollte er hier?

Unter dem Bartresen klirrten Gläser und plötzlich erhob sich ein weißhaariger Mann. Im Mundwinkel hing eine Pfeife und sein Bauch war so rund, als hätte er einen Medizinball geschluckt.

»Was willst du denn schon hier, Bürschlein? Wir haben noch geschlossen.« Also doch.

»Ich wollte einfach ein kühles Bier trinken. Draußen ist es so heiß, dass man beinahe zerfließt, wenn man zu lange in der Sonne steht«, gab Hermann zurück und klang dabei mutiger als er sich fühlte.

»So? Darfst du denn überhaupt schon ein Bier trinken?«, fragte der Besitzer des ›Braunen Löwen‹.

»Ich bin alt genug!«

Der Wirt gab sich damit zufrieden und winkte nur ab.

»Euch Jungspunde kann man einfach nicht mehr einschätzen. Kaum trägt einer einen Schnauzbart oder hat ein paar Bartstoppeln, weiß man nicht mehr, ob man einen Buben oder einen jungen Mann vor sich hat.« Er zog einen Krug unter dem Tresen heraus und füllte ihn gekonnt mit Bier. »Bei den jungen Damen ist das noch viel gefährlicher. Die Mädchen ziehen sich ja heutzutage so freizügig an. Man sieht ihre nackten Beine und sie tragen hochhackige Schuhe. Als ich jung war, war das noch etwas ganz anderes.« Er besah sich kritisch die Bierkrone und knallte den Krug dann vor Hermann auf den Tresen, dass das Bier überschwappte.

»Warst du draußen?«, wollte der Alte wissen und nickte in Richtung Tür. »Was für ein Affenzirkus. Wenn du von den Leuten verlangst, dass sie bei so einer Hitze zum Arbeiten raus sollen, brechen sie zusammen, aber wenn sie an einer Parade teilnehmen wollen, legen sie ohne zu jammern Kilometer zurück und braten in der Sonne wie die Grillhähnchen.«

Hermann musste lachen. Der Mann gefiel ihm. Der Barbesitzer hatte selbst auch einen kräftigen Schluck Bier genommen und der Schaum hing fest in seinem dichten Vollbart. Er rülpste zufrieden und wischte sich mit seinem Hemdsärmel über den Mund.

»Ich muss noch ein bisschen was vorbereiten. Heute geht der Spaß schon früher los. Wir müssen es ausnutzen, wenn alle auf den Beinen sind. Außerdem haben wir heute Live-Musik und Gesang.«

Hermanns Herz setzte einen Augenblick aus. »Ich setze mich ein wenig in die Ecke da hinten. Da kann ich in Ruhe mein Bier austrinken und noch etwas lesen.« Er zog ein abgegriffenes Buch aus seiner Umhängetasche und schlug es auf. Hermann verlor sich zwischen den Seiten, als er plötzlich aus der Geschichte gerissen wurde.

Einige Männer mit goldenen Trompeten, einem Saxofon und einem Kontrabass schepperten in die Bar. Alles junge Kerle, Hermann schätzte sie auf Mitte zwanzig.

»Stellt euer Gerümpel da drüben hin«, rief der Wirt und deutete auf die Tanzfläche.

»Wir freuen uns auch, dich zu sehen«, zog ihn einer der Männer auf. Sie alle trugen einen weißen Smoking, eine rabenschwarze Fliege und glänzende Lackschuhe.

»Wer sagt, dass ich mich freue?«, knurrte der Barbesitzer, doch unter seinem Bart zeigte sich ein Lächeln.

Die Männer öffneten ihre mitgebrachten Koffer und holten Mikrofone und Mikrofonständer heraus, die sie aufbauten. Ein Mann mit einem gezwirbelten Schnauzbart blätterte hastig in Notenblättern und schien sich die Stücke noch einmal einprägen zu wollen.

Ihr Duft strömte in Hermanns Nase, bevor er sie sah oder hörte. Die Tür schwang auf und trug die Blumennote eines Parfüms zusammen mit der Sommerluft herein in den Raum.

Die Absätze von Marlene Liebreiz klackerten über den Boden und sie zog sich während des Gehens mit einem Lippenstift die ohnehin schon kirschroten Lippen nach. Ihr Rücken war entblößt und der Rest ihres Körpers war mit einem eierschalenfarbenen Kleid bedeckt, das sich eng um ihre Rundungen schmiegte. Hermann hatte noch nie in seinem Leben so eine Frau gesehen. Er war den Anblick von Mädchen und Frauen in Dirndlkleidern gewohnt, die den Ansatz der Brüste freilegten, doch Marlenes Kleid brachte sein Blut in Wallung. Es war bodenlang und sie war sichtlich geübt darin, sich damit zu bewegen. Selbstbewusst reckte sie das Kinn nach oben und fächerte sich mit einem spitzenbesetzten Fächer Luft zu. Sie trug das Haar offen und ihr weißes Gesicht wurde von den Wellen so umrahmt, dass es aussah, als hätte man ein Herz aus Papier ausgeschnitten.

Marlene Liebreiz stolzierte zu den Männern und warf ihnen einen Luftkuss zu.

»Mani, mein Bester, ich brauche ganz dringend ein Glas Weißwein. Er ölt meine Stimme.«

Dem Barbesitzer, den sie als Mani angesprochen hatte, blieb der Mund offen stehen, als sich Marlene auf einen Barhocker platzierte und keck die Beine übereinander schlug. An der Seite des Kleides tat sich ein Schlitz auf, der ihre nackte Haut bis knapp zur Hüfte freilegte.

»Kommt sofort, Leni«, hauchte er und machte sich daran, einen Korken aus der Flasche zu ziehen. Als er ihr das Glas reichte, setzte sie es an ihre vollen Lippen und leerte es in einem Zug. Marlene drückte den Rücken durch, richtete sich auf und begann laut zu summen. Hermann duckte sich in seiner Ecke zusammen. Sie durfte ihn jetzt nur nicht sehen. Sofort würde sie sich an sein Gesicht erinnern und es wäre ihr klar, dass er ihr nachgerannt war wie ein Rüde einer läufigen Hündin.

»Um achtzehn Uhr beginnen wir mit der ersten Runde, Leni«, rief ihr eines der Bandmitglieder zu, während er seine Trompete polierte. »Hoffentlich hast du die Männer da draußen nicht zu sehr bejubelt. Nicht, dass du jetzt heiser bist.«

Sie funkelte ihn unter ihren langen schwarzen Wimpern an.

»Kein Sorge. Kümmer dich lieber darum, dass du nicht den Atem verlierst.« Sie zwinkerte ihm zu.

Eine halbe Stunde verstrich, ohne dass Hermann seinen Blick noch ein einziges Mal von Marlene abwandte, während sie leise vor sich hin summte. Langsam füllte sich die Bar mit überwiegend jungen Männern und Frauen. Viele Gesichter glühten und Hermann war sich sicher, dass sie auch der Parade beigewohnt hatten. Sie hatten bis zum Ende in der brütenden Sonne ausgeharrt.

Marlene war inzwischen hinter dem sandfarbenen Vorhang hinter der Bar verschwunden. Ob sie sich noch einmal das Gesicht puderte?

Mani eilte von Gast zu Gast, notierte sich die Bestellungen auf einem kleinen Block und stellte Hermann sogar noch ein zweites Bier auf den Tisch. »Ein Radler diesmal. Damit du nicht besoffen hier rausfällst. Geht aufs Haus, weil du schon so lange da bist«, bellte er und winkte ab, bevor ein Dankeschön über Hermanns Lippen kommen konnte.

Die Bandmitglieder positionierten sich an ihren Instrumenten, und im gedimmten Licht funkelten die Trompeten und das Saxofon wie die wertvollsten Schätze aus 1001 Nacht. Der Vorhang wurde zur Seite bewegt und Marlene trat unter lautem Applaus hervor. Ihre Smaragdaugen glitzerten verführerisch, während sie zum Mikrofon schritt. Als sie zu singen begann, lief ein kalter Schauer über Hermanns Rücken, obwohl es in der Bar heiß und stickig war. Während des Liedes wiegte sie ihre Hüften hin und her und schmachtete die Zuhörer an. Sowohl Männer als auch Frauen hingen an ihren Lippen. Hermann war sich sicher, dass sie sich ihrer Anziehungskraft durchaus bewusst war. Die Lieder flossen ineinander, als ob sie miteinander verwachsen wären, und als nach einer knappen Stunde die erste Pause eingelegt wurde, stöhnten die Zuhörer enttäuscht auf. Hermann aber dachte nur daran, was für eine himmlische, engelsgleiche Stimme Marlene in sich trug. In ihr lag die Sonne, die Wärme einer Sommernacht.

Als sie nach einer längeren Pause wieder ans Mikrofon trat, wurde sie mit lautem Jubel empfangen. Sie zwinkerte ihren Bandmitgliedern zu und auf einmal änderte sich die Musik. Swing. Hermann erkannte es sofort und auch in den anderen Gesichtern konnte er die Überraschung erkennen. Swing war verboten, Hitler hatte ihn als primitive Negermusik bezeichnet. Die Band aber schien wie zum Leben erwacht. Die Trompeten bewegten sich fröhlich rauf und runter und der Mann am Saxofon ließ die Hüften kreisen. Marlene tanzte ausgelassen auf der Stelle. In ihren Augen glänzte Glück. Nach der ersten Verblüffung hatten sich die Besucher der Bar wieder gefasst und wippten nun auch selbst im Rhythmus mit. Hermann gelang es nicht, seine Füße und Finger still zu halten. Die Musik strömte wie ein Wildbach durch seinen Körper.

Plötzlich wurde die Eingangstür mit einem lauten Knall aufgestoßen und uniformierte SA-Männer stürmten herein. Die Instrumente verstummten binnen Sekunden.

»Es gab einen Anruf, dass in diesem Lokal Swing gehört wird«, rief einer der SA-Männer aus. Die Besucher der Bar verfielen in Panik, sprangen auf und versuchten, sich an den Uniformierten vorbei und durch die Tür ins Freie zu drängen.

»Hiergeblieben!« Schnell hatten sie Gummiknüppel gezogen und schlugen auf die Flüchtenden ein. Hermann blieb wie versteinert sitzen. Einer der SA-Männer hatte Marlene grob gepackt und schleifte sie hinter sich her. Auch die anderen Bandmitglieder wurden abgeführt. Als Marlene an Hermann vorbeigeführt wurde, trafen sich ihre Blicke für einen Wimpernschlag. Ihre Mimik verriet, dass sie ihn erkannt hatte. Obwohl sie Angst haben musste, wirkte sie nach außen hin kühl.

»Ich komme schon mit, aber bitte zerknittern Sie nicht das Kleid. Es ist maßgeschneidert«, sagte sie mit einer Portion Arroganz. Doch es wirkte. Der SA-Mann lockerte seinen Griff und drückte ihr nur noch die Hand auf den nackten Rücken.

Hatte Marlene Hermann beim Vorbeigehen etwa zugenickt? Er folgte ihrem Blick und sah Mani, der sich aufgewühlt durch den Bart fuhr und ihn dann schließlich heranwinkte. Hermann drängte sich durch die aufgebrachten

Besucher und kämpfte sich im Rücken der SA-Leute zur Bar durch. Mani hob für ihn den Vorhang und Hermann erkannte dahinter eine versteckte Tür. Konnte er dadurch verschwinden? Aber würde er nicht Mani im Stich lassen? Und Marlene? Wo brachten sie sie hin?

»Allesamt festnehmen!«, donnerte einer der SA-Männer, und plötzlich lösten sich Hermanns Beine. Er riss eilig die Tür auf und stand in einer kleinen Gasse. Ein Liebespaar, das gerade vorbeischlenderte, sah ihn irritiert an. Die immer noch heiße Luft hüllte ihn wie ein feuchtes Handtuch ein und Hermann wollte nur noch eins: schnellstmöglich nach Hause, bevor auch er noch verhaftet wurde.

11. August 1935

Erich Winter inspizierte sein Spiegelbild. Obwohl es Sommer war, sah er blass aus. Seine grünen Augen leuchteten aus dunklen Augenringen hervor, in ihnen lag etwas Gehetztes. Er hatte die letzten Monate einfach zu viel gearbeitet. Aber mit großem Erfolg. Mit spitzen Fingern zupfte Winter einen Fussel von seiner Armbinde. Heute musste er absolut perfekt aussehen. Kritisch besah er sein Gesicht aus jedem möglichen Winkel. Er drehte den Wasserhahn auf, schöpfte kaltes Wasser in beide Hände und wusch sich damit Stirn und Wangen. Er wiederholte die Prozedur ein paarmal, bis seine Wangen ein sanftes Rot zeigten. Besser.

»Du siehst aus wie ein verdammtes Milchgesicht! Ein Versager! Ein Taugenichts! Ich muss mich dafür schämen, dass du mein Sohn bist!« Die Stimme seines Vaters wuchs zu seiner Gestalt heran und Winter bildete sich ein, sein Gesicht neben dem seinen im Spiegel zu erkennen. Abscheu glitzerte aus seinen Augen. Der Mund unter dem dicken, an den Seiten eingerollten Schnauzbart zu einem schmalen Strich verzogen. Dichte, graue Augenbrauen, die sich schmerzlich in die Höhe zogen, wann immer er ihm unter die Nase trat. Er hatte nichts von seinem Vater. Nicht die Größe. Nicht die Härte. Nicht seine unzerstörbare Natur. Winter war verwundbar. Das hatte ihm sein Vater Tag für Tag aufs Neue bewiesen.

Erinnerungen flammten auf. Erinnerungen an Guddin, das Landgestüt in Preußen, auf dem sein Vater lebte. Ein Ort voller Schönheit. Hellgrüne, saftige Wiesen, Koppeln, so weit das Auge reichte, die uralten Eichen, deren Kronen mit dem Himmel verwachsen schienen, das Wiehern der edlen Pferde, die nach dem Morgenheu schrien. Ein Ort voller Glück, Ruhe und dem stillen Zauber dieser Landschaft, den es hier im Süden nicht gab. Es hätte der schönste Ort der Welt sein können, wäre sein Vater nicht Gutsherr von Guddin. Mit ihm an der Spitze war es für Winter, seine Mutter und die Angestellten die Hölle auf Erden. Wie oft hatte er sich als kleiner Junge gewünscht, seine Arme und Beine würden sich in Hufe verwandeln und er könnte zusammen mit den anderen Pferden über die Koppeln galoppieren. Ja, die Pferde waren glücklich auf Guddin. Sein Vater kannte nur Liebe für die Vierbeiner, nicht aber für seinen Sohn oder sonst ein menschliches Wesen.

»Du siehst lächerlich aus, Junge! Nur weil du dich verkleidest und eine Uniform anziehst, heißt das nicht, dass du ein Mann bist. Wen willst du schon führen? Nicht einmal ein Hund würde dir folgen. Du hast nicht das Zeug dazu. Ein Kleid solltest du anziehen und mit den Damen stricken und nähen. Nein, du bist nicht mein Sohn!« Jahre hatte es gedauert, bis er sich einen Schutzwall schaffen konnte, durch den die Worte seines Vaters nicht dringen konnten, abprallten wie Regen vom Scheunendach, doch ausgerechnet heute kamen sie ihm in den Sinn. Wie mit scharfen Klingen schnitten sie durch sein Herz. Nein! Heute konnte er das nicht zulassen. Heute würde sein Vater nicht wieder alles zerstören, so wie er es die Jahre zuvor immer wieder geschafft hatte.

»Verschwinde!«, zischte Winter dem Gesicht seines Vaters zu, das sich immer noch neben dem seinen im Spiegel befand. »Verschwinde und lass mich in Ruhe!« Der Mund verzog sich zu einem grausamen Lächeln, das einer fauchenden Raubkatze glich. Einem Monster. Nein, er war sich sicher. Er hatte rein gar nichts von seinem Vater. Nur die smaragdgrünen Augen, die ihn noch einmal voller Abscheu streiften und dann aus dem Spiegelbild verschwanden. Er hatte es geschafft! Er war allein. Nichts konnte ihn aufhalten, denn heute fand eine ganz besondere Feier statt.

Das Regime schuf zu den bereits bestehenden Festen noch weitere, wie beispielsweise die Feiern zu Hitlers Geburtstag am 20. April. Alles lief hier nach demselben Schema ab. Aufmärsche. Politische Ansprachen. Musik. Umzüge. Tanz. Die Ansprachen nahmen jedoch die wichtigste Position ein, denn sie beeinflussten die Massen. Die Partei brauchte das Volk. Das Volk hatte sie an die Spitze gehoben, alles was sie tun mussten, war, diesen Höhepunkt der Macht so lange wie möglich auszudehnen. So war es schon immer gewesen. Könige wurden gekrönt, gefeiert und am Ende gestürzt. Sobald man an der Spitze stand, drohte permanent Gefahr. Holzer wollte davon nichts hören, doch Winter war sich dessen stets bewusst. Es gab immer noch genug Bürger, die der Partei keinen Glauben schenkten. Und wenn sie Dummheiten machten, musste man selbstverständlich eingreifen. Je härter sie bei dieser Arbeit vorgingen, desto weniger Nachahmer gab es. Im KZ Dachau wurden sie kuriert. Himmler selbst hatte das Lager zwanzig Kilometer nordwestlich von München auf dem Gelände einer ehemaligen Munitionsfabrik errichten lassen. Dort war der richtige Ort für politische Gegner. Spätestens dort lernte man Zucht und Ordnung.

Das Festjahr in Deutschland begann mit der Feier zur Machtübernahme Hitlers am 31. Januar. Am 21. März folgte der Tag von Potsdam, der Eröffnung des deutschen Reichstages. Hitlers Geburtstag am 20. April. Der 1. Mai, ursprünglich Tag der internationalen Solidarität, wurde nun zum Feiertag der nationalen Arbeit. Am zweiten Sonntag im Mai folgte der Muttertag. Mütter, die vier oder mehr Kinder hatten, bekamen das Mutterkreuz verliehen. Es war wichtig, das arische Blut weiterzuzüchten.

Heute sollte einer der größten Tage in der Rosenheimer Geschichte werden. Der Führer persönlich wollte nach Rosenheim kommen, um am Max-Josefs-Platz eine Rede zu halten. »15 Jahre Kampf um Deutschland« lautete der hakenkreuzgezierte Behang der Rednerbühne, die auf dem Platz aufgebaut worden war. Die Stadt feierte das Jubiläum ihrer Ortsgruppe. Die Tageszeitungen berichteten seit Wochen von nichts anderem mehr. Die alte Garde hatte 1920 die erste nationalsozialistische Ortsgruppe außerhalb Münchens gegründet. Auch damals hatte Hitler Rosenheim einen Besuch abgestattet und war als Redner aufgetreten.

Winter warf einen gierigen Blick auf die Uhr. Sechs Uhr morgens. Er war gut in der Zeit. Um sieben Uhr sollte durch das große Wecken ein Zug aus allen lokalen NS-Organisationen durch die Chiemseestraße führen. Ziel dieses Marsches war das Kriegerdenkmal auf der Loretowiese, wo eine Heldenehrung abgehalten werden sollte. Voller Vorfreude verließ Winter das Haus. Heute würde auch sein großer Tag werden.

Zuerst fuhr er zur Loretowiese, musste sich aber selbst eingestehen, dass er nicht bei der Sache war und den Gefallenen nicht den nötigen Respekt zollte. In Gedanken war er schon auf dem Max-Josefs-Platz und ging im Kopf seine Danksagung an Hitler durch. Um neun Uhr stieg er in sein Auto und fuhr zum festlich geschmückten Bauplatz. Dort traf er auf den Oberbürgermeister und auf Erwin Holzer, die hier zeitgleich zur Grundsteinlegung zum Neubau der Galerie vor Ort waren. Neben Bildern von Hitler und Göring sollte es auch Festmünzen und die Festschrift zum Ortsgruppen-Jubiläum geben. Die Zeiger seiner Taschenuhr krochen wie Schnecken über das Zifferblatt. Es war wie an Weihnachten, wenn er als kleiner Junge sehnsüchtig auf die Bescherung gewartet hatte.

»Bald ist es so weit, Erich! Der Moment, auf den wir so lange hingearbeitet haben«, sagte Holzer, der neben Winter stolzierte wie ein Pfau.

»Wir müssen nur die Roten im Auge behalten. Nicht, dass sie eine Schlägerei anzetteln. Das wäre äußerst unangenehm.« Holzer nickte zustimmend. Misstrauisch blickte er sich zu allen Seiten um, als ob gleich jemand um die Ecke springen und auf sie losgehen würde.

»Die Straßen sind bereits gesperrt. Der Wagen müsste ohne Probleme fahren können.« Die Organisation hatte sie im Vorfeld unzählbar viele Arbeitsstunden gekostet.

Tausende Menschen waren auf den Beinen. Winter stellte zufrieden fest, dass sie alle eine Rose trugen, aus deren Blüte ein Hakenkreuz wuchs. Eine großartige Idee. So wurde das Stadtwappen mit dem Symbol der Partei verbunden.

SA-Männer standen bereits auf dem Max-Josefs-Platz stramm. Winters Blick wanderte zu den Häusern und Wohnungen hinauf. Alle Fenster waren ausnahmslos geöffnet. Menschen drängten sich zusammen, beugten sich heraus und winkten. Die vielen Hakenkreuzflaggen, die die Partei aufgestellt hatte, hingen müde am Fahnenmast. Wenn doch nur ein wenig Wind wehen würde, der sie aufblähte. Der Behang hinter der Rednerbühne wuchs an die fünf Meter nach oben und Winter und Holzer nickten zufrieden. Das Banner würde Eindruck schinden.

Hinter den positionierten SA-Männern winkten Bürger. Ihnen allen war die große Anspannung anzusehen. Erwartungsvoll traten sie auf der Stelle und spähten immer wieder zur Straße hinüber, auf der Hitlers Wagen einfahren würde. Kinder klammerten sich an Blumensträuße. Sie alle trugen ihre Sonntagskleider. Die Männer hatten ihre beste Tracht ausgesucht, ihre Hosenträger waren mit Rosen bestickt. Frischgebackene Mütter hielten sogar ihr Neugeborenes im Arm, damit sie ihm Jahre später berichten konnten, dass sie Hitler schon einmal begegnet waren. Auch die Presse war vor Ort. Vorzüglich. Winter ging nervös auf und ab wie ein Panther in einem Käfig. Holzer informierte ihn, er habe gerade Meldung erhalten, dass sich eine Wagenkolonne von der Königstraße näherte. Die Minuten verstrichen als wären sie Stunden. Über der Bühne spannte sich der wolkenlose, hellblaue Himmel wie ein großes Zelt. Winter schirmte seine Augen mit der flachen Hand vor den Sonnenstrahlen ab und hielt Ausschau.

Plötzlich ging ein ehrfürchtiges Raunen durch die Menge. Applaus brandete auf. Lachen und fröhliche Stimmen mischten sich. Winters Herz hämmerte gegen seinen Brustkorb, als würde es jeden Moment herausspringen. Da war er. Die SA-Männer kämpften mühsam, um eine Gasse zwischen den Wartenden freizuhalten.

Der Führer hatte seine Ortsgruppe nicht vergessen. Er war gekommen. Aufrecht stolzierte Hitler durch die Reihen. Wachsam wanderten seine Augen umher. Kinder hielten ihre Blumensträuße nach oben. Ein Mädchen berührte ihn am Ärmel mit ihren Rosen. Hitler blieb einen Moment stehen, lächelte väterlich und zwickte dem Mädchen in die Wangen. Er nahm ihm den Strauß ab und schritt weiter durch die Menschenmenge. Mit jedem Schritt, den er auf den Boden setzte, begann Winters Herz mehr und mehr zu zittern. Fünfzig Meter war er von der Bühne entfernt. Jetzt zwanzig. Gleich würde er oben stehen. Neben ihm.

Bevor Hitler die Stufen der Treppe hinaufschritt, lächelte er, als sein Blick auf einen kleinen Jungen fiel, der ihm den rechten Arm entgegenstreckte. Seine Mutter hob ihn strahlend nach oben, sodass er in Augenhöhe des Führers war. Hitler raunte ihm etwas zu, strich mit den Fingern über seine blonden Locken und überreichte ihm dann den Rosenstrauß. Ein Moment, den der Junge niemals vergessen würde. Auch der Mutter reichte er die Hand. Sie gluckste verlegen und vergrub das Gesicht im Lockenkopf ihres Sohnes.

Anspannung machte sich in Winter breit. Schritt für Schritt kam Hitler die Treppenstufen nach oben. Er schüttelte Holzer die Hand, der ihn um einen Kopf überragte. Dann stand Winter ihm gegenüber. Auge in Auge. Beide waren genau gleich groß. Was für ein Zeichen! Sein Händedruck war fest, während Winters Beine weich wie Butter wurden. Er wollte etwas sagen, doch seine Zunge schien wie verknotet zu sein, also lächelte er nur und nickte mit dem Kopf. Er würde später noch seine Chance nutzen, um mit Hitler ins Gespräch zu kommen.

Als der Führer das Wort ergriff, kehrte auf dem ganzen Platz Ruhe ein. Selbst die Kleinkinder verstummten und blickten mit großen Augen auf die Bühne. Welche Ausstrahlung dieser Mann hatte! Trotz der Wärme überzog eine Gänsehaut jeden Zentimeter von Winters Körper. Hitler war ihr Retter. Ihr Messias. Ihr Gott.

Der Führer lobte die treuen Parteimitglieder und nannte bedeutende Namen, die damals bei der Gründung dabei gewesen waren. Er erinnerte sich an jeden einzelnen von ihnen. Was er doch für ein phänomenales Gedächtnis hatte!

»Ganz besonders danken möchte ich auch dem Ortsgruppenleiter Erich Winter für seine Treue und die hervorragende Arbeit, die er tagtäglich in einer so bedeutenden Stadt leistet.«

Applaus. Winter blieb für einen Moment der Mund offen. Damit hatte er nicht gerechnet. Hitler hatte tatsächlich seinen Namen ausgesprochen. Es war, als würde sich der Himmel auftun und Gold auf ihn regnen lassen. Winter war sich sicher, dass jeder, der bislang gezweifelt hatte, nun überzeugt worden war. Hitler war der Mann für Deutschland.

September 1935

Rosenheim

Verführerisch stieg Jacob der Duft von Zuckerwatte und gebrannten Mandeln in die Nase, als er mit dem Fahrrad vom Boxtraining nach Hause fuhr. Dirndlschürzen flatterten im Spätsommerwind. Die Absätze der Trachtenschuhe der Damen klapperten auf dem Kopfsteinpflaster, fächerartige Gamsbärte wiegten sich auf den Trachtenhüten der Männer.

Zum Herbstfest erwachte die ganze Stadt zu neuem Leben. Die Frauen flochten ihre Haare zu kunstvollen Frisuren, hüllten sich in Blusen, die dieses Jahr nur knapp bis zum Ellenbogen reichten, und präsentierten ihre Kleider. Die Männer steckten allesamt in ihren Lederhosen.

Jacobs Mutter hatte ihnen allen ein neues Paar Trachtensocken gestrickt, doch er hatte noch keine Gelegenheit gehabt, sie zu tragen. Der Junge sperrte die Haustür auf und trug seinen Drahtesel in den Kellerraum. Dann eilte er die Treppen nach oben. Bevor er die Wohnungstür aufschließen konnte, wurde sie schon von innen aufgerissen und ein roter Haarschopf leuchtete ihm entgegen.

»Ich habe dich schon kommen hören«, grinste Jacobs kleiner Bruder Levi. Er war inzwischen elf Jahre alt und hatte Ohren wie ein Luchs. Kaum kratzten Jacobs Schuhe auf den Pflastersteinen vor ihrem Haus, sah man Levis feuerrotes Haarbüschel am Fenster aufblitzen. Jacob knuffte ihn in die Seite.

»Wo ist Mama?«, wollte er wissen.

»Sie hilft Papa in der Apotheke.«

»Wie lang bist du schon allein?« Jacob konnte es nicht ausstehen, wenn seine Mutter Levi allein zu Hause ließ, doch es ging einfach nicht anders. Die Mitarbeiter hatten allesamt gekündigt und Hans Sternlicht brauchte eine helfende Hand. Auch Simon stand immer wieder zusammen mit seinem Vater im Laden, während Jacob selbst bisher nur beim Einräumen der Regale half. Sein Vater duldete es nicht, dass sich sein vierzehnjähriger Sohn zu viel zumutete. Er sollte Kind sein. Sich keine Sorgen machen. Als ob Jacob nicht schon vor ein paar Jahren damit aufgehört hätte, Kind zu sein.

»Zieh deine Tracht an, Levi. Wir gehen aufs Herbstfest«, sagte Jacob zu seinem Bruder, der wie ein Meerschweinchen aufquiekte. Auch wenn er selbst seine Kindheit verloren hatte, so sollte Levi sie doch noch für einige Zeit genießen dürfen. Ein breites Grinsen überzog das von Sommersprossen gesprenkelte Gesicht und Levi huschte davon. Jacob hörte, wie er die Schranktüren aufriss und im Inneren herumwühlte. Er selbst ging in sein Zimmer. Bilder und Zeitungsausschnitte von berühmten Sportlern und Athleten tapezierten die Wand über seinem Bett. An der gegenüberliegenden Seite hatte seine Mutter all die gewonnenen Pokale und Medaillen in einer Vitrine ausgestellt. Liebevoll polierte Sarah Sternlicht jeden Sonntag die Preise, die Simon und er abgeräumt hatten. Jacobs Finger tasteten nach dem rauen Holzgriff und er öffnete die Schranktür. Er griff nach seinem Leinenhemd, der Lederhose, den Hosenträgern und den Trachtenschuhen und rollte dann die neuen Socken auf. Jacob legte seine Boxhandschuhe auf ihren Platz neben dem Schreibtisch und zog sich aus. Als er nur noch mit seiner Unterhose bekleidet dastand, rauschte Levi ins Zimmer.

»Langsam siehst du aus wie Simon. Kein Wunder, dass kein Schlag durchkommt, bei den Bauchmuskeln.«

Jacob lachte und spannte seinen Bauch an. Sofort wölbten sich die Muskeln noch mehr empor. »Warte nur mal, bis du meinen Bizeps siehst. Damit kann ich so einen kleinen Bengel wie dich richtig gut in den Schwitzkasten nehmen.« Mit einem Satz war er bei Levi und hielt ihn fest umklammert. Sein Bruder versuchte, sich mit Händen und Füßen zu wehren, doch Jacob hob ihn hoch, hielt ihm mit einer Hand die Handgelenke zusammen und begann ihn zu kitzeln. Levi bebte vor Lachen.

»Lass mich runter. Lass mich runter«, schniefte er, und Jacob ließ ihn zu Boden gleiten. Levis Gesicht glänzte fast so rot wie seine Haare und er wischte sich die Lachtränen aus den Augen. Es tat gut, ihn so fröhlich zu sehen. Jacob zog sich an und nahm ein paar Münzen aus seinem Sparschwein. Eine davon drückte er Levi in die Hand, dessen Augen funkelten, als hätte er ihm einen Goldtaler überreicht.

»Von deinem Fenster aus kann man ja das Riesenrad sehen«, meinte Levi neidisch und drückte seine Nase an der Fensterscheibe platt. Über den Dächern erhob sich das Riesenrad, das bereits in Bewegung war.

»Willst du es nur von hier sehen oder gehen wir endlich raus und fahren eine Runde?« Sofort war Levi bei der Tür. Jacob hinterließ für seine Eltern auf einem Zettel eine Notiz und schloss die Tür zweimal hinter sich ab, bevor er mit seinem Bruder nach draußen ging.

»Willst du deine Strickjacke anziehen?«

»Es ist doch viel zu warm«, meinte Levi und staunte über die großen Menschentrauben, die zur Festwiese strömten. Jacob steckte die Jacke in seine Umhängetasche und bemühte sich, mit Levi Schritt zu halten.

»Wie viele Leute auf die Festwiese wollen«, sagte er und blickte sich mit großen Augen um. In ihrer Tracht fielen sie

nicht weiter auf. Sie wurden wie Treibholz in der Masse mitgespült. Eine große Kutsche, auf der Bierfässer gestapelt
waren und die von vier kräftigen Kaltblütern gezogen wurde, rollte an ihnen vorbei. Die Hufeisen der Rösser klapperten auf dem Kopfsteinpflaster und als eins der Tiere lautstark ausschnaubte, hüpfte Levi erschrocken zur Seite.

»Das Pferd ist ja so laut wie ein Drache. Es hat mich auch
angespuckt.« Mit gerümpfter Nase wischte er sich den Arm
trocken, während Jacob laut lachte. Wie lange hatte er nicht
mehr richtig gelacht. Er hielt sich den schmerzenden Bauch,
bis Levi ihm auf die Füße stieg.

»Hör auf, mich auszulachen. Das ist nicht komisch!«

»Tut mir leid«, gluckste Jacob, »aber du hättest dein Gesicht sehen sollen.«

Levi schmollte. Seine Miene heiterte sich aber nur wenig
später auf, als er die ersten Buden erspähte und das Riesenrad aus der Nähe bestaunen konnte.

»Ich kaufe mir sofort Mandeln!«, rief Levi und wollte
sich schon auf den ersten Stand stürzen, doch Jacob hielt
ihn am Hosenträger zurück.

»Warte doch noch. Schau dir erst einmal alles an. Dann
kannst du immer noch entscheiden, wofür du dein Geld
ausgeben willst. Für alles reicht es definitiv nicht aus.«

Levi überlegte fieberhaft und man konnte ihm ansehen,
dass er in seinem Kopf das Für und Wider für den Kauf von
Mandeln abwägte, nickte aber dann und zog Jacob weiter
durch die Gassen.

Am Schießstand erkannte Jacob Herbert Bauer und seine Freunde. Herbert war gerade dabei, sein Luftgewehr zu
laden, zielte und schoss. Das Blechkaninchen, das er erwischt hatte, flog sofort mit einem Knall nach hinten, bevor es sich wieder aufrichtete und weiter seinen Klee müm-
melte. Stolz reckte Herbert das Kinn nach oben, während
seine Freunde ihm bewundernd auf die Schulter schlugen.

»Komm, wir gehen hier entlang.« Jacob fasste Levi an der Schulter und drückte ihn in die andere Richtung. Er wollte jede Konfrontation mit Herbert vermeiden. Vor allem vor seinem kleinen Bruder.

»Zuckerwatte!«, seufzte Levi auf und rannte auf den Stand zu, während er schon die Münzen aus seiner Hosentasche kramte. Mit einem Lächeln, das bis zu den Augen reichte, nahm er die Zuckerwatte entgegen.

»Willst du auch was?«, schmatzte er und auch Jacob zupfte sich etwas von der Watte ab. Auf seiner Zunge schmolz der Zucker und die Süße breitete sich sofort in seinem Mund aus. Köstlich. Eine Kindheitserinnerung. Wenn er die Zuckerwatte so genießen konnte, dann war er vielleicht doch noch nicht ganz erwachsen.

»Hallo, Rotschopf!« Eine Hand griff über Levis Kopf und riss ihm den Stiel mit der Zuckerwatte aus der Hand. »Du hast doch nichts dagegen, wenn ich auch einmal koste.« Einer von Herberts Freunden steckte sich die Hälfte der Zuckerwatte auf einmal in seinen scheunentorgroßen Mund. Drei andere Jungen aus der Hitlerjugend stellten sich demonstrativ hinter ihn und verschränkten die Arme vor der Brust. Sie hatten auf ihre Lederhosen verzichtet und steckten stattdessen in ihrer Uniform. Von Herbert war keine Spur zu sehen. Seit dem Vorfall am See hatte er Jacob weitestgehend in Ruhe gelassen. Er musste sich nicht selbst die Finger schmutzig machen. Dafür hatte er seine Kumpel.

»Hat es dir wohl die Sprache verschlagen, du Judenzwerg.«

»Gib mir sofort meine Zuckerwatte zurück!«, rief Levi zornig. Sein Blick glitt aber nach hinten und suchte Jacob.

»Sag bloß, dass der Bengel dein kleiner Bruder ist«, lachte einer. »Der ist ja noch hässlicher als du.« Lautes Lachen brandete auf. Obwohl Jacob stets versuchte, alle Gemeinheiten einfach abprallen zu lassen, trafen sie ihn doch jedes Mal aufs Neue. Noch schlimmer. Sie trafen nun Levi.

»Was treibt ihr Juden überhaupt hier auf dem Fest? Wollt wohl die Luft verpesten! Als würde es nicht schon reichen, dass du überhaupt noch zur Schule gehst. Rauswerfen sollten sie dich.«

Levi schaute überrascht zu Jacob, der die Hände zu Fäusten ballte, sich aber stillhielt.

»Ach du meine Güte. Jetzt ist mir deine Zuckerwatte in den Müll gefallen.« Demonstrativ ließ der Junge die Zuckerwatte in den Abfallkorb plumpsen. Levis Gesicht wurde scharlachrot, er machte einen Schritt auf den Mülleimer zu und zog die Zuckerwatte, die er von seinem einzigen Geld gekauft hatte, hervor.

»Heulst du jetzt etwa los? Du kannst die Zuckerwatte ja trotzdem essen. Ein Judenbengel wie du ist es doch gewohnt, aus dem Müll zu essen.«

Levis Augen füllten sich mit Tränen.

»Komm schon! Iss sie!« Der große Junge packte Levi am Kragen und drückte sein Gesicht in die Zuckerwatte, die bereits unter den Abfallresten schmolz. Levis Aufschrei weckte Jacob aus seiner Erstarrung. Mit einem Satz war er bei seinem Bruder und rammte dem Jungen, der Levi festhielt, sein Knie zwischen die Beine. Wimmernd sank dieser zusammen und drückte seine Hände an die schmerzende Stelle.

»Schnell weg«, raunte Jacob Levi zu und packte ihn am Arm. Die Zuckerwatte fiel ihm aus der Hand und landete lautlos auf dem Boden. Ein paar Schaulustige machten ihnen Platz, doch im Augenwinkel bemerkte Jacob, dass die Jungen hinter ihnen her waren. Wo sollten sie hin? Er konnte nicht allein gegen vier ankommen und Jacob wollte auf gar keinen Fall Levi in Gefahr bringen. Wäre doch nur Simon hier. Zusammen hätten sie es mit ihnen aufnehmen können. Hektisch blickte er sich im Laufen um.

Wohin sollte er seinen Bruder bringen? Sollten sie in ein Zelt hineinrennen? Dort würden die Jungen sicherlich keine Rauferei anfangen.

»Schnell! Schnell! Hier lang.« Eine bekannte Stimme rief ihnen zu, und als Jacob innehielt, erblickte er Hannah, die in ihrem schicken Dirndl und den perfekt gebundenen Haaren vor dem Riesenrad stand und sie heranwinkte. Ihr Gesicht wirkte gehetzt. Sorgenvoll. Sollte er ihr vertrauen?

Jacob hatte keine Möglichkeit darüber nachzudenken, denn er sah keinen anderen Ausweg. Er musste seinen kleinen Bruder beschützen. Hastig drängte er Levi auf sie zu. Hannah drückte dem Schausteller ein paar Scheine in die Hand, der überrascht die Augenbrauen nach oben zog, und stieg eilig in eine Gondel ein.

Jacob und Levi sprangen mit einem Satz hinterher. Die kleine Tür schloss sich und das Riesenrad setzte sich in Bewegung. Die Gondel trug sie schnell höher und höher und erst als alle Buden und Stände weit unter ihnen waren, konnte Jacob wieder durchatmen. Die Sitzbank war eng, sodass Jacob Hannahs Schulter und Hüfte berührte. Der blumige Duft ihrer Haare strömte ihm in die Nase, als sie sich über Jacob beugte.

»Alles in Ordnung bei dir, Levi?« Behutsam strich sie ihm mit dem Zeigefinger über die Wange und er nickte. Von hier oben waren die Jungen, die sich gerade noch vor ihm aufgebaut hatten, klein wie Ameisen. Auch Jacob sah, wie sie verärgert durch die Gassen rannten, bis die Menge sie verschluckte.

Levis Blick verlor sich in der Weite. Jacobs Brustkorb hob und senkte sich noch von dem Sprint, den er und sein kleiner Bruder eingelegt hatten, und zudem kochte die Wut in ihm. Wut auf die Jungen, die Levi angegriffen hatten. Wut auf sich selbst, da er seinen kleinen Bruder nicht hatte schützen können. Er hätte früher eingreifen sollen.

Plötzlich fuhren Hannahs Finger über seine Hand und verschränkten sich mit seinen eigenen. Jacob starrte auf ihre verknoteten Hände und schluckte die Aufregung hinunter.

»Wie geht es *dir*? Bist *du* in Ordnung?« Ihre Stimme war plötzlich sanfter als sonst. Stumm nickte er. Es fiel ihm schwer, sie länger anzusehen, genauso wie es einem schwerfiel, länger in die Sonne zu blicken, ohne dass die Augen brannten und tränten.

Er wischte sich übers Gesicht und wandte starr den Blick von ihr ab.

»Die Sonne«, murmelte er und rieb sich eine Träne aus dem Augenwinkel.

»Ja«, sagte Hannah, »die Sonne. Sie ist hell heute.« Sie lehnte sich ebenfalls zurück und drückte seine Hand noch ein bisschen fester.

Dezember 1935, kurz vor Weihnachten

Hannah fieberte Hermanns Ankunft entgegen. Das letzte Mal war er in den Semesterferien zu Hause gewesen, da ihm das Studium und die vielen Prüfungen kaum Zeit ließen. Sofia hatte das ganze Haus gewienert und dekoriert, bevor sie drei Wochen zu Verwandten nach Russland gefahren war. Das Haus war ohne sie leer. Hannah vermisste ihre Schritte, wie sie flink durch die Gänge huschte. Sie vermisste das frisch gebackene Brot und den Kuchen am Nachmittag. Sie vermisste Sofias Lächeln und die Art, wie sie Hannah hin und wieder in den Arm nahm. Ohne Sofia fühlte sie sich einsam. Vielleicht konnte Hermann die Leere in ihr ein wenig füllen.

Hannah und ihr Vater fuhren nach dem Frühstück mit dem Auto zum Bahnhof, um ihren Bruder pünktlich abzuholen. Er hatte bis zum 6. Januar frei, dann musste er wieder zurück nach München fahren. Hannah wippte nervös auf dem Beifahrersitz. Nur mühsam gelang es ihr, ihre Aufregung zu bezähmen. Immer wieder warf sie einen Blick auf die Uhr. Auch wenn sie sich langsam daran gewöhnt hatte, dass Hermann die meiste Zeit des Jahres in seiner Wohnung in München lebte, hing sie noch sehr an ihm. Wie würde es ihr nur ergehen, wenn auch Karl wegzog? Selbst das große Haus und der Garten, die Berge und Seen, all das konnten ihr ihre Brüder nicht ersetzen.

»Du siehst nachdenklich aus, Hanni«, sagte ihr Vater und warf ihr immer wieder einen Blick zu.

»Es ist nichts«, antwortete sie schnell und sah konzentriert aus dem Fenster, damit ihrem Vater nicht auffiel, dass

Tränen in ihren Augen schwammen. »Ich freue mich nur darauf, Hermann endlich wieder zu sehen!«

Georg Sedlmayr nickte. »Ich freue mich auch!«

Hannah bemerkte, dass die Fingerspitzen ihres Vaters auf dem Lenkrad trommelten und er schneller als sonst fuhr.

Sie bogen in die Bahnhofsstraße ein und Georg Sedlmayr parkte seinen Wagen vor dem Bahnhofsgebäude. Dicke Schneeflocken segelten vom Himmel und klammerten sich an Hannahs Wollmütze und dem dicken Mantel fest. Sie wischte sich eine lästige Flocke aus dem Auge und folgte ihrem Vater zu den Gleisen. Eine Stimme schallte durch die Lautsprecher und gab bekannt, dass der Zug zehn Minuten Verspätung haben würde. Einige Leute zogen höflich den Hut und grüßten, als Hannah mit ihrem Vater auf und ab schlenderte.

Endlich rollte der Zug ein. Rauch stieg keuchend aus dem Kamin hervor und vermischte sich mit der kalten, klaren Winterluft. Hannah presste sich die Hände auf die Ohren, als das ohrenbetäubende Quietschen der Bremsen durch den Bahnhof kreischte. Dr. Sedlmayr nahm Hannah am Arm und trat ein Stück näher ans Gleis heran, als der Zug endlich zum Stillstand kam. Scheppernd öffneten sich die Türen und die ersten Passagiere stiegen aus. Kurz darauf kam auch Hermann die Stufen herunter. Er winkte, als er Hannah und seinen Vater erblickte. Sie stutzte einen kurzen Augenblick. Wie konnte das ihr Bruder sein? In den wenigen Monaten, seit sie sich zuletzt gesehen hatten, schien er zu einem Mann gereift zu sein. Hermann trug seine braunen Haare sehr kurz, ums Kinn spross ein Dreitagebart. Die Art, wie er seine Ledertasche trug und auf sie zuspazierte, war ihr irgendwie fremd und vertraut zugleich. Seine Schritte wirkten größer, erhabener, das Kinn hielt er nicht länger gesenkt, sondern er hob den Kopf nach oben, als ob eine Schnur an seinem Scheitel befestigt wäre und jemand daran ziehen würde. Hermanns Füße steckten in eleganten

Schuhen. Schuhe, die man wohl gerade in der Großstadt, aber nicht hier in der Provinz tragen konnte. Hatte auch sie sich in der kurzen Zeit verändert?

»Hallo, ihr beiden!«, rief Hermann und verharrte einen Moment vor ihnen, bevor er dann seinen Vater umarmte und schließlich Hannah an sich presste. Der Duft eines fremden Parfüms kitzelte ihr in der Nase. Aber es war gut. Sie würde sich schon daran gewöhnen.

»Na, Schwesterlein. Du hast mir gefehlt«, sagte Hermann und kniff ihr in die Wange.

»Du hast mir auch gefehlt. Irgendwie siehst du vollkommen anders aus. Ich hätte dich fast nicht wiedererkannt. Wie ein richtiger Student. Du bist so erwachsen geworden«, brach sie hervor.

»Dasselbe wollte ich auch gerade sagen. Vom kleinen Mädchen kann man nicht mehr allzu viel erkennen. Selbst jetzt, wo du einen Mantel trägst.« Er deutete auf Hannahs Brust und sie schlug ihm lachend auf die Finger.

»Hör bloß auf in der Öffentlichkeit darüber zu reden«, meinte sie, »oder willst du mich vollkommen blamieren?«

»Als ob das jemals meine Absicht gewesen wäre.«

»Wie war die Fahrt?«, erkundigte sich Georg Sedlmayr. »Sind die Züge denn bequem?«

»Sehr! Ich hatte zwei Plätze ganz für mich allein. Die Züge sind mittlerweile schon so leise, dass ich in Ruhe mein Buch fertiglesen konnte.«

Hermann und seine Bücher. Hannah hatte das Gefühl, dass es kein Buch gab, das er nicht kannte und aus dem er nicht zitieren konnte. Passend zu den Autoren, Themen oder den Ereignissen schnitt er Artikel aus Zeitungen und Zeitschriften aus, faltete diese vorsichtig zusammen und bettete sie zwischen die Buchseiten. Wenn sie sich ein Buch aus seiner Bibliothek ausleihen wollte, fielen ihr jedes Mal ein Dutzend Blätter entgegen.

Georg Sedlmayr nahm die Reisetasche in die Hand und trug sie zum Auto. Während er sie im Kofferraum verstaute, krabbelte Hannah schon auf die Rückbank, damit Hermann vorne Platz nehmen konnte. Schnurrend setzte sich der Wagen in Bewegung und Hermann schaute durch das Fenster die Berge an wie ein Verliebter seine große Liebe. Wie es aussah, hatte er seine Heimat in der Großstadt doch vermisst.

Theresa Sedlmayr lauerte wie eine Raubkatze vor dem Erkerfenster und stürmte nach draußen, als die Autoreifen über den Kiesweg knirschten. Sie drückte Hermann ihre geschminkten Lippen auf beide Wangen und ein roter Kussmund blieb auf seiner Haut zurück.

»Wie schön, dich endlich wieder bei uns zu haben«, flötete sie und ließ Karl durch, damit er Hermann ebenfalls umarmen konnte.

»Wollt ihr reinkommen oder draußen Wurzeln schlagen? Es ist doch viel zu kalt! Hannah, nicht, dass du dann wieder jammerst, wenn du krank wirst und ich dich über die Feiertage pflegen muss. Das käme mir ja gerade recht, jetzt wo Sofia nicht da ist.«

Hannah ärgerte sich über die Aussage ihrer Mutter, da ihre letzte Erkältung fast ein Jahr zurücklag. Aber sie schluckte eine Antwort hinunter. Was würde es bringen?

»Hast du auch etwas Anständiges zu essen bekommen? Kann man diesen Studentenfraß überhaupt zu sich nehmen? Mager bist du geworden. Du siehst richtig schwach und bleich aus.«

»Resi, jetzt lass den Jungen erst einmal ankommen«, sagte Georg Sedlmayr, doch seine Frau schien ihm gar nicht zuzuhören.

»Du solltest gleich auspacken, sonst liegt dein Gepäck hier noch Ewigkeiten herum.«

Gerade als Hermann die Treppen nach oben gehen wollte, raste ein schwarzer Wagen die Allee entlang und blieb vor ihrem Tor stehen. Ein Mann mit Mantel und Hut stieg aus und ging musternd am Gartenzaun entlang.

»Das ist ja dieser Winter«, meinte Karl.

»Was will *der* denn bei uns?«, fragte Hermann und lief zum Fenster.

»Das werden wir wohl gleich erfahren.« Theresa eilte zur Haustür und rief Winter zu, dass er hereinkommen könne, bevor sein Finger überhaupt die Klingel berührt hatte.

Winter öffnete das Tor, das quietschend zur Seite schwang, und stolzierte über den Kiesweg, der zur Haustür führte. Er blickte von rechts nach links, als würde er mit den Augen fotografieren.

»Einen schönen Garten haben Sie, Frau Doktor.« Winter zog den Hut und küsste Theresa die Hand. Sie errötete sofort und winkte ab.

»Ach, nicht doch. Es ist uns eine Freude, Sie hier begrüßen zu dürfen.«

»Ich wünschte, ich käme in privater Angelegenheit. Leider bin ich beruflich hier.«

»Beruflich?«, rief Theresa laut aus. »Ja, wie kann das denn sein? Womit könnten wir Ihnen denn helfen?«

»Ich muss mit Ihrer Tochter sprechen.«

»Mit Hannah? Was hat das kleine, freche Ding denn angestellt?«

Hannah knirschte mit den Zähnen. Wie konnte ihre Mutter nur gleich daran denken, dass sie etwas angestellt hatte?

»Keine Sorge, Frau Doktor«, schmeichelte Winter. »Sie hat nichts angestellt. Sie ist eine wichtige Zeugin und ich würde sie gerne befragen.«

»Selbstverständlich! Kommen Sie bitte herein.«

Von Winters Mantel schmolz der Schnee, als er ins Wohnzimmer trat. Er hatte den Hut unter den Arm geklemmt.

»Guten Tag allerseits …«, begann er.

»Was wollen Sie hier? Was zum Teufel wollen Sie von meiner Tochter?«, unterbrach ihn Georg Sedlmayr barsch. Seine Wangen färbten sich so rot wie Theresas Lippenstift.

Das höfliche Grinsen war aus Winters Gesicht auf einmal wie weggewischt und er kam direkt zur Sache.

»Sie war am Sonntag in der Kirche und hat die Predigt verfolgt. Ich muss sie dazu befragen.«

»Meine Tochter ist minderjährig. Sie können sie gerne in meinem Beisein befragen.«

Winter überlegte einen Moment, lächelte dann wieder mit einem Mundwinkel und machte eine einladende Handbewegung.

»Also bitte. Wo können wir uns ungestört unterhalten?«

»In meinem Arbeitszimmer«, knurrte Hannahs Vater.

Hannah lief ein kalter Schauer über den Rücken. Sie fühlte sich in die Situation in der Schule zurückversetzt, als sie zum Direktor musste, um dort Rede und Antwort zu stehen. Erich Winter. In ihrem Haus. Würde er ihr wehtun?

Georg Sedlmayr zog den Schreibtischstuhl in die Mitte des Raumes und ließ sich selbst auf einen der grünen, samtbezogenen Sessel fallen, die um einen kleinen Tisch herum standen.

»Bitte«, sagte er und deutete auf den leeren Schreibtischstuhl, auf den sich Winter setzte. Hannah nahm neben ihrem Vater Platz. Obwohl Angst in ihr aufflammte, strahlte ihr Vater dennoch Sicherheit aus. Er würde ihr helfen. Wenn er dabei war, konnte ihr Winter nichts anhaben. Oder etwa doch?

»Dann schießen Sie los mit Ihrer Fragerei.«

Winter kniff leicht die Augen zusammen. »In der Predigt wurden die Bürgerinnen und Bürger weiterhin dazu aufgefordert, bei Juden einzukaufen und ihnen ihr Geld in die Taschen zu tragen.« Winters Stimme war scharf wie ein Messer, und Hannah rutschte nervös auf dem Stuhl hin und her. »Also?«, hakte er nach, als sie nicht auf der Stelle antwortete. Seine Worte hatten sich mehr wie eine Aussage als eine Frage angehört.

»Ich weiß nicht. Diesen Teil habe ich überhört.«

»Überhört?« Winter zog zischend Luft durch die Schneidezähne ein und drückte den Rücken kerzengerade durch.

»Ja, überhört«, wiederholte Georg Sedlmayr. »Weiter?«

»Du gehst doch regelmäßig in die Kirche. Überhörst du immer die Predigt?«

»Ich sollte singen und bin im Kopf noch einmal meinen Text durchgegangen.«

Durchs Fenster fiel ein Sonnenstrahl und kletterte über Winters Gesicht. Er blinzelte nicht, sondern blickte sie weiterhin an. Hannah fühlte sich durchdrungen, als könne Winter direkt durch ihre Kleidung sehen und als würde sie nackt vor ihm stehen. Wie automatisch verschränkten sich ihre Arme vor der Brust und sie senkte den Kopf. Obwohl sie selbst nicht auf der Anklagebank saß, merkte sie, wie ihr der Schweiß ausbrach und sich ihr Atem beschleunigte.

»Pfarrer Resch ist ein sehr redseliger Mann, findest du nicht?«

»Ja, kann sein.«

»Wie lange kennst du ihn schon?«

»Er hat unsere Kinder allesamt getauft«, sagte Georg Sedlmayr und lehnte sich im Sessel zurück. Winter ignorierte ihn und würdigte ihn keines Blickes.

»Was ist dir von seiner Predigt in Erinnerung geblieben?« Winters Pupillen waren auf die Größe von Stecknadelköpfen geschrumpft und die Iris schillerte grün wie saftiges Ostergras.

Hannah zuckte mit den Schultern, doch Winter ließ sie nicht aus.

»Gib mir eine Antwort, Hannah. Es heißt, er hat meinen Namen in den Dreck gezogen.«

»Wie gesagt, ich bin im Kopf den Text durchgegangen.«

»Welches Lied solltest du singen?«

Hannah merkte, dass er ihr eine Falle stellen wollte. Er glaubte ihr nicht.

»Engel auf den Feldern singen«, sagte sie prompt.

»Ein schönes Lied.« Winters Augen glitten einen Augenblick davon, als ob er mit dem Lied Erinnerungen verband.

»Also findest du auch, dass ich ein schnüffelnder Spürhund bin?« Wieder eine Falle.

»Das höre ich gerade zum ersten Mal.«

»Findest du es?«

»Ich habe ehrlich gesagt noch nie darüber nachgedacht«, sagte Hannah. Winter sah tatsächlich amüsiert aus, als ein Lächeln seine Mundwinkel anhob.

»Warum wollen Sie zu diesem Thema gerade meine Tochter befragen? Als wäre die Kirche in der Vorweihnachtszeit nicht brechend voll«, schaltete sich Georg Sedlmayr ein.

»Wir reden hier von der Stadtpfarrkirche? Sie glauben doch nicht im Ernst, dass die ganzen Bauern auch nur irgendetwas von dem Gefasel verstehen, das vorne auf der Kanzel geredet wird? Die Bauern und Bäuerinnen wissen, wo im Kuhstall die Mistgabel steht und wie sie Kinder zeugen können. Aber das wissen Tiere schließlich auch.«

Hannah errötete. Es war ihr unangenehm, dass er von der Zeugung von Kindern sprach. Öffentlich. Vor ihr, einem Backfisch.

»Milch und Wasser können sie unterscheiden, aber seien Sie doch ehrlich, Herr Doktor. Die Bauern sind dumm wie eine Steckrübe.«

»Wenn Sie das sagen.«

»Du hast also auch nichts von dem Gerede dort oben verstanden?«

Hannah schüttelte den Kopf.

»Wie alt bist du?«

»Fünfzehn.«

»Du bist fünfzehn Jahre alt, gehst auf ein Gymnasium und verstehst nicht, was der Pfarrer predigt? Warum gehst du dann in die Kirche?«

»Wegen der Gebete. Und der Lieder«, fügte sie hinzu.

»Du weißt, dass auf Volksverrat die Todesstrafe steht? Pfarrer Resch hat womöglich Volksverrat begangen.«

Hannahs Magen krampfte sich schmerzhaft zusammen. Sie durfte jetzt nicht von ihrer Geschichte abweichen und musste ihn weiterhin in Schutz nehmen, sonst konnte es schlimm für Pfarrer Resch enden. Sie schluckte die Aufregung hinunter und zwang sich, ruhig durchzuatmen. Bloß keinen Fehler machen.

»Nun ist aber gut mit Ihren Schauergeschichten. Meine Tocher hat Ihnen alles gesagt, was sie weiß.«

»Wäre sie denn bereit einen Meineid abzulegen?«

»Großer Gott, Winter, sie ist noch ein Kind!«, donnerte Georg Sedlmayr. »Sie wird nichts dergleichen tun. Befragen Sie gefälligst einen Erwachsenen.« Er nickte Hannah zu und beide erhoben sich.

Als Hannah an Winter vorbeigehen wollte, schlossen sich seine Finger um ihr Handgelenk. Er legte den Kopf leicht in den Nacken und sah sie wieder so durchdringend an, dass ihr Herz zu rasen begann.

»Eine Kostprobe vielleicht?« Hannah zog irritiert die Augenbrauen nach oben. Was zum Teufel meinte er damit?

»*Engel auf den Feldern singen.* Dafür hast du schließlich diese wundervolle Predigt versäumt. Wie ärgerlich. Du müsstest den Text jetzt wohl in- und auswendig können. Als wäre er dir unter die Haut gebrannt.« Winter klatschte in die Hand und stand auf. »Bitte.« Das Wort klang wie eine Forderung, die keinerlei Widerspruch zuließ. Hannah sah hilflos zu ihrem Vater, dessen Körperhaltung auch Unsicherheit verriet.

Die Worte wollten ihr einfach nicht einfallen. Sie kramte in ihren Erinnerungen, und als der erste Ton über ihre Lippen kam, sammelten sich Tränen in ihren Augen.

Während sie sang, schritt Winter mit geschlossenen Lidern im Raum auf und ab, als würde Hannahs Stimme ihn in eine andere Welt begleiten. Als sie verstummte, regte sich Winter für ein paar Augenblicke nicht. Dann schüttelte er kaum merklich den Kopf. Er war zurückgekehrt. Zurück ins Hier und Jetzt. »Vielen Dank. Ich finde selbst hinaus.«

Als Winter an ihr vorbeiging, lächelte er sie an, und der Windhauch, den er ausgelöst hatte, ließ sie erzittern.

April 1938

Tag für Tag, Stunde um Stunde standen sich die Posten seit Gründonnerstag die Füße vor dem Geschäft der Familie Fichtl in den Bauch, um zu verhindern, dass ein anständiger Arier dort einkaufte. *Jude.* Das Wort war mit roter Farbe quer über die Schaufensterscheibe geschmiert. Daneben ein Stern.

»Judensau!«, bellte ein SA-Mann und packte einen älteren Herrn mit Schnauzbart grob am Arm, als dieser ins Geschäft gehen wollte. Jacob blieb wie angewurzelt stehen, obwohl er dem Schauspiel keine Bühne geben wollte. Es war zu unwirklich, zu weit hergeholt, zu abstrakt, als dass es echt sein konnte.

»Was willst du bei dem Juden?«, herrschte der andere Wachposten den Mann an.

»Ich möchte eine Hose umtauschen.«

»Das hast du davon, dass du diese Fetzen kaufst. Geh das nächste Mal in einen anständigen Laden, dann passiert dir sowas nicht.«

»Ich möchte diese Hose aber dennoch umtauschen«, gab der Mann nicht klein bei.

»Wer in so einen Laden geht, ist ein verdammter Volksverräter!«

»Ich habe für Deutschland vier Jahre lang im Feld gedient«, ließ sich der Mann mit dem Schnauzbart nun auf die Diskussion ein. »Vier Jahre lang!«

»Schön. Damals warst du ein Deutscher. Heute bist du ein Volksverräter, weil du bei einem dreckigen Juden einkaufst. Jetzt scher dich weg, sonst vergesse ich mich.«

Einen Wimpernschlag lang blieb der Mann stehen und überlegte, ob er es riskieren sollte, den Laden zu betreten, doch dann schloss er den Mund und ging mit seinem Gehstock davon.

Jacob nutzte ein parkendes Auto als Deckung, damit er nicht von den Wachposten entdeckt wurde, und ging hastig davon. Die SA war geradezu auf der Suche nach Streit und Auseinandersetzungen. Er konnte es sich nicht erklären, aber die Nazis hassten die Familie Fichtl noch mehr als jeden anderen Juden in der Stadt. Wie sagte sein Vater immer? Sie waren wütend darüber, dass Fichtls Geschäft all die Jahre floriert und den besten Ruf in der Stadt genossen hatte. Vor ein paar Monaten waren noch genug Kunden ein- und ausgelaufen, doch jetzt, mit den Wachen davor, traute sich kaum einer mehr in die Nähe des Schaufensters.

Als Jacob an der Apotheke seines Vaters vorbeiging, bemerkte er, wie Hans Sternlicht, Georg Sedlmayr und ein älterer, fremder Mann mit schneeweißem Haar die Straße überquerten. Georg Sedlmayr zog sein Bein nach, doch nach wie vor weigerte er sich, einen Stock zu benutzen. Alle drei Männer warfen immer wieder misstrauische Blicke über die Schulter. Oder bildete er sich das etwa nur ein? Wer war dieser Fremde? Jacob hatte ihn noch nie zuvor gesehen.

Hans Sternlicht schloss seinen Laden auf und die anderen beiden folgten ihm durch die Tür. Jacobs Vater war seine Mittagspause gewöhnlich heilig und er wollte schnellstmöglich aus dem Laden und nach Hause, um dort zu Mittag zu essen. Es musste einen Grund geben, dass er zurückkam.

Fast automatisch fanden Jacobs Füße den Weg zur Eingangstür, und als er die Klinke herunterdrückte, bemerkte er, dass sein Vater von innen abgeschlossen hatte. Was in aller Welt ging hier vor?

Da er die Männer nicht sah, ging er davon aus, dass sie sich im Hinterzimmer aufhielten. Hinter den Räumen, in denen die Medikamente gelagert wurden, gab es noch ein kleines Zimmer, in dem sich eine bescheidene Küche und eine Eckbank mit Tisch befanden. Wo sonst sollten sie sein?

Jacob zog seinen Schlüsselbund aus der Hosentasche und suchte nach dem Messingschlüssel, der in das Schloss vor ihm passte. War es falsch, hinter seinem Vater herzuschnüffeln? Das Gewissen hielt ihn kurz zurück, doch die Neugier war größer. Leise drehte er den Schlüssel um und öffnete die Tür nur einen Spaltbreit, sodass das Glöckchen, das oben am Türrahmen aufgehängt war, nicht klingelte. Wie eine Katze schlängelte er sich ins Innere und schloss die Tür hinter sich. Hatten sie ihn bemerkt? Stimmen drangen aus dem Hinterzimmer.

Auf Zehenspitzen tapste Jacob durch den Laden und huschte durch den Vorhang in das Medikamentenlager. Sein Herz machte einen kleinen Sprung, als er merkte, dass die Tür zur Küche nur angelehnt war.

»Die Lage hier spitzt sich mehr und mehr zu. Es ist ein Fass ohne Boden«, sagte Georg Sedlmayr.

»Jetzt stellen sie Wachen vor den Laden der Fichtls. Wie lange wird es wohl dauern, bis sie hier einfallen wie ein Hornissenschwarm?« Die Stimme seines Vaters klang aufgebracht. Wütend. Fremd.

»Wie ist es in der Schweiz, Alfons? Haltet ihr euch wirklich aus allem raus?«

»Die Politik der anderen Nationen interessiert uns nicht«, sagte der Fremde im Schweizer Dialekt. »Juden führen hier ein ganz normales Leben.«

»Georg hat mir erzählt, dass Sie auch Kinder haben?«

»Peter ist fünfzehn geworden. Elvira dreizehn.«

»Unser Levi liegt genau zwischen den beiden.«

»Er würde sich in der Schweiz sehr wohlfühlen. Auch wir haben Berge. Seen. Ruhe.«

»Von Ruhe ist hier schon lang nicht mehr die Rede«, erklang Sedlmayrs Stimme.

»Welche Haarfarbe hat Levi?«

»Rot wie ein Fuchs.« Jacob hörte das Schmunzeln in der Stimme seines Vaters durch die Tür.

»Ja, er sieht meinem Sohn in der Tat ein wenig ähnlich.« Offenbar hatte Hans Sternlicht dem Schweizer ein Foto von Levi gezeigt.

»Wie Brüder«, ergänzte Sedlmayr.

»Es wird keinem auffallen. Keiner wird Fragen stellen. Unsere Nachbarn sind äußerst diskret.«

»Ich wünsche mir ein normales Leben für meinen Sohn. Ein sorgenfreies Leben. Ein glückliches Leben.« Hans Sternlichts Stimme klang tränenbelegt. Sonst schüttelte er all die Beleidigungen und Demütigungen wie Regen ab. Spielte er ihnen daheim nur etwas vor? Wollte er keine Schwäche zeigen?

»Levi kann in Bern zur Schule gehen. Wir geben ihn als meinen Neffen aus. Peter besucht ein Internat. Viele Kinder aus anderen Ländern sind dort untergebracht.«

Jacobs Puls beschleunigte sich und er wäre beinahe in die Knie gegangen. Levi sollte in die Schweiz? Auf ein Internat? Sein Vater konnte doch seinen Bruder nicht abschieben wie ein altes Paar Schuhe. Er gehörte schließlich zur Familie.

»Ein paar Tage bin ich noch in der Stadt. Sie können alles mit Ihrer Frau besprechen.«

»Ich bin Ihnen von Herzen für dieses Angebot dankbar, Doktor Weyss.«

Jacob war sich sicher, dass Hans Sternlicht das Angebot in den Wind schlagen würde. Was dachte sich dieser Schweizer nur? Schneite hier einfach herein und wollte seinen kleinen Bruder mitnehmen! Wer war er überhaupt?

»Du kannst Alfons wirklich vollkommen vertrauen, Hans. Wir haben zusammen Medizin studiert. Ich würde ihm auch ohne mit der Wimper zu zucken eines meiner Kinder anvertrauen. Es wäre womöglich das Beste für Levi. Hier ist es schon lange nicht mehr sicher. Ich befürchte, dass es noch schlimmer kommen wird.«

Was setzte Georg Sedlmayr seinem Vater nur für Hirngespinste in den Kopf! Nur weil er selbst mit diesem Mann vor zig Jahren studiert hatte, sollte sein Vater ihm jetzt seinen eigenen Sohn mitgeben als wäre er ein Gepäckstück. Einem völlig Fremden!

»Levi ist noch so jung. Ich muss ihn schützen. Dafür bleibt mir fast keine andere Möglichkeit, als ihn außer Landes zu schaffen, bis sich die Situation beruhigt hat. So könnte er unbeschwert aufwachsen, zur Schule gehen und Freunde finden.«

Jacob musste sich am Türrahmen festklammern, um nicht umzufallen. Was für eine irrsinnige Idee! Was erlaubte sich Georg Sedlmayr, sich so in ihre Familie einzumischen?

»Du machst das Richtige, Hans. Wir haben doch gesehen, wie schnell die Sache mit den Fichtls gehen kann. Du bist schon so lange mein Freund. Auch ich will den Jungen schützen. Das bin ich dir schuldig!«

Es klang, als wäre alles schon beschlossene Sache. Jacob hatte genug gehört. Blind vor Wut eilte er durch den Laden und schloss die Tür auf. Ihm war es vollkommen gleichgültig, ob sie ihn gehört hatten oder nicht. Luft. Er brauchte Luft. In ihm nagte ohnmächtiger Hass. Auf die Nazis, auf den Fremden, auf Sedlmayr, sogar auf seinen Vater. Wie weit sollte es jetzt noch gehen? Tränen verschleierten ihm die Sicht, als er wegstürmte. Jacob rannte und rannte, bis ihm die Lungen brannten und er nicht mehr wusste, wohin er gelaufen war. Ihm war alles egal. Es hatte alles keinen Sinn mehr. Er hatte seinen Bruder verloren.

Juli 1938

München

»Auf wen wettest du?«, fragte Hermanns Kommilitone, deutete auf eine Starterliste und fischte ein paar Geldscheine aus der Hosentasche. Hermanns Augen wanderten über die Liste fremder Namen. Namen der Rennpferde, Namen ihrer Vorfahren und die Namen der Jockeys, Besitzer und Trainer. Er hatte keine Ahnung, was diese bedeuteten.

»Ich wette nicht«, sagte er entschlossen, doch Werner schüttelte energisch den Kopf.

»Das geht nicht. Du bist zum ersten Mal auf der Rennbahn. Du musst einfach wetten. Es ist schon beinahe Pflicht.«

»Also gut. Wen empfiehlst du?« Werner war absoluter Experte im Rennsport und besuchte beinahe jedes Galopprennen, das in München ausgetragen wurde. Er kannte alle Pferde der Szene mit Namen, konnte ihren Stammbaum auswendig aufsagen und verdiente sich mit Wetten ein wenig Geld für das Studium hinzu.

»Beim braunen Band von Deutschland gilt Hyperion als absoluter Favorit. Aber man gewinnt natürlich nicht wirklich viel Geld, wenn man wie alle anderen auf den Favoriten setzt. Ein anderer Hengst könnte sich auch den Titel holen. Er ist dreijährig und hat noch nicht so viel Rennerfahrung, aber die bisherigen Rennen, die er gelaufen ist, hat er gewonnen. Ich setze auf ihn.« Werners Finger blieb auf einem Namen hängen. Diomed.

»Dann vertraue ich dir, Werner. Du bist schließlich der Fachmann für Pferdesport«, witzelte Hermann und füllte einen Wettschein aus.

Werner tippelte aufgeregt von einem Bein auf das andere. Er erinnerte an ein kleines Kind, das seine Geburtstagsgeschenke nicht erwarten kann.

Die beiden jungen Männer folgten den Menschenmassen nach draußen. Alle Zuschauerränge waren überfüllt. Das erwartungsvolle Geschnatter dröhnte in Hermanns Ohren und er ließ seinen Blick über die Tribüne wandern. In den Logen reihten sich Anzugträger und Damen mit riesigen Hüten aneinander. Auch hohe Tiere der SS waren unter den Zuschauern. Stolz trugen sie ihre Uniformen und lachten lauthals mit den Frauen. Spätestens jetzt war Hermann klar, dass es sich um ein ganz besonderes Rennen handelte. Hier ging es nicht nur um die Ehre, das braune Band für Deutschland zu gewinnen, hier ging es um eine Menge Geld.

Für dieses hochdotierte Spektakel hatte die Rennleitung ausnahmsweise den Innenraum geöffnet. Hermann und Werner wurden einfach mitgespült, hatten aber das Glück, gleich an den Rails einen Platz zu erwischen. Hermann bemerkte, dass weitere Zuschauer, die kein Ticket mehr ergattert hatten, außerhalb des Renngeländes auf die Dächer von angrenzenden Stallungen geklettert waren, auf Ästen von Bäumen thronten, in der Hoffnung, einen Blick auf das Geschehen zu erhaschen. Unter lautem Applaus trabten die edlen Pferde auf die Rennbahn.

»Das ist Hyperion«, rief Werner aus und zeigte mit dem Finger auf einen großen braunen Hengst, der nervös den Kopf nach oben riss und aufgeregt auf der Stelle tänzelte. Der Jockey hielt sich an seiner Mähne fest, die Steigbügel so kurz, dass er kaum im Sattel sitzen konnte.

Ein anderes Pferd, langbeinig und rabenschwarz, schritt am langen Zügel gemächlich an den Zuschauerrängen vorbei. Hermann kam es vor, als würde das Tier nach rechts und links schauen und die Zuschauer zählen. Selbstbewusstsein funkelte aus seinen dunklen Augen.

»Der schwarze Hengst dort. Siehst du ihn? Das ist Diomed. In der Presse wurde er schon als Brauereigaul bezeichnet. Nur weil er nicht versucht, seinen Reiter umzubringen.«

Hermann hatte nicht viel Ahnung von Pferden. Doch dieses unterschied sich auf den ersten Blick von den Tieren, die auf Höfen arbeiteten oder schwere Kutschen zogen. Diomed strahlte Edelmut und Eleganz aus. Die Hufe, die aussahen, als wäre er durch flüssiges Pech galoppiert, drückten sich mit einer Leichtigkeit vom trockenen Sand ab, und seine Ohren waren in Aufmerksamkeit nach vorne gespitzt. Hermann konnte seinen Blick nicht von dem Hengst abwenden. Ohne zu zögern stolzierte er in seine Startbox, während andere Pferde stiegen und bockten. Hyperion mussten drei Männer in die Startbox zwingen, in der er wütend gegen das Gitter trat. Sein Reiter hatte große Mühe, sich im Sattel zu halten.

Auf der Pressebühne drängten sich Reporter aneinander, große Kameras waren auf die Startboxen gerichtet. Es herrschte absolute Stille. Die Menge hielt den Atem an. Die Startglocke schrillte und die Boxentüren klappten scheppernd auf. Die Pferde sprangen ab. Die Spannung, mit der Hyperion ausgeharrt hatte, löste sich in einem gewaltigen Galoppsprung. Die Muskelstränge unter dem Sattel traten hervor und das Pferd fraß den Boden förmlich unter sich auf. Diomeds Boxentür hatte geklemmt und war erst ein paar Sekunden nach den anderen aufgesprungen. Sein Jockey legte sich flach auf den Hals des Hengstes, der pfeilschnell nach vorne schoss. Wenige atemberaubende Galoppsprünge später hatte er Anschluss ans Feld gefunden. Als sich eine Lücke auftat, steuerte sein Reiter den Rappen nach außen und Diomed schlüpfte wie ein Hase hindurch. Diese Bewegung hatte ihn weit nach vorne gebracht. An der Spitze liefen Hyperion und eine fuchsfarbene Stute in gestrecktem Galopp. Kopf an Kopf. Auge an Auge. Plötzlich erscholl ein erstauntes Raunen, als Diomed sich vom Feld absetzte und die Verfolgung aufnahm.

»Hyperion und Sommernacht Kopf an Kopf. Jetzt ist Hyperion eine Nasenlänge vorne. Jetzt Sommernacht!« Die Stimme des Kommentators überschlug sich fast vor Aufregung. Hermanns Augen waren jedoch nur auf Diomed gerichtet. Er galoppierte so schnell, dass seine Hinterbeine beinahe seinen Bauch berührten. Er flog über den Boden und es war, als würden seine Hufe in der Luft bleiben. Diomeds Ohren lagen flach an, doch seine Augen waren konzentriert nach vorne gerichtet. Hyperion und Sommernacht rannten so dicht aneinander, dass kein Blatt zwischen die beiden zu passen schien. Wie sollte Diomed nur an ihnen vorbeikommen? Einer müsste einbrechen und das Tempo drosseln. Auf der Außenbahn würde er zu viel Boden verlieren. Als die Tiere die letzte Kurve erreichten, tobte die Menge. Auch Hermann fiel in Anfeuerungsrufe ein.

»Diomed ganz knapp hinter der Spitze. Der Hengst kämpft mit jeder Faser seines Körpers, doch Hyperion und Sommernacht geben nicht nach!«

Hermanns Hand umschloss die Absperrung so fest, dass seine Knöchel weiß wurden. Was für ein Rennen!

Sommernacht schien langsam ein wenig an Tempo zu verlieren. Es war schwer, mit Hyperions Anfangsgeschwindigkeit mitzuhalten, zumal er diese aufrechthalten konnte. Die Stute schwankte leicht nach außen. Da war sie! Die Lücke. Diomeds Jockey hatte sie auch bemerkt. Er gab seinem Hengst einen aufmunternden Klaps und der Rappe explodierte. Hyperion bog mit zwei Längen Vorsprung auf die Zielgerade ein. Sommernacht war inzwischen abgeschüttelt.

Diomeds Reiter zog den Hengst ein wenig nach außen und Hyperion lag nur noch eine Länge vorn.

»Los!«, rief Hermann. »Lauf schon, Junge. Lauf!«

Die Gesichter um ihn herum verschwammen, die Geräusche um ihn herum verstummten. Hyperion und Diomed waren allein. Sie mussten den Kampf unter sich ausmachen. Ein paar Sprünge mehr und die Pferde lagen gleichauf. Die Tribüne bebte.

Diomeds Jockey gab dem Hengst die Zügel frei, und dieser legte sich aufs Gebiss, machte sich ganz flach und beschleunigte. Im Gleichschritt rannten die Pferde nebeneinander. Sie schienen miteinander verschmolzen zu sein. Man konnte nicht sagen, welche Beine zu welchem Pferd gehörten. Das Stimmengewirr vermischte sich zu einem lang anhaltenden Tosen.

»Diomed mit einem. Diomed mit zwei. Diomed mit drei!«

Mit vier Längen Vorsprung schoss Diomed über die Zielgerade. Die Menge explodierte. Die Zuschauer im Innenraum waren kaum zu halten und kletterten über die Rails, um Diomeds Hals und Flanken zu berühren. Der Hengst galoppierte ruhig aus und fiel dann in Trab. Die Nüstern bebten, er riss stolz den Kopf nach oben und prustete laut.

Auf der Anzeigetafel blinkte die Zeit des Rennens auf. Diomed hatte einen neuen Bahnrekord aufgestellt, und das, obwohl seine Startbox später aufgesprungen war. Der Jockey lenkte das Pferd vor die Tribüne, wo die Siegerehrung stattfinden sollte. Nur wenige Meter von Hermann und Werner, der in Jubelschreie ausgebrochen war, blieb der Hengst stehen. Schweiß schäumte weiß an seiner Brust und seinen Flanken, doch er sah nicht erschöpft aus. Sein Brustkorb hob und senkte sich unter dem schweren Atem, doch sein Schweif war aufgestellt. Eine Dame im grünen Kleid und mit einem grünen Hut bahnte sich ihren Weg durch die

Zuschauer hindurch. Reporter drängten sich um den Sieger und schossen Bild um Bild. Die Offiziellen legten Diomed einen riesigen Kranz voller Blumen um den Hals und schüttelten der Dame in Grün die Hand. Ein Mann von der SS posierte für ein Foto neben dem Rappenhengst und der jungen Frau.

»Das ist aber nicht Diomeds Besitzerin«, erklärte Werner fachmännisch. »Der Hengst gehört zu einem Gestüt in Preußen. Ist das nicht diese Sängerin?«

Als die Frau ihren Hut ein wenig anhob, funkelten Smaragdaugen unter der Krempe hervor, und Hermanns Herz machte einen Sprung. Es war niemand anderes als Marlene Liebreiz. Wie war das möglich? Das letzte Mal hatte er sie gesehen, als sie aus der Bar mitgenommen und verhaftet worden war. Seitdem hatte er nichts mehr von ihr gehört oder gesehen. Sie lächelte geziert für die Kameras und berührte liebevoll den Hals des Pferdes, das die Blumen aus dem Kranz zupfte.

»Jetzt erinnere ich mich«, sagte Werner, »diese Marlene Liebreiz wird später noch für die feine Gesellschaft singen. Ihr Gesicht macht sich natürlich gut auf den Bildern in der Zeitung. Bessere Werbung für den Rennsport gibt es ja nicht. So eine Schönheit! Zu schade, dass wir nicht zu den elitären Kreisen gehören und nicht zu ihrem Auftritt gehen können.« Er seufzte laut. »Was für eine Frau«, schmachtete er weiter. »Pferd müsste man sein!«

Wenige Minuten später folgte Marlene Liebreiz Diomed in Richtung der Stallungen und als sie an Hermann vorbeischritt, trafen sich ihre Augen. Marlene hielt einen Augenblick inne. Sie hatte ihn erkannt. Hermann war sich ganz sicher. Sie ließ die langen, schwarzen Wimpern aufwärts beben, um ihn voll anzusehen. Dann verzog sich ihr Mund zu einem Lächeln. Hermann hob die Hand zum Gruß, kam sich aber wie ein Tölpel vor.

»Schön, dass wir uns wieder begegnen. Diesmal unter anderen Umständen«, raunte sie ihm beim Vorbeigehen zu. Werner blieb der Mund offen stehen und er blickte von Marlene Liebreiz zu Hermann.

Hermann bemerkte Werners Verwunderung überhaupt nicht. Es war kaum zu glauben. Marlene Liebreiz hatte ihn nicht vergessen, sie hatte ihn erkannt! Der Tag würde ihm nicht nur wegen des Rennens in bester Erinnerung bleiben.

9. November 1938

Rosenheim

Levis Zimmer war unverändert. Als hätte er Rosenheim nie verlassen. Als wäre er nur kurz nach draußen gegangen und würde jeden Moment wiederkommen. Über dem gemachten Bett hingen noch seine Poster von Flugzeugen und Fallschirmspringern, auf dem Schreibtisch türmten sich ein paar Bücher, die er nicht mitgenommen hatte. Allein wenn man den Kleiderschrank öffnete, blickte man auf leere Fächer. Sein vertrauter Geruch war einem leichten Modergestank gewichen. Levi war weg, er war mit in die Schweiz gegangen. Da keiner davon Wind bekommen sollte, erhielten sie nur unregelmäßig Post. Meist über Georg Sedlmayr.

Jacob saß an Levis Schreibtisch und blickte aus dem Fenster. In seiner Hand wippte ein Bleistift, den er immer wieder über das große Blatt vor ihm führte. Er zeichnete die Sonne, die langsam hinter den Hausdächern verschwand. Ein kleiner Spatz hüpfte frech vor dem Fenster auf und ab. Sanft klopfte es an der Zimmertür und Jacobs Mutter steckte den Kopf herein.

»Liebling, möchtest du etwas zum Abendessen?«

Jacob schüttelte den Kopf. Er hatte kein Gefühl mehr für Hunger. In seinem Bauch war nur Platz für die innere Leere, die sich eingenistet hatte und alles für sich beanspruchte. Sarah seufzte laut hörbar.

»Du kannst doch nicht verhungern.« Eine Hand legte sich von hinten auf seine Schulter, doch er schüttelte sie ab wie eine lästige Fliege. Sechs Monate war Levi nun schon weg. Sechs lange Wochen ohne sein Lachen. Seitdem hatte sich alles geändert. Jacob war sich sicher, dass er seinen Eltern nie verzeihen konnte. Sie hatten Levi weggeschickt, seinen kleinen Bruder. Eine Familie gehörte zusammen und es war nicht gut, wenn man sie trennte. Seit Levis Abreise hatte er mit seinem Vater kaum noch ein Wort gesprochen.

»Ich habe keinen Hunger«, sagte Jacob, ohne von seinem Bild aufzusehen.

»Du kannst so wundervoll zeichnen. Du siehst Dinge, die anderen verborgen bleiben.« Sarahs Zeigefinger glitt vorsichtig über seine Zeichnung, sie beugte sich über ihn und küsste ihren Sohn auf die Stirn.

»Jacob. Bitte.« Sarah fasste ihn unter dem Kinn an und hob seinen Kopf hoch, sodass er ihr in die Augen sehen musste. »Du weißt, dass wir es nur für Levi gemacht haben. Dass er ein besseres Leben hat. Du musst unsere Entscheidung verstehen!«

»Muss ich das?«, zischte er wütend und versuchte die Sehnsucht zu ignorieren, die in seiner Brust aufflammte.

»Du weißt, dass es richtig war«, begann Sarah erneut, doch Jacob biss sich auf die Unterlippe, bis er Blut schmeckte und schüttelte nur den Kopf.

»Ich lasse dir was vom Abendessen übrig, falls du später Hunger bekommst.« Ihre Stimme drohte jeden Moment zu brechen.

Stunden verflossen, während Jacob seinen Blick nicht vom Fenster abwenden konnte. Der Sonnenuntergang war längst der Dunkelheit gewichen. Die Strahlen des Mondes fielen auf Levis Bett. Wie spät mochte es wohl sein? Jacobs Augen tränten bereits vor Müdigkeit und sein Magen rebellierte knurrend. Mit steifen Beinen stand er auf und rieb sich das schmerzende Hinterteil. Viel zu lange hatte er nun schon auf dem Stuhl gesessen. Vielleicht war es doch Zeit ins Bett zu gehen. Seine Augen hatten sich inzwischen so an die Dunkelheit gewöhnt wie die einer Katze. Umrisse der Möbel zeichneten sich ab, und Jacob tapste auf Zehenspitzen durch den Flur bis zur Küche. Der Teppich im Gang schluckte jedes Geräusch. Auf dem Tisch erkannte er im Mondschein einen Teller, über den ein Wachstuch gelegt war. Kartoffeln und Hühnchen. Als ihm der Geruch in die Nase stieg, schlug sein Magen Purzelbäume. Mit den Schneidezähnen zupfte Jacob vorsichtig das Fleisch von den Knochen. Himmlisch. Wie lange hatte er nicht mehr richtig gegessen? Ein paar Tage? Gierig fischte er nach einer Kartoffel.

Klirr. Die Kartoffel fiel Jacob aus der Hand und rollte über den Fußboden. Was zum Teufel war das? Klirr. Glas zersprang. Jetzt war sich Jacob ganz sicher. Mit einem Satz war er beim Küchenfenster, das auf die Straße blickte. Seine Ohren hatten ihm keinen Streich gespielt. Eine Gruppe Männer stand auf der gegenüberliegenden Straßenseite und schlug die Schaufensterscheiben eines Ladens ein. Jacob war sofort klar, dass es sich nicht um Diebe handelte. Es war ein jüdisches Geschäft. Das Geschäft der Fichtls. Die Scheiben zerbarsten, und die Männer liefen in den Laden. Man hörte das Holz von Möbeln splittern, Kleiderstangen flogen nach draußen auf das Kopfsteinpflaster, Kleidung landete zerknüllt zwischen den schweren Stiefeln. Ein Angriff. Krieg. Es war so weit. Das Lachen der Männer übertönte das Splittern des Glases, das laute Knallen, wenn ein Schlagstock auf das Holz traf. Das Lachen vertrieb Jacobs Angst und auf einmal nagte ohnmächtiger Hass in ihm. Die Apotheke! Ohne weiter nachzudenken rannte er zur Tür. Er riss seine Jacke vom Haken und schlüpfte in die Schuhe.

Aus dem Schlafzimmer taumelten seine Eltern und rieben sich verschlafen die Augen.

»Jacob. Wo willst du hin? Nicht!«, rief sein Vater ihm hinterher, doch schon war er auf der Treppe und nahm immer zwei Stufen auf einmal. Auf der Straße angekommen sprintete er mit großen Sätzen los. Vorbei an dem Bekleidungsgeschäft, das aussah, als hätte eine Bombe eingeschlagen. Einer der Männer übergoss die Kleidung, die auf einen Haufen getürmt war, mit Benzin. Ein anderer warf ein Feuerzeug hinein. Eine Flamme schoss nach oben, und das Feuer fraß sich durch die Hosen, Hemden, Jacken und Pullover. Funken sprühten in die Dunkelheit, und Jacob erkannte ein paar Gesichter. Burschen aus der Hitlerjugend. Junge Männer. Alte Männer. Ein ehemaliger treuer Kunde seines Vaters. »Weiter!«, mahnte er sich selbst und stürmte durch das Mittertor. Einen Augenblick verharrte er. Nur wenige Meter weiter lagen Scherben von den Fensterscheiben der Apotheke vor dem Laden. Das Geschäft, das sein Großvater aufgebaut hatte. Das Geschäft, das sein eigener Vater mit so viel Liebe weitergeführt hatte. Das Geschäft, das irgendwann einmal ihnen gehören sollte. Zerstört. Medikamente flogen durch die Luft.

Zwei Burschen trugen die große Kasse heraus und versuchten, sie mit einem Brecheisen zu öffnen. Die Minuten verflossen und Jacob konnte nichts tun als zusehen. Zusehen, wie ein Teil ihres Lebens vernichtet wurde. War das Herbert Bauer? Jacob erkannte ihn an den breiten, hängenden Schultern. Ein paar Braunhemden standen teilnahmslos daneben und beobachteten das Spektakel, als wäre es die natürlichste Sache der Welt. In einem der umliegenden Gebäude regte sich etwas. Uniformierte trieben Menschen wie Vieh vor sich her. Juden. Sie wurden festgenommen.

Simon! Seine Eltern! Jacob machte auf dem Absatz kehrt und rannte zurück. Die Flammen vor dem Bekleidungsgeschäft stiegen meterhoch und versperrten den Durchgang zu ihrem Haus. Jacob nahm Anlauf und sprang durch das Feuer, so schnell, dass er nur kurz die Hitze auf der Haut spürte. Er war zu spät. Männer der SS führten Simon und seinen Vater mit nach draußen.

»Lasst mich sofort los, ihr dreckigen Schweine!«, schrie Simon und wehrte sich aus Leibeskräften. Als Antwort erhielt er einen Schlag mit dem Gummiknüppel auf den Rücken, der ihn in die Knie gehen ließ. Sein Vater war die Ruhe selbst. Mit geradem Rücken und hocherhobenen Hauptes ließ er sich zu einem LKW führen. Als Hans Sternlicht sich noch einmal umdrehte, bemerkte er Jacob im Schatten der Hauswand. Kaum merklich schüttelte er den Kopf. Jacob zerriss es beinahe das Herz, als er mit ansehen musste, wie sein Vater verladen wurde. Simon wurde unter Hieben in den LKW getrieben. Blut tropfte aus seiner Nase, doch er tobte weiter wie ein tollwütiger Wolf. Der Motor brummte auf und die Reifen rollten über ein paar Ascheberge davon. Wo war seine Mutter? Schnell wie eine Katze huschte Jacob durch die eingetretene Haustür und rannte die Treppen nach oben. Die Wohnungstür schien ganz geblieben zu sein. Kräftig klopfte er gegen das Holz. Nichts rührte sich.

»Mama! Mama! Ich bin's, Jacob. Lass mich rein!« Keine Antwort. »Mama. Lass mich rein!«

Die Tür schwang einen Spalt auf, und Sarahs verweintes Gesicht erschien. Jacob drängte sich hinein, warf die Tür hinter sich ins Schloss und verriegelte sie mit der Kette. Sarah flog ihm schluchzend in die Arme. Ein Beben ging durch ihren schmalen Körper.

»Sie sind gekommen. Sie haben deinen Bruder und deinen Vater geholt. Verhaftet!« Aus ihrem Schluchzen wurde Hysterie, und Sarah lief Haare raufend hin und her. Als Jacob das Wohnzimmer betreten wollte, war an ein Durchkommen nicht zu denken. Scherben der Vitrine lagen auf dem Boden, die Tischdecke hing zur Hälfte herunter, die Vase war umgefallen und Wasser tropfte vom Holztisch. Dutzende Federn der Sofakissen lagen herum, und als Sarah mit Schwung ins Zimmer trat, wurden sie aufgewirbelt und segelten zu Boden.

»Sie haben hier alles zerstört!« Jacob bemerkte das Zittern in ihrer Stimme.

»Au, verdammt.« Ein schneidender Schmerz durchzuckte Jacob, als er eine Glasscherbe aus dem Finger zog. Tränen stachen wie Säure in seinen Augen. Wie einen kostbaren Schatz bettete Jacob die zersprungenen Reste des Bilderrahmens in seine Hände. Liebevoll glitt sein Zeigefinger über die glatte Stelle einer Scherbe. Ein Geschenk seiner verstorbenen Großmutter. Zerbrochen. Sarahs lautes Wimmern erreichte ihn kaum. So musste man sich nach einem Unfall fühlen. Hilflos. Berauscht. Orientierungslos. Jacobs Blick flog über das Chaos. Erloschen sank Sarah auf das aufgestochene Sofa und rollte sich wie ein schluchzendes Kind zusammen. Perlengroße Tränen rollten salzig über Jacobs Wangen und blieben auf den Lippen hängen. Wie ferngesteuert taumelte er zurück in den Flur und griff zitternd nach dem Telefonhörer. Sein Herz machte einen Satz, als das Freizeichen ertönte. Der Apparat funktionierte. Auswendig wählte er die Nummer.

»Sedlmayr«, erklang die Stimme am anderen Ende.

»Hilfe«, stammelte Jacob, »Georg, wir brauchen Hilfe.«

»Ich bin sofort bei euch!« Georg Sedlmayr hängte auf, und Jacob verharrte mit dem Hörer in der Hand. Plötzlich überkam Jacob eine alles betäubende Müdigkeit. Schlimmer konnte es nicht werden.

10. November 1938

Die Kirchenglocke läutete träge um fünf Uhr morgens. Überall herrschte blankes Chaos. Jüdische Geschäfte, in denen Hannah früher ein- und ausgegangen war, lagen in Trümmern. Zersprungenes Glas, zerschlagene Möbel, die sich übereinander türmten, sowie hinausgeworfene Waren bedeckten die Bürgersteige wie ein Teppich. Ein paar Schaulustige lehnten neugierig an den Hauswänden, als sie und ihr Vater vorbeieilten. Aus einer Seitengasse erschienen mehrere Männer, die in düsteren Mänteln mit tief ins Gesicht gezogenen Hüten durch die Straßen hasteten. Ihre Stiefel klapperten über das Kopfsteinpflaster. Gestapo. Sie waren wie Spürhunde, konnten Angst förmlich riechen. Ein einzelnes Gesicht schälte sich aus der Menge heraus und Hannah bemerkte, wie Unruhe in den Augen des Mannes flackerte, als sich ihre Blicke trafen. Sie weigerte sich zu blinzeln, doch sie spürte die Feindseligkeit, die sie wie ein bitterkalter Windhauch durchfuhr. Was hatten sie angerichtet! Wie konnte so etwas überhaupt möglich sein? Ein Akt bloßer Gewalt. Die SS hatte Zivilisten mobilisiert und gemeinsam waren sie wie eine zerstörerische Welle über die jüdischen Geschäfte hergefallen.

Hannah blieb mit ihrem Vater vor dem Gerippe der Apotheke stehen. Georg Sedlmayr schüttelte ungläubig den Kopf, nahm Hannah an der Schulter und schob sie vor sich her. Wie musste es nur den Sternlichts gehen, wenn *sie* der Anblick schon völlig umwarf.

Zusammen gingen sie weiter bis zur Wohnung der Sternlichts. Vor ihrem Vater trat Hannah durch die eingeschlagene Haustür. Holzsplitter verteilten sich in den Gängen und Hannah musste aufpassen, dass sie sich nicht daran verletzte.

»Jacob«, rief Georg Sedlmayr durch die geschlossene Wohnungstür und klopfte ein paarmal an. »Jacob, mach auf. Ich bin es. Georg Sedlmayr.«

Als sich die Tür öffnete und Jacob herausblinzelte, blieb Hannah der Mund offenstehen. Das konnte unmöglich Jacob sein. Unter seinen Augen zeichneten sich dunkle Ringe ab, das Gesicht war kreidebleich. Er schien sie gar nicht richtig wahrzunehmen.

»Kommt rein.« Seine Stimme war kaum mehr als ein Flüstern.

»Was ist passiert? Geht es euch gut?«

Jacob schüttelte den Kopf und in seinen blauen Augen schwammen Tränen.

»Wo sind denn alle?«, brach es aus Hannah heraus, doch wieder schüttelte Jacob nur den Kopf.

»Georg. Bist du es?«, krächzte Sarah.

»Ja, Mama. Leg dich wieder ein wenig hin«, raunte Jacob, doch Sarah hatte schon die Tür aufgerissen und fiel Hannahs Vater schluchzend um den Hals.

»Sie haben sie mitgenommen«, wimmerte sie, und Hannahs Magen krampfte sich bei ihrem Anblick schmerzhaft zusammen. Jacob stand hilflos daneben. Hannah trat auf ihn zu und drückte sanft seine eiskalte Hand, was er gar nicht richtig bemerkte.

»Beruhige dich doch, Sarah. Atme tief durch.« Ihre Augen rollten in den Höhlen hin und her, sie schien kurz vor einem Nervenzusammenbruch.

»Hier, setz dich.« Georg führte sie in die Küche und half ihr, sich auf der Eckbank niederzulassen.

»Die Gestapo. Sie ist mitten in der Nacht hier eingefallen. Mit Schlagstöcken haben sie Hans und Simon aus dem

Haus getrieben.« Nun weinte sie hemmungslos. »Sie sind weg. Ich weiß nicht, wo sie hingebracht worden sind.« Ihre Schultern hoben und senkten sich, sobald sie ein neuer Schluchzer durchfuhr.

»Sie haben unser Wohnzimmer demoliert«, sagte Jacob ruhig.

»Wir haben noch Möbel auf dem Speicher. Das bekommen wir alles wieder hin«, versuchte Georg Sedlmayr die Situation zu entschärfen. Er nahm seine Arzttasche, zog ein Beruhigungsmittel in der Spritze auf und verabreichte es Sarah.

»Bring sie ins Bett, Hannah. Sie soll sich für ein paar Stunden hinlegen.« Hannah brachte Sarah ins Schlafzimmer und deckte sie zu, dann kam sie zurück in die Küche.

»Glaubst du, sie lassen Papa und Simon wieder frei?« Jacobs Augenbrauen zogen sich zusammen, so als hätte er gerade auf eine saure Zitrone gebissen.

»Wo könnten sie sein?«

»Gefangene Juden werden zuerst nach Stephanskirchen transportiert. Von dort aus kommen sie weiter nach Dachau.«

Jacob nickte ruhig. Hannah brachte es kaum über sich, ihn anzusehen.

»Wir finden sie und holen sie zurück. Papa?«

Entschlossen ging Hannah zur Tür. Ihr Vater folgte ihr. Jacob sah ihnen mit traurigem Blick nach, als sie verschwanden.

Das Übergangslager in Stephanskirchen war mit Stacheldrahtzäunen eingefasst. Einige Holzbaracken wuchsen aus dem trockenen Boden. Von Gefangenen war keine Spur zu sehen. Unsicher blieb Hannah am Tor stehen, doch ihr Vater schritt selbstsicher durch, als wäre es die Tür zu seinem eigenen Haus.

»Was macht ihr da?«, herrschte ein SS-Mann sie an und fasste Hannah grob am Arm. Sedlmayr machte sofort wieder kehrt und stellte sich schützend neben seine Tochter.

»Gibt es hier eine Verwaltung?«, wollte Georg Sedlmayr wissen. Der Mann deutete in eine Richtung und knurrte: »Da hinten.«

In dem Gebäude war es so bedrohlich still wie in einer Leichenhalle. Ab und zu schepperten schwere Stiefel über den polierten Boden und man hörte jemanden in einem der Zimmer verschwinden.

»Sucht ihr die Besucherhalle?«, fragte einer der Männer und Hannah nickte. »Unten im Keller.«

Hannah ging mit ihrem Vater die Treppe nach unten und hatte das Gefühl, in einer völlig anderen Welt zu sein. Hier unten herrschte reges Treiben. Unzählige Menschen waren gekommen, um Freunde, Verwandte oder Bekannte freizubekommen. Georg Sedlmayr drängte sich durch die Menschenschlange und trat an einen der Tische heran.

»Was wollen Sie?«, herrschte ein junger Mann in Uniform ihn an.

»Ich möchte etwas über zwei verhaftete Freunde erfahren.«

»Name?«

»Simon und Hans Sternlicht.«

»Juden.« Abscheu triefte aus der Stimme des Mannes. »Was wollt ihr mit denen?«

»Sie sind Freunde der Familie und ich möchte sie mitnehmen.«

Der Mann sah Georg Sedlmayr einen Augenblick fassungslos an, dann brach er in lautes Gelächter aus. »So einfach stellst du dir das also vor. Spazierst hier rein und nimmst das Judenpack wieder mit. Die sind nicht umsonst hier drinnen.«

»Weshalb sind sie denn da drinnen«, mischte sich Hannah ein. Der Mann verengte die Augen zu Schlitzen, als er sie anblickte.

»Was geht's dich an?«

»Die beiden haben nichts verbrochen«, zischte Hannah, doch der Mann schnitt ihr das Wort ab.

»Alle Juden haben etwas verbrochen. Deshalb sitzen sie hier, während du draußen herumlaufen kannst. So ist das nun mal. Jetzt verschwindet schon, bevor ich die Geduld verliere.«

Hannah holte Luft, um etwas zu erwidern, doch ihr Vater nahm sie fest am Arm und zog sie weiter.

»Hier bringt es nichts. Wir versuchen es bei jemand anderem.«

Hannah drehte sich hastig um und prallte gegen einen Mann, dem sein Hut vom Haupt flog. Er bückte sich, hob ihn auf und platzierte ihn zurück auf seinen Kopf.

»Fräulein Hannah«, sagte Winter und verbeugte sich leicht. »Und der Herr Papa. Welch eine Ehre.«

Georg Sedlmayr nickte kurz und wollte weitergehen, als Winter ihn am Arm festhielt.

»Wohin so eilig. Bitte, kommen Sie mit. Hannah. Nach dir.«

Hannah sah ihren Vater fragend an, der nickte. Der Raum, in den Winter sie führte, war groß und geräumig. An den Wänden drängten sich Regale, die mit dicken Ordnern vollgestopft waren. Kein Bild, kein persönlicher Gegenstand war zu erkennen, das Büro war völlig anonym. Beinahe steril.

»Heute darf ich Sie bitten, Platz zu nehmen.« Winter deutete auf zwei Holzstühle und setzte sich selbst hinter den Schreibtisch.

»Darf ich Ihnen ein Glas Wasser anbieten? Eine Zigarette?«

»Ich rauche nicht«, knurrte Georg Sedlmayr.

»Sehr löblich. Ich rauche auch nicht. Ich halte nichts davon, seine Lunge zu schwärzen.«

Hannahs Augen huschten über seinen Schreibtisch. Eine offene Akte lag darauf. Fremde Gesichter. Hatten Hans und Simon auch bereits eine?

»Was kann ich Ihnen Gutes tun?«, säuselte Winter und lehnte sich bequem gegen die Stuhllehne.

»Wir sind wegen unserer Freunde hier.«

»Sie haben Freunde hier? Erstaunlich.«

»Simon und Hans Sternlicht«, sagte Hannahs Vater prompt und spiegelte Winters Sitzposition.

»Soso. Das ist sehr interessant. Was für ein Verbrechen haben die beiden denn begangen?«

»Sie haben kein Verbrechen begangen«, sagte Hannah und Wut mischte sich in ihre Stimme.

»Ach, komm schon, Hannah. Jeder Jude hat ein Verbrechen begangen, sonst wäre er wohl nicht hier.« Winter verschränkte die Hände wie eine Kletterranke ineinander und starrte Hannah mit seinen giftgrünen Augen an.

»Schön, schön. Ich bin ja kein Unmensch«, lachte er hohl auf. »Sagen wir tausend Reichsmark für jeden Juden und die Sache hat sich erledigt.«

»Sie sind ja vollkommen verrückt!«, sprudelte es aus Hannah heraus. »Wir wollen kein Vieh auf dem Markt einkaufen.«

»Dann kommen wir wohl nicht ins Geschäft. Wie schade.« Winter goss sich dampfenden Kaffee von einer Kanne in seine Tasse und rührte in kleinen Kreisen um.

»Sind dir deine Freunde also nichts wert?« Winters Augen durchbohrten sie wie Pfeile.

»Natürlich sind sie mir etwas wert.«

»Aber du bist nicht bereit für sie zu bezahlen.«

»Man kann Menschen nicht kaufen«, antwortete sie atemlos. Winters Mundwinkel verzog sich zu einem schmalen Lächeln.

»Du täuschst dich. Alles auf der Welt ist käuflich. Wusstest du das nicht?«

Hannah biss sich fest auf die Unterlippe. Sie musste ein Zittern vor ihm verbergen und spürte, dass sie verloren hatte. Gegen Winter war nichts auszurichten.

»Schön«, sagte sie und sprang auf. »Schön«, sagte sie noch einmal und machte auf dem Absatz kehrt. Ihr langer blonder Zopf peitschte ihr auf den Rücken, als sie sich umdrehte.

Winter lachte laut auf. Georg Sedlmayr blickte verwirrt zwischen Winter und seiner Tochter hin und her.

»Warte!«, rief Winter und stand auf. Er blätterte in seinem Ordner, zog einen Stift hervor und kritzelte eine Unterschrift auf ein Dokument.

»Hier. Das ist mein Geschenk für dich, Hannah.« Er trat ihr entgegen und drückte ihr das Papier in die Hand. Ein Entlassungsschein. Hannah starrte ihn ungläubig an. Wieso hatte er seine Meinung so plötzlich geändert?

»Nimm sie mit, deine Juden.«

Bevor er es sich anders überlegen konnte, stürmte Hannah zur Tür. Ihr Vater folgte ihr.

»Aber denk daran, Hannah. Alles auf der Welt hat seinen Preis. Man muss nur wissen, was man bereit ist zu bezahlen.«

12. November 1938

»Ich kann einfach nicht glauben, dass ihr ins Lager marschiert seid. Was sollen nur die Leute von uns denken, wenn
ihr euch da herumschleicht wie Proleten. Anständige Leute haben dort rein gar nichts zu suchen.« Theresa Sedlmayrs
Gesicht glühte feuerrot und ihre zusammengekniffenen Augen gruben leichte Falten in die Augenwinkel.

»Die Gestapo hat Simon und Hans verhaftet. Wir mussten ihnen helfen«, sagte Georg Sedlmayr mit schneidendem
Tonfall, doch seine Frau winkte nur zornig ab.

»Helfen, helfen! An alles andere habt ihr wohl noch nicht
gedacht? Dann schleppst du noch ein junges, unschuldiges
Mädchen mit in dieses …«, sie schien nach einem passenden Wort zu ringen, »Gefängnis. Dort haust lauter Gesindel.«

»Aber Mama, Simon und Hans sind doch kein Gesindel«,
rief Hannah erschrocken aus. In Theresas Augen schillerte
die Wut und sie brachte ihre Tochter mit einem einzigen
Blick zum Schweigen.

»Hier«, schrie sie beinahe hysterisch, »hier steht alles
drin.« Die Seiten der Zeitung flatterten und raschelten, als
sie diese durch die Luft schwenkte. »Die Leute wurden von
diesen Proleten angegangen. Was hätten sie denn sonst tun
sollen?«

Georg Sedlmayr schüttelte ungläubig den Kopf, als würde seine Frau auf einmal eine fremde Sprache sprechen,
die er nicht verstehen konnte, so sehr er sich auch konzen-
trierte.

»Bist du nun völlig übergeschnappt? Du weißt so gut wie ich, dass die Partei es auf die Juden abgesehen hat. Juden, die wir seit Jahren kennen. Juden, die hier ein- und ausgegangen sind, als wären sie Teil der Familie.«

»Ganz recht. Ein- und ausgegangen *sind*. Ich verbitte mir, dass sie einen weiteren Fuß über diese Türschwelle setzen. Sie bringen uns alle in Verruf. Hast du auch nur die leiseste Ahnung, wie in der Nachbarschaft über uns hergezogen wird? Wie wir in der Stadt in aller Leute Munde sind?« Theresa hatte sich in Rage geschrien.

Karl fischte ihr die Zeitung aus der Hand und blätterte neugierig darin. Hannah sah über seine Schulter und erkannte die verwüstete Apotheke der Sternlichts und das zerstörte Geschäft der Fichtls auf den Bildern. Die Zeitung bezeichnete die schreckliche Nacht als *Reichskristallnacht*. In ganz Deutschland waren Synagogen und Geschäfte in Brand gesteckt worden. Es wurde geplündert, zerstört und alles in Schutt und Asche gelegt. Tausende Juden waren wie Hans und Simon Sternlicht in der Nacht verhaftet und in Lager transportiert worden. Ihr Onkel hatte gestern Abend noch angerufen und ihnen von den schlimmen Vorfällen aus Berlin berichtet. Auch Hermann hatte aus München keine besseren Neuigkeiten gehabt. Im ganzen Land war der Krieg gegen die jüdische Rasse eröffnet worden.

»Die Sternlichts sind doch unsere Freunde«, versuchte Hannah erneut das Wort zu ergreifen.

»*Waren* unsere Freunde!« Theresa machte den Eindruck, als würde sie nicht nur die Krallen ausfahren, sondern wäre auch bereit für einen Angriff. »Wie soll ich meinen Freundinnen je wieder in die Augen sehen, wenn sich mein Mann und meine Tochter für Juden einsetzen und dafür so weit gehen, dass sie ins Lager fahren. Wollt ihr das nächste Mal direkt in Dachau einlaufen?« Erschöpft ließ sie sich auf einen Stuhl fallen und vergrub das Gesicht in den Händen.

»Ihr seid meine Sargnägel. Alle beide!« Tränen tropften Theresa aus den Augenwinkeln, doch sie machte sich nicht die Mühe, diese fortzuwischen. »Ich bekomme seitdem kaum ein Auge zu, aber das ist euch ja vollkommen egal. Hauptsache, euren jüdischen Freunden geht es gut. Wie es mir geht, deiner Frau und deiner Mutter, das ist euch natürlich einerlei.« Sie schluchzte hemmungslos wie ein kleines Kind, dem man sein Lieblingsspielzeug entwendet hatte.

»Ich muss los zur Schule«, sagte Karl prompt und verließ fluchtartig das Haus. Auch Hannah musste sich fertig machen, doch das schlechte Gewissen nagte an ihr wie eine Maus am Käse. Hatte Theresa recht? Ging es ihr wirklich so schlecht? Unsicher kaute sie auf den Fingernägeln herum.

Sofia klapperte in der Küche mit dem Geschirr. Immer wenn es Streit in der Familie gab, machte sie sich beinahe unsichtbar. Nie mischte sie sich ein. Nie ergriff sie Partei.

»Hier, Liebes«, raunte sie und drückte Hannah ihre Brotzeittüte in die Hand. Dankbar griff sie danach und machte sich aus dem Staub. Sollte ihr Vater mit ihrer Mutter reden und sie zur Vernunft bringen. Hier ging es schließlich nicht um das Gerede der anderen Leute. Hier ging es um Menschenleben. Wie konnte Theresa nur so starrköpfig sein.

Der eisige Novemberwind empfing Hannah und schlüpfte ihr durch die Kleidung. Er verbiss sich mit seinen spitzen Zähnen in ihren nackten Händen und Hannah ärgerte sich, dass sie ihre Handschuhe vor lauter Eile zu Hause vergessen hatte.

Vor dem Schulgebäude wartete Elsa bereits auf sie. Ihre Hände steckten in einem flauschigen Muff. Die letzten Blätter auf den Bäumen am Pausenhof blitzten gelb durch den Nebel und hatten beinahe dieselbe Farbe wie Elsas Ohrenwärmer. Die aufgehende Sonne drohte zwischen den trüben Wolken zu ertrinken.

»Ist es wahr, was erzählt wird?«, rief Elsa ihr ohne Begrüßung entgegen.

»Was meinst du?«

»Du weißt schon. Dass ihr dort wart. Im Lager.«

Hannah zuckte nur mit den Schultern.

Elsa zog eine Hand aus dem Muff und schlug sie mit einem Aufschrei vor den Mund. »Also ist es wahr!«

»Was tut das noch zur Sache? Du hast dir doch deine Meinung schon gebildet.« Hannah ging an ihr vorbei als wäre sie Luft.

»Jetzt warte doch mal!«, rief Elsa ihr hinterher. »Man wird ja wohl noch fragen dürfen. Schließlich bin ich deine beste Freundin.«

»Schön«, zischte Hannah durch die Zähne, »ja, ich war mit meinem Vater dort. Wir haben unseren Freunden geholfen.«

»Sind die Juden denn jetzt wieder deine Freunde?«

»Warum sollten sie es nicht sein?«

»Naja, du weißt, was über sie geredet wird. Es steht ja sogar in der Zeitung. Im Radio wird davon berichtet, dass sie eine Menge Geld gestohlen haben.«

»Simon und sein Vater haben unsere Hilfe gebraucht.«

»Jacobs Bruder? Ich dachte, du redest nicht mehr mit diesem Gesindel.«

»Anscheinend ja doch!«

»Jetzt reg dich nicht gleich so auf. Über deinen Vater ist ja bekannt, dass er sich für Juden stark macht. Vielleicht liegt das einfach daran, dass er Arzt ist, aber bei dir wusste ich es nicht.«

»Lass mich doch in Ruhe!«, fauchte Hannah und ließ Elsa stehen.

»Hannah, sei nicht eingeschnappt. Jetzt warte doch!« Elsa holte sie ein und stellte sich vor Hannah, die ihrem starren Blick auswich.

»Fahr meinetwegen jeden Tag dorthin. Aber sei dir bewusst, dass hinter deinem Rücken über dich geredet wird.« Hannah zuckte die Schultern, doch Unsicherheit flammte in ihr auf. Was mochten die anderen wohl über sie denken?

»Du solltest dich meiner Meinung nach wieder öfter bei den BDM-Treffen blicken lassen. Nicht, dass sie dort denken, du wärst ausgestiegen. Da könntest du dann erst recht in Schwierigkeiten geraten.«

»Na, Judenmädchen«, dröhnte Herbert Bauer und legte ihr von hinten den Arm um die Schulter.

»Hör sofort auf, mich so zu nennen«, zischte Hannah und wand sich aus seinem Griff frei. Sie packte ihre Schultasche, die neben ihr auf dem Boden stand, und wollte durch die Schultür eilen.

»Jetzt warte mal, Hannah! Bleib stehen. Es war doch nur ein Witz!«

»Ach ja! Was für ein schlechter Witz. Tu nicht so unschuldig, Herbert. Ich weiß ganz genau, dass du dabei warst.« Wütend ließ sie ihre blauen Augen funkeln und hoffte, dass sie so furchteinflößend aussah wie ihre Mutter beim Frühstück. Herbert zog unbewusst die Augenbrauen nach oben, was Hannah noch mehr reizte. »Spiel nicht den Dummen! Ich rede von der Reichskristallnacht! Du hast mitgemacht.«

»Na, und wenn schon«, höhnte er. »Die Judenläden hätten sich sowieso nicht mehr lang über Wasser gehalten.« Elsas Augen hingen an Herberts Lippen und sie nickte ihm zustimmend zu.

»Wie recht du hast, Herbert«, säuselte sie und Herbert schenkte ihr ein schiefes Lächeln, das Elsa erröten ließ.

»Habt ihr mitbekommen, dass der Ladenbesitzer vom Geschäft neben den Juden an einem Herzinfarkt gestorben ist? Der hat sich offenbar zu sehr darüber aufgeregt. Jetzt

ist es für ihn zu spät, um auf die richtige Seite zu kommen.«
Alle lachten, als hätte Herbert eine lustige Geschichte erzählt. Hannah hatte genug gehört.

Den Schultag brachte sie nur mit großer Anstrengung
hinter sich. Jacobs Platz blieb leer. Als die Schulglocke ertönte, beschloss Hannah, den Sternlichts einen Besuch ab-
zustatten und zu schauen, wie es Hans und Simon ging. Der
Fußweg zur Apotheke war nicht besonders weit.

Vor dem Ladenwrack blieb sie wie angewurzelt stehen.
Alles Brauchbare war inzwischen geraubt und gestohlen
worden. Keine einzige Arznei war noch da, kein einziges
Medikament lag in den Trümmern. Die Diebe hatten ganze Arbeit geleistet und ein Lebenswerk vernichtet. Jude
oder nicht Jude. So grausam konnten Menschen doch gar
nicht sein. Erst jetzt vernahm sie im hinteren Bereich der
Apotheke vertraute Stimmen. Jacob. Vorsichtig trat sie über
die am Boden liegenden Scherben, schob sich durch umge-
stürzte Regale und stieg auf lose Zettel und Akten. Sie
brachte ein mattes Lächeln zustande, als sie ins Hinterzimmer eintrat, das aber plötzlich wieder verschwand, als sie
die verzweifelten Gesichter der Sternlichts sah. Was sollte
sie tun? Keine Worte konnten die Zerstörung der Apotheke rückgängig machen. Keine Worte konnten den Schmerz
lindern, durch den sie alle gehen mussten.

Hans Sternlicht sank bei Hannahs Anblick auf die ganz
gebliebene Eckbank nieder. Niemand hatte sie bisher stehlen können, da sie fest an die Wand geschraubt war. Jacob
legte seinem Vater die Hand auf die Schulter.

»Ich bringe sie alle um, diese verdammten Nazischwei-
ne!«, rief Simon und trat einen leeren Karton mit voller
Wucht gegen die Wand.

»Es bringt jetzt auch nichts, wenn du den Kopf verlierst«,
mahnte Jacob und klang viel älter als siebzehn Jahre. Wie
ein weiser, alter Mann, der den Krieg gesehen hatte. »Wir

dürfen uns nicht provozieren lassen. Wir müssen als Familie zusammenhalten.«

»Wir sind doch schon längst keine Familie mehr«, schrie Simon seinem Bruder entgegen, und zu Hannahs Verwunderung ergriff Jacob Partei für seinen Vater. Das erste Mal seit Levi weg war. Sie wusste, dass er seinen Eltern die Entscheidung übelgenommen und nicht verziehen hatte.

»Es war der richtige Weg, Levi aus Deutschland fortzuschicken. Ich habe das erst nicht erkannt, aber jetzt sehen wir ja, dass es Krieg gibt.«

Hans Sternlicht saß nur da und schaute auf seine Fußspitzen. Seine Halbglatze glänzte speckig und viele graue Haare webten sich in seinen langen Bart. Wie konnte er in den zwei Tagen nur so gealtert sein?

»Ich konnte mich noch gar nicht richtig bei dir bedanken, Hannah. Dafür, dass du Vater und Simon aus dem Lager geholt hast.« Jacob stand plötzlich vor ihr und drückte mit warmen Fingern ihre Hand. Wie ein Stromschlag durchfuhr sie die Berührung und Hannah lächelte vorsichtig.

»Ich bin froh, dass ich euch helfen konnte.«

»Pass nur auf, dass du jetzt nicht in Verruf gerätst!«, murrte Simon und sah sie argwöhnisch an. Misstrauen sprang ihr entgegen wie ein Klappmesser. In sein Gesicht stand eine kaum zu bändigende Wildheit, eine Grausamkeit geschrieben, die ihr Angst einjagte. In seinen schokoladenbraunen Augen glomm es, als sei sie an allen Vorkommnissen höchstpersönlich schuld.

»Hör auf damit, Simon«, sagte Jacob, doch Simon winkte nur ab: »So ist es doch aber. Sie wird sich wie alle nach dem Wind richten. Verschwinde einfach«, rief Simon und machte schwungvoll einen Schritt auf sie zu, als wolle er einen streunenden Hund verjagen.

»Lass den Blödsinn und mach ihr keine Angst«, sagte Jacob mit bebender Stimme.

Zitternd lehnte sich Hannah gegen den hölzernen Türrahmen. Das war also der Dank für ihren Einsatz.

»Schön. Ich gehe nach Hause!«

Ohne ein weiteres Wort drehte sie sich um und verließ die Apotheke. Gerade als sie durch die Tür war, fasste sie eine Hand grob an der Schulter und rüttelte sie wie einen Baum, von dem die letzten Äpfel fallen sollten.

»Dass du dich nicht schämst, hier aufzutauchen. Ich konnte kaum meinen Augen trauen, als ich dich hier hineinspazieren sah.« Theresa Sedlmayr stand zornig vor ihr.

Elsas Mutter schüttelte erschrocken den Kopf und mischte sich ein: »Was du deiner Mutter antust! Schrecklich, wie undankbar du doch bist. Sie hat so viel für euch Kinder gemacht und jetzt hintergehst du sie und gehst bei Juden ein und aus. Bei Staatsfeinden!«

Das Wort hallte in Hannahs Kopf wider und wider wie ein Kanonenschuss. Wie ein kleines Schulmädchen stand sie vor ihrer Mutter und brachte auf einmal kein Wort zu ihrer Verteidigung heraus.

»Komm sofort aus dieser Bruchbude raus und schau, dass du nach Hause kommst, bevor dich noch jemand sieht!« Theresa zog Hannah grob hinter sich her, der unter dem Druck das Handgelenk schmerzte. Tapfer biss sie die Zähne zusammen, um nicht mitten in der Stadt in Tränen auszubrechen. Ungerecht. Was war bloß in ihre Mutter gefahren?

»Ich verbiete dir, dass du dich jemals wieder hier blicken lässt! Habe ich mich klar und deutlich ausgedrückt?« Theresas Finger wickelten sich noch fester um Hannas Handgelenk, wie eine Würgeschlange, die ihrem Opfer nach und nach die Knochen bricht und es erstickt. Hannah erwiderte nichts.

»Was bist du nur für eine unverschämte, kleine Göre!«, rief Elsas Mutter dazwischen. »Man sollte dir eine gehörige Tracht Prügel verpassen!«

Wie zwei aufgebrachte Vögel schimpften sie auf Hannah ein, die von den Grausamkeiten, die sie ihr an den Kopf warfen, wie gelähmt war. Wenn doch nur ihr Vater hier gewesen wäre. Oder Hermann. Als sie über die Schulter blickte, nahm sie eine Silhouette wahr, die an der zerbrochenen Scheibe der Apotheke lehnte und ihnen nachspähte. Jacob. Als ein Sonnenstrahl auf sein Gesicht fiel, erkannte sie Mitleid und Trauer, die seine Stirn zerfurchten. Je weiter die beiden Frauen sie scheuchten, desto weiter entfernte sie sich von Jacob. Als sie ihn nur noch als kleinen, grauen Punkt wahrnahm, fühlte sie eine tiefe Verbundenheit zu ihm. Sie würde sich nicht einfach einsperren lassen. Das war sie ihm schuldig.

13. November 1938

Bern, Schweiz

Levi hatte die Nachrichten aus Deutschland mitbekommen. Die Zeitungen und Radiosender berichteten in Dauerschleife von der sogenannten *Reichskristallnacht*. Überall in Deutschland waren Synagogen, Geschäfte und Häuser von Juden zerstört worden. Schreckliche Bilder aus Berlin machten die Runde, aber auch Fotos, die auf dem Land aufgenommen worden waren, weit weg von der Hauptstadt. Verhaftungen. Gewalt. Zerstörung. Levi war daraufhin in Panik ausgebrochen und ohne Entschuldigung aus der Schule nach Hause gerannt. Von dort hatte Alfons Weyss sofort bei Georg Sedlmayr angerufen, der sie über die katastrophalen Zustände informierte. Die Apotheke seiner Eltern war zerstört worden. Vor Levis innerem Auge erschienen die fein säuberlich eingeräumten Regale, die alte Kasse, die kleine Kaffeeküche im hinteren Bereich des Ladens. Ruiniert. Er war Georg Sedlmayr sehr dankbar, dass er ihn nicht belogen, sondern ihm die Wahrheit anvertraut hatte. Seinen Vater und Simon hatten die Nazis festgenommen und in ein Lager in Stephanskirchen abtransportiert. Von dort aus sollten sie in ein Arbeitslager geschickt werden, doch Georg und Hannah war es gelungen, das Schlimmste zu verhindern.

Levi schämte sich, dass er sich hier in der Schweiz in Sicherheit wiegen konnte, während seine Familie in der Heimat die Hölle durchmachte. Er schämte sich, hier zur

Schule gehen und das lokale Kino besuchen zu können, im Fußballverein spielen und das Leben genießen zu dürfen, während seine Eltern und seine Brüder so viel durchmachen mussten. Wie gerne hätte er ihnen zur Seite gestanden, seinen Eltern geholfen, die Apotheke wieder aufzubauen, für seine Mutter da zu sein. Er vermisste sie alle, jeden Tag, besonders sehnte er sich vor dem Schlafengehen nach seiner Familie, da er ihre Gesichter in der Dunkelheit lebendig vor sich sah. Im Schlaf hörte er ihre Stimmen, erinnerte sich an glückliche, unbeschwerte Tage. Verlorenes Glück.

Die Familie Weyss war gastfreundlich und liebenswert. Es war nicht schwer, sie ins Herz zu schließen. Auch in der Schule fühlte sich Levi wohl. Alfons Weyss gab ihn als den Sohn seiner verstorbenen Schwester aus. Die Schweizer waren von Natur aus nicht misstrauisch und keiner stellte unangenehme Fragen. Peter und Elvira waren gute Freunde geworden, besonders Peter hatte ihn aufgenommen wie einen Bruder. Da sie fast gleich alt waren, besuchten sie dieselbe Klasse und spielten zusammen Fußball.

So schön es hier war, so sehr ihn die Berge an die Heimat erinnerten, träumte Levi von mehr. Er träumte von Amerika. Dorthin wäre er am liebsten ausgewandert. Das Land der grenzenlosen Freiheit. Filme. Musik. Weite. Dort wollte er eines Tages leben. Aber erst musste er Rache nehmen. Rache an dem, was die Nazis seiner Familie angetan hatten. Was sie ihnen jeden Tag antaten und antun würden. Er würde schon einen Weg finden, um ihnen ihre Taten heimzuzahlen, dessen war sich Levi sicher.

Dezember 1938

Guddin, Ostpreußen

Es war einer dieser seltenen Dezemberabende, an dem die Sonne fast so warm schien wie im Spätsommer. Erich Winter hatte sich von dem Fahrer an der Weggabelung absetzen lassen, da er zu Fuß über die weiten Felder gehen wollte. In der Hand hielt er nur eine große Reisetasche aus Leder, in die er das Notdürftigste gepackt hatte. Er wollte nicht lange bleiben.

Als er um sich blickte, flammten Erinnerungen auf. Es war ein regenreicher Sommer gewesen, das erkannte er an den noch saftigen, blassgrünen Wiesen. Ein Reh wagte sich in weiter Entfernung aus dem Wald und senkte den Kopf zum Grasen in den Nebel. Rechts und links neben dem kleinen Feldweg hingen noch dürre Blätter in den Ästen der alten Eichen. Moos wucherte an ihren Stämmen und das Gras, das ihre Wurzeln bedeckte, hatte einen gelblichen Schimmer. Friedlich schweigend lag das Gutshaus hinter einem kleinen Hügel. Der Schein trog. Winter wusste nur zu gut, dass im Inneren harte Worte gesprochen wurden, Befehle durch die Hallen bellten, Kälte herrschte. So himmlisch Guddin von außen war, so teuflisch war es im Inneren.

Dieter Winter saß in seinem grünen Sessel vor dem Kamin, über dem dutzende Hirschgeweihe hingen, und starrte ins offene Feuer. Die Flammen verschlangen knisternd die Holzscheite.

»Du kommst zu spät. Ich habe viel früher mit dir gerechnet«, grollte die Stimme seines Vaters, die er schon so lange nicht mehr gehört hatte. Beim ersten Klang war sie ihm jedoch wieder so gegenwärtig, dass sich Winter wie ein kleiner, hilfloser Junge fühlte.

»Verzeih, Vater«, sagte er vorsichtig, »wir hatten ein paar Schwierigkeiten.«

»Solch ein Blödsinn. Die Straßen sind frei, Guddin hat dieses Jahr noch nicht eine Schneeflocke gesehen.« Er machte sich nicht die Mühe, seinen Sohn anzusehen, geschweige denn aufzustehen und ihn zu begrüßen.

Winter wartete. So wie er es früher immer gemacht hatte, als er sich nach der Aufmerksamkeit seines Vaters verzehrt hatte.

»Setz dich und iss. Ich wollte die Reste schon wegwerfen lassen, aber die gute, alte Marla hatte ein Herz und hat sie für dich aufgehoben.« Marla. Bei dem Namen machte Winters Herz einen kleinen Sprung. Wie alt mochte sie inzwischen sein? Achtzig? Fünfundachtzig?

»Mein Junge«, rief die vertraute Stimme und Marla watschelte zur Tür herein. Ihr Körper war über die Jahre noch massiger geworden. Ein zweites Doppelkinn wuchs unter dem ersten, doch als Marla ihn an ihren weichen Leib drückte, fühlte sich Winter geborgen. Marla war Heimat. Sie war die Seele Guddins. Ihr Mann hatte seinem Vater als Stallmeister gedient, doch war er schon vor vielen Jahren nach einem Reitunfall begraben worden.

»Komm her«, schnurrte Marla. »Du hast bestimmt großen Hunger nach der Reise.«

»Das sieht dir ähnlich, dass du den Bengel wieder verhätschelst«, knurrte Dieter Winter und fuhr sich mit der Hand über seinen Schnauzbart. Noch immer saß er mit dem Rücken zu ihnen, als hätte sein Sohn ein von der Pest zerfressenes Gesicht. Winters Magen krampfte sich zusammen, da er den Fehler gemacht und sich erhofft hatte, sein Vater würde sich über seinen Besuch freuen.

»Wir haben herrlichen Rehbraten. Mit Klößen. So wie du ihn immer gern gegessen hast.« Als Marla ihm einen dampfenden Teller vor die Nase schob, erinnerte sich Winter daran, wie er zusammen mit seinem Vater das erste Mal auf die Jagd gegangen war. Um ihn vorher abzuhärten, hatte Dieter Winter seinen Lieblingshasen geschlachtet und Haseneintopf daraus gekocht. Er war überzeugt, dass man sein Herz nicht an Tiere hängen sollte. Außer an Pferde. Die edlen Tiere waren für Dieter Winter eine Art Gottheit. Im Wald hatte sein Vater den Hirsch nur angeschossen. Erst nachdem er der Blutspur viele Stunden durchs Geäst gefolgt war, hatte er das schwer verwundete Tier schließlich gefunden und es erschießen können. Er hatte viermal anlegen müssen, bis der Hirsch endlich die Augen schloss. Danach hatte er lange mit der Waffe geübt und seither nie mehr ein Ziel verfehlt. An diesem Tag hatte Winter seinen siebten Geburtstag gehabt.

Sein Messer glitt durch den Braten wie durch Butter, so zart hatte Marla das Fleisch gekocht. Aufs Kochen verstand sie sich.

»Du bist also auf die Idee gekommen, uns mit deiner Anwesenheit zu beehren. Bist wohl viel zu geschäftig unten im Süden, sodass du Guddin völlig vergessen hast.«

Eine Rechtfertigung lag Winter sofort auf der Zunge. »Ich habe Guddin nicht vergessen«, sagte er prompt, doch sein Vater lachte nur kalt auf. Er drückte sich an den Armlehnen des Sessels nach oben und schritt erhaben auf den Tisch zu. Wie er selbst war sein Vater schmächtig gebaut. Seine Augen fixierten ihn zornig.

»Ich weiß genau, was du da unten treibst. Du läufst diesem Hitler nach wie ein Hund einer läufigen Hündin.«

»Hitler ist der Mann für Deutschland«, spulte Winter herunter, doch sein Vater winkte nur ab. Wut schillerte in seinen Augen.

»Blödsinn. Dieser neudeutsche Windbeutel. Vom wahren Deutschland hat er keine Ahnung, genauso wenig wie von unseren Tugenden. Fleiß. Disziplin. Pflichtgefühl. Gewissenhaftigkeit und Unbestechlichkeit«, zählte er auf, was Winter Tag für Tag in seinen Zeiten auf Guddin zu hören bekommen hatte. »Davon weiß er so viel wie der Papst vom Beischlaf mit einer Frau!« Grob schlug Dieter Winter mit der Faust auf den Tisch. »Mir ist schon klar, dass du ihn dir ausgesucht hast. Zu einem wahren Preußen hast du noch nie getaugt! Kein Funken Ehrgefühl steckt in deinen Knochen.«

Winter wollte etwas zu seiner Verteidigung vorbringen, doch sein Vater schnitt ihm sofort das Wort ab. Wie immer. »Dann hat er es auf die Juden abgesehen. Er sieht nicht, wer der wahre Feind ist!«

Winters Blick wanderte zu den Wänden in der angrenzenden Bibliothek, welche von zahlreichen Wimpeln, Auszeichnungen und Urkunden tapeziert war. Mit Stolz war sein Vater damals in den Krieg gezogen. Die Worte, die Sedlmayr ihm damals an den Kopf geworfen hatte, hallten in seinem Gedächtnis wie ein Echo wider. Er hatte die Front angeblich nie mit eigenen Augen gesehen. Natürlich konnte er ihn damit nicht konfrontieren. Niemals hätte er seinen Vater gefragt, ob er denn selbst in einem der Gräben gewesen war, ob er selbst gekämpft hatte. Eher hätte er seine eigene Leber verspeist.

»Ich bin schon längere Zeit Ortsgruppenleiter. Bald werde ich weiter aufsteigen«, sagte Winter, um seinen Vater zu beeindrucken. »Es ist geplant, dass ich endlich nach München wechseln kann. In die Hauptstadt der Bewegung. Sie brauchen mich dort. Eine neue Führungskraft.«

»So?«, zischte er und spie Tabak in seinen Spuckeimer. »Wen willst du denn führen? Du konntest früher noch nicht einmal ein Pferd lenken. Die Viecher haben dich hingezogen, wohin sie nur wollten.«

Winters Faust ballte sich. Lüge. Er war in seiner Kindheit und Jugend ein guter Reiter gewesen und hatte sogar an ein paar Rennen teilgenommen, die sein Vater ausdrücklich gemieden hatte. Nie war etwas gut genug gewesen.

Marla räumte mit gehetztem Gesicht das Geschirr ab und verschwand blitzschnell zurück in der Küche. Sie kannte die Auseinandersetzungen zwischen Vater und Sohn seit Jahren. Früher hatten sie stets damit geendet, dass Dieter Winter in drakonischer Manier seinem Sohn die Leviten las.

»Ich werde eine Runde in den Stall gehen«, sagte Erich Winter, um der Situation zu entfliehen und stand auf. »Vielen Dank für das Abendessen.«

Sein Vater zog an seiner Pfeife und fuhr sich durch den schneeweißen Schnurrbart. »Weck die Tiere bloß nicht auf, sag ich dir. Sie brauchen ihre Ruhe.«

Winter schritt durch die hohen Hallen Guddins und machte sich auf den Weg zum Pferdestall. Als er die Tür öffnete, schlug ihm der vertraute Geruch entgegen. Lautes Schnauben, das Zermalmen von frischem Heu und das Scharren der Hufe drangen in seine Ohren. Eines der Tiere streckte neugierig seinen Kopf durch die Gitterstäbe und rieb seine Nüstern an Winters hohler Hand. Was für ein Prachttier. Rabenschwarz glänzte sein Fell und Winter war sich sicher, dass die Stallburschen es täglich viele Stunden bürsteten. Er erinnerte sich, wie ein Bursche das Lieblingspferd seines Vaters einmal mit verklebtem, schweißnassem Fell in die Box gestellt hatte und anschließend in eine Kneipe gegangen war. Als Dieter Winter Wind davon bekommen hatte, erwartete er den Burschen mit seiner Reitgerte. Unzählige Hiebe musste der Bursche einstecken, bevor er dann vom Hof verwiesen wurde und niemals wiedergekehrt war.

An den Stallwänden hingen wertvolle Plaketten und Preise, nicht jedoch die Schärpen, die Winter selbst mit seinen

Pferden gewonnen hatte. Vor einer der Boxen hing ein braunes Band. Der Preis von einem großen Rennen in München. Winters Vater hatte ihm nicht einmal mitgeteilt, dass eines seiner Tiere dort an den Start gehen würde. In der Zeitung hatte er dann das Bild des Siegers gesehen und den Namen des Besitzers gelesen. Der Name seines Vaters. Ein Stich ins Herz. Natürlich wäre er zur Rennbahn gefahren und hätte den jungen Hengst laufen sehen wollen. Diomed. Ein wahrer Champion. Ein Rennen nach dem anderen hatte er seitdem gewonnen.

Aus der letzten Box drang leises Fiepen. Winter ging vorsichtig durch die Stallgasse und warf einen Blick über das Gitter. Eine Schäferhündin lag hechelnd auf der Seite und leckte über ihre Jungen, die sich an ihre geschwollenen Zitzen drängten. Sie hatten bereits die Augen offen und fiepten, um den besten Platz zu erhaschen.

»Einer von ihnen ist ein Krüppel!« Dieter Winter war plötzlich wie ein Licht in der Dunkelheit erschienen und sah mit gerümpfter Nase auf die Welpen. »Die Natur hat ihren Teil dazu beigetragen, aber bisher wollte das Vieh nicht verrecken. Jeden Tag sehe ich nach, ob es ihn dahingerafft hat, aber morgen werde ich nachhelfen. Er frisst den Gesunden und Kräftigen nur die Milch weg und am Ende wird doch nichts aus ihm. Ich wünschte, dass man mit Menschen auch so verfahren könnte.« Die letzten Worte versetzten Winter einen Stich ins Herz. Er wusste, dass er gemeint war. Sein Vater hatte sich immer einen anderen Sohn gewünscht, daraus hatte er nie ein Geheimnis gemacht. Vom ersten Tag an.

»Morgen werfe ich den Krüppel gegen eine Wand. Oder ich ersäufe ihn in der Regentonne.« Abscheu glänzte in den Augen seines Vaters, als sie auf dem flauschigen Welpen abseits der Mutter hängen blieben. Dann machte er kehrt und schlug die Stalltür hinter sich zu, ohne seinem Sohn eine gute Nacht zu wünschen.

Mitleid brach mit einem Mal über Winter herein wie ein Sommergewitter. Er konnte nicht zulassen, dass dieses kleine unschuldige Wesen ermordet wurde, so wie damals sein Stallhase. Es war, als sehe er sich selbst in dem Welpen. Er öffnete die Boxentür und wurde mit einem lauten Knurren der Hündin empfangen. Sie bleckte die Zähne und leckte sich drohend über ihre Lefzen. Als er das hilflose Geschöpf aufhob, schien sie es gar nicht zu bemerken. Fürsorglich leckte sie wieder das Fell ihrer anderen Kinder. Schwach hing der Welpe Winter im Arm und konnte nicht einmal den Kopf heben.

»Dich bekommen wir schon durch, nicht wahr?«

Zärtlich streichelte er das verklebte Fell und drückte den Welpen an seine Brust.

»Ich gebe ihm die Flasche«, flüsterte Marla, die durch die Stallgasse auf ihn zuwatschelte. »Alles habe ich bisher versucht. Der Kleine ist ein richtiger Kämpfer. Deshalb hat er bis jetzt durchgehalten. Komm«, sagte sie und nahm Winter beim Arm. »Hier hinten habe ich die Flasche mit Ziegenmilch versteckt. Ich wollte ihn ohnehin noch füttern.« Sie betraten die Sattelkammer und Marla zog eine Nuckelflasche aus einer der Kisten. »Hier«, raunte sie, »dein Vater weiß nicht, dass ich ihn zufüttere. Ich habe gehofft, dass er noch rechtzeitig zu Kräften kommt. Ich habe den kleinen Racker schon richtig ins Herz geschlossen. Bisher konnte ich deinen Vater davon abbringen, den Welpen zu erschlagen.«

Winter legte das Fläschchen an das kleine Maul und der Welpe saugte zunächst zaghaft, dann immer gieriger.

»Geh ruhig zu Bett, Marla«, sagte Winter. »Ich bleibe noch hier im Stall und kümmere mich um den Hund.«

»Du hattest schon immer ein großes Herz für Tiere, Ricki«, flüsterte Marla und küsste ihn auf die Wange, bevor sie verschwand. Winter hörte noch, wie sie über den Hof watschelte.

Die ganze Nacht hielt der Welpe ihn wach und alle paar Stunden fütterte er ihn. Noch bevor sich die Sonne zeigte, trat Winter aus dem Stall. Niemals würde er zulassen, dass sein Vater den Welpen in die Finger bekam. Im Dunkeln eilte er über den Innenhof zum Haus, packte seine Sachen und setzte sich den Hund in den Kragen seines Mantels, sodass er seinen Herzschlag spüren konnte. Sein Entschluss stand fest. Ohne sich noch einmal umzudrehen und Guddin einen letzten Blick zu schenken, hastete er davon. Weg von seinen Erinnerungen. Weg von seinem Vater.

»Auch vermeintliche Krüppel haben ihren Platz in der Welt und können Großes erreichen. Wir werden es ihm schon zeigen, nicht wahr, Zeus?«

Winters Lippen striffen liebevoll den Kopf des Hundes, als er über die Hügel schlenderte und seine Heimat hinter sich ließ.

1. Mai 1939

Es war Mai und der Löwenzahn blühte. Hellgelb leuchtete
er in der Sonne. In den saftigen Wiesen, die einen Smaragd-
schimmer angenommen hatten, summten die ersten Bienen
friedlich im Klee. Über Hannah spannte sich ein makellos
blauer, wolkenloser Himmel, als sie zur Feier des Tags der
nationalen Arbeit spazierte. Der Rock ihres Dirndls umflat-
terte ihre Beine und es war warm genug, um ohne Strickjacke nach draußen zu gehen. Noch bevor sie die vielen Bier-
tische und Bänke sah, drang fröhliches, unbeschwertes
Lachen an ihre Ohren. Warum war sie nur gekommen? Sie
war gar nicht in der Stimmung, die Mädchen des BDM zu
treffen. Auch den Jungen der Hitlerjugend ging sie seit der
Reichskristallnacht aus dem Weg. Ihre Mutter hatte sie aber
so lange bearbeitet, bis sie schließlich einwilligte, für ein paar
Stunden dem Fest beizuwohnen. Wären doch nur ihre Brüder dabei. Hermann studierte in München, während Karl
inzwischen in Berchtesgaden Wehrdienst leistete. Von Elsa
hatte sie sich innerlich entfremdet. Auch wenn ihre beste
Freundin ausgelassen auf sie einredete, spürte Hannah doch,
dass auch sie sich verändert hatte. Sie hatte Geheimnisse vor
ihr. Verschwieg ihr Dinge. Was genau, konnte Hannah nicht
einmal sagen, und wenn sie zu sich selbst ehrlich war, interessierte sie es nicht mehr. Sie fühlte sich von ihr verraten.

Im Sommer würde Hannah neunzehn werden. Ihre Brüder hatten in diesem Alter bereits vieles von den Eltern

zugestanden bekommen. Sie waren keine Kinder mehr und wurden anders respektiert. Nach dem Abitur wollte auch sie nach München gehen und Medizin studieren. Hermann hatte so geschwärmt, und auch ihr Vater ermutigte sie immer wieder in dem Gedanken.

»Hallo, Hannah«, rief ihr eines der Mädchen zu und winkte fröhlich. Hannah erwiderte den Gruß und lächelte zaghaft.

Flimmernd fielen die Sonnenstrahlen durch die Blätter der Kastanienbäume. Bunte Lampions hingen an langen Schnüren, die von Baum zu Baum gespannt waren. Auf einer der Bänke hockte breitbeinig Herbert Bauer. Hannah traute kaum ihren Augen, als sie erkannte, dass Elsa auf seinem Schoß saß, den Rücken gegen seine Brust gedrückt. Ihre Bluse war so knapp, dass ihr üppiger Busen vulgär hervorquoll. Um sie herum saßen Herberts Wachhunde, die Elsa verstohlen ins Dekolleté blinzelten und sich die Ellenbogen in die Seiten stießen. Wut flammte in Hannah auf, weil Mutter ihr Elsa immer wieder als Vorbild hinstellte. Was würde sie wohl zu diesem Anblick sagen?

»Du bist ja sogar gekommen«, sagte Elsa argwöhnisch, als sie Hannah erblickte. Als wäre sie bei etwas Verbotenem ertappt worden, sprang sie auf und setzte sich auf die Bierbank neben Herbert.

»Ich wollte euch nicht stören«, gab Hannah unverblümt zurück und ging an ihr vorbei. Sie spürte die Augen der Jungen im Rücken und fühlte sich plötzlich nackt. Obwohl der Wind warm war, zog sie ihre Strickjacke über und verschränkte die Arme vor der Brust. Die Musikkapelle spielte bereits und Jungen in Lederhosen und Mädchen in Dirndln betraten paarweise die kleine Holzbühne. Im Takt klackerten ihre Absätze über das Holz und sie begannen mit ihrem Tanz. Die Jungen stellten sich in einem Kreis auf und schlugen mit der flachen Hand knallend auf die Schenkel.

Schuhplattler. Ihre Partnerinnen drehten sich so rasant um sie herum, dass ihre Röcke wie die Köpfe von Maiglöckchen aussahen. Hannah stimmte in das Klatschen mit ein. Atemlos marschierten die Jugendlichen wieder von der Bühne und erfrischten sich mit einem kühlen Glas Limonade.

»Möchtest du auch etwas trinken? Oder etwas essen?«, fragte eine Stimme hinter ihr. Sie drehte sich um und sah sich Herbert Bauer gegenüber.

»Jetzt komm schon, Hannah!« Er legte den Kopf schief und sah sie treuherzig an. Dabei schob er die Unterlippe leicht vor wie ein kleiner Junge, der sich das Knie aufgeschürft hatte.

»Die Bratwürste sind wirklich gut. Ich habe schon zwei Semmeln verputzt.« Er bestellte eine Limonade und drückte sie Hannah in die Hand. Sie wollte nichts von ihm annehmen, aber ihr Anstand verbot es ihr, ihm die Flasche einfach wieder zurückzugeben.

»Danke«, raunte sie und stellte sich unter die Zuschauer, die gerade ein paar junge Burschen anfeuerten, die auf den Bierbänken standen und im gleichen Rhythmus mit einer langen Peitsche knallten. Hannah stellte die volle Flasche auf einen der Tische und lächelte in sich hinein.

»Wie undankbar du doch bist«, zischte ihr Elsa zu, »lässt dich aushalten und stellst die Sachen dann doch weg.«

»Ich habe nicht nach einer Limo gefragt. Nimm du sie doch, wenn du sie so gerne möchtest.«

»Das ist nicht dasselbe. Herbert wird mir auch eine Flasche spendieren. Da bin ich mir ganz sicher.« Elsa zwirbelte ihren langen Zopf um den Zeigefinger und warf ihn dann auf den Rücken. »Lass bloß die Finger von Herbert. Er gehört mir, ist das klar? Es ist fast soweit, dass er mich fragt, ob ich mit ihm ausgehen möchte.«

Hannah konnte nicht anders als laut aufzulachen. Sie und Herbert Bauer? Da müsste die Sonne erst im Westen aufgehen, bevor sie sich auch nur einmal mit ihm verabreden würde.

»Elsa! Wie kommst du bitte darauf, dass ich mich für Herbert interessiere? Du weißt, wie sehr ich ihn verabscheue.«

»Er interessiert sich aber für *dich*!«, spie sie ihr vor die Füße. »Er hat mir selbst gesagt, wie hübsch er dich findet. Eine arische Schönheit. So hat er dich genannt!« Eifersucht war aus jedem Wort herauszuhören und irgendwie tat ihr Elsa leid. Sie schien sich wirklich in Herbert verliebt zu haben.

»Ich schwöre dir, dass ich kein Interesse an ihm habe. Ich rede nicht einmal mit ihm.«

Elsas vor Wut gefurchte Stirn glättete sich wieder ein wenig.

»Schön«, sagte sie, »schön. Er wird mich heute Abend zum Tanz auffordern. Ganz bestimmt.«

»Viel Glück!«

Als wäre nichts geschehen, trat Elsa zu ihr heran und hängte sich bei Hannah ein. Arm in Arm. So wie sie früher durch die Straßen geschlendert waren.

Die Abenddämmerung war hereingebrochen und die Lampions leuchteten in allen Farben. Daran, dass es schnell kälter wurde, sobald die Sonne unterging, erkannte man, dass es erst Frühling und noch nicht Sommer war. Elsa hielt tapfer ohne ihre Strickjacke durch. Die ersten Paare hatten sich gefunden und tanzten eng umschlungen auf der Tanzfläche. Elsas Blick suchte sehnsüchtig Herbert Bauer, doch er kam und kam nicht, um sie aufzufordern.

»Geh du doch hin und frag ihn«, raunte ihre Freundin Hermine Elsa zu, doch diese tippte sich mit dem Zeigefinger gegen die Stirn.

»Bist du völlig verrückt geworden? Ich kann doch nicht Herbert bitten mit mir zu tanzen. Das wäre ja genauso schlimm, wie wenn man um seine eigene Hand anhalten würde.« Sofort stimmte Hermine ihr zu und entschuldigte sich für den dummen Vorschlag.

Hannah langweilte sich. Am Nachmittag war immer eine ausgelassene Stimmung, die Abende waren dafür da, sich zu amüsieren. Zu tanzen. Seine Liebe zu finden. Hannah kannte alle jungen Männer in ihrem Alter, die hier waren, aber kein einziger interessierte sie. Vielleicht war sie zu arrogant, zu wählerisch, wie ihre Mutter ihr immer einimpfte, doch sie brachte es nicht über sich, sich jemandem an den Hals zu werfen und eng umschlungen zu tanzen, wenn sie doch keine Gefühle hatte.

»Darf ich bitten?«, schnurrte Herbert und stand direkt vor ihnen. Hannah stieß Elsa mit dem Ellenbogen in die Seite, die strahlend aufstand, doch Herbert schüttelte nur den Kopf und streckte Hannah seine Bärentatze hin. Erloschen sank Elsa auf ihren Platz zurück und funkelte Hannah wütend an.

»Nein, danke, Herbert, aber ich möchte nicht tanzen«, sagte sie entschlossen.

Er beugte sich zu ihr herunter und raunte ihr ins Ohr: »Stell dich nicht so an. Du bist die hübscheste Frau hier und ich gehe nicht eher heim, bevor ich einmal mit dir getanzt habe.« Eine leichte Alkoholfahne wehte Hannah in die Nase. Elsas Augen füllten sich mit Tränen und sie stürzte davon. Hermine folgte ihr.

»Warum fragst du nicht Elsa?«, wollte Hannah wissen. »Sie hätte gerne mit dir getanzt.«

Herbert schüttelte lachend den Kopf. »Wer will schon ein einfaches Mädchen, wenn man dich haben kann.«

»Du kannst mich aber nicht haben«, sagte sie kalt. Wieder hatte sie Mitleid mit Elsa, die ihr Herz an diesen großspurigen Vollidioten gehängt hatte.

»Tanz mit mir!« Herbert packte grob Hannahs Hand und riss sie von der Bank hoch. Mit einem Nein gab er sich wohl nicht zufrieden. Fest legte er ihr den Arm um die Taille und zog sie zur Tanzfläche.

»Lass mich sofort los!«, schrie sie laut und plötzlich herrschte Totenstille. Die eng umschlungenen Tanzpaare, die gerade noch in ihrer eigenen Welt geschwebt hatten, hörten auf und starrten sie an. Die Musikanten hielten inne.

Hannah nutzte den Moment und riss sich von Herbert los. »Wage es ja nicht mehr, mich so anzufassen!«

Herberts Finger bohrten sich in Hannahs Oberarm, als er sie zu sich heranzog.

»Hör auf, mich vor allen Leuten zu blamieren. Hast du verstanden?« Er schüttelte sie heftig und startete einen neuen Versuch, zur Tanzfläche zu gehen.

Wut regte sich in Hannah und sie trat ihm mit voller Wucht gegen das Bein. Herbert schrie erschrocken auf und wirbelte sie herum. Schmerzhaft. Grob. Heftig. Mit der freien Hand schlug sie ihm ins Gesicht und endlich ließ er sie los. Hasserfüllte Augen blitzten ihr bedrohlich entgegen.

»Dann hau ab!«, brüllte Herbert aus Leibeskräften. »Verzieh dich einfach!«

Hannah machte auf dem Absatz kehrt und rannte davon. Vorbei an den Feiernden, die ihr verblüfft nachsahen. Als ihre Lunge schmerzte, blieb sie stehen und lehnte sich an einen Baum. Die Rinde drückte hart durch ihre Strickjacke, doch sie ignorierte den Schmerz. Herbert hatte wohl vollkommen den Verstand verloren.

Die Mondsichel schaukelte am Himmel, der wie verwaschenes Blau leuchtete und nur wenig Licht spendete. Die Bäume machten ihr auf einmal Angst. Dunkel und düster wiegten sie sich im Wind, der leise durch die Blätter rauschte. Heim. Sie wollte einfach nur nach Hause. Vielleicht war Sofia noch wach und sie konnte ihr alles erzählen. Hannah lief über eine kleine Wiese, um auf eine Straße in der Nähe von Häusern zu gelangen.

»Warte!«, rief ihr eine grollende Stimme hinterher, und als sie sich umdrehte, erkannte sie Herbert. Er war ihr gefolgt. Hannah ignorierte seine Rufe und lief schneller. Immer wieder durchfuhr sie ein Frösteln, doch es hatte nichts mit der sinkenden Temperatur zu tun. Lächerlich!, schoss es Hannah durch den Kopf. Es war doch bloß Herbert! Eng drückte sie ihre Tasche gegen ihren Körper, als rechnete sie damit, dass jeden Augenblick jemand aus dem Gebüsch springen und die Tasche an sich reißen würde. Eine leise, immer wiederkehrende Stimme in ihrem Kopf warnte Hannah, dass Herbert vielleicht etwas Schlimmes im Schilde führte. Rache. Vergeltung, dass sie ihn vor den anderen so bloßgestellt hatte. Sie drehte sich noch einmal um und stellte fest, dass er tatsächlich alleine war. Keiner seine Freunde folgte ihm. Immer schön ruhig bleiben, sagte sie sich und richtete ihre Aufmerksamkeit auf eine Straße, die nur wenige Meter vor ihr nach rechts einbog. Sie kannte die Straße nicht, hastete hinein und stellte erschrocken fest, dass sie in eine Sackgasse gelaufen war. Sollte sie an einem der Häuser läuten? Hannahs Gedanken rasten. Wenn sie umkehrte, lief sie Herbert womöglich direkt in die Arme. Aber wenn sie schnell war? Fieberhaft überlegte sie, ob sie losrennen sollte oder die Ruhe bewahren. Herbert Bauer war ein ausdauernder Sportler, sie hatte ihn bei den Sportwettkämpfen der HJ gesehen. Es war Irrsinn zu glauben, dass sie ihn bei einem Sprint abhängen könnte. Aber hatte er nicht getrunken?

»Ich will nur mit dir reden. Weiter nichts!«, rief er wieder. Er klang bedrohlich. Eine Gänsehaut überzog Hannahs Arme, sie bog zügig in den kleinen Weg ein und eilte nach links, bevor Herbert bei ihr angekommen war. Das Licht von Straßenlaternen tauchte auf und Hannah atmete erleichtert durch. Nur noch wenige Meter, dann war sie auf einer befahrenen Straße. Weitergehen! Einfach weitergehen.

»Hannah!« Herberts Stimme hörte sich wie eine Klage an.

Vorne auf der Straße fuhren zwei Autos Richtung Osten vorbei. Gleich hatte sie die Stelle erreicht. Der Gehweg war von einer Mauer gesäumt, an der sich Pflanzen emporrankten. Hannah riskierte noch einmal einen Blick über die Schulter und stellte entsetzt fest, dass Herbert Boden gutgemacht hatte. Seine Schritte hallten immer lauter und plötzlich klang es, als wäre er direkt neben ihr. Hannah wandte sich ab und hechtete auf die andere Straßenseite. Wo waren nur die verdammten Autos?

»Na endlich. Du hast ja ein ganz schönes Tempo drauf, wenn du wütend bist!« Herbert fasste sie an der Hand und zog sie zu sich heran. Hannah wollte etwas sagen, wollte schreien, doch ihre Kehle war ausgetrocknet. Sie öffnete die Lippen, doch kein Ton kam hervor, nur ein leises Krächzen, das sie selbst kaum hören konnte.

»Was war das denn eben für ein Auftritt? Mich vor allen Leuten so abblitzen zu lassen!« Hannah hatte also recht gehabt. Es ging Herbert um seinen gekränkten Stolz. Er hielt seine Hand auf ihren Rücken und drückte sie an sich. Kein Entkommen.

Herberts Lippen streiften Hannahs Haare, glitten über ihre Stirn und ihre Wange und blieben kurz vor ihren Lippen bebend stehen.

»Du spielst wohl gerne, was?« Alkoholgeruch stieg ihm aus dem Mund und Hannahs Magen krampfte sich zusammen. »Ich habe ein Auge auf dich geworfen, das weißt du ganz genau. Niemand kann deinen blauen Augen widerstehen.« Gierig drückte er seine Lippen auf Hannahs Mund. Mit seiner rechten Hand zog er ihren Kopf zurück, während seine linke sich in ihren Rücken krallte. Hannah wollte sich von ihm lösen, doch er hielt sie wie in einem Schraubstock gefangen.

Bremsen quietschten neben ihr und ein Fahrrad knallte auf den Boden. Schnelle Schritte. Keuchen.

»Lass sie sofort los!« Eine Gestalt warf sich gegen Herbert, der durch den Ruck nach hinten taumelte. Jacob. Sein Erscheinen kam völlig überraschend, aber genau im richtigen Moment.

»Geh zu dem Haus da hinten«, kommandierte er scharf, ohne Hannah anzusehen. Noch bevor sich ihre Beine in Bewegung setzten, fiel die lähmende Furcht von Hannah ab und ein Gefühl von Sicherheit umhüllte sie wie eine wärmende Decke. Jacob war da. Wie eine Betrunkene schleppte sie sich im Zickzack zum Haus, vor dem eine Straßenlaterne angebracht war. Die Knie weich wie geschlagene Butter.

Ohne ein Wort schubste Jacob Herbert hart gegen die Brust. Zweimal. Dreimal. Wieder taumelte er.

»Du meinst wohl, du kannst dich besoffen über sie hermachen?«, schrie er. Seine Stimme scharf wie eine Rasierklinge.

Es war zu dunkel, als dass Hannah aus der Entfernung ihre Gesichter hätte sehen können.

»Jedes Mal kreuzt du meinen Weg und machst *alles* kaputt!«, brüllte Herbert. »Das sieht euch Juden ähnlich!« Wut sprudelte aus ihm heraus wie Lava aus einem ausbrechenden Vulkan. »Wir haben uns geküsst. Hannah ...«

»Hör auf, ihren Namen zu sagen!« Jacobs Faust traf Herbert gezielt im Gesicht. Unvorbereitet. Herbert konnte doch nicht ernsthaft glauben, dass sie freiweillig mitgemacht hatte.

»Wenn du sie noch einmal anfasst!«

»Sie hat so hübsch ausgesehen heute Abend. Was hättest du gemacht?«

»Halt's Maul! Halt dein dreckiges Maul!« Hannah erschrak über Jacobs Ausdrucksweise. Sie hatte ihn noch nie so wütend erlebt.

»Sie hat mich abblitzen lassen, verdammt noch mal! Einen Tanz. Ich wollte doch nur einen Tanz«, klagte Herbert und Hannah war sich sicher, dass der Alkohol aus ihm sprach.

»Hannah tanzt nicht mit dir«, sagte Jacob kalt.

»Aber mit dir tanzt sie, oder wie? Wo solltest du denn bitte mit ihr tanzen? Auf eurer jüdischen Hochzeit?« Herbert hatte seinen Sarkasmus wiedergefunden, doch die Worte genügten, um Jacob einen Augenblick zum Nachdenken zu bringen.

»Hau einfach ab, bevor ich dich noch in Stücke reiße!«

Herbert lachte hohl auf. Ein hysterisches, animalisches Lachen. Er schüttelte den Kopf und wurde auf einen Schlag wieder ernst.

»So? Ich wusste, dass es etwas Persönliches ist. Zwischen uns beiden. Es geht hier nicht einmal um die Fotze der Kleinen.«

Das Wort fiel wie ein Stein in die Dunkelheit.

Jacob explodierte förmlich. Mit ein paar schnellen Schritten war er bei Herbert, packte ihn am Kragen und schleuderte ihn mit voller Kraft mit dem Rücken gegen die Mauer. Herbert bekam eine Hand frei und holte zum Schlag aus. Jacob duckte sich unter seiner Bärentatze weg. Hannah konnte nicht länger einfach nur zusehen. Sie rannte auf die beiden zu.

»Aufhören! Aufhören!« Sie kam sich vor wie ein kleiner Vogel, der gegen einen Sturm ansang.

Fäuste krachten auf Knochen und Weichteile. Keuchen. Wieder hatte Jacob die Oberhand und drückte Herbert an die Steinmauer, den Unterarm gegen seine Kehle gepresst. Sein Gesicht befand sich nur ein paar Zentimeter von Herberts entfernt, als er bedrohlich wisperte: »Ich sage es dir noch einmal im Guten: Wenn du sie noch ein Mal, ein einziges Mal so anfasst …«, er hielt kurz inne, die Worte bedacht, die über seine Lippen kamen, »dann bringe ich dich um. Hast du verstanden. Mit meinen bloßen Händen. Ich bringe dich um.«

In Herberts Augen lag Ferne. Ein Ausdruck, als hasste er sich selbst. Seine Nase war angeschwollen und blutete, die Lippe war aufgeplatzt. Für einen kurzen Moment schielte er zur Seite und sah Hannah voller Abscheu an. Dann nickte er. Jacob ließ ihn los und trat einen Schritt zurück.

»Du hast mir dir Nase gebrochen, du verdammtes Judenarschloch.«

»Verpiss dich einfach!«

Mit einem letzten hasserfüllten Blick drehte sich Herbert wortlos um und verschwand.

Jacob hob sein Fahrrad auf, kam dann zu Hannah, nahm sie fest am Handgelenk und zog sie hinter sich her. »Komm mit. Wir gehen weg von hier.«

Er schob das alte Fahrrad vor sich her, seine Schritte waren so schnell, dass Hannah fast rennen musste. Seine Finger umschlossen ihr Handgelenk so hart, dass es zu schmerzen anfing. Jacobs Blick war starr nach vorne gerichtet.

»Jacob«, sagte sie leise, doch er reagierte nicht. »Jacob! Warte, du tust mir weh!« Er lockerte seinen Griff ein wenig, antwortete aber nicht.

»Wo gehen wir hin?«

»Zu meinem Vater. Er wird dich nach Hause fahren.« Auf keinen Fall! Hannah war nicht in der Stimmung, die Erlebnisse von heute Abend mit einem Erwachsenen zu teilen. Nein, sie wollte auf gar keinen Fall von Hans Sternlicht nach Hause gefahren werden. Wenn sie es sich recht überlegte, wollte sie im Moment noch gar nicht nach Hause.

»Nein, lass mich los.«

»Du musst nach Hause.«

»Nein!«, schrie Hannah entschlossen und riss sich los. Endlich blieb Jacob stehen und sah sie zum ersten Mal heute Abend direkt an.

»Ich will nicht nach Hause«, begann sie, »ich kann einfach nicht, verstehst du?« Tränen stachen in ihren Augen und sie versuchte sie davon abzuhalten, über ihre Wangen zu rollen. »Können wir nicht noch ein wenig draußen bleiben? Irgendwo hingehen?« Er hörte das Flehen heraus und nickte.

»Ja. Ja, das können wir. Ich weiß, wohin wir gehen können. Komm, setz dich hinten auf mein Fahrrad.« All die Wut war aus seiner Stimme verschwunden. Er zog sie an der Hand zu sich, schwang sich dann auf den Sattel seines Drahtesels. Hannah setzte sich hinter ihm auf den Gepäckträger. So wie sie es früher immer gemacht hatten. Früher. Erinnerungen an schöne Sommertage flammten vor ihrem inneren Auge auf und sie musste lächeln. Ein vertrauter Duft strömte in ihre Nase. Jacob. Sie wollte ihr Gesicht gegen seine Jacke drücken, seinen Geruch einatmen, ihn spüren, doch irgendetwas hielt sie davon ab. Straßen und Häuser zogen an ihnen vorbei und das Fahrrad quietschte leise. Als sie die Lichter langsam hinter sich ließen, wusste Hannah, wohin sie fuhren. Die Reifen knirschten über den Kies und die beiden stiegen ab. Jacob lehnte sein Rad an einen Baum.

»Komm.« Wie selbstverständlich nahm er Hannah an der Hand und zusammen gingen sie zum Steg, der ein paar Meter in den See ragte. Wie oft waren sie als Kinder hier ins Wasser gesprungen? Hatten sie hier nicht die schönsten Tage erlebt? Jacob ließ ihre Hand los, sank auf die Knie und ließ die Fingerspitzen in den See gleiten. »Es ist gar nicht so kalt, wie ich gedacht habe. Aber die letzten Wochen waren schon so warm, fast wie im Sommer.« Er sah auf, als Hannah ihm nicht antwortete.

»Ist alles in Ordnung?«, fragte er besorgt. »Setzen wir uns.« Er zog die Schuhe aus und pendelte mit den Füßen im Wasser hin und her.

Warum krampfte sich ihr Magen nur so merkwürdig zusammen? Hannahs Herz schlug kräftig gegen ihre Brust, als sie sich neben Jacob fallen ließ. Die Nacht war hell. Im Süden zeichnete sich die Silhouette der Bergkette ab, über der der Mond thronte.

»Hat er dir wehgetan?«, begann Jacob vorsichtig.

»Ein bisschen«, gab Hannah zu. Sie spürte noch Herberts Hand grob auf ihrem Rücken, am Hals, im Nacken. Seine Lippen auf den ihren. Sie merkte, wie Jacobs Körper sich anspannte. Er murmelte unverständliche Worte und ballte die Hände zu Fäusten.

»Es tut mir leid«, fing Hannah an, doch Jacob lachte leise auf.

»Dir tut es leid? Dieser Vollidiot fällt über dich her und dir tut es leid? Bist du auch betrunken?«

»Das habe ich nicht gemeint«, sagte sie und schaute schuldbewusst auf ihre Füße. »Es tut mir leid, wie ich mich dir gegenüber verhalten habe. Es war mir wichtiger, was die anderen von mir denken, als …«

»Sag nichts«, fiel er ihr ins Wort. »Dir muss nichts leidtun. Es sind schwere Zeiten. Für jeden von uns. Du hast nur das getan, was du für richtig gehalten hast. Auch um dich selbst zu schützen.«

»Das meine ich ja. Ich habe immer nur an mich selbst gedacht. Bin zu diesen Treffen gerannt. Habe dich ignoriert. Was war ich nur für ein arrogantes Miststück!«

»In den entscheidenden Momenten hast du mich nicht ignoriert. Da warst du sehr wohl für mich da«, sagte Jacob fast schüchtern.

Das Geräusch ihrer Füße im Wasser war für einige Minuten das einzige, doch es kam Hannah laut vor. Sie wollte reden.

»Es tut mir leid«, sagte sie erneut.

»Hannah, es gibt nichts, was dir leidtun muss!« Jetzt sah er sie direkt an. Seine Augen glitzerten im Mondlicht. Er zog seine Jacke aus und legte sie ihr über die Schultern.

Wieder strömte sein Duft in ihre Nase und benebelte fast ihre Sinne.

»Woher bist du heute Abend gekommen? Wie hast du mich gefunden?«

Jacob wartete kurz, bis die Antwort über seine Lippen rollte. »Ich bin spazierengefahren. Es soll jetzt nicht so klingen, als würde ich dich wie ein Irrer verfolgen, aber ich habe ein Auge auf dich, Hannah.« Erneut sah er sie direkt an. Diesmal ernst und eindringlich. Dann flog sein Blick wieder über das Wasser.

»Du hast ein Auge auf mich, ohne dass ich es bemerkt habe?«

»Natürlich. Es ist mir wichtig, dass es dir gut geht. Heute Abend, als Herbert dir wehgetan hat, habe ich rot gesehen. Aber nicht nur deshalb«, gab er zögernd zu. »Ich kann es nicht erklären, aber irgendwie war ich eifersüchtig.«

»Eifersüchtig auf Herbert Bauer? Bist du komplett übergeschnappt? Ich hasse den Kerl.«

»Das weiß ich ja eigentlich. Ich kann es auch nicht erklären, aber er war dir so nah.« Hannah konnte Schmerz aus seinen Worten heraushören. »Es tat mir weh zu sehen, wie er dich geküsst hat.« Zaghaft berührten Jacobs Finger Hannahs Zopf und sanft zog er daran. Gänsehaut überzog jeden Zentimeter ihres Körpers.

»Sei mir nicht böse, aber ich muss dringend um die Ecke und pinkeln.«

Hannah lachte auf. Der romantische Moment zerplatzte wie eine Seifenblase. Jacob raschelte durch das Gebüsch und Hannah blieb allein zurück. Sie hatte Zeit, ihre Gedanken zu sortieren. Ihre Gefühle zu ordnen, von denen sie bisher noch nicht im Ansatz geahnt hatte, dass diese in ihr schlummerten. Sie sah auf ihre zitternden Hände, als sie die Schritte auf dem Steg vernahm, die Jacobs Rückkehr ankündigten. Hannahs Herz machte einen Sprung, als Jacob in die

Knie ging und sich direkt hinter sie setzte. Er drückte ihren Rücken an seine Brust und legte die Arme um sie.

»Bin ich dir zu nah?«, wisperte Jacob ihr ins Ohr und berührte mit den Lippen ihre Haare. Hannah war unfähig zu antworten. Er seufzte und lehnte sich zurück. Die Wärme von seinem Körper verschwand.

»Bleib«, sagte Hannah zaghaft und spürte Jacobs Lächeln im Nacken.

»Du glaubst gar nicht, wie oft ich von so einem Moment geträumt habe«, flüsterte er und hielt sie fest. Wohin sollte sie sonst, als in seinen starken Armen versinken. Mut erfasste sie und Hannah lehnte den Kopf gegen seine Brust.

»Ich habe versucht, dir aus dem Weg zu gehen. Ich habe es wirklich versucht«, begann er. »Ich möchte dich nicht in Schwierigkeiten bringen, verstehst du das?« Hannah verstand, aber ein Teil von ihr weigerte sich, seinen Worten zuzustimmen. Er beugte sich weiter nach vorne, und ihre Wangen berührten sich. Bartstoppeln kitzelten sie im Gesicht.

»Ich hätte es fast geschafft, meine Gefühle in eine Schublade zu sperren. Wusste, dass sie da sind, aber verschlossen. Ich hatte alles im Griff. Bis heute Abend.« Er schloss die Augen, völlig versunken in sein Geständnis.

»Welche Gefühle meinst du?« Hannah wusste, von welchen Gefühlen er sprach, doch sie musste es hören. Sie wollte es von ihm hören. Hier und jetzt.

»Als ich Herbert und dich gesehen habe, wusste ich, dass ich dich will. Mehr als alles andere auf der Welt. Du bist die Eine, Hannah. Du bist es immer gewesen. Schon als wir Kinder waren, hatte ich immer nur Augen für dich. Du hast keine Ahnung, wie sehr es mich quält, weil es verboten ist.«

Verboten. Das Wort hallte durch ihren Kopf, bebte durch ihren ganzen Körper, vibrierte in ihr wie der Klang einer Kirchenglocke. Hannahs Herz, das gerade noch Saltos geschlagen hatte, schmerzte von der plötzlichen Wendung. Sie wollte nichts hören. Nichts über Verbote. Nichts über Juden und Arier. Nichts über Rassenschande. Alles was sie wollte, war, seinen Herzschlag zu spüren. Seine Arme, die sie fest an ihn drückten. Mit einem Mal fiel es ihr wie Schuppen von den Augen. Sie schlug die Hände vors Gesicht, als ihr bewusst wurde, dass auch sie mehr für Jacob empfand, als sie sich eingestehen wollte. Eingestehen musste.

»Du brauchst dich nicht vor mir zu verstecken, Hannah. Ich sehe durch deine Hände. Ich weiß, dass du lächelst.« Er zog ihre Hand vom Gesicht und streichelte sanft ihre Wange.

»Mit einer Sache gebe ich Herbert sogar recht, auch wenn ich ihn von allen Menschen, die ich kenne, am meisten hasse. Niemand kann deinen Augen widerstehen. Augen wie Diamanten. Sie glitzern, wenn du lachst, sprühen Funken, wenn du wütend bist.«

»Vergiss die Verbote«, sprudelte es plötzlich aus Hannah heraus. »Lass uns abhauen. Du und ich. Lass uns dahin gehen, wo es keine Verbote gibt. Wo man frei sein kann.« Jacobs Lächeln erreichte seine Augen nicht, die sie traurig ansahen.

»Was ich fühle, weißt du ja. Wie gerne würde ich alles hinter mir lassen und verschwinden. Was hält mich noch hier?« Laut zog er die Luft ein. »Außer meinem Gewissen«, fügte er schmerzlich hinzu.

»Dein Gewissen?«

Mit seiner Stimme war eine feine Veränderung vorgegangen, sie klang rauer, tiefer, und seine Worte kamen rasch, wie von innen getrieben.

»Das gilt alles nur für mich, Hannah. Es ist mein Leben und ich würde keinen Augenblick zögern um auszubrechen. Aber dein Leben liegt mir mehr am Herzen als meines. Du kannst nicht einfach weglaufen. Ich kann nicht zulassen, dass du ausgestoßen wirst, dass dich die Leute schneiden. Das wäre zu viel für dich.«

Sie schnaubte auf. »Also hältst du mich für schwach?«

»Das ist es nicht. Es tut weh, weißt du?«, gab er zu, und Hannah wusste, dass er sein Innerstes offenlegte. »Ich könnte es mir niemals verzeihen, wenn dir jemand Schmerzen zufügt. Meinetwegen. Wenn ich dir Schmerzen zufüge.«

»Du fügst mir doch keine Schmerzen zu, Jacob!«

»Hannah«, flüsterte er, »du weißt nicht, was für Qualen ich ausstehe, wenn ich dich sehe, aber doch nicht haben kann. Du bist alles für mich. Ich kann nicht zulassen, dass ich dir schade.«

»Wir können warten. Zeiten ändern sich. Irgendwann können wir frei sein.«

»Du hast recht. Ich würde Jahrhunderte auf dich warten, aber die Zeiten meinen es nicht gut mit uns. Glaub mir. Es wird eher schlechter als besser.« Er streichelte ihr liebevoll über den Kopf, und seine Berührung hatte etwas Tröstendes.

Hannah musste nicht von ihren verschlungenen Händen aufblicken, um zu wissen, dass seine blauen Augen auf ihr ruhten. Sie drehte den Kopf und ihre Gesichter trennten nur die Nasenspitzen. Jacob kam näher, bis er abrupt innehielt, als würde er überlegen. Hannah lauschte seinem Atem. Wie in Zeitlupe glitten Jacobs Finger über ihre Wange, strichen über ihre Lippen und kamen schließlich in ihrem Nacken zur Ruhe. Der Ausdruck in seinen Augen hatte sich gewandelt. Der Schmerz, der sie noch vor ein paar Minuten dominiert hatte, war Hunger gewichen. Nicht die Art von Hunger, die Hannah vorhin bei Herbert Angst eingeflößt hatte, sondern eine Art von Hunger und Gier, die ihr Blut zum Rauschen brachte. Was stellte er nur mit ihr an?

»Ich wünschte, ich wäre stärker«, wisperte er, »aber ich kann nicht anders.« Er zögerte einen Augenblick, als würde er auf Hannahs stumme Zustimmung warten, die in ihren Augen schimmerte, dann beugte er sich nach vorne und seine warmen, sanften Lippen trafen auf Hannahs. Vorsichtig lösten sie sich voneinander. Hannah atmete keuchend, Jacob zuckte zurück, als hätte er sich verbrannt. Es war nicht genug. Sie wollte mehr. Hannah setzte sich auf und diesmal war sie es, die sich zu Jacob hinüberbeugte. Erneut trafen ihre Lippen aufeinander. Vertraut, als hätten sie nie etwas anderes gemacht. Jacob hielt Hannahs Gesicht in den Händen, dann glitt eine Hand über ihren Arm, über ihren Rücken und er zog sie noch enger an sich.

»Ich kann nicht anders. Ich kann mich nicht länger dagegen wehren. Ich liebe dich, Hannah. Der Kuss war alles wert. Dieser Augenblick …«, er rang nach Worten, »ich werde ihn für den Rest meines Lebens nicht vergessen.«

»Du redest, als wäre alles eine einmalige Sache gewesen.«

»Ich habe Angst, dich zu zerstören. Wer würde schon für uns sein? Für uns kämpfen?«

»Es reicht, wenn wir füreinander kämpfen«, sagte sie entschlossen. »Ich liebe dich, Jacob.« Die Worte waren gesagt, sie konnte sie nicht zurücknehmen. Ein Lächeln umspielte seine Lippen.

»Weißt du, Liebe ist für mich, wenn man eifersüchtig wird, um mit dem Schlechtesten anzufangen. Und glaub mir, ich bin wirklich eifersüchtig. Aber keiner darf von uns erfahren. Niemand. Ich will dich für mich haben, dich nicht teilen müssen. Ich will jedem auf der Welt zeigen, dass du zu mir gehörst. Aber es geht nicht.« Er sah ihr eindringlich in die Augen. »Liebe ist, wenn man mehrmals am Tag an eine Person denken muss, nur das Beste für sie will, wenn man sich in der Zukunft ein Bild machen kann.« Er überlegte fieberhaft. »Genau gesagt, ist Liebe verdammt schwer.«

Sie wusste, was er meinte, denn es war wirklich verdammt schwer, sich eine gemeinsame Zukunft vorzustellen. Jacob war Jude. Der Feind. Der Inbegriff des Schlechten. Aber Jacob war derjenige, den sie wollte. Den sie brauchte.

Als Antwort küsste sie ihn. Feurig, leidenschaftlich.

»Verlass mich nicht«, sagte sie leise.

»Ich verlasse dich nicht. Niemals! Ich bin immer für dich da«, versprach er. Seine feste Umarmung dämpfte Hannahs Panik, dass sie ihn gerade gewonnen hatte, nur um ihn im nächsten Atemzug wieder zu verlieren. »Ich bin für dich da, Hannah. Heute Abend und für den Rest deines Lebens, das schwöre ich dir.« Er nahm ihr Gesicht in die Hände und küsste sie auf die Stirn. Eng umschlungen saßen sie auf dem Steg. Nichts, wirklich nichts würde zwischen sie passen.

»Es wird kalt und deine Eltern machen sich bestimmt schon Sorgen um dich. Ich bringe dich heim.« Er half ihr aufzustehen und Hand in Hand liefen sie über die Wiese. Auf dem Fahrrad drückte sich Hannah dicht an Jacobs Körper, bis sie vor ihrem Haus ankamen und Jacob vor dem Tor stehen blieb.

»Gute Nacht, mein Herz. Schlaf gut. Wir sehen uns morgen.« Er küsste sie ein letztes Mal und wartete, bis sie im Haus verschwunden war.

Zu Hause im Bett strich sich Hannah über ihre Lippen. Sie spürte seinen Kuss noch, als hätte er sich eben erst von ihr gelöst. In dieser Nacht träumte sie von seinen Worten, seinen Berührungen, ihrer Zukunft. Mit Jacob wollte sie alt werden.

Juni 1939

Jacob hatte das Gefühl, sehr lange geschlafen zu haben, und sein Körper war so steif, als hätte er sich seit Wochen nicht bewegt. Die Muskeln in seinen Armen und Beinen schmerzten wie nach einem Boxkampf, doch er war seit geraumer Zeit nicht mehr beim Training gewesen, da im Moment Sommerpause war. Wie durch ein Wunder durften Simon und er noch weiterhin in den Verein kommen, da ihr Trainer vehement auf ihrer Anwesenheit bestand. Leider gab es kaum noch Gegner, die gegen einen Juden boxen wollten, so blieb ihnen nichts anderes übrig, als miteinander zu trainieren, was sie früher strikt abgelehnt hatten.

Benebelt wischte sich Jacob den Schlaf aus den Augen, und schwindelerregende Gedanken flatterten ihm wie aufgeschreckte Vögel durch den Kopf. Immer wieder kehrten die schrecklichen Bilder zurück. Beinahe jede Nacht holten sie ihn ein, raubten ihm den Schlaf, lähmten seine Gefühlswelt. Seine Alpträume handelten davon, welche Probleme Hannah bekommen könnte, wenn jemand herausfand, dass sie ein Liebespaar waren. Hannah bei der Verhaftung. Hannah bei einem Verhör. Beim Abtransport in ein Arbeitslager. An allem war er schuld, nur weil er seine Gefühle nicht kontrollieren konnte. Was war er doch nur für ein egoistischer Idiot!

Verbotene Liebe. Daran gab es keinen Zweifel, so sehr er das Blatt auch drehte und wendete, er kam immer wieder zu derselben Erkenntnis. Verbotene Liebe. Die Worte wirbelten durch seinen Kopf wie ein Orkan, gingen über in

Mark und Bein. Was sollte aber an einer tiefen, aufrichtigen Liebe verboten sein? Der Kampf in seinem Inneren war wieder neu entflammt. Auf der einen Seite Hannah mit ihrem Lächeln und den himmelblauen Augen. Auf der anderen Seite die Gesetze. Verbote. Diskriminierung.

Er konnte jetzt nicht daran denken. Er konnte sich diese Liebe nicht von irgendjemandem zerstören lassen, wo Hannah ihm doch gesagt hatte, dass sie auch so für ihn empfand.

Jacob schlug die warme Federbettdecke zur Seite und schlurfte ins Badezimmer. Als er seinem Spiegelbild gegenüberstand, erschrak er. Die Augen stachen blau hervor, in ihnen schwammen Besorgnis und Angst. Darunter lagen schwarze Schatten wie Blutergüsse. Er musste sich entscheiden. Er musste es entweder beenden, für Hannah, oder er musste alles riskieren und sich fallenlassen. Fallenlassen in dieses Abenteuer, diese Liebe, aus der es kein Zurück für ihn geben würde.

»Entscheide dich!«, sagte er zu seinem Spiegelbild. Er drehte den Wasserhahn auf, schöpfte Wasser und wusch sich damit das Gesicht. Die Kälte färbte seine Wangen rot und hauchte ihm wieder Leben ein. Vor seinem inneren Auge erschien Hannah. Lächelnd. Leuchtend. Wie sollte er sie bloß zurückweisen. Er war selbst zu schwach dafür, alles zu beenden. Zu verliebt, als dass er sich von ihr fernhalten konnte.

»Was bist du nur für ein verdammter Egoist!«, zischte er sich zu. So aussichtslos die Situation für sie schien, wusste er dennoch, dass es Liebe war. Und wo Liebe war, musste auch Hoffnung sein.

Er tapste in die Küche und sah, dass seine Mutter ihm einen Zettel neben dem Frühstücksteller hinterlassen hatte. Sie trafen sich mit Georg Sedlmayr, während Simon zum Boxen gegangen war. Seit seinem Schulabschluss durfte er weder eine Ausbildung machen noch studieren. Das Boxen war alles, was er hatte. Jetzt, nachdem auch Jacob sein Abitur erkämpft hatte, würde es ihm bald genauso gehen. Was konnte er Hannah schon bieten? Nichts, außer seinem Herz.

Er schüttete sich Haferflocken in eine Schüssel und goss Milch darauf. Gerade als er den ersten Löffel zum Mund führte, klingelte es. Wer konnte das sein?

Schnell schob er sich die Haferflocken in den Mund und ging zur Tür. Als er sie öffnete, stand Hannah mit einem verschmitzten Lächeln davor.

»Ich hatte gerade meine letzte mündliche Prüfung.« Strahlend trat sie einen Schritt auf ihn zu und flog ihm in die Arme. Jacob zog sie hastig herein und schloss die Tür.

»Hannah, pass auf. Nicht, dass uns jemand sieht. Die Nachbarn hören besser als Fledermäuse, das musst du mir glauben.«

Sie sah ertappt aus, zuckte aber mit den Schultern.

»Du hast mir gefehlt«, flüsterte sie und sah zu ihm auf. Dann drückte sie ihre Lippen weich auf seine, und die beiden verschmolzen zu einem innigen Kuss. Alle Zweifel waren mit einem Wimpernschlag wie ausgelöscht, als er Hannah an der Hand in die Küche führte.

»Erzähl, wie war die Prüfung?« Er strich ihr liebevoll über die Wange und zog an ihrem langen Zopf.

»Ich glaube, sehr gut. Mein Schwerpunkt war die Kunst der Intrige in der Literatur. Ich habe sehr viel geredet. Nur teilweise wurde nachgehakt.«

»Jetzt bist du auch endlich fertig. Ich hoffe, du machst es mir nicht nach und liegst im Bett bis mittags.« Er schmunzelte.

»Hast du Hunger? Möchtest du etwas essen?«

Sie schüttelte den Kopf und sah ihm zu, wie er seine Schüssel mit Haferflocken leerte.

»Ich würde gern dein Zimmer sehen«, sagte sie und sah ihn direkt an. »Früher war ich oft da, aber die letzten Jahre war ich immer nur in der Küche und im Wohnzimmer.«

Er nickte und stellte die Schüssel in die Spüle. Dann nahm er sie bei der Hand und führte sie durch die Wohnung. Sein Zimmer lag ganz hinten im Gang. Gegenüber von Levis.

Zögerlich trat Hannah ein. »Ich erinnere mich an den Ausblick. Du hattest schon immer einen guten Überblick über die Stadt«, schmunzelte sie und warf einen Blick aus dem Fenster. »Ich hatte ganz vergessen, dass man auch von hier aus die Berge sehen kann.«

Ihr unverwechselbarer Duft stieg ihm süß in die Nase, als er sich neben sie stellte und ebenfalls aus dem Fenster blickte.

»Es sieht nach Regen aus«, meinte Jacob und deutete auf die dunklen Wolken, die schwer am Himmel hingen.

»Ich wusste gar nicht, dass du so gut zeichnen kannst«, rief Hannah erstaunt aus, als sie durch ein paar Zeichnungen blätterte, die er gemalt hatte. Der Sonnenuntergang. Die Berge. Das Riesenrad. Ihre Apotheke. Eine Bücherverbrennung. Hannahs Augen weiteten sich, als sie das Bild von den Scherben der Apotheke in den Händen hielt. Mitleid schwamm in ihren Augen. Hastig schob sie das Bild nach hinten, als könne sie seinen Anblick nicht länger ertragen.

Jacob sog laut die Luft ein. Verdammt! Er hatte ganz vergessen, dass auch diese Zeichnung noch im Stapel war. Auf dem Bild war ein Portrait von Hannah zu sehen. Von dunklen Wimpern umrahmte blaue Augen leuchteten ihm entgegen. Blonde Zöpfe auf ihre Schultern gebettet.

»Oh«, stieß sie hervor und sah zwischen dem Bild und Jacob hin und her.

»Ich hoffe, du hältst mich jetzt nicht für verrückt, dass ich dich gemalt habe«, begann Jacob vorsichtig und sah auf seine Zehenspitzen.

»Mach dir keine Sorgen. Es gefällt mir. Auf deiner Zeichnung sehe ich sogar besser aus als in der Realität.«

»Blödsinn!«, sagte Jacob schnell. »Ich könnte dich gar nicht richtig aufs Papier bringen. Deine Lebendigkeit. Die kann man nicht auf einer Zeichnung erkennen.«

Er nahm ihr das Bild aus der Hand, legte es zurück auf seinen Schreibtisch und zog sie in seine Arme. Er beugte sich leicht nach unten und drückte seine Stirn gegen ihre. Hannah legte den Kopf in den Nacken.

»Schau mich an.« Ihre Augen wanderten nach oben. »Du bist die schönste Frau, die ich kenne. Die ich je kennenlernen werde. Ich liebe dich!«

»Ich liebe dich auch«, erwiderte sie und küsste ihn. Der Kuss wurde mit einem Mal stürmischer, leidenschaftlicher. Jacob konnte sich nicht erklären, wie sie plötzlich auf seinem Bett landeten. Tief sank er auf der Matratze ein, während Hannah auf seinem Schoß saß. Plötzlich schossen wieder Gedanken durch Jacobs leergefegten Kopf, und er erstarrte über seinen unkontrollierten Ausbruch von Leidenschaft. Sorge erfüllte ihn. Die Sorge darüber, eine Grenze überschritten zu haben.

»Ist alles in Ordnung?« fragte Hannah besorgt und löste ihre Lippen von seinen. Jacob nickte.

»Ja, ich möchte nur nichts überstürzen und etwas tun, das du hinterher bereust.«

Vorsichtig legte sie ihren Kopf an seine Schulter und ließ ihre Lippen seinen Hals hinaufwandern.

»Hanni«, lachte Jacob, »ich meine es wirklich ernst.«

»Deine Haare sehen aus wie ein Heuhaufen.« Lachend fuhr sie ihm durch die Haare, ohne auf ihn einzugehen, und küsste ihn erneut. Wieder und wieder.

Stumm hielt Jacob sie in den Armen und wiegte sie hin und her.

»Hast du Angst?«, flüsterte Hannah ihm ins Ohr.

»Ja«, gab er ohne Umschweife zu. Wie hätte er sie auch anlügen können, wo sie ihm so nahe war und er ihren Atem spüren konnte.

»Hab keine Angst vor mir«, hauchte sie.

Jacob schmunzelte. »Ich habe doch keine Angst vor dir. Ich habe Angst um dich.«

»Hab keine Angst um mich. Ich bin ein großes Mädchen. Ich passe schon auf mich auf.«

Jacob nahm ihre Hände in die seinen und küsste ihre Fingerspitzen.

»Heute Morgen, als ich aufgewacht bin«, begann er, »war ich unentschlossen. Wankelmütig.« Hannah erstarrte. »Verstehst du, ich war mir einfach nicht sicher, ob ich stark genug bin. Stark genug, dass ich mich von dir fernhalte.« Tränen schwammen in ihren Augen, als er weitersprach. Er musste ihr die Wahrheit sagen. »Die Wahrheit ist, dass ich dich liebe. Ich vermisse dich, wenn du nicht bei mir bist. Ich denke den ganzen Tag an dich, aber dieses Gefühl jagt mir auch eine Heidenangst ein.« Er rang nach Worten. »Aber ich habe Angst, Hannah. Angst, dass unsere Liebe ans Tageslicht kommt und ich dich damit in große Schwierigkeiten bringe.« Schmerz zerfurchte ihm die Stirn, doch sie glättete sie, indem sie mit der Spitze des Zeigefingers darüberfuhr.

»Das heißt, dass du keine Möglichkeit für uns beide siehst?«, fragte sie mit tränenerstickter Stimme.

»Ich bin leider auch nur ein Mensch«, sagte Jacob mit einem Schmunzeln. »Ich möchte es versuchen. Für dich. Wenn du mich willst.« Er war sich sicher, dass sie aufstehen würde und fortgehen, doch Hannah erstickte seine Worte mit ihren Lippen.

»Und morgen wird es noch schwieriger sein. Und übermorgen. Und in einem halben Jahr. Aber wir können nicht für andere leben, Jacob. Wir haben doch nur dieses eine Leben.«

Endlich drangen ihre Worte zu ihm durch. Er lachte. Befreit, musikalisch und vertraut.

»Bleib bei mir«, flüsterte Hannah. »Verlass mich nicht.«

»Ich verlasse dich nicht. Ich beschütze dich. Egal, was kommt.« Er konnte in ihrem Gesicht lesen, dass ein Stein von ihrem Herzen fiel.

»Ist es nicht unglaublich? Man liest von Liebe, sieht Filme, und dann erlebt man sie selbst und es wirft einen völlig aus der Bahn.«

»Viel gewaltiger als ich es jemals gedacht habe.«

Draußen setzte der Regen ein und klopfte zaghaft gegen die Fensterscheibe.

»Das Gefühl«, die Worte flossen jetzt so schnell wie ein Fluss aus ihm heraus, »dass einem das Leben des anderen wichtiger erscheint als sein eigenes. Du weckst so viele Gefühle in mir, Hannah. Daran muss ich mich erst noch gewöhnen.«

Mit einer Hand strich er ihr über die Wange, lehnte sich mit dem Rücken gegen die Wand und machte eine einladende Geste, indem er den Arm hob. Hannah verstand. Sie krabbelte zu ihm, ließ sich fallen und drückte ihren Körper eng neben seinen. Ihre Wärme beruhigte ihn.

»Du riskierst viel, Hannah. Ich möchte, dass du dir dessen bewusst bist, bevor du dich voll und ganz entscheidest. Deine Mutter würde unsere Beziehung niemals tolerieren. Was würde dein Vater davon halten, deine Brüder?«

»Sie würden es schon verstehen. Meine Mutter ist eine andere Baustelle. Man könnte ihr sowieso nie etwas recht machen.«

»Ich meine es ernst, Hannah. Du musst dir im Klaren sein, was du aufgeben würdest. Was es für Folgen haben könnte.«

»Schhh«, sie legte ihm den Finger auf die Lippen und schnitt ihm das Wort ab.

»Genug jetzt. Genug von allem. Ich weiß, wie es ist und was es bedeuten kann. Aber ich weiß auch, dass ich jetzt nicht mehr ohne dich sein will. Ich brauche dich.« Ein Beben ging durch ihren Körper, als sie sich an ihn drückte.

Die letzte Mauer des Widerstands war nun auch für Jacob eingestürzt.

Zusammen lagen sie in seinem Bett, abgeschottet von der Welt, gefangen in ihren Gefühlen, während der Regen nun immer härter gegen die Fensterscheibe trommelte.

31. August 1939

München

Hannah hat mich an ihrem Geburtstag angerufen und mir anvertraut, dass Jacob und sie ein Paar sind. Einerseits war es eine große Überraschung für mich, andererseits habe ich schon etwas länger vermutet, dass die beiden nicht nur freundschaftliche Gefühle miteinander teilen. Ich musste ihr versprechen, keiner Menschenseele davon zu erzählen. Ehrlich gesagt wundert es mich sehr, dass Mama noch nicht Wind davon bekommen hat. Ihre große Spezialität war es schon immer, in Geheimnissen zu graben und sie aufzudecken. Wie oft sie wohl meine Tagebücher gelesen hat, als ich noch daheim gewohnt habe?

Mama würde die Beziehung nie im Leben gutheißen. Eine Sedlmayr und ein Jude. Rassenschande! Unser guter Ruf wäre dahin. Hannahs Gefühle würde sie völlig ausblenden. Ich weiß nicht, was sie anstellen würde, wenn sie es herausfindet. Gnade uns Gott!

Hermann klappte sein Tagebuch zu und steckte die Kappe zurück auf seinen Füllfederhalter. Seitdem seine Schwester ihn in ihr Geheimnis eingeweiht hatte, musste er Tag für Tag daran denken. Aus ihrem Schluchzen am Telefon hatte er herausgehört, dass ihre Gefühle für Jacob echt waren. Anscheinend wussten auch Jacobs Eltern nichts von ihrer Beziehung. In Anbetracht der Umstände konnte Hermann Hannah und Jacob verstehen. Jetzt, wo auch Karl beim

267

Militär war, war seine Schwester die meiste Zeit allein zu Hause. Sicherlich hatte sie sich oft einsam und verlassen gefühlt.

Hermann stand auf, um eine Kanne Kaffee zu kochen. Auf dem kleinen Küchentisch lagen bereits fein säuberlich ausgeschnittene Zeitungsartikel, die er später in einen seiner Ordner abheften wollte. Seine Augen wanderten über die Schlagzeilen. Sein Vater hatte von Anfang an recht gehabt. Propaganda. Judenhetze. Die Landeshauptstadt selbst war ohnehin eine einzige optische Gehirnwäsche. München war mit Hakenkreuzen zugepflastert, an jeder Ecke wehten Flaggen, Uniformen prägten das Stadtbild. Eine Vorahnung nahm plötzlich Gestalt an. München im Krieg. Bomben, die Häuser und Gebäude zerschlugen. Tote auf der Straße. Krieg in ganz Deutschland. Auch Rosenheim würde nicht verschont bleiben. Hermanns Fantasie musste ihm einen Streich spielen. Aber hatte es Georg Sedlmayr nicht bereits nach der Machtübernahme Hitlers prohezeit? »Hitler bedeutet Krieg.« Das waren seine Worte gewesen. Jetzt erinnerte er sich wieder ganz deutlich. Sein Vater hatte bereits einen Krieg erlebt, war ihm fast zum Opfer gefallen. Kannte er nicht die Vorboten ganz genau? War es jetzt wie damals?

Hermann überlegte fieberhaft. Die ersten Männer wurden bereits einberufen, zahlreiche junge Burschen beim Militär geschult und ausgebildet. Karl war einer von ihnen. Er selbst hatte nur ein paar Monate eine militärische Ausbildung genossen, musste die Zeit jedoch nachholen, da er einen Platz für ein Medizinstudium bekommen hatte. Jetzt fiel es ihm wie Schuppen von den Augen. Ärzte! Für einen Krieg brauchte man zahlreiche, gut ausgebildete Ärzte. Lastwägen wurden requiriert. Viele Privatpersonen, die er inzwischen kannte, hatten ihre Fahrzeuge abtreten müssen. War es eine langsame, sommerliche Einstimmung auf den langen Winter, der sie erwarten würde?

Seine Finger suchten in den Artikeln, und als er in das Gesicht von Marlene Liebreiz blickte, wurden alle Gedanken mit einem Schlag weggewischt wie Regen von einer Windschutzscheibe. Die jadegrünen Augen leuchteten ihm entgegen. Sie hatte in einem Spielfilm die Hauptrolle, der heute Abend im Lichtspielhaus gezeigt werden sollte. *Mademoiselle Madeleine.* Neben dem kurzen Interview mit Marlene Liebreiz war das Filmplakat abgedruckt. Darauf war sie mit feuerrotem Haar abgebildet, wie sie vor dem Spiegel im Schlafzimmer stand und sich die Lippen anmalte. Die Schlafzimmertür war einen Spalt geöffnet. Im Schatten konnte man das wütende Gesicht ihres Ehegatten erkennen. Hermann hatte in der Beschreibung nachgelesen, dass der Mann vermutete, dass seine Frau eine Affäre hatte. Daraufhin spionierte er ihr nach und heuerte sogar einen Privatdetektiv an.

Die Türglocke schrillte und Hermann legte den Zeitungsartikel rasch beseite. Als er die Tür öffnete, standen Hannah und Jacob davor. Es kam ihm vor, als wäre seine Schwester schon wieder gewachsen, da er sie jetzt nicht einmal mehr um zehn Zentimeter überragte. Ihr verunsichertes Lächeln verschwand, als Hermann sie an sich drückte und auf beide Wangen küsste.

»Jacob kennst du ja schon«, versuchte sie die Anspannung mit einem lockeren Spruch zu lösen.

»In der Tat. Ich habe ihn schon ein- oder zweimal gesehen.« Er streckte Jacob grinsend die Hand hin, die dieser mit festem Griff schüttelte.

»Na, dann kommt mal herein, ihr beiden Turteltäubchen.«

»Hermann!«, rief Hannah schrill aus, doch ein breites Grinsen huschte über ihr Gesicht.

»Wie war die Zugfahrt?«

»Schon in Ordnung. Wir sind in unterschiedliche Wägen eingestiegen, damit wir nicht zusammen gesehen werden«, erklärte Jacob. Hermann erkannte, dass er Hannah auf keinen Fall in Schwierigkeiten bringen wollte, was er ihm hoch anrechnete.

»Hier in München fühle ich mich sicherer«, meinte Hannah. »Hier kennt uns niemand. Keiner weiß, dass Jacob Jude ist.«

»Mama hat mich nur widerwillig gehen lassen, aber ich habe ihr gesagt, dass du mir die medizinische Fakultät zeigen willst, da ich ja im Herbst auch mit dem Medizinstudium beginne.«

Unglaublich, wie schnell die Zeit verging. Er konnte sich noch daran erinnern, wie er Hannah mit ihren langen, blonden Zöpfen damals in ihrer ersten Woche an der weiterführenden Schule begleitet hatte, und jetzt stand sie als junge Frau vor ihm. Ehrgeizig. Intelligent, mit Plänen für die Zukunft.

»Was hast du deinen Eltern erzählt?«, fragte Hermann.

»Simon deckt mich. Ich habe ihn eingeweiht«, gab Jacob zurück. Hermann musste schmunzeln. Brüder. Schön, dass auch Jacob seinem Bruder so sehr vertrauen konnte wie Hannah es anscheinend bei ihm tat.

»Ich würde vorschlagen, dass ihr euch schnell umzieht. Wir haben viel vor heute. Es gibt jede Menge in München zu sehen.«

»Ich muss auf jeden Fall zum Glockenspiel am Marienplatz«, sagte Hannah bestimmt.

»Du bist eine richtige Touristin«, lachte Hermann. »Aber klar, der Marienplatz ist auf jeden Fall einer der Orte, den ich euch zeigen möchte. Die Frauenkirche, der Alte Peter, der Stachus, der Odeonsplatz, der Viktualienmarkt, der Englische Garten, der Tierpark Hellabrunn, die Universität«, zählte Hermann weiter auf. »Am Abend können wir ins Lichtspielhaus und uns einen Film ansehen.«

»Du weißt aber schon, dass wir nur zwei Tage hier sind, nicht wahr? Das klingt wie ein einwöchiges Tourismusprogramm.«

»Eins nach dem anderen. Wir schauen einfach, wie viel wir schaffen. In der Innenstadt liegt alles nah beisammen.«

»In Ordnung. Ich gehe mich schnell umziehen.« Hannah nahm ihre Tasche mit ins Badezimmer. Als die Tür hinter ihr ins Schloss gefallen war, wandte sich Jacob an Hermann.

»Du erinnerst dich schon daran, dass ich Jude bin, nicht wahr? Wie soll ich denn überhaupt irgendwo hineinkommen? In den Zoo? Ins Lichtspielhaus? Juden ist der Zutritt nicht gestattet.«

Ohne ihm zu antworten, stand Hermann von der Eckbank auf und holte ein Kuvert aus der Küchenschublade, das er Jacob reichte. Irritiert zog er die Augenbrauen nach oben. Hermann nickte ihm zu, und Jacob fischte einen Ausweis heraus.

»Lenz Müller? Ist das dein Ernst?«

»Sehe ich so aus, als würde ich Späße machen?«

Argwöhnisch betrachtete Jacob das Bild vor ihm. Der Mann darauf war vielleicht ein paar Jahre älter als er, hatte aber blaue Augen und dunkelblonde Haare.

»Lenz ist ein Studienfreund von mir. Er hat mir seine Hilfe angeboten. Er hilft die Tage seiner Großmutter, also würde er sowieso nichts unternehmen. Er wird bestimmt nicht bei ihr zu Hause beim Rasenmähen kontrolliert.«

Der Widerwillen war Jacob anzusehen, doch er wollte Hannah bestimmt nicht enttäuschen.

»Ich bin so weit«, flötete sie in diesem Moment und trat aus dem Badezimmer. Sie trug ein geblümtes Kleid und einen dazu passenden Haarreif.

»Jetzt siehst du wirklich nicht mehr aus wie ein Landei«, neckte sie Hermann, woraufhin sie ihm die Zunge herausstreckte.

»Dann wollen wir mal. Hannah. Lenz. Nach Ihnen.«

Hannah blickte ihn fragend an, doch Hermann lachte nur und griff nach dem Hausschlüssel.

Da Hermanns Wohnung sehr zentral lag, waren es bis zur Universität nur fünfzehn Gehminuten. Hannah und Jacob staunten nicht schlecht über die großen Hörsäle, die imposante Eingangshalle, die Bibliothek mit ihren unzähligen Büchern. Hannahs Augen glänzten voller Vorfreude, während Hermann bemerkte, dass Jacob traurig und niedergeschlagen wirkte. Er würde wohl nie studieren dürfen. Bei seinem Anblick wurde ihm das Herz schwer und er hatte das Bedürfnis, schnell das Gebäude zu verlassen. Obwohl im Moment Semesterferien waren, ging es vor der Universität zu wie in einem Ameisenhaufen. Zahlreiche junge Männer und Frauen hatten Decken ausgebreitet und lagen im grünen Rasen um den Brunnen herum. Es herrschte eine ausgelassene Stimmung, wie sie nur nach dem Ende der Prüfungen sein konnte.

»Wenn wir hier über die Straße gehen, kommen wir zum Englischen Garten«, erklärte Hermann.

Hannah hakte sich bei Jacob unter und sie überquerten die Straße. Im Englischen Garten blühte das Leben. Menschen jeden Alters spielten Fußball, Kinder jagten sich über die hellgrünen Wiesen, Paare lagen eng umschlungen auf Decken, andere lasen Bücher, den Rücken gegen einen Baumstamm gedrückt. Die drei schlenderten über die Kieswege, über eine kleine Brücke, bis hin zum Eisbach.

Mit einem breiten Lächeln zog Hannah ihre Sandalen aus und fuhr mit den Zehenspitzen über die Grashalme.

»Wie schön es ist, im Sommer barfuß zu gehen. Ich liebe das Gefühl von Gras unter meinen Füßen.«

»Wir könnten uns doch ein wenig in den Schatten setzen«, schlug Hermann vor und deutete auf einen Platz in der Nähe des Bachs.

Er ließ sich unter den Bäumen nieder und lehnte sich mit dem Rücken gegen einen der Stämme. Hannah schien einen Moment zu überlegen, wie sie sich am besten platzieren sollte, ohne dass ihr jemand unter das Kleid schauen konnte.

Dann ging auch sie in die Hocke und ließ sich auf die Knie sinken.

Jacob trabte auf den Bach zu, zog im Laufen die Schuhe aus und warf sie zurück zu den Bäumen. Im Nu stand er fast kniehoch im Wasser. Die Sonne ließ sein Haar fast hellblond leuchten.

»Kommt doch auch rein«, rief er Hannah zu, die lachend den Kopf schüttelte.

»Ich wollte mich kurz ein wenig im Schatten ausruhen. Es ist heute ja so heiß wie in einem Backofen.«

»Deshalb glaube ich, dass dir eine Erfrischung ganz guttun würde.« Jacob schöpfte Wasser in die Hände und spritzte Hannah damit an. Eine volle Ladung traf sie mitten im Gesicht. Wasserflecken färbten ihr Kleid dunkel. Hermann war schnell genug aufgesprungen, sodass er nur leicht angesprüht wurde. Hannahs Gesichtsausdruck verfinsterte sich einen Augenblick, doch dann brach sie in lautstarkes Lachen aus.

»Na warte, Jacob. Jetzt bist du dran«, quiekte sie ausgelassen.

Hannah hielt ihr Kleid ein Stück hoch, ließ sich vom Ufer aus ins Wasser gleiten und spritzte auch Jacob ein paarmal an. Hermanns Herz machte einen kleinen Sprung. Es war schön, seine Schwester so fröhlich zu sehen. Lachend. Glücklich. Verliebt.

Jacob hielt ihr die Hände fest, wirbelte sie herum, dass sie plötzlich mit dem Rücken zu ihm stand, und umarmte sie fest von hinten. Hermann blickte auf seine Fingernägel, als die beiden in einem innigen Kuss verschmolzen. Ihr Glück war ansteckend, und Hermann fiel auf, dass auch ein paar andere Besucher des Parks lächelnd auf das Paar schauten, das so ausgelassen durch das Wasser tanzte und das Leben genoss. Hermann, der seine Kamera dabeihatte, schoss ein paar Fotos, die sie später an den schönen Tag erinnern sollten.

Jacob half Hannah aus dem Bach, und Hand in Hand liefen sie zu Hermann zurück. Dieser wollte ihnen einen Moment der Zweisamkeit gönnen und kündigte an, beim Kiosk etwas zu trinken zu besorgen. Als er über die Brücke schlenderte, warf er einen Blick über die Schulter. Hannah lehnte an Jacobs Brust. Er war ihr Anker.

Als Hermann mit drei Flaschen Apfelschorle zurückkam, sah er, dass eine Patrouille von SS-Männern über die Kieswege stiefelte. Jacob schien sie auch gesehen zu haben. Der sorglose Gesichtsausdruck wich sofortiger Aufmerksamkeit. Genau auf der kleinen Brücke blieben die Männer stehen und Hermann musste sich an ihnen vorbeidrücken. Einer sah ihn aus zusammengekniffenen Augen an. Sein Blick fiel auf die drei Flaschen in seiner Hand, als würde er Hermann für einen Randalierer halten, der achtlos Flaschen an Bäumen zerschmettert. Der Blick verfolgte ihn bis zu ihrem Platz im Schatten. Jacob hatte sich aufgerichtet und Hannah war ein wenig von ihm abgerückt, als würden die SS-Männer aus der Entfernung merken, dass hier etwas nicht in Ordnung war.

»Lasst uns schnell anstoßen«, flüsterte Hermann, und sie prosteten sich gegenseitig zu. Endlich schienen sie nicht länger im Fokus zu sein. Der magische Augenblick von gerade eben war mit einem Schlag wie ausgelöscht.

»Wir sollten uns möglichst schnell aus dem Staub machen. Irgendwie verursachen die Männer bei mir Bauchschmerzen«, sagte Hannah und zog sich ihre Schuhe an. Jacob tat es ihr gleich. Zu ihrem Glück bog die Patrouille nach links ab, so konnten sie durch den Englischen Garten Richtung Stadt laufen.

Nach einer guten halben Stunde standen sie vor dem Odeonsplatz und spazierten weiter zum Marienplatz. Zur vollen Stunde konnten sie das Glockenspiel genießen. Obwohl er nun schon seit geraumer Zeit in der Landeshauptstadt lebte, fühlte sich Hermann wieder als Tourist. Auch hier knipste er ein paar Bilder, die hauptsächlich Hannah und Jacob zeigten.

»Glaubt mir, zum Hofbräuhaus müssen wir wirklich nicht. Aus Rosenheim kennen wir richtige bayerische Kost und haben Auftritte von Trachtenvereinen zur Genüge gesehen. Gehen wir lieber noch in den Tiergarten«, sagte Hermann, und sein Vorschlag stieß auf Zustimmung. Er führte die beiden zur nächstgelegenen Trambahnhaltestelle.

»Über den Sommer ist der Bus- und Trambahnverkehr etwas eingeschlafen. Aber wenn die Münchner etwas können, dann ist es, sich zu beschweren. Es hieß, dass Freizeit- und Vergnügungsfahrten eingestellt werden sollten, aber selbst Hitlers Haushälterin soll sich beklagt haben, dass sie dann nicht so schnell in die Stadt zum Einkaufen fahren kann. Plötzlich sind die Busse wieder gefahren.«

»Hitler hat eine Wohnung in München, oder?«, fragte Hannah zögerlich, als könne er jeden Moment persönlich vorbeispazieren.

»Ja, am Prinzregentenplatz. Man sieht sie von der Straße aus.«

Die Trambahn blieb quietschend stehen, und Jacob reichte Hannah beim Einsteigen die Hand und überließ ihr den einzig freien Sitzplatz. Während der Fahrt schauten Hannah und Jacob gebannt aus dem Fenster, betrachteten die vorbeiziehenden Häuser, Autos und Menschen, als könnten sie all die Bilder im Gedächtnis abspeichern.

Da die Trambahn nicht bis zum Zoo fuhr, mussten sie noch einige Minuten laufen. Dabei fiel Hermann auf, dass Jacob Hannahs Hand nicht losließ und die Umgebung um sich herum beobachtete wie ein Luchs.

»Ich würde euch sehr gerne einladen«, bot Hermann an und zog schnell das Geld aus seiner Tasche, bevor seine Schwester ablehnen konnte.

»Die Ausweise bitte«, polterte die alte, mürrisch aussehende Verkäuferin an der Kasse. Hermann bemerkte, wie Jacob leicht errötete, doch mit ruhigen Fingern reichte er der Dame seinen Ausweis. Ihre Augen flogen über das Bild und musterten Jacob dann eindringlich. Hermanns Herz schlug hart gegen seine Brust. Wie lange wollte sie ihn noch anstarren? Wieder schwenkten ihre Augen zurück auf das Passfoto. Sie hielt das Bild etwas weiter entfernt, dann zog sie eine Augenbraue nach oben.

»Wird das jetzt bald mal was!?«, rief ein Mann hinter ihnen in der Reihe. Er trug einen schwarzen Hut, trotz der Hitze einen schwarzen Mantel, ein kleines Mädchen auf den Schultern. Gestapo!, schoss es Hermann durch den Kopf. Sie waren erwischt worden. Auch in Jacobs Augen flackerte Angst. Hannah biss sich nervös auf die Unterlippe.

»Jetzt lassen Sie den Jungen durch. Man sieht doch von hier aus, dass alles in Ordnung ist«, rief der Mann erneut. Die Frau erschrak und streckte Jacob blitzschnell den Ausweis entgegen. Mit einem Summen öffnete sich die Eingangstür. Alles war gut gegangen.

Hannah hakte sich bei Jacob unter, küsste ihn sanft auf die Wange und drückte seine Hand. Hermann bemerkte, dass er etwas weiß um die Nasenspitze geworden war.

»Zum Glück siehst du überhaupt nicht jüdisch aus, Lenz«, flüsterte Hermann und knuffte Jacob seinen Ellenbogen in die Seite. Dieser schüttelte nur schmunzelnd den Kopf und zeigte ihm einen Vogel.

Die kurze Aufregung war verschwunden, als sie die ersten Tiere erspähten. Das laute Schnattern der leuchtend pinken Flamingos vertrieb die negativen Gedanken. Obwohl Hannah und Jacob miteinander verwachsen schienen, fühlte sich Hermann dennoch nicht als fünftes Rad am Wagen. Sie schossen Bilder von den Elefanten, den Löwen, Affen, Tigern. Hermann versuchte sich an einen Tag zu erinnern, an dem er sich die letzten Monate so unbeschwert, frei und glücklich gefühlt hatte. Wie konnte eine Liebe, die so vollkommen schien wie die zwischen Hannah und Jacob, nur verboten sein? Vielleicht würden sich die Zeiten ja bald ändern.

Mit der Trambahn fuhren sie zurück zu Hermanns Wohnung, wo sie kurz duschen und sich für das Lichtspielhaus herrichten wollten. Die Männer wechselten schnell Hemd und Hose, Hannah schlüpfte in ein neues, marineblaues Kleid.

Der Augusttag verdämmerte in rotgoldenem Abendlicht, als sie Hermanns Wohnung verließen. Über den dunkelblauen Himmel zogen ein paar zerfledderte Wolken, die Schatten der Bäume wurden länger, das letzte Sonnenlicht fiel kaum mehr durch die vollen Baumkronen.

Ein Kino unter freiem Himmel. An einer Hausmauer war eine riesige Leinwand befestigt, davor waren im Halbkreis Steine wie in einem Kolosseum angeordnet. Hermann breitete seine mitgebrachte Decke aus und sie setzten sich auf den Stein.

»Der Spielfilm beginnt erst, wenn es dunkler wird, sonst blenden die letzten Sonnenstrahlen«, erklärte Hermann.

»Klingt, als wärst du Stammgast hier«, sagte Hannah.

»Im Sommer komme ich ab und zu hierher.«

»Ich beneide dich, Hermann. Wirklich! Du kannst hier frei entscheiden und alles tun und lassen, was du willst.« In Hannahs Augen schwammen Sehnsucht und eine tiefe Traurigkeit.

»Kopf hoch. Bald bist du ja auch hier. Dann können wir zusammen viel unternehmen.«

Jacob blickte starr auf die leere Leinwand.

»Wisst ihr was? Ich hole uns Popcorn.« Hermann stand auf und ging zum kleinen Kiosk, an dem bereits eine lange Schlange stand.

Als er sich mit zwei vollen Tüten Popcorn durch die Reihen schlängelte, flammte gerade die Leinwand auf und eine kurze Werbung erschien. Hermann bahnte sich seinen Weg zu Hannah und Jacob zurück. Seine Schwester lehnte mit dem Rücken an Jacobs Brust. Für einen kurzen Augenblick wünschte sich Hermann, dass Marlene Liebreiz hier auf ihn wartete und er sie auch in den Arm nehmen konnte. Wie absurd, dass er in diesem Moment an sie denken musste. Als ob eine Frau wie sie, die jeden Mann in der Stadt haben konnte, ausgerechnet Interesse für ihn haben würde.

Während des Films hing Hermann an ihren Lippen. Sie spielte die Rolle der betrügenden Ehefrau ausgezeichnet. Vielleicht musste sie nicht wirklich in diese Rolle schlüpfen. Vielleicht war sie im wahren Leben auch so. Jedes Mal, wenn sie einen Mann küsste, flammte Eifersucht in Hermann auf. Ein Gefühl, das er so noch nicht gekannt hatte. Es war Neid, so grün wie Marlenes Augen.

3. September 1939

Rosenheim

Es ist Anfang November 1918. Frankreich. Von der alten Kompanie sind nicht mehr viele übrig. Unter den Männern wird von Waffenstillstand gesprochen. Alle warten. Warten auf das Ende des Krieges. Auf das Ende der Bomben, der Granaten. Eine Hoffnung auf ein neues Leben. Doch keiner wagt, diese Hoffnung auszusprechen. Zu groß ist die Angst, dass die Worte davonfliegen wie aufgebrachte Vögel.

Kann man so einfach zurückkehren in sein altes Leben? Die Soldaten sind müde, gebrochen, ausgebrannt. Ohne Heimat, ohne Wurzeln. Ich weiß, dass zu Hause eine Frau auf mich wartet. Mein kleiner Sohn. Erst einmal habe ich ihn gesehen, als ich auf Fronturlaub war. So groß war damals die Angst, dass ich das kleine, weinende Bündel zerbrechen könnte. Jetzt kann mein Sohn bereits laufen, spricht die ersten Worte. Werde ich sie jemals zu hören bekommen? Er würde sich nicht an mich erinnern.

Ich drücke das Foto meiner Frau und meines Sohnes und stecke es wieder in die Tasche meiner Uniform.

»Hier, trink was.« Jemand hält mir eine Flasche hin und ich setze an. Alkohol. Wie gut es sich anfühlt, wenn er in meiner Kehle brennt. Das zeigt, dass ich noch nicht tot bin. Dass ich noch fühle, schmecke und rieche. Noch habe ich alle Sinne beisammen.

Die Nacht kommt, der Nebel drückt sich schwer in unseren Graben. Man könnte fast meinen, dass es Gas sei, aber dafür sind meine Augen und meine Nase zu geübt. Hans Sternlicht hält einen Spiegel nach oben und beobachtet das Trümmerfeld vor uns. Er ist mein bester Freund geworden. Mein Vertrauter. Selten zeigt er Angst, das beruhigt mich.

Es ist kalt. Ich halte mein Gewehr bereit und starre in die Dunkelheit. Schlimmer noch als die Schlacht selbst ist das Warten davor. Die Zeit, in der die Gedanken durch den Körper rasen und meine innere Schwäche bloßlegen. Mein Gewehrlauf ist feucht. Ich wische die Nässe fort und zerreibe sie in den Fingern. Leuchtschirme gehen hoch. Sie erhellen die karge Landschaft, spenden Licht wie ein voller Mond. Rote Raketen flackern am Himmel. Ein Angriff liegt ziemlich sicher bevor.

Hans Sternlicht raucht neben mir. Er bläst den Rauch in die kalte Nacht, man kann ihn kaum vom Nebel unterscheiden. Wo er nur diese verdammte Ruhe herhat?

»Schönes Feuerwerk. Aber ganz schön gefährlich«, raunt mir ein Kamerad zu. Ich kenne ihn kaum. Er ist jung und noch nicht lange dabei. Weiß er überhaupt, was auf ihn zukommt?

Der Einschlag einer Granate ganz in der Nähe lässt mich auffahren. Schreie. Stille. Überall vor uns aus den Gräben tauchen Gestalten auf und stürmen zum Angriff auf uns zu. Maschinengewehre rattern. Ein paar fallen zusammen wie Puppen. Die Angreifer stürmen heran, bahnen sich ihren Weg durch die Stacheldrähte. Ich ziehe eine Handgranate und werfe. Laut schlägt sie ein und ich weiß instinktiv, dass ich getroffen habe. Hans Sternlicht schießt. Lädt und schießt. Lädt und schießt. Ich weiß, dass er gut zielen kann. Fast jeder Schuss ein Treffer. Plötzlich sind die Menschen ganz nah. Sind es Menschen? Die Gesichter verbissen wie gefährliche Tiere. An den flachen Helmen erkenne ich sie. Engländer. Unsere Maschinengewehre knattern erneut los, einer der Männer bleibt in einem der Stacheldrahtzäune nicht weit von unserem Graben hängen. Selbst von hier aus sehe ich, dass sein Körper durchlöchert ist wie ein Sieb. Aus den Wunden sickert Blut.

Im nächsten Augenblick erhebt sich ein Mann aus dem Trümmerfeld. Der Himmel leuchtet und ich sehe ganz deutlich seine Augen. Ich will schießen, doch mein Gewehr hat eine Ladehemmung. Will ich ihn wirklich treffen, jetzt, wo ich seine Augen gesehen habe? Er ist ein Mensch, kein Monster.

Er nutzt mein Zögern aus und stürmt heran. Hinter ihm erheben sich plötzlich viele weitere Soldaten. Als hätte er einen Zauber gesprochen und den Toten neues Leben eingehaucht. Eine Granate zischt aus unserem Graben. Abgerissene Arme und Beine fliegen durch die Luft. Hautfetzen. Blutregen. Ich habe mich schon an diesen Anblick gewöhnt. Es lässt mich ebenso kalt wie der Brief von General Winter. Er schreibt von Sieg, um uns zu motivieren, muss aber wissen, dass alles verloren ist. Aber er kann sich in Sicherheit wiegen. Er liegt wahrscheinlich in diesem Moment in seinem weißen Federbett und schnarcht. Falls er Kinder hat, wird er sie wiedersehen. Tag für Tag. Er kann zusehen, wie sie aufwachsen. Alles was mir bleibt, ist, auf den Zufall zu hoffen. Wenn wir aus dem Graben herausmüssen, entscheidet er, wohin die Granate fliegt. Ob ich rechtzeitig wegkomme. Ob ich direkt ins Feuer laufe, den Kopf verliere und in einen Stacheldrahtzaun stürze. Winter kennt all diese Zufälle nicht. Die Zufälle haben mich bis jetzt am Leben gehalten und mein Instinkt, dem ich am meisten vertraue. Er hat mich bisher noch nicht im Stich gelassen.

Ich lecke mir über die ausgetrockneten Lippen. Bitter schmecke ich den Pulverqualm. Die Erde bebt. Über mir dröhnt und donnert es. So muss das Ende der Welt aussehen.

Ich blicke kurz zur Seite und bemerke, dass sich der Gesichtsausdruck des jungen Soldaten neben mir geändert hat.

Ich hatte recht. Er war noch nie vorne an der Front. Hans Sternlicht und ich sind schon lange dabei. Wir haben uns ein dickes Fell zugelegt.

Eine Granate schlägt kurz vor unserem Graben ein. Erde wird aufgewirbelt und Klumpen regnen hart auf uns herab. Der Junge neben mir schreit leise auf. Ich muss ihm Mut machen, sonst verliert er den Verstand und klettert nach oben. Ich habe schon einige Soldaten durchdrehen sehen. Oben werden sie dann abgeschossen wie Wachteln.

»Ganz ruhig, Junge«, versuche ich ihn zu beruhigen. Die Augen verdrehen sich in den Höhlen, sodass ich nur noch das Weiße zu sehen bekomme. Ich packe ihn am Kragen und schüttele ihn. Fester und fester. Endlich scheinen seine Augen wieder bei mir angekommen zu sein.

»Drück dich nah an den Boden. Die Erde ist alles, was du hast.« Er nickt hektisch, doch ich bin mir nicht sicher, ob ihn meine Worte erreicht haben. Ich drücke ihn ein Stück tiefer. Sein Schluchzen dringt an meine Ohren und übertönt das Pfeifen der heranfliegenden Granaten.

»Ist ja gut. Bald ist es überstanden.« Ich rede auf ihn ein wie auf ein verletztes Tier.

»Schorsch?« Hans Sternlicht kommt geduckt zu uns gelaufen. »Wir bekommen gleich ordentlich eins auf den Deckel«, flüstert er mir zu, als er auf den Jungen sieht. »Hier, nimm einen Schluck. Das wird dir helfen.« Er streckt ihm seine Flasche hin und wir zwingen den Bengel förmlich dazu zu trinken. Der Alkohol wird seinen Kopf klarer machen.

»Die schicken uns gleich raus«, sagt Hans zu mir. Den Ausdruck in seinen Augen kenne ich. In ihnen brennt das Feuer, das durch unsere Körper pumpt, wenn wir an die Front kommen. Schon Kilometer davor kann man es spüren. Es rennt durch unsere Adern, vertreibt alle Müdigkeit, schärft die Sinne, ist in unseren Händen und Beinen. Mit einem Herzschlag ist der Körper in Bereitschaft.

»Wir bleiben zusammen, hast du gehört?«, raunt Hans mir zu. Kaum haben die Worte seinen Mund verlassen, schrillt die Trillerpfeife. Sie ist lauter als jede Explosion, ihr Pfeifen löst bei mir körperliche Schmerzen aus.

»Los, raus mit euch, meine Damen. Kämpfen! Kämpfen!«

Der erste, der auf die Leiter steigt, wird sofort getroffen. Er sackt zurück in den Graben, das Gesicht zerschossen. Ich kann mich von seinem Anblick nicht losreißen. Der Mund ist eine offene Höhle. Voller Blut und Brei. Wie soll das vor einem Wimpernschlag noch ein Gesicht gewesen sein?

Hans erkennt meine Ohnmacht und rammt mir den Ellenbogen in die Seite. Der Junge hat sich nach hinten an die Wand gedrückt. Jetzt heult er hemmungslos. Jemand hält ihm die Gewehrmündung an den Kopf. Er kann jetzt wählen. Oben hat er vielleicht eine Chance zu entkommen. Die Stufen der Leiter sind schlammig. Meine Füße rutschen ab. Schüsse zischen über meinen Kopf. Hans steht auf der Leiter neben mir.

»Ungefähr fünfzig Meter von hier ist ein Trichter. Wir können ihn erreichen. Auf drei.«

Meine Knie beginnen zu zittern. Hoffentlich gehorchen meine Beine, wenn ich entscheide loszulaufen.

»Eins.« Ein Beben geht durch meinen Körper. »Zwei.« Ich bin gespannt wie ein Bogen. »Drei.«

Sobald ich aus dem Graben herausgeklettert bin, werfe ich mich auf den Boden. Ich robbe nach vorne, zerschneide mir die Hände an den spitzen Splittern. Scharf wie Rasiermesser. Ich spüre nichts. Maschinengewehre rattern. Eine Granate knallt. Eine zweite rast heran. Leuchtraketen. Ich habe Hans aus den Augen verloren. Sobald man draußen ist, kann man nur noch auf sich selbst achten. Das Versprechen, aufeinander achtzugeben, ist ein Versprechen, das man niemals halten kann. Mein Kopf ist leergefegt, in ihm keimt nur ein einziger Gedanke: Überleben.

Ich sehe den Trichter. Nur noch zehn Meter. Weiter. Ich bewege mich wie eine Schlange, lasse mich hineinfallen. Hans Sternlicht fängt mich auf. Wir sind allein.

Ich kann kaum Atem fassen, da fällt noch jemand in den Trichter. Es ist der Junge. Seine Angst ist höchster Wachsamkeit gewichen. Er scheint unverletzt zu sein.

Ein zersprengter Gedanke durchfährt mich. Was ist, wenn die Engländer den Trichter stürmen? Sie sind nah dran, ich höre es genau. Unsere Truppen sind viel zu schwach, um einen neuen Gegenangriff zu starten. Alles war von Anfang an eine Sackgasse. Jetzt wird es mir noch klarer, und die Wahrheit fällt mir wie Schuppen von den Augen.

»Sie haben uns verarscht«, schreie ich beinahe hysterisch. Es ist mir gleich, dass ich den Jungen wild mache. »Es hat keinen Sinn. Die schicken uns raus, dann leiten sie den Rückzug ein, um ihre eigene Haut zu retten. Verdammte Hurensöhne, verdammte!« Meine Hand fährt in den Dreck und ich werfe Klumpen gegen die Wand.

Hans Sternlicht lehnt ruhig im Trichter. Fest umschlossen hält er einen Dolch. Damit kann man schnell jemanden abstechen. Oft ist das zur Überraschung effektiver als ein Gewehr. Man könnte danebenschießen. Etwas fliegt zischend in unseren Trichter. Knallt. Schwaden schleichen heraus, sinken in die Vertiefungen rund herum, breiten sich aus.

»Gas!«, höre ich mich schreien, »Gas!« Wir haben keine Masken mehr. Wir müssen hier raus. Der Junge ist an der Wand und versucht hinauszuklettern, rutscht ab. Hans gibt mir eine Räuberleiter. Oben lege ich mich flach auf den Boden, reiche ihm die Hand und ziehe ihn hoch. Wir strecken dem Jungen die verdreckten Hände hin, doch er ist so in seinem Wahn, dass er sie nicht zu sehen scheint.

»Hier!«, brülle ich. »Nimm meine Hand.« Das Gas ist bald überall. Ich kann es schon riechen, es darf aber meine

Lungen nicht vergiften. Der Junge nimmt Anlauf, springt an der Wand hoch, rutscht ab. Er verschwindet in der grüngelben Wolke. Ich höre noch sein Husten, doch Hans reißt mich fort, bevor auch wir das Gas schlucken.

»Weg!« Sein Mund formt andere Wörter, aber ich verstehe sie nicht. Er zeigt zurück zu unserem Graben. Wenn wir den kürzeren Weg nehmen wollen, müssen wir über zwei Stacheldrahtzäune. Ich nicke und er rennt los. Schüsse.

Meine Beine gehorchen, auch ich renne los. Plötzlich sehe ich mich wie von oben, als wäre ich nicht länger in meinem Körper, sondern würde ihn von außerhalb beobachten. Ich robbe unter einem der Stachldrähte durch. Der andere ist weiter entfernt, als ich zunächst gedacht habe. Im Sprung knallt es. Ich breche zusammen. Bin ich getroffen? Panik überkommt mich und ich fahre mit den Händen über meinen Körper. Mein Hosenbein ist nass. Als ich mit den Fingern darüberstreiche, färben sie sich rot. Mich hat es erwischt. Wie schwer, kann ich nicht einmal genau sagen. Ich weiß, dass der Schmerz erst später einsetzt.

Mein Herz macht einen Satz, als ich sehe, dass Hans in unseren Graben springt. Er hat es geschafft. Dann stelle ich mit Entsetzen fest, dass Blut aus meinem Bein fließt. Ich muss die Blutung stoppen. Ich ziehe meinen Gürtel ab und binde ihn um meinen Oberschenkel. Der Einschuss muss kurz über dem Knie sein. Oder ist das Knie getroffen? Ich wünsche mir den Schmerz herbei, damit ich genauer Bescheid weiß. Ich lege mich auf den Rücken und atme tief ein und aus. Je ruhiger ich werde, desto langsamer pulsiert das Blut.

Der Morgen frisst sich wie Schimmel durch die Dunkelheit. Mein letzter Morgen? Ich bin ausgebrannt und todmüde, habe jegliches Zeitgefühl verloren. Wie lange liege ich hier schon unter freiem Himmel? Sekunden? Minuten? Wochen und Monate? Wo bleibt der Schmerz? Oder bin ich längst tot? Ich habe schon Männer ohne Beine davonrobben sehen. Männer mit aufgerissenem Rücken. Ist nur mein Bein verletzt?

Endlich erfasst mich der Schmerz. Wie eine Welle bricht er über mich herein. Ich will schreien, doch alles, was über meine Lippen kommt, ist leises Wimmern. Ich blicke nach unten, voller Angst, dass mein Bein abgerissen ist, doch es ist noch fest mit meinem Körper verwachsen. Jetzt sehe ich die große Fleischwunde. Mein Oberschenkel ist eine einzige blutige, breiige Masse. Der Splitter einer Granate hat mir das Bein zerfetzt. Ich habe Angst, dass ich es verlieren werde, wenn ich hier rauskomme. Doch die Hoffnung, meine Familie wiederzusehen ist größer. Auf den Ellenbogen versuche ich mich weiterzuschieben. Bei jedem Zentimeter rollt eine Welle des Schmerzes über mich. Nicht aufgeben. Wie werde ich sterben? Verbluten im Niemandsland? Unbegraben. Es gäbe keinen Ort, an dem meine Frau und mein Sohn Blumen ablegen könnten. Bilder rauschen vor meinem inneren Auge vorbei. Ein stilles Versprechen, dass ich nie wieder von ihrer Seite weiche, wenn ich das hier durchstehen sollte. Aber ich bin allein. Mutterseelenallein.

»Schorsch.« Ich muss im Delirium sein, denn ich höre eine Stimme. »Schorsch!« Wieder und wieder spricht sie mit mir, eine Hand rüttelt an mir, Finger streichen mir übers Gesicht.

»Schorsch!« Der Nebel um mich herum formt sich zu einem Gesicht. Ist es Hans? »Leg den Arm um meine Schulter«, befiehlt mir die Stimme, und ich gehorche blind.

Ich werde aufgehoben, verlasse die Erde. Um mich herum Stille. Bin ich schon drüben?

»Gleich hast du es geschafft, Schorsch. Gleich.« Hans Sternlicht erscheint neben mir. Jetzt ist sein Gesicht klar und deutlich. Kein Zweifel, dass er es ist.

»Du bist zurückgekommen«, flüsterte ich, dann verschwimmt alles um mich herum. Ich falle in tiefes Schwarz.

Schweißgebadet fuhr Georg Sedlmayr aus dem Schlaf. Seine Hände tasteten in der Dunkelheit zur Lampe auf dem Nachttisch. Sofort war das Schlafzimmer in warmes Licht gehüllt. Seine Augen wanderten nervös herum, neben ihm seine schlafende Frau. Ein Traum!, schoss es ihm durch den Kopf. Nur ein böser Traum. Seit damals hatte er alle Gedanken an die dunkelste Zeit seines Lebens verbannt, hielt sie wie in einer Schublade eingeschlossen, doch plötzlich überfielen sie ihn wieder. Der Kriegsbeginn! Das musste es sein. Deutschlands Überfall auf Polen. Damit hatte Hitler einen neuen Krieg begonnen.

Georg Sedlmayrs Brust hob und senkte sich wie die Flanken eines flüchtenden Rehs. Krieg. Er hatte recht behalten, doch er wünschte sich, dass es anders gekommen wäre. Diesmal würden es aber seine Söhne sein, die eingezogen werden würden. Schweißperlen rollten von seiner Stirn und er fand keine Möglichkeit, sich zu beruhigen. Theresa seufzte im Schlaf, das Licht schien sie nicht zu bemerken.

Er musste aufstehen, konnte nicht länger liegen. Als er sich über die Augen wischte, merkte er plötzlich, dass er weinte. Weinte um Deutschland, um die Zukunft. Weinte um seine Söhne, deren Schicksal ungewiss war. Wäre es doch nur anders gekommen!

Oktober 1939

München

Erich Winter schmeckte das Desinfektionsmittel, bevor er es roch. Beißend. Wie ein Film legte es sich auf seine Zunge und erfüllte den ganzen Mund, sodass es beinahe einen Würgereiz verursachte. Wie sehr er Krankenhäuser hasste. Winter hasste es, von gebrechlichen, schwachen, kranken Menschen umgeben zu sein. Sie waren zu nichts zu gebrauchen. Wertlos für die Gesellschaft. Wertlos für den Führer.

»Erich, Liebling, was genau machen wir denn hier?« Wie eine Zecke klammerte sich seine Frau Helene an seinen Arm. Obwohl ihr Griff fest war und symbolisierte, dass sie zusammengehörten, erreichte ihre Berührung ihn nicht. Vielmehr stieß sie ihn ab.

»Ich habe dir doch gesagt, dass wir jemanden besuchen wollen.« Seine Geduld war langsam am Ende. Wenigstens hatte sie die Autofahrt über den Mund gehalten.

Seine schweren Stiefel dröhnten über den Boden, als sie gemeinsam einem der breiten Gänge folgten, der sie zu einer Information bringen sollte. Der Geruch von Kohl mischte sich unter den bestialischen Gestank des Desinfektionsmittels, und Winter musste sich sein Taschentuch vor die Nase pressen, damit sein morgendlicher Kaffee nicht mitten auf den blütenweißen Fliesen landete. Seine Nase war schon immer empfindlich gewesen. Schon als Kind hatte er sich bei bestimmten Gerüchen übergeben müssen. Winter bemerkte, wie Helene sich nervös und gehetzt umschaute. Ein schneller Blick nach rechts, ein Augenflattern nach links. Sie hatte eine gute Intuition, das musste er ihr lassen.

An der Information blieben sie stehen. Winter legte seine Finger auf den kalten Tresen und klopfte auffordernd, da die Dame ihn nicht sofort beachtete. Unter ihrem Schwesternhut lugten feine blonde Haare hervor. Als sich ihre Augen von ihren Papieren lösten und sie ihn in voller Montur erfasste, ließ sie vor Schreck ihren Stift fallen.

»Guten Tag, Herr …?«

»Ortsgruppenleiter Winter«, sagte er kühl und musterte sie.

»Was kann ich für Sie tun, Herr Ortsgruppenleiter Winter?«

»Ich bin auf der Suche nach Professor Doktor Prechtl. Wir haben einen Termin.«

Helene zuckte zusammen, als wäre ein Stromschlag durch ihren Körper gesaust. »Termin?«, rief sie erschrocken, doch er hob zackig die Hand und brachte sie mit dieser Bewegung zum Schweigen.

»Ich sehe sofort nach.« Mit hektischen Fingern blätterte die Schwester durch die Akten, wurde aber nicht fündig.

»Wird's bald? Wir haben nicht den ganzen Tag Zeit. Wir sind nicht einmal aus München.«

»Ich kann keinen Eintrag finden«, stammelte die Dame. Langsam ging sie ihm auf die Nerven.

»Der Termin wurde persönlich mit dem Doktor vereinbart«, knurrte Winter. »Dann müssen wir ihn wohl oder übel selbst finden.«

»Nein, nein, das muss ein Missverständnis sein. Bitte, er befindet sich gerade in Trakt vier.«

»Geht doch«, bemerkte er spitz, nahm Helene fest am Arm und zog sie mit sich.

»Erich, was geht hier vor?«, begann sie. Ihre dünne Stimme drohte beinahe zu brechen. Angst flackerte in ihren Augen.

»Wage es ja nicht mehr, mich vor Fremden in Frage zu stellen! Hast du mich verstanden?«, zischte er.

»Was zum Teufel machen wir hier? Ich lasse mich nicht länger für dumm verkaufen!«

Winter schloss für einen kurzen Moment die Augen und zog lautstark Luft durch die Schneidezähne ein.

»Wie ich schon sagte, Helene. Wir haben einen Termin.«

»Was soll das bitteschön für ein Termin sein?« Abrupt blieb sie stehen und schaute ihm direkt ins Gesicht. Mit zwei schnellen Schritten war er bei ihr, packte sie grob am Hals und drückte sie gegen die schneeweiße Wand. Winters Lippen berührten ihr Ohr, als er zu sprechen begann.

»Ich sage es nicht noch einmal, Helene. Wir haben hier einen Termin. Führ dich nicht auf wie ein trotziges Kind. Ich habe es nicht gerne, wenn uns die Leute ansehen, hast du mich verstanden?« Ihre Augen quollen beinahe aus den Höhlen. »Hast du mich verstanden?«, sagte Winter erneut und strich ihr eine Haarsträhne hinter das Ohr. Helene nickte. Das schulterlange Haar schimmerte rötlich unter den grellen Lichtern. Das Gesicht weiß und wächsern. Beinahe wie das einer Toten.

»So ist es gut.« Winter beugte sich zu ihrem Gesicht und strich mit dem Mund über ihre Wange. Ihr Geruch nach Rosen übertönte für einen Augenblick den Gestank nach Desinfektionsmittel.

Winter nahm sie bei der Hand, folgte der Beschilderung, und endlich erreichten sie die Tür, die zu Trakt vier führte. Als sie eintraten, bemerkte er, dass der Speisesaal hinter den Glasscheiben gefüllt war, und sofort war ihm klar, für welche Art von Leiden Trakt vier vorgesehen war.

Schwachsinnige!, schoss es ihm durch den Kopf. Ihre dämlichen Fratzen klebten an den Scheiben, einige winkten euphorisch, als würden sie sich über seinen Besuch freuen. Helene blinzelte unsicher zwischen ihrem Anblick und

Winter hin und her. Er presste erneut sein Taschentuch gegen seine Nase. Einer der Irren sprang auf und rannte gegen die Scheibe. Seine Augen rollten in den Höhlen wie die eines Tieres. Es war, als wäre dahinter nichts als gähnende Leere. Eine Schwester kam herbei, um den jungen Mann zu beruhigen. Der Führer hatte recht mit seiner Annahme, dass diese abnormalen Wesen keinen Platz in der Gesellschaft hatten. Sie mussten verschwinden. Angeekelt schüttelte Winter den Kopf, als könne er die Gedanken fortwischen. Eine Frau hatte sich auf den Boden geworfen. Ihre Gliedmaßen zuckten wie die Beine einer sterbenden Spinne. Schaum quoll aus ihrem Mund hervor. Die Schwestern reagierten schnell und verabreichten ihr eine Injektion. Die Gliedmaßen erschlafften. Wahrscheinlich Routine. Die anderen Patienten nahmen von dem Spektakel auf dem Boden kaum Notiz. Sie schaufelten weiter Essen in sich hinein, als gäbe es nichts anderes auf der Welt. Helenes Blick blieb an der Scheibe haften.

»Erich! Ich will hier weg. Sofort!« Ungewohnte Schärfe war aus ihrer Stimme herauszuhören, und Helenes bernsteinfarbene Augen funkelten wütend. Immer noch trug sie ihren Hut, der die Hälfte des Gesichts beschattete.

»Ich will sofort nach Hause«, herrschte sie ihn an, und Winter musste die Wut hinunterschlucken, die in ihm heraufkroch. War sie etwa schwer von Begriff?

»Es ist doch alles deine Schuld!« Er schrie beinahe, musste sich aber beherrschen. Die Wände waren hier dünn wie Pappe, und die ersten Schwestern sahen neugierig zu ihnen heraus.

Helene wollte den Mund öffnen, etwas sagen, doch er war es leid, ihre Worte der Entschuldigung und der Rechtfertigung zu hören. Zu viele Jahre hatte er sich damit abspeisen lassen, jetzt war ein für alle Mal Schluss.

»Erich!«, ertönte eine Stimme hinter ihm, und Winter wirbelte herum. Der Professor trat mit seinem weißen Kittel aus einer der vielen Türen. Seine Augen leuchteten unter den buschigen, grauen Augenbrauen hervor. Schon von Weitem streckte er seine Hand aus und drückte fest zu, als Winter ihm seine reichte.

»Schön, Sie zu sehen«, sagte er.

»Die Freude ist ganz meinerseits.«

Helene beobachtete sie misstrauisch, machte aber keine Anstalten, den Professor ebenfalls zu begrüßen. Ihre Finger krallten sich so fest um die Henkel ihrer Handtasche, dass die Knöchel bereits weiß anliefen.

»Meine Frau Helene«, sagte Winter und nickte zu ihr hinüber. Ihr schmaler Mund verzog sich zu einem Strich.

»Kommen Sie.« Der Professor machte eine einladende Handbewegung. »Folgen Sie mir bitte in mein Sprechzimmer. Hier ist nicht der richtige Ort für Sie.« Er deutete kurz auf die Scheibe, hinter der der Wahnsinn tobte.

Diese Menschen waren noch nicht einmal in der Lage alleine zu essen. Was sie dem Reich wohl in einem Monat an Geld kosteten! Unterkunft. Nahrungsmittel. Pflegekosten. Unfassbar. Winter stellte sich vor, wie viele Kosten für Panzer, Waffen und Munition man abdecken könnte, wenn man an dieser Stelle sparte. München-Haar war nur eines der vielen Krankenhäuser. Erst jetzt bemerkte Winter, dass sein ganzer Körper von einer Gänsehaut überzogen wurde.

Professor Doktor Prechtl ging voneweg. Sein blütenweißer Kittel umwehte ihn wie Engelsflügel, als er durch einen der Gänge schritt. Widerwillig und mit etwas Abstand folgte Helene ihnen. Winter behielt sie im Auge, nur für den Fall, dass sie die Fassung verlieren sollte.

»Bitte.« Prechtl schloss eine Tür auf, drückte die Klinke herunter und bat das Ehepaar Winter herein.

Das Büro war ganz anders als sein eigenes. Der große Schreibtisch war voll von Familienfotos, und Zeichnungen von Prechtls Kindern hingen an den Wänden. Winter setzte sich auf einen der Stühle, während Helene an der Tür stehen blieb, als hätte sie so die Möglichkeit zu einer schnellen Flucht.

»Setz dich, Helene«, sagte Winter tonlos, ohne sie anzusehen. Er spürte einen leichten Windzug im Nacken und wusste, dass sie gehorchte. Sie zog ihren beigen Mantel aus und hängte ihn an den Kleiderbügel an der Garderobe. Als sie sich neben ihn setzte, nahm sie den Hut ab und legte ihn wie schützend auf ihren Schoß. Ihre Augen hafteten an ihren Fingernägeln, die auf einmal ihr Interesse geweckt hatten.

»Ich hoffe, dass Sie eine angenehme Reise hatten«, begann der Professor förmlich. Unter seinem dichten Bart konnte man erkennen, dass sich seine Lippen zu einem höflichen Lächeln verzogen.

»Danke, das hatten wir«, antwortete Winter. »Sie sind hier in dieser Einrichtung Spezialist für Unfruchtbarkeit?« Helene verschluckte sich, doch er ignorierte sie. Immerhin zeigten seine Worte Wirkung.

»Ja, das bin ich. Infertilität ist mein Fachgebiet. Seit nunmehr fast dreißig Jahren.«

»Gut zu hören, dass wir somit in den besten Händen sind, Herr Professor.« Helenes Atmung neben ihm hatte sich beschleunigt.

»Schhh, Liebling«, sagte er, ohne den Blick von den Familienfotos des Professors abzuwenden. Dessen Kinder waren bereits erwachsen, hatten eigene Familien gegründet. Ein kleiner blonder Junge thronte auf dem Schoß seines Großvaters. Zwei Schneidezähne fehlten ihm. Winter wollte auch Familienvater sein. Kein Vater, wie sein eigener gewesen war. Er wollte für seinen Sohn und seine Tochter da sein. Für sie sorgen. Sie lieben. Je mehr er sich in den Bildern verlor, desto mehr keimte Hass in ihm auf. Hass auf die Frau, die neben ihm saß, die seit Jahren das Bett mit ihm teilte und ihm seinen größten Wunsch verwehrte. Wie oft hatte sie heiß und innig versprochen, geschworen, dass sie ihm Söhne und Töchter schenken würde. Wochen, Monate und Jahre hatte er es versucht und war gescheitert. Vielleicht war sie zu zart, zu zerbrechlich, um ein Leben auszutragen. Das hier war ihre letzte Chance. Vielleicht gab es noch einen Weg.

»Ich habe gehört, dass Sie auch Sterilisationen durchführen?« Winter fragte eher beiläufig, seine Gedanken waren immer noch in der Ferne. An einem Ort, wo er seinem Sohn das Schießen beibrachte.

»Das ist korrekt. Haben Sie sich vorhin nicht umgesehen? Diese Menschen im Trakt vier haben immer noch Triebe. Wie die Tiere. Sie werden impulsiv von ihrem Körper gesteuert und würden sich der Reihe nach bespringen, wenn wir dem nicht Einhalt gebieten. Sie sind unbrauchbar als Eltern, und ihre Gene dürfen nicht weitervererbt werden. Was würde aus unserem Deutschland werden, jetzt, wo wir eine glorreiche Zukunft anstreben? Die Sterilisationen sind für alle von Vorteil.«

»Was ist mit den Angehörigen?« Helenes Stimme war kaum mehr als ein Flüstern. Winter blickte zu ihr hinüber. Sie hatte ihren Hut auf den Schreibtisch gelegt und die Hände zu Fäusten geballt.

»Auch den Angehörigen wird eine Last abgenommen. Stellen Sie sich vor, Sie hätten einen von denen den ganzen Tag über zu Hause.« Der Professor lachte laut auf.

»Es sind aber trotzdem Menschen«, sagte Helene. »Man kann nicht einfach für sie entscheiden, was richtig und was falsch für sie ist. Sie kennen sie doch gar nicht.«

Winters Augen verengten sich zu Schlitzen.

»Sie denken wohl auch nicht über den Tellerrand hinaus, oder?«, fuhr der Professor sie an. »Wo soll das noch hinführen, wenn sich alle Irren vermehren wie die Ratten?«

»Wir sind nicht hier, um darüber zu diskutieren«, sagte Winter kalt und blickte seine Frau und den Professor scharf an. »Wir sind hier, um herauszufinden, weshalb es uns verwehrt ist, Eltern zu werden.«

»Erich, bitte. Wir können es schaffen«, rief Helene schrill aus. »Wir brauchen dafür nicht diese gottverdammte Klinik. Wir sind beide jung, in den besten Jahren. Es wird klappen.« Panik mischte sich in ihre Stimme, doch Winter schnitt ihr das Wort ab.

»Klappen? Klappen? Ich möchte nicht mit fünfzig Vater werden«, herrschte er sie an. »Ich weiß nicht, woran es liegt, dass du nicht in der Lage bist, schwanger zu werden, doch eins schwöre ich dir: Wir finden das heraus! Heute fangen wir damit an!«

Helene packte ihren Hut, riss den Mantel vom Haken und wollte zur Tür hinaus.

»Das ist auch noch mein Leben, Erich! Es ist mein Körper! Ich entscheide selbst, wann ich untersucht werden will.«

Winters rechter Mundwinkel hob sich zu einem Lächeln. »Ist das so? Ich glaube, für eigene Entscheidungen ist es eindeutig zu spät, Helene.«

Die Tür wurde aufgerissen und vier Pfleger traten ins Sprechzimmer. Der Professor füllte ein Dokument aus und reichte es Winter über den Tisch. »Wenn Sie hier noch unterschreiben.«

»Erich«, schrie Helene auf. »Was machst du denn da? Lass uns nach Hause fahren. Sofort!« Sie rannte zu ihm und warf sich vor ihm auf die Knie. Ihre Finger krallten sich in seine Beine, doch er wischte ihre Hände von sich wie eine lästige, immer wiederkehrende Fliege. Anstatt sie zu beruhigen, ihr zu sagen, dass alles gut werden würde, nahm er den Stift entgegen und ließ ihn über das Papier fliegen. Helene jaulte auf wie ein getretener Hund.

»Nein, das dürfen Sie nicht! Ich bin nicht sein Eigentum!«, kreischte sie. Winter nickte dem Professor zu, der den Pflegern ein Zeichen gab. Sie traten an Helene heran. Als der Erste sie am Arm berührte, schlug sie wütend um sich. Aufgebracht. Verzweifelt. So hatte Winter sie noch nie gesehen. Er kannte nur die sanfte, ruhige Seite von ihr. Er musste sich eingestehen, dass ihre plötzliche Energie ihm gefiel. Ihn sogar erregte.

»Ich bleibe nicht hier, auf keinen Fall.« Wieder schlug sie um sich. »Erich! Erich!«

Während sie durch die Tür getragen wurde und ihre Rufe langsam verhallten, blieben seine Augen immer noch auf dem Familienfoto haften. Er würde Vater werden. Das hier war ihre einzige Chance. Nach einer Behandlung würde es ihnen schon gelingen. Der Professor schien zu bemerken, was ihm durch den Kopf spukte.

»Keine Angst. Sie werden Vater werden«, sagte er sanft. »Mit dieser Frau oder einer anderen.«

Winter sah auf. Auf diesen Gedanken war er noch gar nicht gekommen. Er griff nach seinem Hut, verabschiedete sich und verließ lächelnd die Klinik.

November 1939

Rosenheim

»Unser Karl ist bald mit der Ausbildung fertig«, sagte Theresa Sedlmayr und ihre Augen leuchteten stolz.

Unvermittelt hatte der gemütliche Samstagnachmittag seinen Glanz verloren. Hannah saß mit geradem Rücken am gedeckten Tisch und stocherte in ihrem Kuchen herum. Elsas Mutter rührte mit dem Löffel in ihrer Kaffeetasse, während ein Hauch von Neid aus ihrer Stimme herauszuhören war, als sie zu sprechen begann:

»Ich wünschte, ich hätte auch einen Sohn. Du bist gleich mit zwei Söhnen gesegnet. Einer von ihnen wird Arzt und kann dem Deutschen Reich so dienen, während der zweite ein tapferer Soldat wird.«

Die anderen Freundinnen ihrer Mutter, die ebenfalls Söhne hatten, tätschelten ihr mitfühlend den Arm. Eifersucht kroch in Hannah hoch, legte sich wie ein heißes Tuch um sie, nahm ihr die Luft zum Atmen. Sie zwang sich, den Blick von ihrer Mutter abzuwenden, von ihren Freundinnen, die mit glühenden Augen Bilder ihrer Söhne in Uniformen herumreichten. Egal, was sie machen würde, nie würde es reichen, nie gut genug sein. Sie drehte den Kopf und beobachtete, wie vor dem Fenster die letzten Blätter der großen Kastanie zu Boden segelten.

»Es wird, denke ich, nicht mehr lange dauern, bis sie an die Reihe kommen. Das Rosenheimer Pionierbataillon 7 war ja schon in Polen im Einsatz. Es ist so ein tolles Gefühl zu wissen, dass aus seinem kleinen Jungen ein richtiger Mann geworden ist, der sein Vaterland stolz macht!«, riss die Stimme ihrer Mutter sie wieder aus den Gedanken. Hannah vernahm, wie ihr Vater das Wohnzimmer verließ und die Tür seines Arbeitszimmers lautstark schloss.

Ihre Mutter schüttelte nur den Kopf. »Schorsch ist zurzeit so angespannt«, entschuldigte Theresa das Verhalten ihres Mannes. »Ich weiß auch nicht, was in ihn gefahren ist.«

Wie konnte ihre Mutter nur so blind für das sein, was sich direkt unter ihrer Nase abspielte? Fast bereute Hannah es, dass sie dieses Wochenende nach Hause gekommen war, um ihre Eltern zu besuchen. Der Besuch war ohnehin nur ein Vorwand gewesen. Sie wollte Jacob sehen. Bei ihm sein. Seine Stimme hören, seine Hände und Lippen spüren. Wie sehr sie seinen Geruch vermisst hatte. Vor allem vor dem Einschlafen vermisste sie ihn. Sein Gesicht war das letzte, woran sie beim Einschlafen dachte, und das erste, wenn sie am Morgen aufwachte.

»Stellt euch vor. Die Tochter von Annelies ist mit einem Halbneger zusammen. Einem Mischling!«, rief Elsas Mutter empört auf, und Theresa Sedlmayr schlug sich mit einem entsetzten Aufschrei die Hände vor den Mund.

»Die arme Frau!«, klagte sie. »Sie hat sich doch immer so gut um ihre Kinder gekümmert. Wie konnte das nur passieren? Sie muss sich bestimmt in Grund und Boden schämen.« Die anderen nickten zustimmend.

»Als ob das noch nicht genug wäre, aber man munkelt, dass auch ihr Sohn anders gestrickt ist.« Elsas Mutter hielt einen Augenblick inne. Als sie die alleinige Aufmerksamkeit hatte, fuhr sie fort. »Wie soll ich es am besten ausdrücken. Es heißt, dass er sich zu Männern hingezogen fühlt.«

»Er ist schwul!«, kreischte eine der Frauen los. Tränen schimmerten in ihren Augen. »Wie können ihre Kinder ihr das nur antun! Wahrscheinlich muss man die arme Anne-lies bald einliefern lassen. Keiner könnte es ihr verdenken.«

Hannahs Magen krampfte sich zusammen und sie hatte das Gefühl zu ersticken. Schweiß perlte ihr von der Stirn, obwohl sie noch vor wenigen Minuten gefroren hatte. Ihre Mutter würde sie umbringen, wenn sie hinter ihre Beziehung mit Jacob kommen würde. Sie würde gemieden. Verurteilt. Gehasst. Es hatte sie schon Überwindung gekostet, Hermann einzuweihen. Auch ihrem Vater konnte sie sich unter Umständen anvertrauen. Vielleicht Karl. Aber ihrer Mutter? Völlig ausgeschlossen.

Sofia klapperte mit dem Geschirr und begann, den Tisch abzuräumen. Beim Vorbeigehen strich sie Hannah kurz über die Schulter und zwinkerte ihr zu. Sie zwang sich zu einem Lächeln, während ihr Herz schmerzte. Liebe sollte nicht so kompliziert sein.

»Bist du sicher, dass du nicht mit uns ins Theater kommen willst?«, fragte Hannahs Mutter und warf ihr schulterlanges Haar in den Nacken.

»Nein, danke. Ich bin wirklich sehr müde. Außerdem wollte ich morgen früh aufstehen und meine Bücher wälzen.«

»Schaffst du denn überhaupt die Prüfungen?« Elsas Mutter musterte sie argwöhnisch.

»Sie tut sich einfach etwas schwerer als Hermann. Er ist ein wahres Genie. Jahrgangsbester«, ergänzte Theresa Sedlmayr mit glänzenden Augen. Kaum waren die Worte ausgesprochen, nagten sie an Hannahs Selbstvertrauen. Was, wenn sie recht hatten? Vielleicht sollte sie doch lieber eine Lehre als Krankenschwester anfangen, so wie Elsa und Matilda.

»Resi, Liebes. Der Kuchen war wieder einmal vorzüglich. Nun müssen wir aber los, wenn wir die Plätze in der ersten Reihe haben wollen. Alles, was Rang und Namen hat, wird heute im Theater sitzen.«

Als die Frauen mit ihren hohen Schuhen zur Tür hinausgeklackert waren, wagte sich Georg Sedlmayr wieder ins Esszimmer.

»Haben wir es mal wieder durchgestanden, was?«, raunte er seiner Tochter im Vorbeigehen zu, nahm sich die Milch und trank sie direkt aus der Flasche.

»Ich werde auch noch mal losgehen. Rüber zu den Sternlichts.«

Hannah wusste, dass ihr Vater den Kontakt zur Familie Sternlicht nicht abgebrochen hatte. Da dies aber gegen den ausdrücklichen Wunsch ihrer Mutter gewesen war und es einige Diskussionen und Streitgespräche gegeben hatte, zog er es nun vor, besser heimlich zu Hans zu gehen. Des Hausfriedens willen. Wenn etwas nicht nach ihrer Nase ging, war mit Theresa Sedlmayr nicht gut Kirschen essen.

»Ich bin in ein paar Stunden wieder da«, rief er ihr noch zu, bevor er nach draußen eilte. Die Autoreifen knirschten unter den Kieselsteinen.

Hannah wartete geduldig, bis Sofia mit dem Abwasch fertig war, ihr eine gute Nacht wünschte und in ihrem Zimmer im Dachboden verschwand, dann riss sie den Telefonhörer gierig von der Gabel und wählte auswendig die Nummer.

»Jacob Sternlicht«, ertönte seine Stimme nach dem zweiten Klingeln.

»Jacob«, flüsterte sie heiser, »ich bin es.«

Sie konnte ihn tief einatmen hören, dann vernahm sie schnelle Schritte.

»Hannah«, hauchte er ihren Namen, sodass ihr Herz hüpfte, »wie schön, deine Stimme zu hören.«

»Ich habe dich vermisst«, sprudelten die Worte aus ihr heraus.

»Ich habe dich auch vermisst.«

»Meine Mutter ist im Theater und mein Vater ist gerade auf dem Weg zu euch. Ich muss dich einfach sehen.«

»Ich komme zu dir. Mit dem Fahrrad bin ich in ungefähr zwanzig Minuten da.«

»Klingel nicht. Ich warte am Fenster und lass dich dann bei der Hintertür herein.«

»Ich liebe dich.«

»Ich liebe dich auch.«

Ihr Herz trommelte hart gegen ihren Brustkorb, als sie den Telefonhörer auf die Gabel hängte. Dann huschte sie durch das Wohnzimmer in die Bibliothek. Hannah ließ sich in einen der Sessel sinken und wartete. Nervös trommelten ihre Finger im Schoß. So lange hatte sie Jacob schon nicht mehr gesehen. Je näher seine Ankunft rückte, umso mehr krampfte sich ihr Magen zusammen. Würde er immer noch so für sie empfinden wie sie für ihn? Auch nach vielen Wochen der Trennung?

Ein sanftes Klopfen gegen die Fensterscheibe riss Hannah aus ihrem Gedankenstrom. Jacobs Gesicht erschien vor der Tür, die zum Hintergarten hinausführte. In der Dunkelheit leuchteten seine Zähne weiß auf, als seine Lippen sich zu einem Lächeln formten.

Hannah flog zur Tür und drehte mit zitternden Händen den Türknauf.

»Darf ich reinkommen?«, fragte Jacob und legte den Kopf etwas zur Seite. Hannah nickte. Was für eine Frage.

Wie eine Katze schlüpfte er durch die Tür und stand plötzlich genau vor ihr. Nervös wandten sie ihre Blicke ab, und Jacobs Augen tasteten sich durch das Zimmer, in dem die bis zur Decke reichenden Regale voll mit Büchern waren. Ein paar davon hingen schon träge von der Last durch. Jacob pfiff leise aus.

»Als Kind hatte ich diesen Raum ganz anders in Erinnerung. Erst jetzt spüre ich seine Magie. Wie Bücher einen nur so sehr in ihren Bann ziehen können.« Er schlenderte an den Reihen vorbei. Die Fingerspitzen strichen dabei die

Rücken der Bücher entlang. Behutsam. Liebevoll. Hannah folgte ihm, und als ihr Blick auf den Boden fiel, bemerkte sie, dass sich ihre Schatten berührten.

»Ich will dich.« Jacobs unvermitteltes Geständnis traf sie mit voller Wucht und warf sie vollkommen aus der Bahn. Er zog sie zu sich heran. Seine Pupillen vergrößerten sich, sodass man die blau schillernde Iris kaum mehr erkennen konnte. In seinen Augen flackerte es. War es Unsicherheit oder Verlangen?

Hungrig presste er seine Lippen auf Hannahs Mund, und die Berührung jagte ihr eine Gänsehaut über den ganzen Körper. Mit einer schnellen Bewegung zog er Hannah auf die Sitzecke. Mit einem Seufzen löste Jacob seine Lippen von Hannahs. Er vergrub das Gesicht in ihrer Halsbeuge, begann sie dort zärtlich zu küssen und sanft an ihrer Haut zu saugen. Vorsichtig löste Jacob das Haarband an ihrem langen Zopf. Wie ein Fächer fielen ihre Haare nach vorne, ein Vorhang, der ihre beiden Gesichter verbarg. Die eine Hand hatte Jacob im Stoff ihres Oberteils vergraben, während die andere sanft über Hannahs Wange strich.

Während sie mit ihren Händen Jacobs Oberkörper erkundete, wanderten seine ihren Rücken hinunter und blieben auf ihrer Rundung liegen. Mit sanfter Gewalt drückte er sie noch fester in seinen Schoß.

»Du machst mich vollkommen verrückt.« Jacobs Worte entfesselten sie. Wie von einem Magneten angezogen glitten Hannahs Finger unter sein Oberteil, und er half ihr dabei, es auszuziehen. Als sie von seiner Brust über den Bauch fuhr, stellte sie fest, dass auch er von einer Gänsehaut überzogen wurde.

»Nachdem du mich ausgezogen hast, fände ich es nur gerecht, wenn du dich auch ausziehst«, neckte Jacob, und der Schalk schillerte in seinen Augen. »Darf ich?« Vorsichtig tastete er sich unter den Saum ihres Pullovers und Hannah hielt die Arme nach oben. Als sie nur noch im Büstenhalter auf seinem Schoß saß, herrschte einige Augenblicke Stille. Unsicher über seine Reaktion, verdeckte Hannah ihren Oberkörper mit den Armen.

Jacob setzte sich auf, zog sie fest an sich und küsste sie am Hals. »Du musst dich nicht verstecken. Vor niemandem. Schon gar nicht vor mir«, flüsterte er ihr ins Ohr. Sie spürte sein Lächeln an ihrer Haut. Mit einer schnellen Bewegung wirbelte er Hannah herum, sodass sie nun mit dem Rücken auf dem Sofa lag. Der Stoff fühlte sich mit einem Mal so weich an, als würde sie auf einer Wolke liegen. Mit den Fingerspitzen fuhr Jacob Hannahs Bauch entlang, während er sie gierig küsste. Seine Berührungen hinterließen eine nie dagewesene Hitze, und ihr Bauch baute eine seltsame Spannung auf, die aus purem Glück zu bestehen schien.

Sie konnte spüren, wie sich seine Mitte hart gegen ihren Oberschenkel drückte. Als er mit der Hand unter ihren Rock fuhr, und die Fingerspitzen an der Innenseite ihres Beines hinaufstrichen, entfuhr ihr ein lautes Stöhnen.

»Bremse mich, wenn du es nicht möchtest.« Der kurze Moment, in dem Jacobs Finger sich von ihrem Bein lösten, machte Hannah beinahe rasend. Sie wollte seine Hände genau dort. Als Antwort öffnete sie seinen Hosenbund und strich über die weiche Haut am Bund seiner Unterhose. Über Jacobs Lippen rollte ein Seufzen und er presste sein Gesicht in ihre Haare, sog ihren Geruch ein.

»Fass mich an«, raunte sie, erschrocken über ihre Gier. Seine Hand wanderte immer höher und höher. Hannah öffnete die Beine für ihn. Ihr Blut kochte, und der Puls pochte so laut in ihren Ohren. Es gab nichts auf der Welt außer diesem Gefühl. Nur Jacob und sie.

Plötzlich zuckte er zusammen, als hätte er einen Stromschlag bekommen.

»Schnell. Zieh dich an.«

Hannah brauchte ein paar Momente, um sich zu sammeln. Zu sehr war sie im Nebel ihrer Lust gefangen gewesen. Was war plötzlich los? Wollte er sie nicht mehr?

»Mach schon, Hannah! Los, beeil dich!« Die Schärfe in seiner Stimme ließ sie aufhorchen.

Jacob zog ihr das Oberteil wie einem kleinen Kind über den Kopf. Willig schlüpfte sie mit den Armen in die Ärmel.

»Hannah?« Die Stimme ihrer Mutter hallte durch den Flur. Mit einem Mal war sie katzenhaft wach, sprang auf und blickte zwischen Jacob und der Tür hin und her.

»Bist du etwa noch wach?«

Schritte kamen immer näher.

Jacobs Lippen berührten die ihren noch ein letztes Mal, bevor er mit nacktem Oberkörper durch die Tür schlüpfte, sie hinter sich zuzog und von der Dunkelheit verschluckt wurde.

Hannah versuchte ihren Atem zu beruhigen, lehnte sich so entspannt wie nur irgendwie möglich gegen den Kamin und zog ein Buch auf ihren Schoß. Dann schloss sie die Augen.

Mit Schwung wurde die Tür aufgerissen, und Sekunden, nachdem Jacob wie ein Geist verschwunden war, stand Theresa Sedlmayr im Raum. Das Licht vom Flur hing über ihr wie ein Heiligenschein. Einen Augenblick blieb sie im Türrahmen stehen und sah sich um.

»Hannah!« Die Schritte kamen näher, und ihre Mutter rüttelte sie an der Schulter. »Liest du schon wieder diesen alten Schinken. Davon bist jetzt selbst du eingeschlafen.« Hannah setzte sich auf und rieb theatralisch ihre Augen.

»Wie spät ist es denn?«

»Halb elf.«

»Wieso bist du denn schon zurück?«

»Ich hatte Kopfschmerzen. Man glaubt gar nicht, wen die heutzutage noch alles ins Theater lassen. Unvorstellbar.«

Theresa Sedlmayr schüttelte den Kopf. »Wo ist überhaupt dein Vater?«

»Er hatte einen Notfall«, sagte Hannah prompt. Wie leicht ihr die Lüge auf einmal über die Lippen kam.

»Er arbeitet wirklich viel zu viel. Und das in seinem momentanen Zustand. Du solltest jetzt auch schlafen gehen. Sonst schaffst du morgen Vormittag wieder nichts.« Ihre Absätze klackerten über die Holzdielen. Bevor sie ihrer Mutter folgte, wanderte ihr Blick noch einmal sehnsüchtig zur Hintertür, durch die Jacob verschwunden war. Wie durch ein Wunder waren sie nicht erwischt worden. Von ganzem Herzen wünschte sie sich, dass ihre Mutter nicht gerade in diesem Moment nach Hause gekommen wäre. Als Hannah zur Tür ging, spürte sie Jacobs Berührungen am ganzen Körper, und ihr wurde klar, dass er alles war, was sie wollte. Sie wollte nur ihm allein gehören.

8. November 1939

Stimmengewirr. Klirrende Krüge. Stühlerücken. Der Lärm dröhnte in seinen Ohren, sodass es schmerzte. Zusammen mit ein paar Kommilitonen hatte Hermann einen Platz im Bürgerbräukeller ergattert und wartete auf die Ankunft des Führers. Keiner seiner Freunde war Parteimitglied, aber sie waren alle der Auffassung, dass sie Hitler einmal persönlich sehen wollten. Der Keller war brechend voll, nicht ein einziger Stuhl war noch frei, die Menschen drückten und drängten bereits in den Gängen, lehnten sich an die Wände, während einige auf dem Balkon über der Kanzel einen Platz erhascht hatten, um von dort oben das Spektakel mitzuverfolgen. Hermann zog mit Mühe und Not seine Taschenuhr heraus. Sieben Uhr. In einer Stunde sollte der Führer mit seiner Rede beginnen. An den vorderen Tischen saß alles, was in München Rang und Namen hatte. Die Uniformen der Parteimitglieder waren mit Ansteckern und Auszeichnungen gespickt. Selbst Hermann musste zugeben, dass ihre Erscheinung beeindruckend war.

Ihr eigener Tisch war im hinteren Drittel, direkt an einem der Gänge. Es war so voll, dass die Leute, die hinter ihm standen, in seinen Krug hätten spucken können.

»Vorsicht! Lasst mich bitte durch.« Eine der Kellnerinnen bahnte sich mit einem Tablett über dem Kopf einen Weg durch die Menge und blieb vor ihrem Tisch stehen.

»Viermal Schweinebraten mit Semmelknödeln und Kraut«, schrie sie über das Stimmengewirr und knallte die Teller vor sie hin, sodass die Soße spritzte. Hermann bezahlte sofort und gab der Frau ein ordentliches Trinkgeld. Sie hatte es nicht einfach an diesem Abend. Die Bedienung schenkte ihm ein breites Grinsen, bevor sie wieder zwischen zappelnden Körpern verschwand.

»Guten Appetit«, brüllte sein Freund Ferdinand und begann, sein Essen in sich hineinzuschaufeln. Hermann schnitt das Fleisch mit angelegtem Ellenbogen. Man konnte kaum die Gabel zum Mund führen, ohne von hinten angerempelt zu werden.

»Haltet mir den Platz frei«, rief Hermann, als er mit dem Essen fertig war. »Ich muss unbedingt auf die Toilette.« Ferdinand, der sich noch eine zweite Portion bestellt hatte, nickte mit vollem Mund.

Als Hermann sich durch die Menschenmassen schob, traute er seinen Augen kaum. War das vorne am Tisch nicht Erich Winter? Das halbseitige Lächeln. Die giftgrünen Augen. Die aschgraue Gesichtsfarbe. Seit seiner Ehrung hatte er ihn nicht mehr aus der Nähe gesehen, aber sein Gesicht war beinahe jeden Tag in der Zeitung abgebildet. Offenbar wollte er sich die Rede des Führers nicht entgehen lassen. Während die anderen Männer am Tisch in hitzige Diskussionen vertieft waren, wild gestikulierten und sich gegenseitig zuprosteten, saß Winter mit geradem Rücken auf der Bank und ließ den Blick schweifen. Musternd. Kritisch. Die Nase war leicht gerümpft, als würde er die Luft auf einem Plumpsklo einatmen. Hermann duckte sich gerade noch rechtzeitig weg, bevor Winters Augen ihn erreichten. Nicht, dass er ihn womöglich noch erkannte und seinen Eltern von ihrem überraschenden Zusammentreffen berichtete. Sein Vater würde das in den falschen Hals bekommen und denken, dass er nun auch zu einem Bewunderer und Anhänger Hitlers geworden war.

Die Toiletten waren ungewohnt leer. Niemand wollte den Moment verpassen, in dem Adolf Hitler zum Bürgerbräukeller hereinspazierte. Kaum hatte Hermann die Toilette verlassen, sprang die Menschenmenge auf die Beine und riss den rechten Arm nach oben.

»Heil! Heil! Heil!« Wie eine Welle rollten die Rufe durch den Keller, sodass die Decke bebte. Dann sah Hermann ihn. Die Augen waren das erste, was ihm sofort auffiel. Stechende, strahlende Augen. Blau. Hermann hatte immer wieder gehört, dass man seinem Blick nicht standhalten konnte. Jetzt hatte er den Eindruck, dass Hitler sich dessen bewusst war. Langsam schlug er die Lider nieder, als er durch die Mitte schritt. Dabei hielt er das Haupt hoch erhoben, blinzelte kaum. Über den schmalen Lippen spross sein charakteristischer Bart, den er laut Zeitungsberichten selbst rasierte. Die Stirn wurde von einer Stirnlocke verdeckt. Irgendetwas an seinem Aussehen zog Hermann in seinen Bann. Auch die anderen Besucher des Bürgerbräukellers konnten die Blicke nicht abwenden. Hitler war wie die Sonne, strahlender als alles andere um ihn herum. Als er auf gleicher Höhe von Hermann war, fiel ihm auf, wie schmächtig er war. Geradezu mädchenhaft. Das Gesicht war von Ernst geglättet, als er auf die Kanzel trat. Die Begrüßungsrufe verstummten langsam, und erwartungsvolle Stille setzte ein. Auch Hermann war so gespannt auf seine ersten Worte, dass er vergaß, sich zu seinem Platz zurückzudrängen.

Bevor Hitler mit seiner Rede begann, ergriff ein Mitglied der NSDAP das Wort.

»Mein Führer, wir sind heute wiederum zum Appell angetreten, um an die Taten des 8. November 1923 zu erinnern.« Applaus brandete auf. »Heute erübrigt sich alles, Sie sagen, mein Führer, dass unsere Herzen sprechen. Zu unserem heutigen Appell haben Sie wiederum uns die Ehre geschenkt und nehmen mitten unter uns teil. Wir danken Ihnen von ganzem Herzen.«

»Heil! Heil! Heil!« Hitler hielt den Kopf leicht gesenkt, als würde er einem Orchester lauschen. Dann bewegte er sich zur Kanzel, und der Saal hielt die Luft an. Hitler ließ einige Augenblicke verstreichen, als würde er die Stille genießen, dann begann er zu sprechen.

»Parteigenossen und -genossinnen! Meine deutschen Volksgenossen!« Stille. Hitler hielt einige Momente inne und sah dabei von der Kanzel ins Publikum. Ohne mit der Wimper zu zucken. Das Gesicht völlig unbewegt. Eine undurchsichtige Maske. »Auf Stunden bin ich zu euch gekommen, um in eurer Mitte wieder die Erinnerung an einen Tag zu erleben, der für uns, für die Bewegung, und damit für das ganze deutsche Volk von großer Bedeutung war.« Wieder machte er eine längere Pause. Spätestens jetzt hatte er die volle Aufmerksamkeit seiner Zuhörer. »Es war ein schwerer Entschluss, den ich damals fassen musste, und mit einer Reihe anderer Kameraden zur Durchführung brachte. Ein schwerer Entschluss, der aber gewagt werden musste. Der scheinbare Fehlschlag ist trotzdem zur Geburt der großen nationalsozialistischen Freiheitsbewegung geworden. Denn in der Folge dieses Fehlschlages kam dieser verrückte Prozess, der es uns ermöglichte, zum ersten Mal vor der Öffentlichkeit für unsere Auffassung, für unsere Ziele und für unseren Entschluss einzutreten, die Verantwortung zu übernehmen und damit große Massen des Volkes mit unserem Gedankengut vertraut zu machen.«

Im Saal war es immer noch so leise, dass man eine Stecknadel hätte fallen hören können. Ohne sich zu räuspern, fuhr Hitler fort:

»Wenn in den vier Jahren vom Jahre 1919 bis 1923 die nationalsozialistische Bewegung so emporwachsen konnte, dass es ihr gelang, zum ersten Mal immerhin in einem aufrüttelnden Ereignis die ganze Nation zu mobilisieren, dann war dies der allgemeinen Lage zuzuschreiben, in der sich Deutschland befand. Eine furchtbare Katastrophe war über unser Volk und unser Land hereingebrochen. Nach einem fast fünfundvierzigjährigen Frieden hatte man Deutschland damals in einen Krieg getrieben. Dieselben Kräfte, die heute unsere Gegner sind, haben auch damals bereits den Krieg gegen das alte Deutschland angezettelt – und mit den gleichen Phrasen und mit den gleichen Lügen. Wir alle, soweit wir damals Kämpfer gewesen sind, wissen, dass uns Engländer und Franzosen nicht auf dem Felde niedergezwungen haben. Es hat einer großen Lüge bedurft, um unserem Volk die Waffen zu stehlen. Es gibt heute den ein oder anderen, der sich vielleicht wundert im Ausland über mein großes Selbstvertrauen. Ich kann nur zur Antwort geben, dass ich dieses Selbstvertrauen im Felde selbst gewonnen habe. In den vier Jahren hatte ich niemals auch nur einen Augenblick die Überzeugung oder gar das bedrückende Bewusstsein, dass irgendein Gegner uns überlegen sein könnte. Weder Franzosen noch Engländer hatten mehr Mut, hatten mehr Todeskraft aufgebracht als der deutsche Soldat!«

Die Menschen hingen förmlich an seinen Lippen. In ihren Gesichtern las Hermann ab, wie Hitlers Worte in ihren Köpfen arbeiteten.

»Was Deutschland damals zum Erliegen brachte, waren die Lügen unserer Gegner. Es waren die Lügen der gleichen Männer, die auch heute wieder lügen, weil es ja die gleichen Kriegshetzer sind, denn die Herren Churchill und Genossen haben ja damals schon am Krieg teilgenommen. Insofern ist ja alles gleich geblieben. Nur etwas hat sich geändert. Damals hat Herr Churchill zum Kriege gehetzt, und in Deutschland war eine schwache Regierung. Heute hetzt

Herr Churchill wieder zum Krieg, aber in Deutschland ist nun eine andere Regierung!«

Applaus brandete auf, und die Zuhörer schlugen vor Begeisterung die Hände zusammen. Hermanns Blick fiel auf Erich Winter. Ein sanftes Lächeln umspielte seine Lippen und er schien wie hypnotisiert. Beinahe sanft klatschte er in seinem eigenen Rhythmus. Langsamer als die Masse. Auch in Hitlers Stimme hatte Hermann eine Veränderung wahrgenommen. Die Wörter sprudelten schneller aus ihm heraus, als wären sie von innen getrieben. Sie waren nicht länger bedacht und nicht länger wurde jedes Wort, jede Silbe zelebriert. Immer heftiger schossen sie nun aus ihm empor, vom ruhigen Bergsee war er zu einem schnellen Wildbach geworden, als er erneut mit seiner Rede fortfuhr:

»Denn die Regierung von heute lag damals den Engländern ja gegenüber. Und sie hat daher nicht mehr Respekt, als man vor irgendeinem anderen Soldaten Respekt zu haben braucht, aber nicht das geringste Gefühl einer Unterlegenheit, sondern eher im Gegenteil das Gefühl einer Überlegenheit.«

Zustimmender Beifall erklang. Hitler hatte sich in Rage geredet. Wie ein tollwütiger Hund schien er beinahe zu knurren.

»Wo ist die versprochene Freiheit der Völker geblieben? Wo blieb damals die Gerechtigkeit? Wo blieb der Friede ohne Sieger und Besiegte? Wo blieb das Selbstbestimmungsrecht der Völker? Lauter Lügen!«

Ein paar der Zuhörer waren aufgesprungen und hielten ihre Krüge nach oben. Trotz der Hitze im Saal wurde Hermanns Körper von einer Gänsehaut überzogen. Was war dieser Mann nur für ein Redner! Jedes Wort, das ihm über die Lippen kam, schien Wahrheit zu sein. Er konnte die Masse begeistern, die Menge lenken, das Volk beherrschen. Je länger er in Hitlers Augen sah, desto klarer wurde die

Furcht, die sein Vater schon seit dem Tag, an dem Hitler zum Reichskanzler ernannt worden war, ausgesprochen hatte. In diesem Mann tobte der Wahnsinn. Nichts anderes konnte es sein. Nichts anderes war die Wurzel seiner Zukunftsvisionen.

»Aus dieser schweren Not ist unsere Bewegung entstanden, und sie hat daher auch schwere Entschlüsse fassen müssen vom ersten Tage an. Und einer dieser Entschlüsse war der Entschluss zur Revolte am 8. und 9. November 1923. Dieser Entschluss ist damals scheinbar misslungen, allein, aus den Opfern ist doch erst recht die Rettung Deutschlands gekommen. Sechzehn Tote! Allein Millionen sind durch sie aufgerichtet worden. Die nationalsozialistische Bewegung hat damals ihren Siegeszug über Deutschland begonnen anzutreten. Und seitdem ist nun Deutschland eine Weltmacht geworden. Durch unsere Bewegung!«

Theatralisch fuchtelte er mit den Händen in der Luft, als würde er ein Orchester dirigieren. Leicht rötlich schimmerten seine Wangen im Lichtkegel, der ihn und das Rednerpult einfing. Hinter ihm die mächtige Säule, vor der eine Flagge hing. Die Zuhörer auf dem Balkon beugten sich gefährlich über die Brüstung, nur um den besten Blick auf ihren Führer erhaschen zu können. Überrascht stellte Hermann fest, dass bereits eine halbe Stunde vergangen war. Nach wie vor galt Hitler die ungeteilte Aufmerksamkeit.

»So wie ich Ihnen damals immer sagte: Alles ist denkbar, nur eines nicht, dass wir kapitulieren, so kann ich das als Nationalsozialist auch heute nur der Welt gegenüber wiederholen: Alles ist denkbar, eine Kapitulation niemals! Man soll sich das ja aus dem Kopf schlagen! Wenn man mir dann erklärt: Dann wird der Krieg drei Jahre dauern – wie lange er dauert, spielt keine Rolle, kapitulieren wird Deutschland niemals, niemals, jetzt nicht und in drei Jahren auch nicht!«

»Komm mit!« Eine kühle Hand packte Hermann am Arm. Bevor er wusste wie ihm geschah, zog ihn die Frau hinter sich her, weg von den Menschenmassen, die gebannt dem Führer lauschten, durch eine Hintertür, vorbei an der Küche in einen kühlen Lagerraum. Hermann verschluckte sich beinahe an seiner staubtrockenen Zunge, als er ihr Gesicht sah. Die kastanienbraunen Haare waren zu einem Knoten zusammengebunden, die vollen Lippen ungeschminkt. Ihre Augen glitzerten wie zwei Smaragde, als sie die Wimpern hob und ihn direkt ansah. Hermann rutschte beinahe das Herz in die Hose.

»Bist du jetzt auch einer von denen?« Marlene Liebreiz steckte sich eine Zigarette an und zog daran. Dann blies sie den Rauch genüsslich aus, während sie Hermann weiter musterte.

»Ich bin keiner von«, er überlegte kurz, *»von denen.«*

»Sah da drinnen aber ganz anders aus.«

»Was soll das bitteschön heißen?«

»Du konntest ja kaum die Augen von unserem *tollen Führer* abwenden.« Sie spie ihm das Wort förmlich vor die Füße.

»Ich denke nicht, dass ich mich vor dir rechtfertigen muss, welche Veranstaltungen ich besuche«, gab Hermann zurück. »Warum bist *du* dann eigentlich hier, wenn man fragen darf? Du hast es wohl nicht nötig zu kellnern.«

Sie drückte langsam die Zigarette an der Wand aus und schnippste sie in eine Ecke. Als sie lächelte, gruben sich zwei kleine Grübchen in ihre Wangen.

»Ich mache das schon seit Monaten. Ich kenne hier ein paar Leute. Da kann ich nicht einfach abspringen.«

»Warum nicht? Du spielst in Filmen mit. Viele Leute kennen dich.«

Marlene lachte hohl auf. »Was für Filme sollen das bitteschön sein? Die meisten fallen ohnehin durch die Zensur und am Ende kommt ein kompletter Schwachsinn dabei heraus.«

In Gedanken sah er sie in ihrem letzten Film. Eifersucht kroch ungewollt in ihm hoch, als er sich erinnerte, wie sie ihren Filmpartner leidenschaftlich geküsst hatte.

»Die Rede interessiert mich nicht«, raunte sie und trat ein paar Schritte auf ihn zu. »Es ist immer dasselbe. Alle anderen sind schuld. Deutschland ist stark. Alle Juden sind böse. Deutschland wird niemals kapitulieren. Niemals!« Sie imitierte Hitlers Stimme und hielt sich Zeige- und Mittelfinger wie einen Bart vor den Mund. Sie verdrehte die Augen. »Ich kann es wirklich nicht mehr hören. Dieser Mann ist krank. Er leidet unter Größenwahn und denkt, dass er Eier in der Dimension von Afrika hat.«

Hermann lachte auf.

»Ist es nicht so? Ich wette, in Wahrheit sind sie so klein wie eingeschrumpelte Rosinen. Er muss etwas kompensieren, sonst würde er da oben auf der Kanzel nicht so einen Unsinn von sich geben.«

»Du solltest deine Meinung in diesem Punkt lieber für dich behalten. Nicht, dass es den falschen Leuten zu Ohren kommt. Dann sitzt du schneller im Gefängnis wegen Volksverhetzung als du dir die Nase puderst.«

Wieder kam sie einen Schritt näher. Ihr Gesicht war dem seinen plötzlich so nahe, dass er ihren Atem auf der Haut spürte. Hitze stieg in Hermann auf und er hoffte, dass sie nicht sehen konnte, wie seine Wangen rot aufflammten.

»Gehörst *du* etwa zu den falschen Leuten?«, fragte sie unschuldig und drückte ihm den Zeigefinger in die Brust. Dann ergriff sie seine Hand und zog ihn mit sanfter Gewalt zu sich heran.

Adrenalin pumpte durch seinen Körper, und Hermann hatte Angst, dass seine Knie plötzlich unter ihm nachgeben würden. Kaum merklich schüttelte er den Kopf.

»Das habe ich mir schon gedacht.«

Ihr Parfüm stieg ihm süß in die Nase.

»Ich habe eine sehr gute Menschenkenntnis, musst du wissen. Ich irre mich nie. Auch jetzt in diesem Moment lese ich dich wie ein offenes Buch.«

»Und was steht in diesem Buch?«

»Eine ganze Menge. Ich mache dich mit meiner Anwesenheit nervös. Das war schon vom ersten Augenblick an so.«

Ertappt biss sich Hermann auf die Unterlippe. Dem war nichts entgegenzusetzen.

»Ich weiß, dass du kein Anhänger Hitlers bist. Auch du hältst ihn für vollkommen wahnsinnig, bist aber zu gut erzogen, als dass du nur einen Zweifel äußern würdest. Zu feige bist du nicht. Du willst aber auch nicht auffallen. Keine Zielscheibe werden.«

»Er ist es nicht wert, dass man zu einer Zielscheibe wird. Man kann ohnehin nichts ausrichten.«

»Die richtigen Leute können eine Menge ausrichten. Manchmal reicht auch nur eine einzige Person, die den Mut aufbringt, etwas zu unternehmen.«

»Wie meinst du das?«

»So, wie ich es gesagt habe.«

»Was soll schon eine einzelne Person gegen Hitler ausrichten?« Hermann schüttelte irritiert den Kopf.

»Ich habe dich für einen sehr schlauen Mann gehalten. Medizinstudent. Zukünftiger Arzt für das Deutsche Reich.«

»Wenn du mich nur hierhergeholt hast, um mich zu beleidigen, dann sollte ich besser wieder in den Saal gehen. Ich verpasse ja sonst das glorreiche Finale der Rede.«

Ihre Augen tasteten ihn wie Scheinwerfer ab. Feuer loderte in ihnen. Marlene Liebreiz war auf keinen Fall ein offenes Buch. Sie steckte voller Geheimnisse, und Hermann musste sich eingestehen, dass er sie schwer einschätzen konnte.

»Ein paar Dinge weiß ich aber auch über dich«, begann er, und sie hob die Augenbrauen.

»Du kommst nicht aus Bayern. Auch wenn du dich um einen süddeutschen Sprachklang bemühst, man hört es sofort heraus.« Ihr Gesichtsausdruck verriet ihm, dass er richtig lag. »Kommst du aus Preußen?«

»Anscheinend hatte ich doch recht mit der Annahme, dass du sehr schlau bist.«

»Du lebst aber allein in München. Deine Familie ist nicht mitgekommen.« Marlene tippelte von einem Fuß auf den anderen. War sie etwa nervös?

»Ich lebe allein hier.«

»Wie hat es dich denn so weit weg von daheim hierher verschlagen?«

»Ich wollte Schauspielerin werden. Außerdem konnte ich da oben nicht bleiben.«

Wieder kam sie einen Schritt auf ihn zu, sie war ihm so nah, dass er zusehen konnte, wie ihre Pupillen klein wie ein Stecknadelkopf wurden. Wie schön sie war. Keine typische blonde, deutsche Frau. Marlene Liebreiz hatte keine Süße, kein unschuldiges Lächeln, sie schlug nicht nervös die Augen nieder, wenn man ihren Blick erwiderte. Sie strahlte pure Erotik aus. Selbstbewusstsein. Sinnlichkeit.

Dann, ohne Vorwarnung, drückte sie ihre Lippen auf seine. Volle, weiche Lippen, die in diesem Augenblick nur ihm gehörten. Wie viele Male hatte er sich diesen Moment vorgestellt, doch jetzt, da dieser Traum Realität geworden war, fühlte er sich wie ein kleiner Schuljunge, der vor der Klasse stand und kein Wort hervorbrachte. Marlene packte seine Hand, legte sie um ihre Taille und drückte Hermann gegen die kalte Wand des Kühlraumes. Schon teilte sie mit der Zunge seine Lippen und erforschte seinen Mund. Neckisch. Leidenschaftlich. Marlene Liebreiz wusste nur zu gut, was sie tat. Als sich ihre Münder trennten, öffnete sie die tintenschwarzen Wimpern und durchbohrte ihn mit ihren jadefarbenen Augen. Hermann konnte kaum Atem fassen und versuchte hektisch die Beule, die sich in seiner Hose gebildet hatte, zu verbergen. Sie ließ den Blick über seinen Körper wandern und lächelte verführerisch, als sie seine Unsicherheit bemerkte. Marlene löste ihren Dutt, sodass die Haare in leichten Wellen über ihre Schultern fielen. Sie leckte sich langsam über die Lippen, nahm dann Hermanns Hand und legte sie auf ihre volle Brust. Spätestens jetzt war es um ihn geschehen. Leicht drückte er die Finger zusammen, vergrub sie in ihrer weichen Haut. Unter dem Druck stöhnte sie leise auf und ließ ihn gewähren.

Einladend knöpfte sie ihr Kleid ein wenig auf, und endlich erwachte Hermann aus seiner Trance, beugte sich nach vorne und bedeckte ihren Hals mit Küssen. Bei jedem sanften Saugen stöhnte sie auf und legte den Kopf in den Nacken. Hermanns Finger schoben sich in ihren Büstenhalter, er tastete nach ihrer Brustwarze, zog daran, kniff hinein, was ihr ein weiteres Stöhnen entriss.

»Komm mit mir nach Hause«, hauchte sie ihm heiser ins Ohr, und schickte bei dieser Berührung eine Gänsehaut über seinen Körper. Dann griff sie sich unter ihr Kleid, schlüpfte aus ihrer Unterhose und warf sie hinter eines der Kühlregale. Hermann stockte der Atem. Mit ihren langen Fingern tastete sie nach seinem Hosenbund und zog ihn nah an sich heran. Dann wanderte sie über seine Beule. Drückte zu. Immer wieder und wieder. Hermann explodierte fast. Er glaubte, dass er jeden Moment den Verstand verlieren müsste. Hermann fasste unter ihre Kniekehle und hob ihr Bein nach oben, während er mit der rechten Hand unter ihren Rock fuhr. Mit den Fingernägeln strich er über ihre weiche Haut, und sie biss sich voller Erwartung auf die Lippe.

»Mehr«, seufzte sie, während sie ihr Bein noch weiter zur Seite spreizte. Allein ihr Anblick genügte Hermann, um jede Sekunde zum Ende zu kommen. Er ließ den Finger in sie hineingleiten. Feuchtigkeit umfing ihn. Stöhnend griff Marlene nach seinen Haaren, zog fest daran, während er mit dem Finger in sie hinein- und wieder herausglitt.

»Du machst mich vollkommen verrückt«, raunte er Marlene ins Ohr, die sofort verstand. Mit geübtem Griff löste sie seinen Gürtel und befreite ihn aus der Enge der Hose. Es reichte, dass sie ihre Hand ein paarmal auf und ab bewegte, bevor er sich auf ihr Bein ergoss.

»Schnell. Wir müssen los. Bevor uns noch jemand sieht.«

Plötzliche Hektik sprang aus ihren Augen. Sie packte Hermann an der Hand und zog ihn hinter sich her. Ihr Kleid umspielte ihre Hüften, als sie sich in Bewegung setzte. »Die verdammte Rede ist ja schon zu Ende.« Sie schrie fast und riss ihn mit. Ihre Schritte wurden immer schneller und schneller, bis sie rannte. Sie zog ihn zu einer der Seitentüren hinaus, ihre Schuhe hallten über das Kopfsteinpflaster.

»Komm schon«, trieb sie ihn zur Eile an. Wollte sie so schnell nach Hause kommen?

Plötzlich knallte es so laut, dass Hermann sich erschrocken umdrehte. Seine Ohren dröhnten, klingelten, schmerzten. Eine Bombe? Es konnte doch nur eine Bombe gewesen sein. Der Bürgerbräukeller!, schoss es ihm durch den Kopf. Wimpernschläge später rannten Menschen aus dem Keller. Wie Ameisen wirbelten sie durcheinander, stießen gegeneinander, fielen auf das harte Pflaster, rappelten sich wieder auf, stürmten weiter. Ihre Augen in Panik weit aufgerissen. Rauch, der aus den Türen quoll, hüllte sie ein wie feuchter Nebel, der Geruch nach Verbranntem lag in der Luft und biss Hermann in die Nase. Schreie. Angst. Durcheinander. Ein blutiges Bündel schleppte sich nach draußen, ließ sich auf das Kopfsteinpflaster fallen. Röcheln drang aus dem Mund des Mannes. Wie eine verletzte Katze rollte er sich zusammen und hielt sich mit schmerzverzerrtem Gesicht den Bauch.

Hermann hielt eine vorbeihastende Frau auf, rüttelte sie. Er musste wissen, was passiert war.

»Was ist los?«, schrie er beinahe.

»Eine Bombe«, schluchzte die Frau. »Eine Bombe ist hochgegangen. Da drinnen sieht es aus wie auf einem Schlachtfeld.«

Angst griff nach seinem Herzen. Seine Freunde! Wo waren seine Freunde? Hermann rannte los. Er musste sie finden. Als er über die Schulter blickte, stellte er fest, dass Marlene so plötzlich verschwunden war, wie sie aufgetaucht war. Auf dem Weg zum Eingang taumelte ihm Ferdinand entgegen.

»Hermann!«, rief er heiser. Seine Lippe war aufgeplatzt und Blut lief von einer Stirnwunde über sein Gesicht.

»Der ganze Keller ist in die Luft geflogen. Die Bombe war ganz vorne.«

»Wo sind die anderen?«, schrie Hermann ihn an.

»Wir sind alle rechtzeitig rausgegangen. Gleich als Hitler abgezogen ist, sind wir raus. Wir hatten ja schon alle ausgetrunken und bezahlt.«

Gott sei Dank! Er drückte Ferdinand kurz an sich.

»Den hast du drinnen hängen lassen.« Er streckte Hermann seinen Mantel hin, der mit einer Staubschicht bedeckt war.

»Wir sollten reingehen und helfen«, sagte Hermann, doch Ferdinand schüttelte nur den Kopf.

»Keinen Fuß setze ich mehr in diese Hölle!«

Polizei und Sanitäter stürmten bereits in den Bürgerbräukeller. Es gab nichts, was Hermann drinnen ausrichten konnte, aber es gab etwas, was er für seinen Freund tun konnte. Also nahm er ihn sanft am Arm und führte ihn fort.

Fort von diesem Höllenspektakel. Fort vom Rauch. Fort von den Schreien.

Ein Gedanke schoss ihm immer und immer wieder durch den Kopf, als er Ferdinand durch die Dunkelheit nach Hause begleitete. Hatte Marlene Liebreiz etwas von der Bombe gewusst?

12. November 1939

In Erich Winters rechtem Ohr tobte noch immer ein fürchterlicher Sturm. Sein Überleben verdankte er seinem Hass auf Bier und Geselligkeit. Sofort nach dem Ende der Rede hatte auch er den Bürgerbräukeller verlassen wollen. Gerade rechtzeitig, sodass er nicht zu den Toten oder Schwerverletzten zählte. Dennoch hatte er auf der linken Stirnhälfte eine klaffende Wunde davongetragen, die mit zehn Stichen genäht werden musste. Auch über die Unterarme zogen sich Schnittverletzungen. Durch die Detonation der Bombe waren Mauerwerk, Holz, Tische und Stühle durch den ganzen Raum gewirbelt, hatten alles in Schutt und Asche gelegt. Im richtigen Augenblick war der Führer dem Anschlag entkommen. Er musste eine Eingebung gehabt haben, da er acht Minuten vor dem geplanten Ende der Rede fertig gewesen war. Ein Wunder!

Erneut fuhr Winter mit dem kleinen Finger vorsichtig in sein Ohr, zerrte an der Ohrmuschel, als müsste er nur etwas Wasser loswerden. Kein Erfolg. Seit fast neunzig Stunden. Der Doktor hatte ihm versichert, wie viel Glück er angeblich gehabt habe, da sein Trommelfell nicht gerissen war. Glück sah für Erich Winter aber anders aus.

Am Abend des Anschlags war ein Mann namens Georg Elser in Konstanz festgenommen und nach München gebracht worden. Er hatte über die Grenze und in die Schweiz fliehen wollen. Fünfundzwanzig Minuten vor der Explosion. Elser war den Grenzpolizisten verdächtig vorgekommen, da seine Grenzkarte abgelaufen war und sich in seiner Tasche eine Ansichtskarte des Bürgerbräukellers befand. Zudem hielt er Teile des Zünders versteckt. Was für ein vollkommener Schwachkopf! Es hatte bestimmt Wochen und Monate in Anspruch genommen, sein Vorhaben zu planen. Er war unauffällig und präzise vorgegangen, und dann war er aufgrund eines kleinen Fehlers vor dem großen Finale festgenommen worden. Winter schüttelte den Kopf über so viel Dummheit.

Gleich am nächsten Morgen war Winter an den Tatort zurückgekehrt. Der Platz, an dem er am Vorabend gesessen hatte, war komplett verschüttet. Ein kühles Bier länger, und er wäre an dieser Stelle unter den Trümmern gelegen. Die anderen Gäste an seinem Tisch waren nicht so gut davongekommen. Zwei waren sofort tot gewesen, den anderen waren Gliedmaßen abgerissen worden. Sie kämpften immer noch um ihr Leben. Wut kochte in Winter auf, als er sich zurückerinnerte, wie er durch den verstaubten, verrußten Raum gestapft war. Die Bombe war in der großen Säule hinter dem Rednerpult versteckt gewesen. Angeblich hatte keiner etwas davon mitbekommen. Ein solch belebter Keller, und niemandem wollte etwas aufgefallen sein? Lachhaft.

Jetzt saß er seit einer Stunde vor der verschlossenen Tür im Polizeigebäude und wartete auf seine Zeugenaussage. Sie hatten ihn schon einmal befragt, dennoch war er erneut vorgeladen worden, da er schließlich der SS angehörte und persönlich im Keller gesessen hatte. Vielleicht konnte er bei der Ermittlung helfen. Obwohl er selbst Verletzungen davongetragen hatte, witterte er wieder eine Chance. Wenn er doch zur Aufklärung beitragen konnte, dann konnte er hier in München weiter Fuß fassen.

Eine Tür wurde aufgerissen und zwei Herren der Sonderkommission Bürgerbräukeller traten aus dem Büro. Ihre Gesichter wirkten gehetzt. Eines war sicher wie das Amen in der Kirche: Der Führer wollte schnellen Erfolg. Er wollte den Täter auf dem Silbertablett serviert bekommen.

»Keine Chance, etwas aus dem herauszubekommen«, stöhnte einer der beiden. Sie grüßten Winter zackig mit dem Hitlergruß und traten zu einer Kaffeekanne, um sich ihre Tassen zu füllen.

»Was, wenn er es gar nicht gewesen ist? Wie soll ein Mann alleine so etwas geplant und durchgeführt haben? Das ist doch unmöglich!«

Wenn sein Vater ihm etwas beigebracht hatte, so war es, dass er aufgrund seiner schnellen emotionalen Veränderungen in Menschen lesen konnte wie in einem offenen Buch. Wenn er als kleiner Junge den Raum betreten hatte, in dem sein Vater war, so hatte er in Sekunden einschätzen können, wie dessen Stimmung war. Ob man ihn ansprechen durfte oder ob er kurz davor war, die Beherrschung zu verlieren. Fremde durften natürlich nichts von seinen Ausbrüchen wissen. So konnte Winter sich schneller anpassen als ein Chamäleon. Ihm fielen die kleinsten Regungen, ein sanftes Zucken des Mundes, ein hastiger Blick zur Seite, die Position der Beine sofort auf. Durch gezielte Fragen waren die meisten schnell aus dem Konzept zu bringen. Nicht nur eine Person hatte er in seiner bisherigen Laufbahn enttarnt. Erich Winter spürte, dass das Attentat auf Hitler ihm in die Karten spielte. Endlich würde er aus der Provinz herauskommen, in einer *richtigen* Stadt von Nutzen sein. Er wollte, dass der Führer seinen Namen kannte.

»Entschuldigen Sie, dass ich Sie bei Ihrer Pause stören muss, meine Herren«, begann er langsam. »Ich habe Ihr Gespräch mitbekommen und habe Einwände.«

Die Beamten zogen irritiert die Augenbrauen nach oben. »Wer sind Sie?«

»Winter. Erich Winter. Ortsgruppenleiter aus Rosenheim. Von Ihren Kollegen wurde ich schon einmal vorgeladen, um eine Zeugenaussage zu machen. Sehen Sie gerne in meinen Unterlagen nach. Ich war im Bürgerbräukeller dabei und wie Sie unschwer erkennen können, hat es mich auch erwischt. Sie wollen gar nicht wissen, wie sehr mir noch die Ohren rauschen.«

Die Beamten musterten seine Uniform. Selbstverständlich hatte er sie angezogen, damit von Anfang an klar war, auf wessen Seite er stand.

»In meiner Zeit als Ortsgruppenleiter und verdientes Mitglied der SS habe ich zahlreiche Erfahrungen bei Verhören gesammelt. Befragungen sind meine Spezialität. Erkundigen Sie sich bei Ihrem Vorgesetzten. Er hat mich schließlich erneut antreten lassen.«

Die Gesichtsmuskeln der Herren entspannten sich. Er hatte ihre Aufmerksamkeit.

»Wie bereits gesagt, war ich an dem Abend selbst im Bürgerbräukeller und habe mir die Rede unseres Führers angehört. Durch einen glücklichen Zufall habe ich das Gebäude rechtzeitig verlassen wollen.« Betont fuhr er sich mit dem Finger über die Stirn, auf der die frische Narbe prangte.

»Das tut mir sehr leid, dass Sie diesen schrecklichen Abend miterleben mussten. Wenn man irgendetwas für Sie tun kann, dann zögern Sie nicht, nach Hilfe zu fragen.«

»Vielen Dank. Ich wurde bereits von einem der besten Ärzte versorgt.« Mit versteckter Absicht ließ Winter sein Taschentuch zu Boden segeln. Es glitt unter den Tisch, auf dem die Kaffeekanne stand.

»Ach du meine Güte!«, rief er aus. »Wenn Sie so freundlich wären. Ich darf mich auf keinen Fall bücken. Das würde meinem Ohr ganz schlecht bekommen.«

»Natürlich!« Einer der Beamten fiel auf die Knie und rutschte unter den Tisch, sodass nur noch sein Hinterteil hervorlugte. Er fischte das Taschentuch hervor und reichte es Winter mit rot gefärbten Wangen.

»Hart der Boden, nicht wahr?«

Verwundert hob der Mann die Augenbrauen.

»Wenn man darauf kniet. Auf dem Boden«, half Winter ihm auf die Sprünge.

»Das stimmt. Sofort tun einem die Knie weh«, lachte der Mann auf und rieb sich über die Kniescheiben.

»Sehen Sie sich die Knie von Georg Elser an, meine Herren. Glauben Sie mir. Die Bombe war unten in die Säule eingemauert. Er muss etliche Stunden auf seinen Knien verbracht haben, damit er sie dort unterbringen konnte.«

Hastig stellten die beiden ihre Tassen auf den Tisch und verschwanden ohne ein weiteres Wort. So schlimm schienen die Geräusche in seinem rechten Ohr gar nicht mehr. Wie das sanfte Rauschen des Meeres am frühen Morgen. Er goss sich einen Kaffee ein. Schwarz. Ohne Zucker. Dann nahm er wieder Platz. Er würde heute noch gebraucht werden.

Nachdem er sich drei Stunden nicht von der Stelle gerührt hatte, kam endlich einer der Beamten zurück und trat an ihn heran.

»Wir haben eine neue Verdächtige, Herr Ortsgruppenleiter Winter. Wir schaffen nicht alle Verhöre gleichzeitig, da wir auch noch die Köche befragen müssen. Bitte unterstützen Sie uns bei der Arbeit. Eine Erlaubnis von höchster Stelle liegt vor.«

Mit einem Schlag war Winter wach.

»Der Führer?«, wollte er wissen.

»Goebbels.«

Es war nicht das Ziel, aber zumindest ein Anfang.

»Selbstverständlich stehe ich dem Reich zur Verfügung. Wo soll ich hin?«

»Sie werden zum Verhörraum begleitet, Herr Ortsgruppenleiter Winter.«

Winter konnte sich das Grinsen nicht verkneifen, doch als ein Polizist ihn abholen wollte, gab er vor, sich die Nase zu putzen, und versteckte das breite Lächeln auf seinem Gesicht hinter dem Taschentuch.

»Bitte folgen Sie mir.«

Der junge Mann brachte Winter zwei Stockwerke nach unten, führte ihn einen langen Gang entlang bis zu einer Tür. Er deutete darauf und Winter nickte. Ab jetzt würde er allein klarkommen.

Der Raum war anders, als er sich ihn vorgestellt hatte. Die Verhörräume, in denen Winter bisher gearbeitet hatte, waren kahl und kalt gewesen. Hier fielen Sonnenstrahlen durch die großen Fenster und flimmerten über den polierten Marmorboden. Trotz des hellen Lichts leuchtete der Kronleuchter über dem Schreibtisch. Stuck zierte die hohen Wände, an denen prächtige Ölgemälde hingen. Daneben Hakenkreuzflaggen und ein Bild des Führers, dazu zierliche Stühle und vergoldete Stuhlbeine, Silbergeschirr auf dem Schreibtisch und eine mitternachtsblaue Vase mit einem gewaltigen Rosenstrauß. Beinahe so atemberaubend schön wie die Einrichtung des Raumes war die Frau, die mit dem Rücken zur Tür stand und sich umdrehte, als Winter den Raum betrat. Ein kurzer Rock betonte ihre langen Beine und ihre Hüften, die sie gekonnt in Szene setzte, als sie auf Winter zu stolzierte. Jetzt erst bemerkte er, dass sie ein Kostüm trug, da das Oberteil perfekt zum Rock passte. Auf dem Kopf trug die junge Frau einen grünen Hut, in dem eine große Pfauenfeder steckte.

»Haben Sie Feuer für mich? Ich warte schon seit einer Ewigkeit«, sagte sie zur Begrüßung. Ihre Stimme klang rauchig, als wäre sie etwas heiser.

»Ich rauche nicht.«

»Ich habe Ihnen auch keine Zigarette angeboten«, gab sie zurück, »ich wollte lediglich Feuer haben.« Neckisch lächelte sie ihn an, und ließ dabei ihre Grübchen spielen.

»Bitte, setzen Sie sich.« Winter bot ihr einen der Samtstühle an und entfachte ein Streichholz aus der Schachtel, die er auf dem Schreibtisch gefunden hatte. Er hielt ihr die

Flamme an die Zigarette, die sie genüsslich im Mundwinkel hielt. »Darf ich Ihnen noch etwas anbieten?«

»Einen Cognac könnte ich jetzt brauchen.« Langsam führte sie die Zigarette zum Mund, zog daran und blies den Rauch stoßweise aus. Der grüne Hut betonte die Farbe ihrer Augen. Grün traf auf Grün, als sich ihre Blicke kreuzten.

»Ich fürchte, dass Sie sich mit einem Kaffee begnügen müssen, mein Fräulein. Sie müssen sich schließlich einer Befragung unterziehen und sitzen nicht in einer Bar.«

»Dann legen Sie los.« Ihre Direktheit irritierte ihn ein wenig. Ihr war kein Hauch von Unsicherheit oder Angst anzumerken.

»Ihr Name steht auf der Liste des Personals, das am Abend der Bombenexplosion im Bürgerbräukeller gearbeitet hat«, kam er gleich auf den Punkt. »Haben Sie etwas von der Bombe gewusst?«

Anstatt zu antworten, drückte sie die Zigarette im Aschenbecher aus und reckte das Kinn nach oben.

»Ist das alles?«

»Beantworten Sie bitte meine Frage.«

»Wäre ich an dem Abend zur Arbeit gegangen, wenn ich etwas von der Bombe gewusst hätte?«

Darauf fiel Winter erst einmal keine Antwort ein.

»Weshalb haben Sie den Saal vorzeitig verlassen?«

»Ich rauche. Ich hatte Lust auf eine Zigarette.«

»Mitten unter der Rede?«

»Natürlich mitten unter der Rede. Das ist der einzige Moment, in dem man kurz zum Verschnaufen kommt. Davor und danach drehen alle völlig durch und bestellen ein Bier nach dem anderen. Soll ich in der einen Hand fünf Masskrüge herumschleppen, und in der anderen Hand meine Zigarette halten?« Sie schüttelte belustigt den Kopf.

»Wie lange arbeiten Sie schon im Bürgerbräukeller?«

»Ich arbeite nicht regelmäßig dort. Ich helfe nur hin und wieder aus, wenn Not am Mann ist.«

»Und an diesem Abend war Not am Mann?«

»Sie waren doch selbst dort. Haben Sie nicht gemerkt, dass nicht einmal mehr ein Kleinkind an einen der Tische gepasst hätte? Wir hatten alle Hände voll zu tun.« Wie kam sie darauf, dass er auch dort gewesen war? Sie war ihm an diesem Abend gar nicht aufgefallen. Offenbar hatte sie ihn aber im Gedächtnis behalten.

»Ihr Name ist Marlene Liebreiz?«, las er von seinem Blatt ab.

Sie nickte.

»Ein ungewöhnlicher Nachname.«

»Es ist ein Künstlername. Ich bin Schauspielerin.«

Jetzt hatte sie seine volle Aufmerksamkeit.

»Sie sind Schauspielerin und haben es nötig, in Ihrer Freizeit zu bedienen? Das glaubt ja wohl kein Mensch.«

»Ich habe es nicht nötig.« Ihre Augen funkelten bedrohlich. »Mir macht es Spaß, da ich während der Schauspielschule dort meine Abende verbracht und Geld verdient habe. Normalerweise singe ich im Bürgerbräukeller. Zur Unterhaltung.«

Winter ärgerte sich über ihren arroganten Tonfall. Sie sah ihn an, als hielte sie ihn für die Sorte Mensch, die jegliche Form von Unterhaltung ablehnte.

»Sie hatten für diese Arbeit zu wenig Personal. Also habe ich angeboten einzuspringen. Der Eigentümer des Bürgerbräukellers hat mich damals als junge, völlig unbekannte Frau auftreten lassen. Jetzt kann ich etwas zurückgeben.«

»Wie lautet Ihr richtiger Name?«

»Anna Marlene Cranz.«

Cranz. Irgendwie klang der Name vertraut, doch er konnte sich nicht erinnern, wo er ihn schon einmal gehört hatte. Allzu häufig war er nicht. Zumindest nicht in Süddeutschland.

»War Georg Elser Stammgast im Bürgerbräukeller?«

Er beobachtete sie ganz genau, ob der Name in ihr eine Reaktion auslöste, doch falls sie etwas wusste, verrieten weder ihre Mimik noch ihre Hände oder Füße irgendetwas.

»Es gibt viele Stammgäste. Denken Sie, dass ich alle mit Namen kenne, wenn ich nur sporadisch aushelfe? Wie ich schon gesagt habe. Ich stehe normalerweise vorne und singe. Es war eine Ausnahme, dass ich bedient habe. Den Namen Georg Elser habe ich in der Zeitung gelesen.«

Wortlos zog er ein Foto aus seiner Tasche und legte es vor ihr auf den Holztisch. Sie beugte sich darüber und sah sich die Aufnahme lange an.

»Ja genau, das Bild habe ich auch in der Zeitung gesehen. Ein interessanter Mann. Ich muss Sie aber leider enttäuschen, ich kenne ihn nicht.«Zur Betonung schüttelte sie den Kopf, sodass ihre Pfauenfeder wippte.

Winters Blick fiel auf ihre Hände. Immer wieder strich sie mit den Fingerkuppen über die Holzfläche.

»Haben Sie schon einmal etwas von einem scharfen Verhör gehört, Fräulein Liebreiz?«

»Wollen Sie mir jetzt etwa Daumenschrauben anlegen? Wissen Sie, dieser Mann, den Sie mir hier gerade vorgelegt haben, ist nicht wirklich in meiner Altersklasse, wenn Sie verstehen, was ich meine. Hätten Sie mir einen attraktiven, jungen Mann gezeigt, dann hätte ich Ihnen womöglich alles über ihn erzählen können. Von der Farbe seiner Augen bis hin zur Länge seines Schwanzes.«

Winter errötete bei ihren Worten, doch sie zuckte nicht einmal mit der Wimper. Sie hatte nicht wie ein leichtes Mädchen auf ihn gewirkt, aber es schien ihr bewusst zu sein, welche Sinnlichkeit sie ausstrahlte. Eine Sinnlichkeit, die bei ihm auf keinerlei Interesse stieß. Marlene Liebreiz verunsicherte ihn. Sie war zu selbstbewusst. Zu weiblich. Zu viel Frau. Sie war bestimmt eine, die sich in einer Beziehung niemals unterordnen konnte, die die Zügel in der Hand hielt. Auch jetzt war sie es, die stets den Blickkontakt hielt, als wäre er zu befragen und nicht sie.

»Sie sind nicht in Bayern geboren, Fräulein Liebreiz?« Vielleicht konnte er, was ihren Nachnamen betraf, noch Licht ins Dunkel bringen.

»Ist das jetzt auch ein Verbrechen?«

»Natürlich nicht. Ich stamme selbst nicht aus Süddeutschland.«

»Ich weiß.«

Winter zuckte leicht zusammen. »Woher wissen Sie das?«, blaffte er Marlene Liebreiz an.

»Man kann es deutlich hören. Ich bin in Preußen geboren und habe viele Jahre dort verbracht. Ihr ganzes Auftreten lässt sofort erahnen, wo Sie herkommen. Sie können mir nichts vorspielen. Schließlich bin *ich* die Schauspielerin, vergessen?«

So hatte sich Winter das Verhör nicht vorgestellt. Mit ihren Gegenfragen brachte sie ihn etwas ins Wanken.

»Sollen wir los?«

»Wohin?«, fragte er verdutzt.

»Na, Sie wollten doch mit Ihrem scharfen Verhör beginnen. Ich wäre dann so weit. Schließlich habe ich nicht den ganzen Tag Zeit. Ich muss noch meinen Text lernen, oder wollen Sie dem Regisseur erklären, weshalb ich so lange aufgehalten wurde, dass ich mich nicht ausreichend vorbereiten konnte? Der Film wird im ganzen Reich zu sehen sein. Sicherlich ist es nicht erwünscht, dass ich völlig entstellt vor eine Kamera trete. Keine Ahnung, wie Ihre Verhöre so aussehen, aber mein Körper und vor allem mein Gesicht sind doch nicht ganz unwichtig, wenn Sie verstehen, was ich meine.«

Wie wichtig sie sich nahm. Schauspielerin. Sängerin. Auf die Schnelle fiel Winter kein Film ein, in dem sie mitgewirkt hatte. Ein spitzes Mundwerk hatte dieses Frauenzimmer. Schrecklich. Sie formte die vollen Lippen zu einem O und stieß genüsslich den Rauch ihrer neu angezündeten Zigarette aus.

»Setzen Sie sich wieder«, sagte er schärfer als beabsichtigt.

Ihre grünen Augen verengten sich wie die einer Katze im Licht, und sie ließ sich zurück auf den Stuhl fallen.

»Stickig hier drinnen«, meinte sie und begann, sich mit einem Fächer Luft zuzuwedeln.

»Wie sind Sie an dem Abend rechtzeitig herausgekommen? Das ganze Gebäude ist in die Luft geflogen. Teile der Küche wurden zerstört.«

»Ich bin zur Hintertür hinausgegangen.«

»Sie sind einfach noch während der Rede zur Hintertür hinausspaziert?«

»Genau. Ich hatte es äußerst eilig.«

»Weshalb hatten Sie es bitteschön so eilig, dass Sie Ihre helfenden Hände vergessen haben? Allein deswegen sind Sie doch gekommen. Weil Not am Mann war. Und dann vergessen Sie während der Arbeitszeit Ihre Pflicht?«

»Ich habe mich mit einem Mann im Kühlraum vergnügt und wollte schnellstmöglich nach Hause kommen.« Sie blinzelte ihm zu. Wieder warf sie ihn mit ihrer Direktheit aus der Bahn. Hatte diese Frau denn überhaupt keinen Anstand? Nicht einen Funken Ehre? Kein Schamgefühl?

»Wie lautet der Name dieses Mannes.«

»Darauf kann ich Ihnen nicht einmal eine Antwort geben, weil ich es selbst nicht weiß. Wir sind uns schon öfter zufällig begegnet. Ich habe ihn gesehen, wollte mit ihm reden, und dann ging alles ganz plötzlich. Sie wissen ja bestimmt, wie das ist, wenn man jung ist, nicht wahr? Wenn

Sie mir nicht glauben, dann überprüfen Sie die Kühlung. Vielleicht ziehen Sie noch meine Unterwäsche aus den Trümmern.«

Er verspürte ein leichtes Ziehen im Unterleib, da er seit Monaten nicht mehr mit einer Frau zusammengewesen war. Seit seine Frau in der Klinik war, hatte er ein paarmal ein Bordell besucht. Am Ende war es aber bei einem Glas Wasser und zwei Tassen Kaffee geblieben. Er war den Mädchen sogar aufs Zimmer gefolgt, doch als es losgehen sollte, hatte er einen Rückzieher gemacht. Jedes einzelne Mal. Diese Welt war nichts für ihn. Er hatte sich nicht genug angezogen gefühlt. Nicht sicher genug. Verdammt, er war noch nicht einmal hart geworden, obwohl die Mädchen sich halb nackt auf dem Bett geräkelt hatten. Je mehr sie versucht hatten, desto mehr hatten sie ihn abgestoßen.

Endlich fand er von diesen dunklen Gedanken in den Raum zurück. Die Erinnerung hatte eine Gänsehaut auf seinen Armen hinterlassen.

»Helfen Sie denn auch in diesem Bereich aus? Suchen Ihre Freunde auch da nach einer helfenden Hand?«, fragte er spöttisch.

Lautes Gackern erfüllte jede Ecke des Raumes. »Sie halten mich für eine Nutte? Wie amüsant.«

In der Tat hielt er sie für eine Nutte, doch Winter zog es vor, diesen Gedanken für sich zu behalten.

»Ich nehme mir, was mir gefällt. Warum sollte dies nur Männern zustehen? Damit habe ich mich wohl keines Verbrechens schuldig gemacht.«

Winter schüttelte kaum merklich den Kopf.

»Dennoch kommt es mir sehr fragwürdig vor, dass Sie die Arbeit niederlegen, um einen Wildfremden in den Kühlraum zu zerren, sich dort die Unterwäsche vom Leib reißen, obwohl sie noch nicht einmal den Namen des Prinzen wissen, und den Fremden zu sich nach Hause einladen.«

»Das mag in Ihren Ohren etwas komisch klingen. Wie soll ich sagen. Ich bin nun mal kein Kind von Traurigkeit.« Wieder lachte sie auf. »Manchmal herrscht eine Anziehungskraft, der man sich nicht entziehen kann.« Erneut schmunzelte sie, als hinge sie gerade in der Erinnerung fest. »Haben Sie denn so etwas noch nie erlebt?«

Dieses Gespräch ging in eine völlig falsche Richtung. Er wollte nicht sein Sexualleben vor Marlene Liebreiz ausbreiten. Es ging schließlich um die Aufklärung einer Straftat. Wut regte sich in ihm, doch sie durfte nicht merken, wie zornig er über ihre Worte geworden war. Dann würde er sich komplett vor ihr entblößen, und sie würde ihn für einen vollkommenen Schlappschwanz halten.

»Haben Sie sonst noch Fragen? Wie der Mann aussah? Vielleicht können Sie einen Zeichner schicken. Dann werde ich versuchen, alles genauestens zu beschreiben. Zwei Handlängen würde ich sagen.«

»Genug jetzt!«, schrie Winter und schlug mit der Hand auf den Tisch. Sie war an einem Punkt angekommen, an dem er sie aus seiner Nähe haben wollte. Sie musste raus. Weg von ihm. Weit weg.

»Schön«, sagte Marlene Liebreiz, erhob sich und strich ihren Rock glatt. »Sie sind auf jeden Fall nicht in einer großen Stadt aufgewachsen. Sonst würden Sie sicherlich anders über solche Art von Vergnügungen denken. Aber selbst in den abgelegensten Dörfern werden ja plötzlich Dienstmädchen bestiegen, wenn der Weg ins Bordell zu weit ist.«

»Klingt, als sprächen Sie aus Erfahrung«, sagte Winter kalt.

»Ich selbst wurde in Königsberg geboren. Meine Mutter hat einige Monate auf einem der Gutshöfe weit außerhalb der Stadt gearbeitet. So lange, bis sie schwanger wurde und man sie von heute auf morgen auf die Straße gesetzt hat. Wer von den edlen Herren meine Mutter damals bestiegen hat, weiß ich bis heute nicht. Könnte natürlich auch einer der Knechte gewesen sein. Männer nehmen sich ja gerne das, was ihnen gefällt. Vielleicht sagt Ihnen der Name des Gestüts etwas. Guddin oder so ähnlich.«

Der Name des Gutshofes versetzte ihm einen Stich ins Herz und er ließ die halbvolle Kaffeetasse fallen. Mit einem lauten Knall zersprang sie in tausend Teile, und die Scherben verteilten sich im ganzen Büro. Als er zu ihr aufsah, war sie schon durch die Tür hinaus. Wer zum Teufel war diese Frau? Ihre Mutter hatte also als Hausmädchen bei ihnen gearbeitet. Was hätte sein Vater sonst machen sollen als sie zu entlassen? Er unterhielt schließlich kein Waisenhaus für die unehelichen Kinder seiner Angestellten.

Obwohl er es sich nicht gerne eingestand, aber diese Frau mit den schlangengrünen Augen hatte ihn verunsichert. Mehr noch. Sie machte ihm Angst.

1. Dezember 1939

»Die Alpträume kommen immer wieder. Fast jede Nacht.«
Georg Sedlmayr massierte sich die Schläfen und stützte den
Kopf auf die Hände.

»Immer wieder derselbe Traum?« In Hans Sternlichts
Stimme lag Wärme. Die Wärme eines guten Freundes. Georg nickte.

»Meistens. Wir liegen im Graben. Müssen raus. Der Bursche fällt ins Gas. Ich bekomme was ab, bleibe liegen. Dann
sehe ich plötzlich Licht. Dein Gesicht. Du bist umgekehrt,
hast mich nicht im Stich gelassen.«

Hans Sternlicht winkte ab. »Das hättest du auch für mich
gemacht, Schorsch! Es ist ja alles gut ausgegangen. Wir haben es geschafft. Wir sind rechtzeitig zum Lazarett gekommen.«

»Du bist schlecht darin, ein Dankeschön anzunehmen«,
schmunzelte Georg und zwinkerte seinem Freund zu. Obwohl sie nur wenige Jahre trennten, schien Hans Sternlicht
um Jahre gealtert zu sein. Sein langer Bart, durch den sich
bisher nur vereinzelt graue Haare gewebt hatten, war beinahe schlohweiß geworden. Tiefe Sorgenfalten gruben sich
um seine Augen.

»Hast du mit Resi darüber geredet? Weiß sie, was damals
im Feld passiert ist?«

Georg lachte hohl auf. »Ich habe viele Male versucht, es ihr
zu erklären. Aber wem willst du das Niemandsland erklären?

Man muss den Krieg erleben, hören, sehen, fühlen, nur dann kann man ihn begreifen. Sie denkt, dass ich überlebt habe, ist das einzige, was zählt. Als wäre alle Erinnerung an diese Zeit dadurch ausgelöscht. Nie dagewesen.«

Hans nickte. Auch er schien plötzlich weit weg zu sein.

»Karl hat sich freiwillig gemeldet«, sagte Georg und holte Hans ins Jetzt zurück. Seine Pupillen schwammen im satten Blau seiner Augen. Furcht lag in ihnen. »Er wird als gebrochener Mann zurückkommen. Wenn er nicht fällt. Wie oft habe ich versucht, ihn vor dem Krieg zu warnen. Es gibt nichts Ruhmreiches an ihm. Keine Helden. Keine Sieger. Wenn er doch nur auf mich hören würde.«

»Jetzt noch melden sich junge Männer freiwillig, Schorsch. Aber glaub mir, bald werden sie alle eingezogen. Das Deutsche Reich braucht seine Kämpfer. Dieser Krieg wird größer werden als der alte. Noch hat Karl die Wahl. Noch kann er darüber bestimmen, wo er hinmöchte.«

In seinen Worten lag ein wenig Trost. Trost, der jedoch die Mauern der Angst nicht zum Einsturz bringen konnte.

»Er ist beim Panzerregiment. Er darf uns nicht einmal sagen, wo sie sind.« Wieder hielt er seinen Kopf aufgestützt, als wäre er zu schwer für seinen Hals. »Aber was jammere ich mich bei dir aus. Als ob ihr es nicht selbst schwer genug hättet.«

»Es sind für uns alle schwere Zeiten, Schorsch. Die Nazis lassen sich immer wieder etwas Neues für uns einfallen.«

Fragend hob Georg die Augenbrauen.

»Verordnungen über die Anmeldung des Vermögens von Juden. Die Pflicht der Namensänderung. Wir Männer heißen mit zweitem Namen nun alle Israel. Sarah behält ihren, weil er schon jüdisch ist. Weißt du, ich wollte immer mit dem Namen begraben werden, den meine Eltern mir gegeben haben. Nicht als Israel Sternlicht. Versprichst du mir, dass nicht Israel auf meinem Grab oder dem meiner Söhne steht?«

Georg wollte protestieren, seine Ängste abwinken, doch an der feinen Veränderung von Hans Sternlichts Stimme merkte er, dass dieser es ernst meinte.

»Ich schwöre es dir, Hans!«

»Vielleicht klingt es lächerlich. Ich weiß, es ist nur ein Name. Aber auf Papier ist es noch etwas erträglicher. Nicht so dauerhaft wie in Stein gemeißelt. Papier welkt irgendwann. Auf einem Grabstein wird er Jahrzehnte bleiben. Jeder Zuchthäusler, jeder Vergewaltiger, jeder Mörder behält seinen Namen. Es schreit zum Himmel. Nur wir Juden werden umgetauft. Ich will mit meinem Namen sterben. Mit dem Namen, auf dem kein Makel haftet.«

»Du wirst deinen Namen behalten, hörst du?« Georg hatte Hans an der Schulter genommen und rüttelte ihn sanft. »Ich verspreche es dir.«

»Hätte diese Bombe ihn doch nur in tausend Stücke gerissen«, seufzte Hans. »Die Tat eines mutigen Mannes. Was sie wohl mit ihm anstellen werden? Ich habe in der Zeitung gelesen, dass sie seine ganze Verwandtschaft inhaftiert haben.«

»Einfach zehn Minuten zu spät«, seufzte Georg Sedlmayr. Was hätte es nur für eine Wendung gegeben.

Noch immer waren die Zeitungen voll von Berichten über das Bombenattentat. Hitler und der Rest der Spitze tobten. Der Attentäter, Georg Elser, ein Schreiner, hatte den Anschlag in monatelanger Arbeit vorbereitet. Damit, dass Hitler seine Rede früher beendete, hatte er nicht gerechnet. Den Zeitungen war zu entnehmen, dass der Mann an der Schweizer Grenze aufgegriffen worden war. Nach zahlreichen Verhören war herausgekommen, dass Elser sich leichte Knieverletzungen zugezogen hatte, da die Bombe unten in der Säule eingebaut war und er so kniend hatte arbeiten müssen. Jetzt war er in irgendein Arbeitslager transportiert worden. Sedlmayr wunderte sich, dass sie ihn nicht sofort zum Tode verurteilt hatten. Anscheinend wollte Hitler persönlich, dass er sich zu Tode schuftete.

Sedlmayrs Blick fiel aus dem Fenster. Dicke, weiße Flocken fielen vom Himmel. Winter. Die härteste Jahreszeit für Soldaten. Ob Karl an Weihnachten nach Hause kommen konnte? Ob er wohl gerade irgendwo im Schnee lag und fror? Freiwillig. Für Deutschland. Für den Führer.

»Schorsch?« Hans Sternlicht riss ihn aus seinen Gedanken. »Kann ich dir etwas von unserem Geld anvertrauen?«

»Natürlich, Hans. Was ist das denn für eine Frage!«

»Ich weiß, wie Resi zu uns steht, und möchte auf keinen Fall, dass du in Schwierigkeiten kommst. Hörst du?«

»Sie wird es schon nicht mitbekommen. Ich habe hier in der Praxis einen Tresor. Ich kann das Geld dort einschließen.«

»Es ist auch noch Schmuck dabei. Gold. Ketten. Ringe von Sarahs Großmutter. Die Eheringe meiner Eltern.«

»Wir verteilen alles. Bei mir im Keller sind einige Bodenplatten locker. Pack deinen Schmuck in eine Kiste, und wir legen sie dort hinein und machen den Boden wieder fest.«

»Wenn sie dein Haus durchsuchen, dann wird es leicht für sie sein, das zu finden.«

»Hast du eine bessere Idee?«

»Die Hütte«, raunte Hans, und seine Gedanken gingen fort.

Georg Sedlmayr nickte. Die Hütte war der perfekte Ort. Sie hatte schon seinen Großeltern gehört und lag versteckt in den Bergen. Sie war nicht bewirtschaftet und kaum jemand wusste, dass ihnen die kleine Alm gehörte. Dort würde niemand suchen. Vor vielen Jahren hatten sie zusammen mit den Sternlichts gemütliche Wochenenden auf der Alm verbracht. Hatten am Lagerfeuer gesessen und Stockbrot geröstet, mussten das Wasser selbst aus dem Holztrog holen, hatten den Sternenhimmel bewundert. Schöne Zeiten.

Unbekümmert und so weit entfernt wie die Sonne von der Erde.

»Sobald der Schnee schmilzt, gehen wir zur Hütte«, versprach er Hans. »Bis dahin werde ich alles in den Tresor schließen.«

»Danke dir. Besser zu früh als zu spät.«

Plötzlich waren Schritte im Gang zu vernehmen. Schwere Schritte. Stiefel, obwohl die Praxis geschlossen war. Hatte er etwa vergessen, die Tür zu verriegeln? Georg Sedlmayr gab Hans ein Zeichen, dass er bleiben sollte. Er selbst zog die Tür hinter sich zu und ging durch die Behandlungsräume nach vorne in den Empfangs- und Wartebereich.

Schneeflocken hatten sich an Erich Winters dickem Mantel festgebissen. Er wischte sie sich von den Schultern wie eine lästige Fliege.

»Guten Tag, Herr Doktor«, sagte er und nickte ihm zur Begrüßung zu.

»Die Praxis ist geschlossen«, erwiderte Sedlmayr ohne Gruß.

»Das ist jammerschade. Die Tür war nicht abgeschlossen.«

»Die Lichter sind aus. Keine Arzthelferin hier. Keine weiteren Patienten. Es ist ganz offensichtlich, dass hier kein Betrieb ist.«

Winter machte sich nicht einmal die Mühe, sich umzusehen. Er ging an Sedlmayr vorbei ins Behandlungszimmer. Tür an Tür mit Hans Sternlicht.

Sedlmayr zog es vor, ihn nicht zu provozieren, damit er nicht mit Gestapo-Leuten wiederkam und sie am Ende noch die ganze Praxis auseinandernahmen.

»Wenn die Praxis geschlossen hat, weshalb sind Sie dann hier?«

»Büroarbeiten. Die machen sich auch nicht von alleine.«

»Haben Sie etwa keine Angestellten dafür?«

»Ich ziehe es vor, selbst alles zu erledigen.«

»Sie trauen wohl niemandem, nicht wahr, Herr Doktor?«

»Ich traue harter Arbeit. Und die erledige ich gerne selbst.«

»Das bewundere ich an Ihnen, Herr Doktor. Wirklich.«

An seiner Stimmlage war nicht zu erkennen, ob Winter es wirklich ernst meinte oder ob er ihn verspottete. Sedlmayr war es ohnehin egal. Er brauchte keine Bestätigung von Erich Winter. Lob schon gar nicht.

»Was kann ich für Sie tun? Weshalb war es so dringend, dass Sie nicht morgen kommen konnten?«

»Mein rechtes Ohr«, sagte Winter und zeigte darauf.

»Was ist damit?«

»Mein Gehör hat sich immer noch nicht vollständig erholt. Es klingelt, rauscht und pfeift.«

»Das kommt von der Explosion. Sie haben Glück, dass Sie überhaupt noch leben.« Jeder in Rosenheim wusste, dass Erich Winter im Bürgerbräukeller gewesen war. Auch munkelte man, dass er bei den Verhören involviert gewesen war.

»Natürlich haben Sie recht. Ich bin froh, dass ich überhaupt noch lebe, aber wahrscheinlich würde man es ohnehin nicht merken, wenn einem die Bombe den Kopf abreißt. Ich hätte freilich auch Gliedmaßen verlieren können und ein Leben lang ein Krüppel sein. Nein, nein, das wäre kein Leben für mich gewesen. Da hätte ich mir lieber eine Pistole in den Mund gesteckt.«

»Könnte sich als unmöglich herausstellen. Wenn man keine Arme mehr hat.«

Winter kniff die Augen zusammen, öffnete den Mund um etwas zu erwidern, schwieg aber dann.

Sedlmayr griff zu seinen Instrumenten und warf einen Blick in Winters Ohr. Dann führte er noch einen Hörtest durch.

»Sie haben ein Knalltrauma erlitten, das wissen Sie ja vermutlich bereits«, erklärte er. »Sie leiden an den typischen

Symptomen: Akuter Hörverlust. Danach folgt ein hochfrequentes Ohrgeräusch. Wie ein Tinnitus. Sie haben eine Innenohrschwerhörigkeit im Hochtonbereich, also vorwiegend im Bereich von 4000 Hertz. Die schallmodulierende Funktion der äußeren Haarzellen fällt weg, somit kommt es unweigerlich zu einer Hörminderung bei leisen Signalen. Bei lauten Signalen jedoch kommt es zu einer Wahrnehmung von lautem Schall. Ein sogenannter Lautheitsausgleich.«

Winter hatte ihm schweigend zugehört. Das Gesicht unbewegt.

»Was gibt es für Therapiemöglichkeiten?«

»Ich spritze Ihnen ein Mittel ins Ohr. Dann lassen wir noch eine Kurzinfusion durchlaufen und dann brauchen Sie ein paar Tage Ruhe. Bleiben Sie zu Hause. Vermeiden Sie Lärm. Dann sehen wir in ein paar Tagen, ob das Medikament noch angeschlagen hat. Sie sind spät dran.«

Winter biss sich hart auf die Unterlippe, sodass sie weiß anlief.

Als Sedlmayr mit der Behandlung fertig war, blieb Winter noch einige Minuten auf der Liege sitzen.

»Die Behandlung aufgrund meiner Schwerhörigkeit bleibt unter uns.« Eine Aussage, keine Bitte.

»Als Arzt unterliege ich ohnehin einer Schweigepflicht. Bei Ihnen und bei anderen Patienten auch«, sagte Sedlmayr, während er seine Kanülen reinigte.

»Ich bin Ihnen zu Dank verpflichtet, Herr Doktor.« Er stand auf und schüttelte den Kopf ein paarmal sanft und vorsichtig.

»Hoffentlich kehrt das Hörvermögen zurück. So wie vorher wird es wahrscheinlich nicht ganz werden. Aber wenn Sie sich wirklich schonen, könnte es sich wieder etwas verbessern.«

»Ich wollte Ihnen noch etwas geben.«

Verwirrt zog Sedlmayr die Augenbrauen hoch, als Winter etwas vor ihm auf den Tisch legte.

Ein Ausweis? Der Doktor nahm die graue Hülle und schlug sie auf. Das Gesicht seines Sohnes blickte ihm entgegen. Hermanns Ausweis.

»Woher haben Sie den?«, fragte er verblüfft.

»Ihr Sohn hat ihn, wie es aussieht, verloren. Ich habe ihn gefunden und dachte mir, dass es sich anbietet, wenn ich ihn direkt mitbringe.«

»Er ist etwas verstaubt. Wo haben Sie ihn denn gefunden?«

»Es ist schon eine Weile her, dass ich ihn gefunden habe. Erst beim dritten Mal, als ich zurück an den Tatort gegangen bin, habe ich ihn entdeckt. Zwischen den Trümmern herausgezogen.«

Von was zum Teufel redete er? Trümmer? Tatort?

Winter schien Sedlmayrs Unwissenheit zu gefallen. Sein halbseitiges Lächeln war zurückgekehrt.

»Ich habe den Ausweis im Bürgerbräukeller gefunden. Ihr Sohn muss ihn bei der Flucht verloren haben.«

»Was?«

»Sie wussten nichts davon, dass Ihr Sohn im Bürgerbräukeller war?«

In der Tat. Hermann hatte ihm weder erzählt, dass er die Rede hören wollte, noch dass er die Explosion mitbekommen hatte.

»Wenn er nicht zu Ihnen gekommen ist, dann ist er anscheinend auch nicht verletzt worden. Der Glückspilz.«

Ertappt. Hermann schien ohne Verletzung aus dem Keller herausgekommen zu sein. Er hatte ihn erst vor ein paar Tagen quietschlebendig und ohne Beschwerden gesehen.

»Dann muss ich davon ausgehen, dass er entweder die richtige Intuition hatte, oder aber, dass er von der Bombe wusste und deshalb rechtzeitig verschwinden konnte.«

Jetzt blieb Sedlmayr der Mund wahrhaftig offenstehen.

»Mein Sohn war sicher nicht an dem Attentat beteiligt. Das ist ja absolut lächerlich. Hermann hat zwei linke Hände, wenn es ums Handwerk geht. Genau wie ich. Unsere Hände sind dafür gemacht, an Menschen zu hantieren. Für nichts sonst.«

»Wie gerne möchte ich Ihnen glauben, Herr Doktor.«

Wollte Winter Hermann etwa verhaften? Verhören?

»Sie haben ihn noch nicht befragt, obwohl Sie ihn in Verdacht haben? Das passt so gar nicht zusammen.«

»Vorerst«, raunte Winter. »Ich persönlich glaube nicht, dass er beteiligt war, aber was ich glaube und was am Ende die Wahrheit ist, das sind zwei Paar Stiefel, verstehen Sie? Sicher ist jedoch, dass er rechtzeitig herausgekommen sein muss. Und das in Eile. Sonst hätte er nicht in der Nähe des Hinterausgangs seinen Ausweis verloren.«

»Wie sollte er denn Zugang zum Hinterausgang haben?«

»Ich denke, das fragen Sie ihn besser selbst. Er spielt mit dem Feuer, so viel kann ich Ihnen verraten. Wie kann man es ihm auch verdenken. Das Weibsbild weiß schon, wie man sich am besten in Szene setzt. Jedoch steht die gute Dame unter Verdacht, und er sollte sich besser nicht mehr mit ihr treffen. Was würde das für ein Licht auf Ihre Familie werfen, wenn Ihr Sohn in solchen Kreisen verkehrt?«

Sedlmayr verstand nur Bahnhof. Von welcher Frau sprach er? In welchen Kreisen verkehrte sie?

»Vielen Dank noch mal, Herr Doktor. Behalten Sie Ihren Sohn ein wenig im Auge. Sonst fühle *ich* mich gezwungen, das zu tun. Einen schönen Abend noch.«

Winter nickte kurz, dann dröhnten seine schweren Stiefel durch die leere Praxis und die Tür krachte ins Schloss.

Zurück blieb ein verwunderter und aufgewühlter Georg Sedlmayr, dem auf einmal klar wurde, dass seine Familie genauso viele Geheimnisse hatte wie er selbst.

31. Dezember 1939

Eine matte Sonne kämpfte sich durch die tiefhängenden Wolken. Auf den Wegen und Straßen türmten sich Schneeberge, da es die letzten Tage fast ohne Unterbrechung geschneit hatte. Das Schneechaos hatte den Verkehr lahmgelegt, einige Autos waren auf den Straßen liegengeblieben oder in Straßengräben gerutscht.

Hannah und Jacob hatten einen Kompromiss geschlossen. Obwohl er am Ende zugestimmt hatte, nagte die Entscheidung in ihm. Vielmehr: Eifersucht kochte in seiner Magengegend. Je näher er dem Veranstaltungsort kam, an dem heute Abend eine Neujahrsfeier stattfinden sollte, desto schleppender wurden Jacobs Schritte, was aber nicht am tiefen Schnee lag. Vor dem Rathaus wurde der Platz eifrig von Schnee befreit. Ein paar Bauern waren von außerhalb gekommen und schoben mit Schaufeln an ihren Traktoren den Schnee zur Seite. Die klapprigen Gestelle zitterten unter der Last, und einer der Traktoren kippte beinahe zur Seite, als er die Schaufel in einer Seitenstraße ausleerte.

Jacob lehnte sich mit dem Rücken gegen einen Laternenpfosten, die Hände tief in den warmen Jackentaschen vergraben. Erst gestern hatten sie darüber diskutiert, ob Hannah mit ihrer Familie zur Neujahrsfeier gehen sollte. Die Diskussion war beinahe in Streit ausgeartet. Mit Hannah wollte Jacob aber nicht streiten. Diskutieren, ja. Stundenund nächtelang am Telefon, wenn ihre Eltern schliefen. Eng umschlungen in seinem oder ihrem Zimmer, wenn die Eltern nicht zu Hause waren. Wie sehr sie Hannahs kleines

Zimmer in München liebten, wenn er alle paar Wochen die Möglichkeit fand, zu ihr zu kommen. Mit Hannah konnte man über Gott und die Welt reden. Über Freuden, Ängste und Sorgen. Wie sehr er ihr Lachen liebte, wenn sie sich mit der Hand vor den Mund schlug. Aber immer wieder kreisten ihre Gespräche um ein Thema: Wie sollte es in Zukunft mit ihnen weitergehen? Nie waren die Diskussionen fiebrig, hitzig oder aufwühlend gewesen, vielmehr brach einer von ihnen am Ende in Tränen aus, sie fielen sich in die Arme und waren genauso ratlos wie zuvor. So konnte es nicht weitergehen.

Jacob ärgerte sich auch über sich selbst, da es ihm nicht länger reichte, sich heimlich zu treffen, über die Schultern schauen zu müssen, dass man ja nicht entdeckt wurde. Er hasste es, dass er Hannah nicht zum Tanzen ausführen konnte, sie nicht ins Kino einladen. Er hasste es, dass er nicht zu ihnen nach Hause kommen durfte, und der Welt zeigen, wie sehr er sie liebte.

Er konnte ihr nicht einmal vorwerfen, dass sie mit ihrer Familie auf das Neujahrsfest gehen wollte, aber dennoch machte es ihn wütend. Andere Männer würden Hannah schöne Augen machen, sie zum Tanz auffordern, konnten ihrer Stimme lauschen, während sie erzählte, konnten ihr nah sein, während er, ihr Freund, draußen im Schnee wartete wie ein Hund. Ihn schmerzte das Herz, wenn er sich vor Augen führte, dass es womöglich immer so sein würde. Irgendwann würde es einfach zu viel werden. Zu viele Geheimnisse. Zu viele Verlockungen im Leben außerhalb ihrer Zimmer. Obwohl er nur das Beste für sie wollte, war am Ende immer er es, der als Verlierer hinausging.

Als die Dunkelheit langsam anbrach, fiel Jacob erst auf, dass er schon zwei Stunden draußen vor dem Rathaus stand. Seine Zehen spürte er mittlerweile gar nicht mehr, die Ohren glühten rot. Die ersten Wagen rollten über die geräumte

Straße und hielten vor dem Rathaus. Männer und Jungen in Anzügen, Frauen und Mädchen in schicken Kleidern stiegen aus und hasteten schnell zur Eingangshalle. Jacob schob sich ein wenig zurück, damit er nicht gesehen werden konnte. Das Auto der Sedlmayrs hielt an und Georg ließ seine Frau und Kinder aussteigen, während er selbst einen Parkplatz suchte. Sogar Karl schien Fronturlaub zu haben. Die Anzughose flatterte um seine hageren Beine, auch die Schultern wirkten mager. Bekamen die deutschen Soldaten an der Front etwa nicht genug zum Essen?

Er hatte nicht viel Zeit, um über Karl nachzudenken, da ihm Hannahs Erscheinung fast den Atem raubte. Sie hatte das blonde Haar nach oben gesteckt, unter dem Mantel spähte der Saum eines eisblauen Kleides hervor. Sie stand mit dem Rücken zu ihm, sodass er sie nur von hinten sehen konnte oder ihr Profil, wenn sie den Kopf ein wenig zur Seite drehte. Ihre Mutter stolzierte vorne weg und als sie den Schritt beschleunigte, umwehte sie ihr Kleid wie flüssiges Gold. Wenn Hannah sich doch nur einmal umsehen würde. Als sie mit ihren Brüdern durch die Eingangstür verschwand, versetzte es Jacob einen Stich.

»Gutes neues Jahr!«, murmelte er und trat gegen einen Schneehaufen. Wie dämlich es war, hier draußen vor der Tür zu warten, sich zu verstecken. Es war demütigend. Doch obwohl sich Jacob dessen bewusst war, konnte er sich nicht fortbewegen. Als wären seine Beine an Ort und Stelle angewachsen. Musik wehte von drinnen an seine Ohren. Lachen. Gläserklirren.

Etwa zwei Stunden vor Mitternacht tauchte ein schwarzer Wagen auf, aus dem Erich Winter stieg. Er trug wie immer seine Uniform und sah auf dem Weg zum Rathaus gleich zweimal auf die Uhr. Vor den Flaggen, die am Eingang hingen, salutierte er und riss den Arm zum Gruß nach oben. Sein Fahrer brauste mit dem Wagen wieder davon.

Schneefall setzte ein. Dicke, weiche Flocken, die an Watte erinnerten. In spätestens zwei bis drei Stunden würden die Straßen erneut vollkommen zugeschneit sein.

Die Minuten und Sekunden zogen sich wie Honig. Was würde Jacob nur dafür geben, wenn Hannah für einen Augenblick nach draußen kommen würde, damit er ihr ein gutes neues Jahr wünschen und sie küssen konnte.

Kurz vor zwölf kam die Gesellschaft ins Freie. Einige hielten ein volles Glas in der Hand, während sich die Damen in ihre Mäntel hüllten. Das Feuerwerk wurde mit einem lauten Knall eröffnet. Ein Funkenregen fiel über ihre Köpfe, und den einzelnen Explosionen folgte ein lautes Ahhh und Ohhh. Obwohl die bunten Farben herrlich am schwarzen Nachthimmel leuchteten, war Jacob nicht froh zumute. Zusammen mit dem abebbenden Feuerwerk verzogen sich auch die Gäste wieder in die Wärme des Rathauses. Eine Gestalt jedoch löste sich aus der Menge, lief die Treppen herunter und überquerte die Straße. Hermann. Das war seine Chance. Jacob stieß ein leises Pfeifen aus. Hermanns Schritte verlangsamten sich, und als Jacob erneut pfiff, blieb sein Blick an ihm hängen.

»Bist du zum Schneemann geworden?«, sagte Hermann und lief auf ihn zu.

»Kannst du Hannah herausholen?«, kam Jacob ohne Einleitung zum Punkt. »Ich muss sie sehen.«

»Bist du sicher?«

Jacob nickte.

»In Ordnung. Ich hole sie.«

»Danke dir. Ich weiß das wirklich zu schätzen.«

Hermann nickte ihm zu und verschwand Richtung Eingang. Es dauerte nicht lange, da erschien Hannah in der Tür, ließ nervös den Blick umherschweifen und ging vorsichtig die Stufen nach unten. Wieder blickte sie sich um, diesmal aber suchend.

»Hannah«, raunte Jacob ihr zu und trat aus dem Schatten. Ihre Schritte beschleunigten sich und sie flog ihm in die Arme. Schneeflocken klammerten sich an ihren Wimpern fest. Es war schön, sie so nah bei sich zu haben.

»Du hast mir gefehlt«, flüsterte er in ihr Ohr. »Ich wünsche dir ein gutes neues Jahr.«

»Das wünsche ich dir auch, Jacob. Uns.« Noch immer lagen ihre Arme um seinen Hals, während er seine Finger in ihrem dicken Wollmantel vergrub.

»Wie lange wartest du schon hier draußen?«

»Nicht lange«, log er, »vielleicht eine halbe Stunde. Ich wollte dich zum Jahreswechsel sehen. Gott sei Dank habe ich Hermann getroffen.«

»Ich wünschte, du wärst mit mir da drinnen. Wir könnten tanzen …«

»Hör auf.« Sanft legte er ihr den Zeigefinger auf die Lippen, damit sie verstummte. Er wollte die Worte nicht hören, wollte nicht daran erinnert werden, dass sie gerade in anderer Gesellschaft war. In einer Gesellschaft, in der er keinen Platz hatte.

Sie verschränkten die Hände ineinander, und Jacob zog ihren Handrücken an seinen Mund, um ihn zu küssen. Ihre Haut war so weich wie die eines Neugeborenen.

»Sehen wir uns morgen?«, fragte er sehnsüchtig, hatte aber Angst vor ihrer Antwort.

»Bestimmt. Ich werde schon einen Grund finden, um außer Haus zu kommen. Wie immer.«

»Du solltest bald wieder reingehen. Nicht, dass du hier draußen noch erfrierst. Deine Eltern fragen sich bestimmt auch schon, wo du bist.«

»Hermann hat meine Mutter zum Tanz aufgefordert. Er wird sie gewiss noch ein wenig ablenken können.«

Es war schön, Hermann auf ihrer Seite zu haben. Wem konnte man heutzutage schon vertrauen? Das Licht der

Straßenlaterne fiel auf Hannahs Gesicht und ihre Augen funkelten. Jacob zog sie zu sich heran. Leidenschaftlich küssten sie sich, während die Schneeflocken immer dicker und dicker fielen.

»Ich sollte besser wieder zurückgehen«, seufzte Hannah zwischen den Küssen und drückte die Stirn gegen seine. Selten war es ihm schwerer gefallen, ihre Hand loszulassen. Hannah überquerte die Straße, sah sich auf den Stufen noch einmal nach ihm um, winkte kurz und verschwand dann durch die Tür ins Rathaus. Auf seinen Lippen schmeckte er immer noch den letzten Kuss, als Jacob sich aus der Dunkelheit schob. Mit einem breiten Lächeln stapfte er über den Gehweg, als er fast mit jemandem zusammenstieß.

»Aufpassen«, zischte eine Frauenstimme. Als Jacob aufsah, stand er Elsa, Hannahs ehemaliger bester Freundin, gegenüber. Sie rümpfte die Nase und ging hastig ein paar Schritte zurück, als müsse sie schnell Abstand zwischen sie beide bringen. Sofort schlugen all seine Alarmglocken, als sie ihn abschätzig von oben bis unten musterte.

Jacob vernahm ein Geräusch aus der Nähe und erkannte, dass ein Mann gerade dabei war, gegen einen der Gartenzäune zu pinkeln. Die bullige Statur konnte nur zu Herbert Bauer gehören. Elsa bemerkte seinen Blick, verschränkte trotzig die Arme vor der Brust und reckte das Kinn in die Luft.

»Du bist wohl nicht der Einzige, der sich draußen herumtreibt, oder?«

»Ich muss los«, sagte Jacob und schob sich an ihr vorbei.

Ihr Blick war kalt und kalkuliert. Wissend. Jacob war sich sicher, dass Elsa gesehen hatte, wie er und Hannah sich geküsst hatten.

Januar 1940

Guddin, Ostpreußen

Zeus zerrte an der Leine, als sie über die weiten Felder Guddins liefen. Die Muskeln an den Hinterläufen waren angespannt, jederzeit zum Sprung bereit. Nachdem er Zeus großgezogen hatte, hatte Winter ihn für ein halbes Jahr in Ausbildung gegeben. Experten von der Polizei, die seit Jahren Hunde ausbildeten, schienen ihm angemessen zu sein. Der Hund war groß geworden. Die runden, schokoladenbraunen Augen blickten ihn treu und intelligent an, sobald er ihm ein Kommando gab. Zeus schlief mittlerweile am Fußende seines Bettes, folgte ihm wie ein Schatten, war äußerst gelehrig und ein fantastischer Wachhund. Wieder einmal hatte er seinem Vater bewiesen, dass er, was Zeus betraf, Unrecht gehabt hatte.

Etwas über ein Jahr war es her, dass er das letzte Mal die heiligen Hallen seines Vaters betreten hatte. Damals war es auch Winter gewesen. Heuer war selbst Guddin nicht vom Schnee verschont worden. Der Schnee, der die Äcker und Felder in Weiß hüllte, war nicht mit dem aus Süddeutschland zu vergleichen. Hier war es kälter, der Schnee hartgefroren, und Winter musste aufpassen, dass sich Zeus nicht die Pfoten aufschnitt, wenn er in der Schneedecke einbrach. Rauch stieg aus dem Kamin des Gutshauses. Selbst von hier aus konnte man erkennen, dass der Innenhof geräumt war. Die Pferdekoppeln lagen brach. Nicht einmal ein Hufabdruck war auf der weißen Wiese zu erkennen. Typisch für seinen Vater. Wahrscheinlich standen die Pferde mit einem Schal um den Hals und einer Heizung im warmen Stall, anstatt draußen zu toben. Zu hoch war natürlich die Verletzungsgefahr. Nicht, dass einem seiner Lieblinge noch ein Haar gekrümmt würde.

Ein Grollen kam aus Zeus' Kehle, als sie über den Hügel zum Haus gingen. Schlauer Junge! Er erinnerte sich an sein frühes Zuhause.

Winter fasste nach seinem Orden, den er in Berlin bekommen hatte. Für seine Dienste bei den Verhören. Zu seinem Bedauern hatte er die Auszeichnung nicht von Hitler persönlich erhalten. Nicht einmal von Himmler oder Göring. Aber das würde noch kommen. Da war er sich ganz sicher.

Ein schwarzes, kläffendes Fellbündel schoss pfeilschnell über den Innenhof. Zeus stellte die Nackenhaare auf und hob die Rute steil in die Luft. Sein Körper vibrierte vom Knurren. Die Leine war gespannt wie eine Bogensehne und Winter hätte ihn zu gerne losgelassen. Die Hofhündin verharrte ein paar Meter vor ihnen und wedelte mit dem Schwanz. Auch Zeus machte ein paar Sprünge an der Leine. Seine Mutter. Sie hatten sich wiedererkannt. Die Hündin leckte Zeus das Maul. Wenigstens einer wurde von seiner Mutter begrüßt.

Seine eigene lag schon viele Jahre unter der Erde. Er war ein Junge gewesen, als sie starb. Winter erinnerte sich an ihre Wärme, die liebevollen Hände, die ihm die Haare aus dem Gesicht strichen, die Worte, die seine Seele liebkosten. Sie war Russin gewesen, ein Grund, weshalb er die Sprache fast fließend beherrschte. Zusammen mit ihrem Sohn war sie viele Male ausreiten gegangen. Er auf seinem Pony, seine Mutter auf einem prachtvollen Fuchs. Wie eine Großfürstin blickte sie in seiner Erinnerung von ihrem Damensattel aus herab, ihre Kleider bedeckten das gesamte Hinterteil des Pferdes. Natascha Petrow.

Durch ihre Adern floss das alte Blut des russischen Hochadels. Sie war viele Jahre jünger gewesen als sein Vater. Jung und unbedarft, als sie auf den Gutshof in Ostpreußen gezogen war. Es konnte keine Liebesheirat gewesen sein. Sein Vater hatte seine Mutter weder geliebt noch respektiert. Wie alle gehörte sie nur zu seinen Angestellten. Er hatte sich sein eigenes Sonnensystem geschaffen. Alles drehte sich nur um ihn und jeder folgte seinem Befehl. All die Nächte hatte er den Tod seiner Mutter betrauert. Wie sein Vater auch durfte er jedoch keine Träne vergießen. Wie sollte er das schaffen, nachdem er in so ein tiefes Loch gefallen war? Mit eigener Kraft konnte er sich nicht herausziehen, deshalb versuchte es sein Vater mit Gewalt. Winter wischte die dunklen Erinnerungen und eine Träne aus seinem Augenwinkel fort.

Das fleischige Gesicht von Marla erschien am Fenster, lachend, voller Freude. Winter musste sich eingestehen, dass sie im Grunde der einzige Mensch auf der Welt war, den er liebte. Als persönliches Dienstmädchen hatte Marla seine Mutter aus Russland hierher nach Guddin begleitet. Sie hatte ihn aufgefangen, seine Trauer an ihrem Tod geteilt. Weshalb sie jetzt noch hier war, blieb ihm ein Rätsel. Wahrscheinlich aus Treue seiner Mutter gegenüber. Wenige Augenblicke später riss sie die Haustür auf und watschelte auf ihn zu. Winter hätte ihr gar kein so schnelles Tempo zugetraut. Die Knie waren unter der Last nach innen gebogen und ihr Kinn wackelte wie Pudding, doch das alles war Winter vollkommen egal, als Marla die Arme um ihn schlang und ihn an ihre weiche Brust bettete.

»Mein Junge! Ich hatte ja keine Ahnung, dass du so früh kommst. Sonst hätte ich doch etwas vorbereitet. Wie schön dich zu sehen.«

Sie küsste und herzte ihn, und obwohl Winter Berührungen eigentlich verabscheute, ließ er sie gewähren.

»Jetzt komm erst einmal ins Haus und wärm dich auf. Wie prächtig der Hund doch geworden ist.« Sie blickte liebevoll auf Zeus herab. »Ist das einer von Tiras Welpen?«

Winter nickte, woraufhin Marla ein Schrei entfuhr.

»Unglaublich! Er hat sich ja zu einem Prachtburschen entwickelt.«

Sie hakte sich bei ihm unter und führte ihn ins Haus. Eines der Dienstmädchen knickste höflich vor ihm, verschwand aber sofort wieder durch eine der Türen. Im Gutshaus war es verdächtig leise. Eine heitere Stille. Stille, die gar nicht zum alltäglichen Leben hier passte. Normalerweise fielen harsche Worte. Befehle. Beleidigungen.

»Dein Vater musste ganz plötzlich verreisen. Er wird morgen schon wiederkommen. Ein Telegramm ist eingetroffen. Du warst schon auf dem Weg, deshalb konnte ich es dir nicht eher sagen«, meinte Marla. »So hast du einen Tag, um anzukommen. Morgen kannst du dann immer noch mit deinem Vater sprechen.«.

Sein Herz machte einen Sprung. Was für ein Geschenk diese Reise nun für ihn bedeutete. Einen Tag und eine Nacht allein hier auf Guddin. Ein Grinsen breitete sich auf seinem Gesicht aus. Was für wundervolle Stunden würde das hier bedeuten. Winter und sein Vater hielten keinen regen Kontakt. Der Briefverkehr beschränkte sich auf wenige Briefe im Jahr. Er hatte genug von seinen Ausbrüchen, den Kontrollen und der Bevormundung. Schließlich war er inzwischen ein Mann über dreißig.

»Was möchtest du denn gerne essen, mein Liebling? Ich könnte Kartoffeln kochen. Alles, was du dir wünschst.«

»Danke, Marla. Bratkartoffeln mit Speck wären wunderbar. Lass dir aber ruhig Zeit mit der Vorbereitung. Ich geh mit Zeus ein wenig spazieren. Wir sind lange im Zug gesessen.«

»Natürlich, mein Junge. Ich weiß ja ganz genau, wie gerne du das Gericht magst. Als Nachspeise dann Schokoladenpudding!« Sie klatschte in die Hände, küsste ihn noch einmal und verschwand dann Richtung Speisekammer.

Das Hausmädchen erschien wieder, nahm Winter die Tasche ab und trug sie die Wendeltreppe nach oben. Es hatte nicht gewagt, ihm in die Augen zu sehen. Vielleicht war es neu hier und dachte, dass er wie sein Vater sein würde. Außerdem schien Zeus dem Mädchen Angst zu machen. So sollte es sein. Wieder ließ er seine Finger über den Kopf des Hundes gleiten. Wie stolz er auf ihn war. Er hatte überlebt und sich zu einem Prachtburschen entwickelt. Sein Vater würde morgen Augen machen.

Scharf und kalt blies der Wind, als Winter Zeus an der Leine nahm und den Innenhof durchquerte. Abseits des fein gesäuberten Weges nach Guddin waren die Straßen von Schnee und Eis bedeckt. Es würde keinen Spaß machen, sich durch den Schnee zu quälen und Zeus durch die Felder pflügen zu lassen. Winter kam eine Idee: Er würde ins Dorf gehen. Dort konnte er auch gleich ein paar Leute nach dem Foto befragen, das in seiner Brusttasche schlummerte. Vielleicht konnte ihm hier ja schon jemand Auskunft geben.

Nach alter Gewohnheit hielt Winter im Dorf Ausschau nach dem Bäcker, dem Metzger, dem Kramerladen und nach ein paar bekannten Gesichtern. Ein paar Jahre hatte er sich hier nicht mehr blicken lassen. Die Menschen sahen ihn argwöhnisch an. Hier draußen waren die Leute meist unter sich. Mit seiner Uniform und den Abzeichen fiel er auf wie ein bunter Hund.

Winter ließ seinen Blick über den aufgewühlten, ausgefahrenen Platz um den früheren Bahnhof schweifen. Ein paar neue Gebäude waren aus dem Boden gesprossen, die alten bewachsen mit welkem Unkraut und üppigem Efeu. Erschrocken stellte Winter fest, dass von dem alten Kramerladen nur ein Skelett geblieben war. Backsteinmauern ohne Dach, in die die trübe Abendsonne hineinschien, scheibenlose Fenster, durch die der Wind pfiff. Der einsame Schornstein ragte wie ein erhobener Zeigefinger in die Luft. Fast alle Namen waren ihm hier fremd geworden. Ärzte, Verkäufer, Händler. Als Kind hatte er jeden gekannt, und der Anblick der vielen fremden Namen bedrückte ihn. Mit feuchten Augen blickte Winter die Straße hinunter. »Der Wind!«, sagte er sich laut vor und rieb sich ärgerlich über die Lider. Behutsam schritt er über die schlüpfrigen Steine und bog zu einem der Wirtshäuser ein, Zeus dicht neben sich.

Vergnügte Stimmen waren zu hören, als er die Tür aufschwang und im Türrahmen einen Augenblick verharrte. Ein paar Gesichter blickten zu ihm herüber, musterten ihn argwöhnisch in seiner Uniform. Die alteingesessenen Preußen hielten noch dem Kaiserreich die Treue. Veränderungen scheuten sie wie der Teufel das Weihwasser.

»Hunde sind hier drinnen verboten«, maßregelte ihn eine der Schnapsnasen, doch Winter ignorierte seine Worte. Als er einen Schritt auf ihn zukommen wollte, fletschte Zeus die Zähne. Ein tiefes Brummen kam aus seiner Kehle, woraufhin sich der Mann wieder auf die Bank fallen ließ und hastig nach seinem Bierglas fingerte.

Winter wählte einen leeren Platz in der Ecke und ließ sich auf das papierdünne, alte Kuhfell sinken. Zeus rollte sich unter seinen Füßen zusammen, die Augen wachsam in den Raum gerichtet.

»Darf ich Ihnen ein Bier bringen?« Die Bedienung war ein junges Mädchen, nicht älter als zwanzig Jahre. Sie hielt einen kleinen Block und einen Stift in der Hand und blickte ihn fragend an.

»Ich trinke kein Bier. Eine große Tasse Kaffee. Schwarz.«

Als sie hinter der Theke verschwand, bemerkte Winter, wie der Wirt ihn misstrauisch beäugte, während er Gläser polierte. Winter nickte ihm zu, woraufhin er die Lider senkte und sich wieder seiner Arbeit widmete.

Das Mädchen kam aus der Küche und stellte eine dampfende Tasse Kaffee vor ihm ab.

»Zucker?«

Winter schüttelte den Kopf und rührte in seiner Tasse.

Am Nebentisch saßen ältere Männer am Stammtisch und spielten ein Kartenspiel. Nach jeder Runde warfen sie weitere Münzen auf den Tisch. Was diese Leute hier wohl für ein Leben führten? Auch sein Vater war gerne ins Wirtshaus gegangen, hatte sich besoffen und war anschließend nach Hause gestolpert. Sobald der Rausch nachgelassen und seine Gedanken klarer geworden waren, hatte er ihn aus dem Bett geholt und all seinen Frust an ihm ausgelassen. Aus diesem Grund hatte sich Winter geschworen, nie im Leben einen einzigen Tropfen Alkohol zu trinken.

»So eine schöne Uniform.« Ohne zu fragen hatte sich eine Frau zu ihm an den Tisch gesetzt und grapschte nach seinem Arm. Ihr brennendroter Haarschopf leuchtete selbst im matten Licht der halbtoten Lampen. Langsam, aber betont entzog er ihr seinen Arm und positionierte seine Kaffeetasse wie eine Mauer zwischen sich und der Rothaarigen.

»So einen gutaussehenden Mann habe ich hier drinnen noch nie gesehen.« Ihre ebenholzschwarzen Augen umfassten ihn mit einem Blick, dem nichts entging. Einem entblößenden Blick, bei dem ihm eine Gänsehaut über den Rücken lief.

»Mit wem habe ich das Vergnügen?«

»Mein Name ist Belle«, hauchte sie und beugte sich zu ihm nach vorne, sodass er in ihren Ausschnitt sehen konnte. Vorsichtig blickte Winter sich um, ob sie beobachtet wurden. Die Männer am Stammtisch waren aber die einzigen Gäste, und die schienen so vertieft in ihr Spiel, dass sie sein Gespräch mit Belle gar nicht mitbekamen.

»Was treibt Sie denn in das kleine Dorf hier oben? So schick wie Sie aussehen, kommen Sie aus der Großstadt.«

»Familienbesuch.«

»Ich bin ganz hypnotisiert von Ihren Augen. Solch ein sattes, leuchtendes Grün. Und diese Lippen erst. Ich wette, Sie können damit ausgezeichnet küssen. Und noch viele andere Sachen damit anstellen.« Vergnügt zwinkerte sie ihm zu.

Es fröstelte ihn ein wenig bei ihren Worten, aber er nahm sich zusammen und rückte sein Abzeichen zurecht.

»Ich würde Sie gerne für ein paar Stunden begleiten«, schnurrte Belle und griff wieder nach seinem Arm.

Wieder entzog sich Winter ihrem Griff, ließ seine Hand stattdessen in seine Brusttasche gleiten und holte das Foto heraus. Belle war wahrscheinlich die Art Frau, mit denen sie hier verkehrt hatte.

»Sieh genau hin«, forderte Winter die junge Dirne auf. »Kennst du diese Frau auf dem Bild?«

Belles Lippen wurden spitz, als ihr ein Seufzer entfuhr. »Was für eine Schönheit!«, rief sie aus. »Sie sieht so wohlhabend aus. Ist sie berühmt?«

»Kennst du sie nun oder nicht!«

»Ich weiß nicht.« Belle rollte mit den Augen. Winter merkte, wie ihm der Geduldsfaden zu reißen drohte. Wie dämlich und einfältig dieses Frauenzimmer doch war. Nicht einmal für eine kurze Befragung reichte ihr Verstand aus. Im Beinespreizen, darin verstand sie sich wohl. Sie musste aber im selben Alter wie die Frau auf dem Bild sein.

»Wie heißt die Frau denn?«, plapperte Belle weiter.

»Marlene Liebreiz. Sie ist jetzt Schauspielerin und Sängerin.«

»Liebreiz?«, grollte die Stimme des Wirts. »Was für ein Käse, das ist das kleine Cranz-Mädchen.« Winter hatte nicht bemerkt, wie er plötzlich zum Tisch gekommen war und sich über das Bild gebeugt hatte.

»Sie ist ihrer Mutter wie aus dem Gesicht geschnitten. Egal wie viel Schminke sie sich ins Gesicht schmiert. Man sieht es sofort. Ich habe ihr immer gesagt, dass aus ihr mal was wird. Wissen Sie, die Kleine hat hier im Wirtshaus schon im zarten Alter von sieben Jahren gesungen.«

Winter lächelte. Es war klar gewesen, dass er hier im Wirtshaus Antworten bekommen würde. Jeder Idiot tummelte sich hier, die Leute redeten. Dass es so leicht werden würde, überraschte ihn aber dennoch ein wenig.

»Hat die Mutter das denn gestattet?«, fragte er den Wirt.

»Gestattet, gestattet! Sie sind ja lustig. Harte Zeiten sind das damals für sie gewesen. Manchmal hat die Kleine hier auf der Ofenbank geschlafen wie eine Katze. Dünn ist sie damals gewesen, meine Güte!« Er schüttelte den Kopf und blickte zur Ofenbank, als würde Marlene Liebreiz in diesem Augenblick zusammengerollt dort schlafen.

»Ein schlaues Kind ist sie gewesen, das kann ich Ihnen sagen. Blitzgescheit. Mit Kindern hat sie ohnehin nichts anfangen können, sie war ja nur von Erwachsenen umgeben. Wieso wollen Sie das alles überhaupt wissen?«

»Ich habe sie als Zeugin befragt.«

»Aha. Aus der würden Sie sowieso nichts rausbekommen. Die schweigt wie ein Grab. Das lernt man, wenn man so aufwächst wie sie. Wo treibt sich die Kleine denn inzwischen rum?«

»Sie hatte ja auch nichts zu befürchten«, sagte Winter. »Wie gesagt, ich habe sie als Zeugin befragt. Sie hätte helfen können, einen Verbrecher zu fassen. Sie lebt in München.«

»Soso. Interessant. Nach München hat es sie inzwischen verschlagen. So weit ist sie gekommen.« Der Wirt lachte hohl auf. Winter ärgerte sich über sein überhebliches, dämliches Lachen.

»Sie finden das wohl lustig?«, fragte er spitz.

»Würden Sie die Kleine kennen, dann wüssten Sie, dass aus ihr nichts herauszubekommen ist. Wie oft ist sie als

Kind der Polizei aus den Händen gerutscht. Fragen wollte die stellen. Über ihre Mutter.« Er schüttelte wieder den Kopf.

»Ihre Mutter war also eine Hure?«, kam Winter zum Punkt.

»Vorsicht«, warnte der Wirt. »Sie können hier zwar mit Ihrer Uniform und Ihrem Köter hereinspazieren und sich für etwas Besseres halten, mein Freund! Beleidigen Sie aber niemals das Fräulein Cranz! Habe ich mich deutlich ausgedrückt?« Sein Gesicht färbte sich dunkelrot. »Ich weiß doch genau, wer Sie sind und wo Sie herkommen. Sie sind der Winter-Junge.« Verächtlich schnalzte er mit der Zunge. »Lenis Mutter war eines der Dienstmädchen Ihres verehrten Herrn Vater. Vor die Tür hat er sie gesetzt wie einen räudigen Hund, als er erfahren hatte, dass sie in anderen Umständen ist. Eine Schande!«

»Guddin ist schließlich kein Kinderheim«, sagte Winter kalt. »Wenn jedes der Dienstmädchen ein Kind bekommt, gäbe es keine Zimmer mehr. Sie wusste bestimmt, worauf sie sich einließ, als sie den Mann näherkommen ließ.«

»Sie leben wohl hinter dem Mond, nicht wahr? Ihnen ist bestimmt bekannt, dass sich Männer auch manchmal einfach holen, was sie wollen. Kastriert gehören solche Kerle, wenn Sie mich fragen!«

Angeblich eine Vergewaltigung! Schwer zu glauben, in Anbetracht der Umstände.

»In meinen eigenen vier Wänden hat sie damals entbunden. Meine Frau hat ihr dabei geholfen. Mit keinem Sterbenswörtchen hat sie uns damals verraten, wer der Vater war. Das Geheimnis wurde mit ins Grab genommen. Nicht einmal Leni weiß es. Ist vermutlich auch besser so. Ich hätte den Kerl jedenfalls mit meiner Schaufel erschlagen, so viel ist sicher. Das Fräulein Cranz ist dann irgendwann einmal überstürzt nach Berlin gegangen. Angeblich hatte sie dort eine Stelle als Dienstmädchen bekommen. Sie hat nie wieder geschrieben.« Wehmut schwamm in seinen Augen.

Der Mann war ja völlig besessen von Mutter und Tochter. Von einer Hure und ihrem Bastard! Winter hatte sich sofort gedacht, dass bei Marlene etwas nicht stimmen konnte. Ihr überhebliches Grinsen erschien vor seinem inneren Auge. Ein schreckliches Frauenzimmer, wohl ganz nach ihrer Mutter. Es war typisch für Frauen dieser Art, dass sie sich am Ende als Opfer ausgaben. Wahrscheinlich war die Mutter auch wie ein Pfau herumspaziert und hatte es am Ende des Tages in einem der Ställe getrieben. Eine Gänsehaut überzog Winters Arme.

»Vielen Dank für Ihre Auskunft«, sagte Winter und stand auf. Er hatte genug gehört über Marlene Liebreiz' erbärmliche Kindheit. Es sah ihr auch ähnlich, dass sie im Bürgerbräukeller einen Mann verführt hatte. Jetzt, wo er die Wahrheit über sie kannte, machte alles Sinn. Sie konnte nichts von der Bombe gewusst haben. Sie war zwar ein raffiniertes Luder, aber am Ende erlag sie doch ihren primitivsten Trieben.

Belle war auch aufgesprungen und eilte ihm hinterher. Als ob er sie auch nur mit einem Finger berühren würde. Er hob die Hand und gebot ihr stehenzubleiben. Zeus knurrte leise. Immerhin verstand sie und blieb zurück im Wirtshaus.

Kalte Luft traf ihn wie ein Schlag ins Gesicht, doch er war dankbar, dass sie seinen erhitzten Kopf abkühlte.

Zeus trabte neben ihm her, als sie den Weg zurück nahmen. Voller Liebe betrachtete Winter den Gutshof. Seinen Gutshof. Licht floss aus den Fenstern. Wie wunderschön er doch war. Irgendwann würde er ihm gehören. Dem einzigen Kind seines Vaters. Dann würde endlich Frieden einkehren.

Der Geruch von Kartoffeln und Speck stieg ihm in die Nase, als er die Haustür öffnete.

»Mein Junge!«, rief Marla freudig aus und watschelte aus der Küche. »Du kommst gerade rechtzeitig. Komm, setz dich an den Tisch.«

»Danke Marla. Bitte, setz dich zu mir und leiste mir Gesellschaft.« Sie überlegte einen Augenblick, nahm aber dann Platz. Niemals hätte sie sich auf einen der teuren Holzstühle gesetzt, wenn sein Vater zu Hause gewesen wäre. Das Dienstmädchen erschien mit einem Tablett und verteilte Kartoffeln und Speck.

»Köstlich, Marla«, säuselte Winter und wischte sich mit der Stoffserviette über den Mund. »Wie immer schmeckt es einfach vorzüglich!« Sie errötete leicht über das Kompliment.

»Sagt dir der Name Cranz etwas?«, kam Winter zur Sache. »Es muss ein Dienstmädchen gewesen sein. Das ist aber schon einige Jahre her.«

Bildete er es sich nur ein, oder war ein Beben durch den wuchtigen Körper der Haushälterin gegangen? Sie leckte sich die Lippen.

»Wie kommst du denn jetzt auf diesen Namen?«

»Sie hat eine Tochter. Ich habe sie als Zeugin in München befragt. Eine heikle Angelegenheit. Sie hat mir dabei eröffnet, dass sie aus der Nähe von Königsberg kommt und hat den Namen Guddin erwähnt. Im Wirtshaus eben konnten sie mir Auskunft darüber geben. Du bist nun schon so viele Jahre hier, sicher erinnerst du dich an sie. Vater hat sie hinausgeworfen, da sie sich hat schwängern lassen.«

Ertappt biss sich Marla auf die Unterlippe.

»Natürlich erinnere ich mich an sie. Ein freundliches, schüchternes Ding. Sie war eines der Dienstmädchen deiner verehrten Mutter«, erklärte Marla. Tränen schimmerten in ihren Augen. »Dascha war damals völlig bestürzt, als sie erfahren hatte, dass sie in anderen Umständen war. Sie hat deinen Vater angefleht und angebettelt, dass sie bleiben durfte. Sie war ihr ein Halt. Eine Vertraute.« Marla schniefte laut. »Natürlich hat sich dein Vater nicht erweichen lassen und sie vor die Tür gesetzt. Die arme, arme Dascha!«

Dascha. Der Spitzname seiner Mutter.

»Du bist damals sehr jung gewesen. Sechs, vielleicht aber auch schon sieben.«

Winter kramte in seinem Gedächtnis. Er musste dieses Fräulein Cranz doch dann auch gekannt haben. Je tiefer er in seinen Erinnerungen grub, desto deutlicher und schärfer erschien das Gesicht seiner Mutter.

»Deine Mutter hat ihr geschrieben, hat versucht, sie zu besuchen. Dein Vater hat es dann bemerkt ...« Sie stockte inmitten der Erzählung. »Was für ein unglücklicher Tag!« Eine Träne rollte ihr über die Wange. »Die gute, gute Dascha!«

Mit einem Mal war Winter wach und setzte sich gerade auf. Wie Schuppen fiel es ihm von den Augen.

»War das der Tag, an dem meine Mutter starb?« Seine Augen hielten Marla gefangen wie eine Mäusefalle. Kein Entkommen.

»Ach Liebling, es ist schon so lange her.«

»Sie ist mit dem Pferd davongaloppiert. Ich erinnere mich jetzt daran. Vater ist ihr mit den Hunden hinterher. Sie ist vom Pferd gestürzt und nicht mehr aufgewacht.« Seine Stimme überschlug sich nun fast. Sein Vater hatte ihm am Abend davon erzählt. Weinend hatte er sich an seine Beine gehängt, hatte gefleht, seine Mutter noch ein letztes Mal sehen zu dürfen. Wie über Ungeziefer war sein Vater über ihn gestiegen und hatte ihn wimmernd zurückgelassen.

»So in etwa ist es gewesen«, stotterte Marla. Winter entging nicht ihre Unsicherheit. Eine Lüge?

»Marla, hör mir zu! Ich bin kein kleiner Junge mehr! Mein Vater ist nicht einmal hier, du brauchst dich nicht vor der Wahrheit zu fürchten.« Er war laut geworden. Nicht, dass er sie einschüchterte, wo er doch so kurz davor war, zu erfahren, was wirklich an diesem Tag geschehen war.

»Ricki, es würde dir das Herz brechen. Ich habe geschworen, kein Sterbenswörtchen zu sagen.« Sie hielt sich die wuchtigen Hände vors Gesicht und schluchzte inzwischen.

»Marla«, begann er drohend, »du sagst mir jetzt auf der Stelle, was mit meiner Mutter geschehen ist, oder ich stehe hier und jetzt auf, kehre allem hier den Rücken und komme nie wieder.« Schweiß perlte von seiner Stirn.

»Ricki, das darfst du nicht. Guddin ist dein Erbe! Deine Mutter hätte nicht gewollt, dass du es ablehnst.«

»Sag es mir! Sag es mir, verdammt nochmal!« Winters Stimme überschlug sich beinahe und er zog ihre Hände vom Gesicht weg, sodass sie ihn ansehen musste. Aus seinen hellgrünen Augen schossen Blitze.

»Sie war unglücklich hier, Ricki. Es war nur eine Frage der Zeit. Sie hat so viel verloren. So sehr gelitten!«, begann sie, um ihn zu beschwichtigen. »Du kennst deinen Vater. Es ist nicht immer leicht mit ihm.«

Winter lachte hohl auf. »Nicht immer leicht! Er ist ein Scheusal!«, sprach er nun die Wahrheit offen aus.

»Erich«, stöhnte Marla, »du tust mir weh.« Erst jetzt merkte er, wie sich seine Finger in ihr Fleisch gegraben hatten.

»Marla, du weißt genauso gut wie ich, dass ich die Wahrheit verdiene. Wo ich sie doch so viele Jahre lang nicht kannte. Bitte.« Bitten. Flehen. Marla war alles, was er hatte. Sie musste es ihm einfach sagen.

»Du darfst nicht böse auf sie sein«, weinte die alte Haushälterin. »Sie hat dich so sehr geliebt. So sehr!«

Mittlerweile erkannte er, worauf sie hinauswollte. Wie Galle kroch ihm die Wahrheit die Kehle hinauf.

»Ein Schuss. Es ging ganz schnell. Deine Mutter ist nicht vom Pferd gestürzt«, sagte Marla nun endlich. »Sie hat sich das Leben genommen.«

Es war, als würde ihm der Boden unter den Füßen weggezogen. All die Jahre hatte er geglaubt, dass es ein Unfall gewesen wäre. Ein gottverdammter Unfall! Nichts war jedoch wahr gewesen. Seine Mutter, seine geliebte Mutter war in den Selbstmord getrieben worden. Winter senkte den Kopf und stimmte in Marlas Weinen mit ein.

Februar 1940

München

Marlene Liebreiz. Hermann konnte seit Tagen, Wochen und Monaten an nichts anderes denken als immer wieder an diesen Namen. Das war auch der erbärmliche Grund, weshalb er hier vor dem Residenztheater herumlungerte und auf sie wartete. Laut Zeitung spielte Marlene eine der Hauptrollen, somit war sie trotz ihrer Unzufriedenheit in den Olymp der Schauspielerinnen gehoben worden. Offenbar war das Stück zu Ende, denn die Besucher strömten wie Ameisen aus den Türen. Auch wichtige Männer der SS erkannte Hermann, die mit ihren Frauen gerne an solchen gesellschaftlichen Ereignissen teilnahmen. Ob Marlene überhaupt zum Hauptausgang hinausgehen würde? Hermann rechnete sich seine Chancen aus, sie zu Gesicht zu bekommen, und musste sich eingestehen, dass es ziemlich unrealistisch war, dass sie einfach so zur Tür herausspazierte. Ein Herr mit einem Geigenkoffer kam die Treppe herunter.

»Entschuldigen Sie bitte. Werden die Schauspieler auch zum Haupteingang herausgehen?«

»Wollen Sie ein Autogramm?«

Natürlich wollte er kein Autogramm, er wollte mit Marlene Liebreiz sprechen, doch wie dämlich würde das klingen, wenn er sie doch angeblich kannte, aber trotzdem nicht mit ihr verabredet war und hier draußen auf sie lauerte.

»Ja, genau, ich hatte auf ein Autogramm gehofft.«

»Gehen Sie einmal hier rechts herum. Da gibt es einen Hintereingang.«

Aus der beschriebenen Tür kamen nach und nach Mitwirkende des Theaterstücks. Nach wenigen Minuten schon verließ auch Marlene Liebreiz am Arm eines alten Herren in SS-Uniform das Theater. Sie war noch kurz im Gespräch, legte den Kopf beim Lachen nach hinten, küsste den Mann dann auf die Wange und verabschiedete sich. Sie ging allein Richtung Maximilianstraße. Das Herz klopfte ihm bis zum Hals, doch jetzt durfte ihm nicht der Mut versagen.

»Marlene«, rief er vosichtig, doch so laut, dass sie seine Stimme beim zweiten Rufen hörte. Im Licht der Straßenlaterne drehte sie sich um, ihr Hut beschattete ihr Gesicht. Verblüffung. Hermann hastete auf sie zu. Der Glanz in ihren Augen zeigte ihm, dass sie ihn sofort erkannt hatte.

»Willst du mich hier auf offener Straße überfallen? Noch ist zu viel los, es würde Zeugen geben.«

Die spitze Bemerkung ließ seinen Schritt verlangsamen. Sie legte den Kopf etwas schief und ein arrogantes Lächeln umspielte ihre Lippen. Hermann hatte beinahe vergessen, dass ihre Oberlippe wie ein Herz geformt war. Bei ihrem letzten Treffen hatte sie ihn geküsst. Wie lange war das schon her?

»Was treibt dich denn ins Theater? Vor allem ganz ohne Anzug.«

»Ich war nicht im Theater. Ich musste dich sehen. Wollte. Wollte dich sehen«, korrigierte er sich, da es sonst zu armselig geklungen hätte.

»Das ist ja süß. Naja, jetzt hast du mich gesehen. Ich wünsche dir eine gute Nacht.«

Marlene drehte sich um und machte Anstalten zu gehen. Wie unverfroren sie doch war. Wie unglaublich anziehend.

»Verdammt noch mal! Marlene. Wir haben uns seit dem Bombenanschlag nicht mehr gesehen oder gesprochen. Ich habe Fragen an dich!«

Seine Worte zeigten die gewünschte Wirkung und sie blieb so abrupt stehen, als hätte sich vor ihr im Boden ein Loch aufgetan. Auch ein paar Passanten auf der gegenüberliegenden Straßenseite drehten die Köpfe.

Mit zackigen Schritten stand sie vor ihm. »Schhh«, zischte sie und presste den Finger hart gegen seine Lippen. »Hör auf, hier darüber zu reden. Auf offener Straße.«

Ein Mann in Uniform musterte sie vom Residenztheater aus und machte Anstalten, zu ihnen zu kommen.

»Küss mich, verdammt noch mal.« Hermann zog fragend die Augenbrauen nach oben. »Küss mich schon!«

Er gehorchte, umfasste ihr Gesicht und küsste sie. Als sich ihre Lippen voneinander lösten, hakte sich Marlene bei ihm unter und zog Hermann förmlich mit sich mit. Der Mann in Uniform widmete sich wieder seiner Zigarette.

Wie ein Liebespaar überquerten sie den Odeonsplatz, liefen die Leopoldstraße hinunter, bis sie irgendwann in eine Seitenstraße einbogen. Den ganzen Weg über würdigte Marlene ihn keines Blickes. Aus ihrer Handtasche zog sie einen Schlüssel und sperrte die Eingangstür auf. Marlene führte ihn nach ganz oben ins Dachgeschoss, schloss auch hier die Tür auf und nickte ihm zu.

Dunkelheit empfing ihn, als er ihre Wohnung betrat, doch wieder umfing ihn sofort dieser Geruch, der auch von ihr selbst ausging. Mit einem Klicken legte sie den Lichtschalter um. Der Gang war breit. Filmplakate tapezierten die Wand. An der Garderobe hingen zahlreiche Hüte, aufdrapiert wie in einem Geschäft, Jacken und Pelze schlummerten an Kleiderbügeln. Marlene hängte ihren Hut liebevoll zu den anderen am Haken.

Aus einem der vielen Zimmer schien ein Geräusch zu kommen. Oder bildete sich Hermann das nur ein? Wohnte Marlene Liebreiz überhaupt allein? Eifersucht kroch in ihm auf.

»Wir gehen besser in die Küche«, sagte sie und überging das Knacken, das von nebenan kam. Marlene bot Hermann einen Platz am Tisch an, während sie sich ans geöffnete Fenster setzte, sich eine Zigarette ansteckte und den Rauch in die Nacht blies.

»Du wolltest also reden?«

Sie hatte ihn wieder so gefangen, dass er komplett vergessen hatte, weshalb er eigentlich hier war. Rauchringe stiegen aus ihrem Mund. Die Augen waren musternd auf ihn gerichtet.

»Also?«

»Der Abend des Bombenanschlags. Er geht mir nicht mehr aus dem Kopf«, begann Hermann vorsichtig.

»Was genau geht dir nicht mehr aus dem Kopf?«

»Das weißt du ganz genau.«

Lässig lehnte Marlene sich gegen ihre Stuhllehne und blickte Hermann in sein angespanntes Gesicht. Ihre eigene Miene war unergründlich. Noch immer schwieg sie.

»Du hast mich in diesen Kühlraum verschleppt. Dann hattest du es unglaublich eilig, und wir sind raus, bevor die Bombe hochgegangen ist.«

»Warum bist du wirklich hierhergekommen? Ich kenne ja noch nicht einmal deinen Namen. Aber wahrscheinlich ist es besser, wenn ich ihn nicht kenne.«

»Hermann. Ich heiße Hermann. Warum solltest du ihn nicht kennen? Bin ich dir nicht einmal einen Namen wert? Hast du hier drinnen etwa ein Bett mit Kerben? Der wievielte bin ich denn geworden?«

»Erstens haben wir nicht miteinander geschlafen. Weshalb sollte das eine Kerbe wert sein? Zweitens wurde ich verhört und nach dir befragt.« Die Wahrheit sprudelte plötzlich aus ihr heraus. »In der Woche nach dem Anschlag. Ich musste zur Polizeidienststelle kommen und bin dort befragt worden. Über meine Tätigkeiten im Bürgerbräukeller. Was ich gemacht habe. Warum ich nicht drinnen war im Saal.«

»Hast du von der Bombe gewusst?«

Ein halbseitiges Lächeln umspielte ihre Lippen. »Wenn ich es gewusst hätte, würde ich es dir jetzt wohl kaum sagen. Wir kennen uns kaum und wenn du dich recht erinnerst, habe ich gerade erst deinen Namen erfahren.«

»Du hast mich damals in Gefahr gebracht.«

»Genau genommen habe ich dir den Arsch gerettet. Da wo du standest, wären wahrscheinlich nur noch deine Beinstumpen gewesen. Der Rest von dir wäre im ganzen Keller verteilt worden.«

Sie hatte recht. Er verdankte sein Leben entweder ihrem Wissen oder ihrer Intuition.

»Bei dem Verhör«, begann Hermann vorsichtig, »sie haben dir doch nicht etwa wehgetan?«

Ihre Gedanken schwebten davon, mit ihnen der Glanz in ihren grünen Augen. Endlich schüttelte sie den Kopf.

»Der Mann hat mir geglaubt. Obwohl, wenn ich richtig darüber nachdenke, hat er mir nicht einen einzigen Satz geglaubt. Er hatte nur nicht genug Beweise gegen mich vorliegen, die ein scharfes Verhör gerechtfertigt hätten. Das hat er gewusst. Er war sehr intelligent. Ich erinnere mich an den Ausdruck seiner Augen. Durchdringend. Angsteinflößend. Wie die Augen eines Dämons.« Sie fröstelte. »Wahrscheinlich habe ich ihn ein wenig aus der Bahn geworfen. Wir stammen beide aus Ostpreußen.«

»Ostpreußen ist nicht gerade klein.«

»Du verstehst das nicht. Wärst du in Ostpreußen und würdest jemanden aus Bayern kennenlernen, dann würde dir auch Bayern so klein wie eine Walnussschale vorkommen. Heimat ist Heimat. Außerdem geht es noch weiter.«

Hermann zog fragend die Augenbrauen nach oben.

»Warte, ich habe eine Karte hier.« Marlene drückte ihre Zigarette aus, kramte in einer der Schubladen, setzte sich zu ihm an den Küchentisch und breitete die Karte aus.

»Hier oben. Das ist Königsberg.« Sie zeigte mit dem Finger auf eine Stadt nahe am Meer. »Ich bin dort geboren. Knapp sechshundert Kilometer weg von Berlin. Ich habe ihm gegenüber einen Gutshof erwähnt. Guddin. Als ich das Wort ausgesprochen habe, ist ihm die Kaffeetasse aus der Hand gefallen. Ich bin mir sicher, dass er eine Verbindung zu Guddin hat. Genau wie ich.«

»Woher kennst du dieses Guddin?«

»Meine Mutter hat dort als Dienstmädchen gearbeitet. So lange, bis sie schwanger wurde. Dann wurde sie mit sofortiger Wirkung rausgeschmissen. Einfach so vor die Tür gesetzt. Ohne Arbeit, ohne Wohnung, ohne Familie, zu der sie damals hätte zurückkehren können. Wer der Vater ist, hat sie mir nie gesagt. Und jetzt ist sie tot.«

»Tut mir leid, das wusste ich nicht.«

»Woher auch. Sie ist vor zwei Jahren gestorben. Grippe.« In Marlenes Augen glitzerten Tränen, als sie weitersprach. »Nach langen, harten Jahren in der Gosse von Königsberg sind wir dann nach Berlin gezogen. Da war ich acht Jahre alt. Meine Mutter hat jeden Pfennig und jede Mark gespart. Ich war wirklich gut darin, unverdorbene Lebensmittel aus Mülltonnen zu stibitzen. Von einem Laib Brot haben wir damals fast zwei Wochen lang gegessen. In Berlin war es anfangs auch hart, aber meine Mutter hat dann wieder eine gute Stelle als Hausmädchen bekommen. Bei einer sehr reichen Familie. Dann ging es uns endlich besser. Als ich volljährig war, bin ich allein nach München gezogen. Ich wollte einen Neuanfang. Für mich.«

Noch nie hatte Marlene so lange am Stück mit ihm gesprochen. Viel mehr noch: Sie weihte ihn in die Geschichte ihrer Herkunft und Vergangenheit ein. Wie hart der Weg wohl für sie gewesen sein musste, bevor sie da stand, wo sie heute war.

»Dieses Guddin muss hier irgendwo zwischen den ganzen Hügeln liegen.« Marlene wischte mit dem Finger über die Karte. »Meine Mutter hat oft von der Landschaft dort oben geschwärmt. Von der Weite, dem grünen Gras, dem Gesang der Vögel, von den Pferden. Es muss ein schöner Ort für sie gewesen sein. Eine Art Paradies.«

»Bis sie im Garten Eden den Apfel vom Baum der Erkenntnis gegessen hat. Dann wurde sie aus dem Paradies vertrieben.«

Sie nickte traurig. »Das ist eine schöne Metapher. So habe ich das Ganze noch gar nie gesehen.«

»Kennst du den Namen des Mannes, der dich verhört hat?«

»Nein, er hat sich natürlich nicht vorgestellt. Ich erinnere mich nur an sein Gesicht. Ich würde es unter Tausenden wiedererkennen.«

»Entschuldigt die Störung.« Die Küchentür ging auf und ein junger Mann trat herein. Hermann starrte von ihm zu Marlene und wieder zurück, die jedoch nicht einmal mit der Wimper zuckte. »Ich habe wirklich Hunger und Durst bekommen.«

»Das ist Aaron. Mein Mitbewohner.«

Aaron strich sich eine seiner dunkelbraunen Strähnen aus dem Gesicht.

»Wie weit bist du gekommen?«, fragte Marlene ihn.

»Ich habe fünfzig Faltblätter allein heute geschafft.«

»Das klingt doch sehr gut.« Sie drehte den Kopf, um Hermann anzusehen. »Aaron hilft mir bei meiner Werbung. Wenn du willst, zeige ich dir die Druckerpresse.«

Hermann fiel aus allen Wolken. »Du hast eine Druckerpresse? Die kosten doch ein Vermögen.«

»Ich habe einen großzügigen Spender. Von nichts kommt schließlich nichts. Je öfter die Leute dein Gesicht sehen, umso mehr erinnern sie sich an dich. Was in meinem Beruf nicht gerade ungewollt ist.«

Hermann wunderte sich, dass ein jüdischer, junger Mann bei Marlene zu wohnen schien. Nicht, dass er die Meinung der Nazis teilte, was die Juden anging, aber gerade sie, als Frau in der Öffentlichkeit, musste doch Skandale solcher Art zu vermeiden suchen. Wenn herauskäme, dass Marlene Liebreiz ihre Wohnung mit einem jüdischen Mann teilte, würde sie in den Dreck gezogen werden. Oder Schlimmeres.

»Du wunderst dich jetzt wahrscheinlich, weshalb Aaron hier ist«, sagte Marlene, als er zur Tür draußen war, als könne sie seine Gedanken lesen.

»Ich wollte dir nicht zu nahe treten.«

»Keine Sorge. Niemand weiß darüber Bescheid. Nicht einmal die Nachbarn wissen, dass er Jude ist.«

»Mir ist egal, was er ist.«

»Er ist nicht mein Freund. So viel dazu. Das ist dir sicher nicht egal.« Sie lachte ihr wundervolles Lachen, das in Hermanns Ohren widerhallte wie eine Symphonie von Beethoven.

Er folgte Marlene in eines der anderen Zimmer. Mitten im Raum thronte eine Druckerpresse, umgeben von Manuskripten, Fotos und Büchern.

»Hier.« Aaron streckte ihm eines der Faltblätter entgegen, auf dem Marlene abgebildet war. Ein Werbezettel für ihren neuen Film.

»Ich gehe ins Bett«, sagte Aaron und wünschte eine gute Nacht.

»Du solltest hier auf dem Sofa übernachten«, sagte sie zu Hermann. »Nicht, dass du zu so später Stunde noch im Treppenhaus gesehen wirst. Was würden wohl die Nachbarn zu Männerbesuchen um diese Uhrzeit sagen?« Sie lächelte verschmitzt.

Natürlich hatte sie recht, doch das war nicht der einzige Grund, weshalb er bleiben wollte. Zur Not würde er auch auf dem Fußboden übernachten. Diese Chance, die sich ihm hier auftat, konnte sich Hermann einfach nicht entgehen lassen. Es war schon weit nach Mitternacht, als Marlene ihm das Sofa im Wohnzimmer zeigte.

»Das Badezimmer befindet sich gleich neben der Eingangstür. Nimm dir einfach alles, was du brauchst«, sagte Marlene und beugte sich zu ihm nach vorne und ihre vollen Lippen senkten sich auf seine.

»Ich würde dir ja anbieten, bei mir im Bett zu schlafen, aber ich glaube, du weißt selbst, dass das nicht gut ausgehen würde. Wir würden kein Auge zutun und ich muss morgen ausgeschlafen sein. Ohnehin ist es dafür noch zu früh.« Mit einem Lächeln verschwand sie in ihrem Schlafzimmer und schloss die Tür hinter sich.

Noch zu früh. Aber sie zog es immerhin in Erwägung, ihn irgendwann in ihr Schlafzimmer einzuladen. Hermann war noch viel zu aufgeregt, um an Schlaf zu denken. Er ging zu Marlenes Bücherregal und zog eines der Exemplare heraus. Als er das Buch öffnete, fiel ihm ein Blatt entgegen, das unter das Sofa segelte. Hermann bückte sich, fischte es heraus und erstarrte.

Der Feind ist unter euch. Nieder mit Hitler. Nieder mit dem Nationalsozialismus.« Dasselbe Papier. Dieselbe Größe wie die Werbeblätter für Marlenes neuen Film. Stammte das Faltblatt etwa von ihr und Aaron? Oder hatte sie es bekommen und hier in der Wohnung nur versteckt? Was er in den Händen hielt, war ganz klar Volksverhetzung. Auf Volksverhetzung und Hochverrat stand die Todesstrafe. Waren Marlenes Werbezettel für ihre Filme nur ein Vorwand, damit sie den Besitz der Schreibmaschine und der Druckerpresse rechtfertigen konnte, falls man sie verdächtigte? Warum riskierte sie ihre aufstrebende Karriere, sogar ihr Leben? Wer war sie wirklich? Zweifel keimten wieder in ihm auf, dass sie nichts von der Bombe gewusst hatte. War sie letztendlich sogar eine Komplizin gewesen?

Unter den Schlagworten des Flugblattes war eine Karikatur von Hitler zu sehen, der an einem Galgen baumelte. Ihm zu Füßen lag ein zerbrochenes Hakenkreuz. Wenn dieses Blatt den falschen Leuten in die Hände fiel, würde sie verhaftet werden, vor Gericht gezerrt, beseitigt. Obwohl ihn diese Vorstellung ängstigte, so konnte er doch nichts anderes als Bewunderung empfinden. Bewunderung für diese geheimnisvolle, mutige Frau.

März 1940

München

»Du siehst doch typisch deutsch aus. Wo ist dein Problem?«
Marlene Liebreiz blies den Rauch ihrer Zigarette zum Fenster hinaus und sah Jacob mit ihren durchdringenden Augen
an. Immer noch schüttelte er den Kopf, doch er merkte
selbst, wie die Mauern des Widerstands langsam aber sicher
einstürzten. »Irgendwas müsst ihr doch zusammen unternehmen. Ihr könnt euch nicht hier in der Wohnung verschanzen. Wir sind schließlich in München, nicht in eurem
Dorf, wo euch jeder mit Namen kennt.«

Mit scheuer Sehnsucht blickte Hannah ihn an. Sie musste nichts sagen, er wusste ohnehin, was sie dachte.

»Also gut. Ich komme mit. Aber ich möchte irgendwo
weit hinten sitzen, damit das klar ist.«

Begeistert klatschte Marlene in die Hände und küsste ihn
auf beide Wangen. Er wusste es zu schätzen, dass sie extra
vorbeigekommen war, um sie ins Theater einzuladen. Natürlich war auch Hermann einer der Gründe gewesen, doch
noch blickte er nicht durch, in welcher Beziehung Marlene
und er standen. Jacob war sich sicher, dass Hermann selbst
keine Antwort auf diese Frage hätte geben können.

»Hier. Dein Ausweis.« Sie fischte ihn aus ihrem Dekolleté und präsentierte stolz ihre Fälschung.

»Johann Schuster?«

»Das klingt doch so richtig schön deutsch, oder nicht?
Hannah, Hans und Hermann.«

Jacob ließ den Ausweis durch die Finger gleiten. Er sah nicht nur echt aus, sondern fühlte sich auch so an. Eine Eintrittskarte ins Leben.

»Ihr kommt einfach zum Hintereingang. Lenny weiß schon Bescheid, dass Freunde von mir kommen. Er lässt euch rein und bringt euch zu eurer Loge.«

»Loge? Bist du verrückt? Am Ende sitzen wir neben irgendwelchen Spürnasen von der SS.«

»Dort ganz oben bekommen die feinen Herren nur Nasenbluten«, höhnte Marlene und puderte sich das Gesicht ab. »Die Sitzplätze dort oben kann man nicht einmal wirklich verkaufen. Da sind meistens nur Angehörige.«

Der Schlüssel drehte sich im Türschloss und Hermann kam in die Wohnung. Sein Grinsen verriet, dass er Marlenes Stimme schon von draußen gehört hatte.

»Wie war die Vorlesung?«, flötete sie.

»Ehrlich gesagt eine Katastrophe. Der Dozent war ein junger Mediziner, der teilweise auch hier in München studiert hat. Josef Mengele. Ich glaube, dass er noch nicht einmal dreißig ist. Er hat von seiner Doktorarbeit berichtet, die über Untersuchungen des vorderen Unterkiefers geht. Angeblich kann er damit dann die Rassenzugehörigkeit bestimmen.«

Marlene stöhnte auf und schüttelte den Kopf. »So ein Blödsinn wird an einer Universität gelehrt. Du solltest mal Jacob mit in die Fakultät nehmen. Als Vorzeigebengel. Blonde Haare, blaue Augen. Zuckersüße Stupsnase. Was meinst du dazu, Johann Schuster? Am Ende servierst du ihnen dann schön auf dem Silbertablett, dass du nur ein Jude bist, dein Kiefer aber seltsamerweise völlig normal ist.«

Jacob warf ihr einen vernichtenden Blick zu, den sie mit einem Luftkuss quittierte.

»Mengele befindet sich auf der Erfolgsspur. Im Moment hat er eine Assistenzstelle am Universitäts-Institut für

Erbbiologie und Rassenhygiene in Frankfurt inne. Besonders scheinen ihn auch Zwillinge zu interessieren. Er hat uns einen Einblick in seine Forschung gegeben.«

»Klingt nach einem weiteren Größenwahnsinnigen, den die Welt nicht braucht.« Marlene stand auf, strich sich ihr Kleid glatt, hauchte Hermann, Jacob und Hannah einen Kuss auf die Wange und verabschiedete sich. »Ich muss jetzt leider wirklich los. In die Maske, mich ins Kostüm zwängen, mich einsingen. Das Übliche.« Ihr Parfüm hing noch in der Luft, als sie die Tür hinter sich zuschlug.

Vier Stunden später trug Jacob ein weißes Hemd und Hosenträger. Die schwarze Hose hatte ihm Hermann ausgeliehen. In Hannahs königsblaues Kleid waren Schulterpolster eingenäht, der Kragen nach oben mit Knöpfen geschlossen. Eine Schleife betonte ihre schlanke Taille. Ab den Hüften fiel das Kleid in Falten bis zu den Knien. Wie üblich trug sie ihre Haare zu einem Zopf geflochten.

»Du siehst atemberaubend schön aus«, hauchte Jacob ihr ins Ohr und küsste sie sanft. Wie in aller Welt hatte er sie nur verdient? Was sie alles für ihn in Kauf nehmen musste. Geheimniskrämerei. Lügen. Verzicht.

»Los jetzt, ihr Turteltäubchen«, witzelte Hermann und schob die beiden zur Tür hinaus.

Marlene hatte recht behalten. Lenny ließ sie ohne große Fragen ein. Er wollte weder ihre Karten noch ihre Ausweise sehen, und als Jacob sich in den samtigen Sessel weit oben in den Logen fallen ließ, beruhigte sich sein Herzschlag. Alles war gut gegangen. Er durfte am Leben teilhaben. Er durfte wenigstens für diesen Abend die Freiheit genießen wie einen kostbaren Tropfen Wein.

Als sich der Vorhang öffnete, griff Hannah nach seiner Hand. Hermanns gebannter Blick hing an Marlene fest, deren Auftritt einem selbst hier oben eine Gänsehaut über den Rücken jagte. Als das Stück beendet war, warteten

Hermann, Hannah und Jacob das große Gedränge ab, damit sie ohne Aufsehen zu erregen wieder bei Lenny durch den Hinterausgang verschwinden konnten. Hermann hoffte darauf, dass sie zusammen mit Marlene anschließend noch in eine Bar gehen konnten.

Als Jacob die Treppe hinabstieg, erstarrte er. Er erkannte ihn, bevor der Mann sich umdrehte. Schmale Schultern, der schwarze Hut, die Uniform, sein kaltes Lachen, das ihm das Blut in den Adern gefrieren ließ. Sofort stieß Jacob Hannah mit dem Ellenbogen an und nickte in seine Richtung, bevor es zu spät war. Gerade als sich Jacob an ihm vorbeidrängte und hinter einer Säule in Deckung ging, drehte sich Erich Winter um. Auch er erkannte Hermann und Hannah auf der Stelle und verzog seinen Mund zu seinem halbseitigen Lächeln.

»Was für eine angenehme Überraschung. Der junge Herr Sedlmayr. Verbessern Sie mich, wenn ich Sie mit Herr Doktor ansprechen soll.«

»Noch nicht. Ich stecke noch mitten im Studium.«

»Welches Semester?«

»Ich bin bald fertig.«

»Dann darf man ja schon fast gratulieren. Das Reich braucht hochqualifizierte Ärzte. Noch dazu junge Leute, die auch an anderer Bildung interessiert sind.«

Wut kochte in Jacob hoch, als Winter das Wort an Hannah richtete.

»Dich habe ich schon lange nicht mehr gesehen, mein Fräulein. Man müsste ja beinahe schon Sie sagen. Wie alt sind Sie denn, wenn ich fragen darf?«

»Ich werde im Sommer zwanzig.« Hannah kaute nervös auf ihrer Unterlippe herum. Ihr Blick glitt an Winter vorbei zur Säule, hinter der Jacob stand.

»Studieren Sie inzwischen auch schon?«

»Medizin im zweiten Semester.«

»Was für eine großartige Familie. Zwei zukünftige Ärzte für das Deutsche Reich, während der andere Bruder tapfer für den Führer kämpft.«

»Wir müssen leider nach Hause«, sagte Hermann und machte Anstalten zu gehen.

»Einen Moment noch.« Winter stand jetzt so, dass Jacob sein Gesicht sehen konnte. Die Wut in ihm wurde zu einem lodernden Feuer, als er merkte, mit welchem Ausdruck Winter Hannah ansah. Sanft. Mit einem Hauch von Wärme. Er hatte nicht das Recht, sie so anzusehen. Jacob musste alle Mühe aufbringen, um nicht dazwischen zu gehen.

»Dürfte ich Sie nach Hause fahren? Mein Wagen steht gleich um die Ecke. Man weiß ja nie, welches Gesindel sich hier nachts auf den Straßen herumtreibt. So eine Schönheit wie Ihre Schwester sollte man nicht alleine lassen.«

»Sie ist nicht allein«, gab Hermann prompt zur Antwort, und Jacob jubilierte innerlich.

»Natürlich. Behütet aufgewachsen mit zwei großen Brüdern.«

Er fasste nach Hannahs Hand und küsste beinahe zärtlich ihren Handrücken. »Einen schönen Abend wünsche ich noch.« Winter legte grüßend die Hand an den Mützenschirm und stolzierte davon.

»Was sollte das denn werden?«, fuhr Jacob Hannah an. »Wieso lässt du diesen Idioten deine Hand küssen?«

»Leute, macht jetzt hier drinnen bitte keine Szene.« Marlene war zur Gruppe dazugestoßen und griff nach Jacobs Handgelenk. »Wir sollten besser rausgehen, bevor die restlichen Zuschauer meinen, dass das Theaterstück hier auf den Gängen fortgesetzt wird.«

Jacob riss sich los und stürmte zur Tür hinaus. Lenny warf ihm noch einen fragenden Blick hinterher, doch Marlene zuckte nur die Schultern.

»Jacob, ich bin mit dir hierhergegangen. Als ob ich es geplant hätte, dass wir in Winter hineinlaufen«, begann Hannah mit ruhiger Stimme.

»Hältst du mich für einen Esel? Mir ist schon klar, dass wir zufällig in Winter hineingelaufen sind. Deshalb musst du noch lange nicht für ein Gespräch stehen bleiben und noch weniger deine Hand küssen lassen!«

»Ach Jacob«, seufzte Hannah mit der Enttäuschung eines Kindes, das ein großes Paket öffnet und es leer findet. »Was hätte ich denn deiner Meinung nach machen sollen? Er hat doch schließlich *uns* angesprochen.« Sie versuchte die Situation zu retten, indem sie auf Hermann zeigte. »Ich kann ja nicht einfach schnurstracks an ihm vorbeigehen.«

»Natürlich kannst du das! Was bist du Winter schuldig? Ihr kennt euch doch überhaupt nicht!« In ihm nagte ohnmächtige Wut. Wut auf Winter. Wut auf die Tatsache, dass er selbst ein verdammter Jude war und sich hinter einer Säule verstecken musste, während jemand anderes seiner Freundin schöne Augen machte.

Hannah versuchte nach seiner Hand zu fassen, doch er drehte sich schnell weg. Bei der Berührung würde er sofort einknicken. Es war noch nicht an der Zeit, die Flinte ins Korn zu werfen. Er musste seinen Standpunkt klarmachen.

Regen fiel. Flüsternd, wispernd, als hätte die Nacht eine eigene Stimme bekommen. Menschen hasteten vorbei.

»Ich unterbreche euch ja nur ungern, aber ich finde, dass ihr eure Unterhaltung auf später verschieben solltet. Der Regen ist eiskalt und ich habe keine Lust, mir den Allerwertesten abzufrieren. Wir gehen jetzt in eine Bar. Ein kühles Bier kühlt auch überhitzte Gemüter ab.« Marlene hakte sich bei Jacob und Hannah unter und zog die beiden förmlich mit sich mit.

Heiße Luft schlug ihnen entgegen, als Marlene die Tür einer Bar aufriss. Sie war mit jungen Menschen gefüllt.

Studenten. Erhaben stolzierte sie vorneweg durch den Raum und zog dabei die Blicke der Männer auf sich. An der Bar nahm sie ihren Hut ab, legte ihn auf den Tresen und bestellte routiniert vier Drinks.

»Auf uns«, rief sie mit ihrer rauchigen Stimme und prostete ihnen zu. Der Alkohol brannte in Jacobs Kehle, doch mit wenigen Zügen leerte er sein Glas. Marlene schnipste einmal, und der Mann hinter dem Tresen reichte ihm sofort ein neues.

»Hallo, Kleine, willst du tanzen?« Ein gutgebauter junger Mann zog Hannah leicht am Ellenbogen und nickte mit dem Kinn in Richtung Tanzfläche. Seine Bärentatze erinnerte Jacob an Herbert Bauer. Hannah biss sich auf die Unterlippe und schüttelte den Kopf.

»Na, komm. Warum nicht? Man geht doch nicht in eine Bar, um hier am Tresen Wurzeln zu schlagen.«

»Hast du nicht gehört, dass sie nein gesagt hat?« Jacob erhob sich langsam von seinem Barhocker.

»Wer bist du denn? Ihr Leibwächter?« Sein Lachen gefiel Jacob überhaupt nicht. Arrogant. Überheblich. Jemand, der sich mit Frauen schmückte. Sofort stieß einer seiner Freunde dazu, um seinem Kumpel unter die Arme zu greifen.

»Jetzt kommt schon. Du tanzt mit mir, und du tanzt mit ihm.« Er gab Marlene ein Zeichen, dass sie gemeint war.

»Schätzchen, nichts für ungut, aber du glaubst doch nicht allen Ernstes, dass ich nach so einer Einladung mit dir tanzen werde. Ihr solltet ganz dringend einmal über eure Strategie nachdenken. So geht euch kein Fisch ins Netz!« Die Worte wirkten.

»Dann lass es bleiben, du arrogantes Miststück«, zischte einer der beiden und leerte seine Flasche. Sein falsches Lächeln war aus seinem Gesicht verschwunden.

»Pass auf deine Wortwahl auf.« Jacob ging einen Schritt auf ihn zu. Ruhig. Beherrscht. Ohne zu blinzeln sah er ihn an. Wäre Simon doch nur mit ihm hier. Er würde ihm sofort zur Seite stehen und ihm Rückendeckung geben.

»Ach ja? Was, wenn nicht? Bist du der Fürsprecher der Frauen? Vögelst du etwa eine der zwei Bräute hier? Oder sogar beide?«

»Sie ist mit mir hier und wird auf keinen Fall mit dir tanzen.«

»Ich habe ohnehin keine Lust mehr, mit ihr zu tanzen. Darf ich dir aber einen Drink ausgeben?« Er legte Hannah den stark behaarten Arm um die Schulter. Sein Mund hauchte ihr einen Kuss auf die Haare. Jacob schubste ihn hart gegen die Brust.

»Fass sie nicht an!« Mittlerweile hatten sich ein paar Leute ihnen zugewandt und verfolgten die Auseinandersetzung.

»Du dreckiger Hurensohn! Jude! Nimm gefälligst deine Finger von mir, verstanden!«

»Komm, lass uns gehen.« Hannah zog Jacob am Ärmel, doch es war zu spät. Er konnte diesem dämlichen Kerl jetzt nicht mehr den Rücken kehren.

»Wie hast du mich genannt? Hurensohn? Willst du meine Mutter beleidigen? Und Jude, ja? Was, wenn ich wirklich ein Jude bin?« Wieder schubste Jacob ihn gegen die Brust. Diesmal reagierte der andere blitzschnell und Jacob flog nach hinten gegen Marlene, die sich ihr Getränk über das Kleid schüttete. Hannah fiel durch den Aufprall hin und Jacob explodierte. Seine Muskeln waren angespannt wie die Saiten einer Geige. Nie mit Wut angreifen!, schoss es ihm durch den Kopf. Das hatte er bei all seinen Boxkämpfen gelernt. Sein Gegner holte zu einem Schlag aus, dem Jacob gekonnt auswich. Beim zweiten Angriff schnellte er nach vorne und traf sein Gegenüber mit voller Wucht im Gesicht. Volltreffer! Er wischte sich das Blut von der Nase, die Augen voller Hass. Jetzt gingen sie zu zweit auf Jacob los, schlugen mit den Fäusten auf ihn ein, schubsten ihn.

Hannahs Schreie nahm Jacob aus weiter Ferne wahr. Gläser zersprangen auf dem Boden, als er einen der beiden gegen den Tresen knallte.

»Jacob, verdammt noch mal!« Hermann packte ihn am Kragen, schrie seinen Namen, doch er erreichte ihn nicht. Wie ein wildgewordenes Tier wand er sich in seinem Griff, wollte wieder zuschlagen. Noch nie hatte er seine Wut nicht im Griff gehabt. »Jacob, hör auf. Die Polizei ist schon unterwegs.«

Alarmiert blickte Jacob zwischen den Gesichtern hin und her. Der Wirt hielt noch den Telefonhörer in der Hand.

»Los, verschwinden wir«, rief Marlene, und zum ersten Mal schwang Panik in ihrer Stimme.

Die beiden Frauen eilten zuerst aus der Bar, rannten die Straße entlang. Von weit weg schrillte eine Sirene in Jacobs Ohren. Er rannte und rannte. Weg von Hermann und Marlene. Weg von Hannah. Sollten sie ihn erwischen, dann wollte er die anderen zumindest nicht in Schwierigkeiten bringen. An einer Brücke stieg er die schmalen Stufen bis zum Wasser nach unten. Über ihm rasten die Polizeiwagen. Der Nebel des Flusses umfing ihn wie ein nasses Tuch, und er konnte wieder Atem fassen. Jacob ärgerte sich über sich selbst. Obwohl er es immer verhindern wollte, hatte heute die Wut gesiegt. So etwas durfte nie wieder passieren.

Es war weit nach Mitternacht, als es sanft an der Wohnungstür klopfte. Hannah hatte sich die ganze Zeit über auf der Eckbank in der Küche eingerollt und Todesängste ausgestanden. Hatte die Polizei ihn erwischt? Seinen falschen Ausweis entdeckt? War Jacob bereits auf dem Weg nach Dachau? Hermann und Marlene hatten sie nach Hause gebracht, waren dann aber selbst zurück in Marlenes Wohnung gegangen, da Hannah darum gebeten hatte, allein zu sein. Sie hatte gehofft, dass Jacob zurückkommen würde.

Vor dem zweiten Klopfen war Hannah bereits an der Tür und riss sie auf.

»Du sollst doch erst fragen, wer da ist, bevor du die Tür einfach aufmachst«, sagte Jacob und grinste schief.

»Ich habe mir solche Sorgen um dich gemacht!« Schnell zog Hannah ihn in die Wohnung und strich mit dem Zeigefinger über seine aufgeplatzte Augenbraue. »Das muss vielleicht genäht werden.«

»Vielleicht. Vielleicht auch nicht. Sicher nicht mehr heute Nacht.« Er zuckte mit den Schultern als wäre der Schmerz nur eine lästige Fliege, die man einfach verscheuchen konnte.

»Du hast mir einen ganz schönen Schrecken eingejagt. Ich sitze hier seit über zwei Stunden und warte.«

»Tut mir leid. Ich wollte dich nicht erschrecken. Ich konnte nicht gleich herkommen, die Polizei hat noch länger gesucht und ist die Straßen abgefahren. Ich musste abwarten, bis die Luft rein war.«

»Jacob«, begann Hannah wieder mit heiserer Stimme. »Warum hast du das gemacht? Der Kerl war es doch nicht wert.«

»Halt mich.« Wie er da stand mit hängenden Schultern, mit angetrocknetem Blut an der Stirn, mit müden, traurigen Augen, versetzte Hannah einen Stich ins Herz. Ihr Zorn über ihn war mit einem Mal wie weggeblasen. Zwei schnelle Schritte nach vorne und sie lagen sich in den Armen.

»Ich bin so froh, dass du gekommen bist.«

»Danke, dass du mich reingelassen hast«, flüsterte Jacob. »Ich hätte es heute eigentlich nicht verdient, so wie ich dich angeschrien habe.«

»Du hattest doch recht. Ich hätte an Winter einfach vorbeigehen müssen. Nicht stehen bleiben und …«

»Schhh.« Jacob legte seinen Finger auf ihre Lippen, um die Worte zu ersticken. »Sprich es nicht aus. Sag seinen Namen nicht mehr. Nicht heute Nacht.« Der Ausdruck in seinen Augen zeigte, dass er es ernst meinte.

»Es tut mir leid, dass ich dich in der Bar in Schwierigkeiten gebracht habe und ihr weglaufen musstet. Ist alles in Ordnung bei den anderen?«

Hannah nickte, und Erleichterung machte sich auf seinem Gesicht breit.

»Ich wollte dir nicht den Eindruck vermitteln, dass ich dich nicht beschützen kann«, raunte er, und sie erkannte, dass es ihm peinlich war, dieses Gefühl laut auszusprechen.

»Ich …«, begann sie, doch Jacob ließ sie wieder nicht zu Wort kommen.

»Es ist wahr. Manchmal habe ich das Gefühl, dass ich nicht der sein kann, den du brauchst. Der mit dir Sachen unternimmt. Ich schäme mich, dass ich mich hinter einer dämlichen Säule verstecken muss, während ich aber eigentlich neben dir stehen sollte. Hinter dir. Vor dir, wenn es sein muss. Ich war heute eifersüchtig, Hannah. Ich gebe es nur ungern zu. Nicht unbedingt eifersüchtig auf Winter mit seiner blöden Visage. Einfach auf die Tatsache, dass er etwas kann, was ich nicht kann. Er kann in der Öffentlichkeit deine Hand küssen. Er kann neben dir stehen, mit dir reden. Ich bin eifersüchtig auf jeden, der das kann. Als wir in die Bar gegangen sind, war ich schon auf Hundertachtzig. Ich habe fast gehofft, dass so etwas passiert. Dieser Kerl hat es mir leicht gemacht. Ich wollte in eine Schlägerei geraten. Das ist die Wahrheit. Es hat sich für mich irgendwie gut angefühlt. Ich konnte dir zeigen, dass ich doch der sein kann, den du brauchst. Die Art Freund, der dich beschützt, wenn dich jemand grob anpackt.« Langsam, mühselig kamen die Worte aus ihm hervor. Es schmerzte ihn sichtbar, sie auszusprechen.

»Hannah, ich bin katastrophal in dich verliebt«, fuhr er mit belegter Stimme fort. »Meine Liebe zu dir ist allein meine Sache. Aber die andere Sache sind deine Gefühle. Ich trage dafür die volle Verantwortung. Ich bin schuld, wenn dir etwas geschieht. Wegen mir.«

»Jacob! Ich bin selbst für meine Gefühle verantwortlich. Ich weiß, was ich tue. Mir ist egal, was eigentlich richtig oder falsch wäre. Mich kümmert es einen Dreck, wie hart es ist, mit dir zusammen zu sein. Jacob, hörst du mir zu?« Verzweifelt rüttelte Hannah an seinen Schultern. Sie schrie jetzt beinahe. »Es gibt niemals und nirgends den perfekten Platz für wahre Liebe. Man kann nicht wählen, wen man liebt, verstehst du? Es passiert einfach. Was hätte ich dagegen tun sollen? Was? Sag's mir!«

Ein scheues Lächeln zierte seine Lippen. Ein Lächeln, das ihn zu schmerzen schien, da er die Freude nicht zulassen wollte.

»Ich möchte der Freund sein, der dich für immer liebt. Der Freund, der dich festhält, der deine innersten Gedanken versteht, deine Seele begreift. Ich möchte der Freund sein, der dich in die Arme nimmt, jetzt und in hundert Jahren. Ich möchte deinen ganzen Körper kennen, jede einzelne Faser deines Körpers.« Die Verzweiflung, die noch vor wenigen Minuten seine Augen dominiert hatte, wich Hunger. »Ich möchte, dass du mir zeigst, wie ich dich anfassen soll. Ich möchte dir zeigen, dass ich der Beste für dich sein kann. Dein bester Freund. Dein Vertrauter.«

Was er laut ausgesprochen hatte, brachte Hannah ins Wanken.

»Jacob«, flüsterte sie, »schlaf mit mir.«

Statt auf seine Antwort zu warten, zog sie ihn hinter sich her ins Schlafzimmer. Sie ließ sich aufs Bett fallen. Diesmal waren sie allein. Ungestört, mussten keine Angst haben, dass jemand hereinplatzen würde. Sie beugte sich hoch, um nach seinen Händen zu greifen, ihn aus seiner Erstarrung zu lösen. Unsicherheit flackerte in seinen blauen Augen. Hannah hakte ihre Finger in seinem Oberteil ein, um ihn zu sich aufs Bett zu ziehen. Auf den Knien verharrte er in der Position, während er ein paarmal tief Luft holte.

»Küss mich«, befahl Hannah schon fast, woraufhin sich Jacob zu ihr beugte und sie sanft küsste. Mit den Fingerspitzen fuhr er ihren Oberarm entlang, was eine Gänsehaut bei ihr auslöste. Diese Reaktion schien Jacob zu gefallen, da sie sein Lächeln in ihrer Halsbeuge spüren konnte. Endlich fand sein Mund wieder den ihren. Diesmal war der Kuss fester, leidenschaftlicher. Jacobs Hand vergrub sich im Rock ihres Kleides, während er seine Zunge in ihren Mund gleiten ließ. Mit der anderen hielt er Hannahs Gesicht fest, streichelte immer wieder über ihre Wange. Hannah spreizte ihre Beine, damit er sich zwischen sie knien konnte, was Jacob mit einem weiteren Lächeln quittierte. Jacob hob leicht die Hüften an und begann, mit der rechten Hand über ihren Oberschenkel zu fahren. Sie wollte seine Hände nirgendwo anders spüren. Er fuhr die Innenseite ihrer Schenkel hoch. Selbst durch die Seidenstrümpfe war die Berührung so intensiv, dass Hannah das Gefühl hatte, ihre Haut würde jeden Moment Feuer fangen. Sie hielt den Atem an, er schob beide Hände unter ihr Kleid und zog die Strümpfe und dann die Unterhose nach unten. Rollte sie über ihre Füße und warf sie neben sich aufs Bett. Allein der hochgeschobene Rock bedeckte sie noch. Ohne Vorwarnung spürte Hannah Jacobs Lippen unter ihrem Bauchnabel, die weiter nach unten über ihre milchweiße Haut glitten. Mit zitternden Händen hielt sich Hannah an der Bettdecke fest. War sie so weit? Wollte sie es?

Als Jacob seine Lippen gegen ihre geheimste Stelle presste, entfuhr ihr ein leiser, erschrockener Aufschrei. Dann glitt vorsichtig Jacobs Finger in sie hinein. Sie kniff die Augen zusammen und wartete darauf, dass das Brennen aufhörte. Sie hatte nicht mit so einem Schmerz gerechnet. Wie sollte er bloß ganz in sie passen?

»Geht es dir gut?«, fragte Jacob besorgt.

»Ja, es tut nur ein bisschen weh.«

»Soll ich aufhören?«

»Auf keinen Fall! Nein, ich will es. Heute Nacht.«

»Ich fände es gerecht, wenn du dich jetzt auch ausziehst.«

»Ich warte schon die ganze Zeit, dass du das in die Hand nimmst«, schmunzelte er, und öffnete seinen Gürtel. Er sah sie einen Augenblick an, dann knöpfte er seine Hose auf und zog sie über die Hüften nach unten. Noch nie hatte sie einen nackten Mann so nah gesehen. Neugierig streckte sie die Hand aus, um ihn anzufassen. Die Haut war weicher als sie gedacht hatte.

»Ich weiß nicht, was ich tun soll«, gestand sie und wieder schoss ihr die Röte ins Gesicht. »Geht es so einfach? Ohne Verhütung?« Die Frage war Hannah peinlich, und sie kam sich furchtbar dämlich vor.

»Ich habe etwas dabei. Keine Angst.« Jacob zog seinen Geldbeutel aus der Hosentasche hervor, öffnete ihn und hielt eine kleine Tüte in den Händen. Als er sie aufriss, wusste Hannah, was er in den Händen hielt, doch ein Kondom hatte sie, wie einen nackten Mann, ebenfalls noch nie gesehen.

»Ich weiß nicht, wie man es benutzt«, gab sie kleinlaut zu, doch Jacob nahm ihr die Unsicherheit.

»Keine Sorge, ich schon«, grinste er.

Jacobs Lippen senkten sich auf Hannahs Mund. Er küsste sie langsam und spielte mit ihrer Zunge.

»Es wird bestimmt wehtun, also sag mir sofort Bescheid, wenn ich aufhören soll.« Hannah dachte an den Schmerz zurück, den sein Finger ausgelöst hatte, doch wenn der Schmerz nachließ und sich die Lust ausbreitete, wollte sie es.

»Ja, ich will es. Ich will dich!«

Jacob küsste sie erneut und wenige Augenblicke später drang er in sie ein. Hannah spürte einen stechenden Schmerz und ohne es zu wollen, kam ein Wimmern aus ihrem Mund. Der Schmerz pulsierte durch ihren ganzen Körper.

»Alles gut?«, wollte Jacob wissen und verharrte vollkommen regungslos. »Soll ich wirklich weitermachen?«, presste er zwischen den Zähnen hervor. Sein Gesicht war angestrengt.

»Mach weiter«, stieß Hannah hervor und spürte, wie eine Träne aus dem Augenwinkel rollte. Der Schmerz war beinahe unerträglich, doch je öfter Jacob seine Hüften bewegte, desto mehr verschwand er.

Sein Rhythmus wurde etwas schneller, wie ein Segelboot, das von der schlafenden Bucht in die hohen, tobenden Wellen geriet. Jacobs ganzer Körper spannte sich mit einem Mal zum Zerreißen an. Ein Beben ging durch seinen Körper. Dann sank er keuchend nieder, und Hannah spürte das pochende Hämmern seines Herzens, das sich anfühlte, als würde es in ihrer eigenen Brust schlagen. Sie strich ihm das nasse Haar aus der Stirn. Zärtlich. Liebevoll.

Nachdem sich Jacob einen Augenblick erholt hatte, blickte er besorgt zu Hannah auf.

»Alles in Ordnung?« Schuld breitete sich in seinem Gesicht aus, als hätte er sie absichtlich verletzt.

»Ehrlich gesagt hat es schlimmer wehgetan als ich dachte«, gab Hannah vorsichtig zu, wohlwissend, dass er sich schlecht fühlen würde. »Aber so muss es wahrscheinlich sein. Ich bin froh, dass es heute Nacht passiert ist.« Es war tatsächlich geschehen. Heute Nacht waren sie nicht nur emotional verbunden gewesen. Erschöpft sank Jacob neben ihr auf die Matratze und streichelte ihre Wange.

»Es war viel besser als ich es mir je vorgestellt habe. Du hast dich so gut angefühlt. So unglaublich gut.« Er lächelte müde.

Hannah merkte, wie seine Augenlider langsam schwerer und schwerer wurden, bis er schließlich mit einem Lächeln auf dem verschwitzten Gesicht einschlief. Sie konnte nicht anders als ihn anzusehen, seinen Atem zu spüren, seinen Herzschlag. Das letzte, was sie wahrnahm, bevor der Schlaf auch sie überrollte, war seine Wärme. Seine alles einnehmende, strahlende Wärme.

20. April 1940

Rosenheim

»Musst du feiern gehen Hitlers Geburtstag?« Sofia setzte sich neben Hannah auf die Gartenbank.

»Ich habe überhaupt keine Lust auf die Feier, aber noch weniger auf eine Diskussion mit Mama, wenn ich nicht hingehe.« Hannah seufzte.

»Ich muss noch machen sauber. Später Gäste kommen. Hier geht die Feier dann weiter. Wartest du?«

»Ich warte auf Elsa. Sie holt mich ab und müsste jeden Moment da sein.«

»Elsa habe ich lang nicht mehr gesehen.«

»Ich weiß. Wir sind beide viel beschäftigt. Sie macht ihre Ausbildung zur Krankenschwester, ich bin in München.«

»Ich glauben, sie ist neidisch. Deshalb nicht mehr kommen zu besuchen.«

»Neidisch?«, entfuhr es Hannah. »Auf was sollte sie denn neidisch sein?«

»Du bist schlau und schön. Willst eine Ärztin werden. Sie bleibt nur Krankenschwester.«

»Sie kann doch nicht auf mich neidisch sein, Sofia. Sie ist meine beste Freundin.«

»Warum hast du ihr dann nicht erzählt dein Geheimnis? Na? Wenn sie deine beste Freundin ist, warum weiß sie dann nichts von …«, Sofia sah sich um, bevor sie den Namen aussprach, »von Jacob?«

»Ich wollte sie mit dem Geheimnis nicht unnötig belasten.«

»Du schwindelst mit dir selbst. Du traust ihr nicht. Nicht mehr.« Sofia fuchtelte mit dem Zeigefinger vor Hannahs Gesicht herum.

»So ein Blödsinn.«

»Was, du sagst Blödsinn zu mir. Ich beobachte. Du kannst es ihr sagen heute.«

Ertappt biss sich Hannah auf die Unterlippe.

»Irgendwie kann ich es ihr nicht sagen. Sie würde es nicht verstehen. Bei dir war das etwas völlig anderes. Du verurteilst mich nicht.«

»Ich bin auch deine gute, alte Babubschka. Mir kannst du alles vertrauen.« Sofia presste Hannah einen Kuss auf die Wange und legte den Arm um ihre Schulter.

Vor dem Gartentor knirschten Reifen. Elsa hob die Hand zum Gruß.

»Ich muss los, Sofia. Wir sehen uns später«, rief Hannah und setzte sich zu Elsa in den Wagen.

»Tut mir leid, dass ich nicht ganz pünktlich bin«, sagte Elsa. »Herbert ist gestern Abend nach Hause gekommen. Es ist etwas später geworden.« Ihr sommersprossiges Gesicht verzog sich zu einem Grinsen.

»Seid ihr jetzt fest zusammen?«

»So könnte man es nennen.« Elsa strich sich eine rötliche Haarsträhne aus dem Gesicht und lenkte den Wagen auf die Hauptstraße.

»Wie läuft es bei dir?«

Hannah zuckte so unschuldig wie möglich mit den Schultern und sah aus dem Fenster.

»Bist du noch mit Jacob zusammen?«

Hannah verschluckte sich beinahe an ihrem eigenen Speichel.

»Wie kommst du darauf, dass ich mit Jacob zusammen bin?«, fragte sie erschrocken.

»Ich bin deine beste Freundin. Schon vergessen?«

Woher zum Teufel wusste Elsa Bescheid? Hatten sie nicht gut genug aufgepasst?

»Du hast es nicht geleugnet. Also habe ich wohl ins Schwarze getroffen.«

Hannah antwortete nicht.

»Ich finde, dass ihr ein ganz tolles Paar abgeben würdet«, flötete Elsa weiter, »wenn es doch nur nicht verboten wäre. Wirklich jammerschade.« Hannah war sich nicht sicher, wie sie das Lächeln ihrer Freundin deuten sollte. War es ehrlich? Arrogant? Falsch?

»Du hast mir immer noch nicht verraten, wie du überhaupt auf die Idee kommst, dass Jacob und ich zusammen seien.«

»Wenn es nach ihm gegangen wäre, dann wärt ihr schon seit Jahren zusammen. Ich weiß doch, wie er dich immer angesehen hat. Schon damals in der Schule. Aber ich hätte nie gedacht, dass er jemals bei dir landen könnte. Wo er doch Jude ist.«

»Sprich nicht so von ihm«, sagte Hannah mit ruhiger, aber bestimmter Stimme. »Du kennst ihn nicht.«

»Aber du scheinst ihn besonders gut zu kennen. Ich habe euch gesehen in der Neujahrsnacht. Ihr habt euch geküsst, im Schnee draußen vorm Rathaus.«

Hannah spielte in Gedanken noch einmal diesen Abend durch. War sie nicht vorsichtig genug gewesen? Sie war damals über die Straße gelaufen, und sie hatten sich erst zwischen den parkenden Autos im Schatten einiger Bäume geküsst. Außerdem war es dunkel gewesen. Hatte Elsa ihr etwa nachspioniert? Noch war es nicht an der Zeit, die Karten offen auf den Tisch zu legen.

»Ist er zumindest ein guter Liebhaber? Herbert ist ein unglaublich guter Küsser, das kann ich dir sagen«, bohrte sie immer weiter.

»Freut mich zu hören.«

»Hat Jacob dir nichts davon gesagt?«

»Wovon gesagt?« Langsam ging ihr Elsas Fragerei gehörig auf die Nerven.

»Na, dass ich euch gesehen habe. Kurz nachdem du dich wieder reingeschlichen hast, sind wir ineinandergelaufen. Der Arme war etwas aufgelöst. Schöne Augen hat er ja, dass muss man ihm sogar lassen.« Jacob hatte ihr tatsächlich nichts von der Begegnung mit Elsa erzählt. Warum hatte er ihr diese wichtige Information verschwiegen?

»Jetzt komm schon, Hanni. Mir kannst du es doch anvertrauen.« Elsa fasste nach ihrer Hand und drückte sie fest. »Habt ihr schon miteinander geschlafen?«

»Elsa!«, rief Hannah aus. »Über so etwas spricht man doch nicht.«

»Warum nicht? Ich hoffe, dass es bei Herbert und mir heute so weit sein wird.«

»Bist du dir wirklich sicher?«

»Was ist schon dabei? Ich will schließlich nicht, dass er als Jungfrau in den Krieg ziehen muss. Sollte er fallen, will ich ihn wenigstens ein Mal gehabt haben.«

»Das sind echt schlimme Worte, die du da sagst. Liebst du ihn gar nicht?«

»Natürlich liebe ich ihn! Aber man muss auch mal einen Schritt weiterdenken. Wie war es bei Jacob? Hat es wehgetan?«

Röte schoss Hannah ins Gesicht. Röte, die sie verraten musste.

»Ich möchte nicht darüber reden.«

»Hätte Jacob gar nicht so viel Schneid zugetraut, wenn ich ehrlich bin. Aber anscheinend nimmt er die Dinge doch in die Hand. Wirklich erstaunlich, dass eure Affäre noch nicht ans Licht gekommen ist.«

»Es ist keine Affäre.«

»Schon gut, schon gut. Ich sag's auch keinem. Weiß deine Familie Bescheid? Was sagt deine Mutter dazu?«

»Elsa, hör jetzt bitte auf, mich mit Fragen zu löchern. Ich möchte nicht darüber reden.«

Hannah atmete erleichtert auf, als sie auf dem Parkplatz einfuhren. Musik dröhnte an ihre Ohren. Eine Blaskapelle. Die beiden jungen Frauen stiegen aus, Elsa sperrte das Auto ab, und sie schlenderten auf die Feierlichkeit zu. Zwischen den Hakenkreuzflaggen erkannte Hannah Herbert Bauer. Es war Monate her, dass sie ihn zuletzt gesehen hatte. Kurz nach dem Schulabschluss war er in die Ausbildung gekommen. Während die anderen Lederhosen trugen, hatte Herbert seine Soldatenuniform angezogen, und Hannah war in der ersten Sekunde klar warum. Eine Traube junger Mädchen stand mit leuchtenden Augen um ihn herum. Alle wollten einmal die Uniform eines richtigen Soldaten anfassen, wollten seine Geschichten hören, seinen Heldenmut bewundern.

»Herbert sieht ja ziemlich entspannt aus«, raunte Hannah Elsa zu. »In welcher Einheit war er denn? Hat er Fronturlaub bekommen?«

»Er war doch erst in der Ausbildung, du Dummerchen. In ein paar Wochen muss er das erste Mal ausrücken. Du glaubst ja gar nicht, wie sehr er sich freut.«

»Elsa!«, rief er aus, als er sie beide wahrnahm. »Hannah!«

Hannah hätte es nicht für möglich gehalten, dass er es wagte, so unbeschwert ihren Namen in den Mund zu nehmen. Nicht nach dem, was zwischen ihnen vorgefallen war. Sie hatte den Abend am Maifeiertag nicht vergessen. Wer weiß, was passiert wäre, wenn Jacob damals nicht aufgetaucht wäre. Seitdem hatte sie jeglichen Kontakt zu ihm gemieden.

Mit schnellen Schritten lief er auf sie zu, zog Elsa in eine Umarmung und küsste sie auf beide Wangen, woraufhin die

Mädchengruppe einen enttäuschten Seufzer ausstieß. Dann blieben Herberts Augen an ihr hängen. Hannah spürte seinen Blick, obwohl sie ihn absichtlich nicht ansah.

»Wie schön, dich zu sehen, Hannah.« Sie erinnerte sich an seine Stimme dicht an ihrem Ohr, seine Hände auf ihrem Körper, die Lippen auf den ihren. Sie sah, wie träge Rauchwolken zwischen den Baumkronen hingen, und vernahm das würzige Duftgemisch von brennenden Holzscheiten und gebratenem Spanferkel. Das Fleisch wurde am Spieß gedreht und der Saft tröpfelte laut zischend auf die glühenden Kohlen. Jacobs Worte kamen ihr in den Sinn. Sie musste niemanden begrüßen, wenn sie nicht wollte. Sie war ihm nichts schuldig. Sie fasste ihren Mut zusammen und ging an dem verdutzten Herbert einfach vorbei. Auch Elsa blieb vor Überraschung der Mund offen stehen.

Zwischen den Picknickdecken, die in der kräftigen Frühjahrssonne aufgeschlagen waren, standen Tische und Bänke, auf denen bereits zahlreiche Besucher Platz genommen hatten, die lachten, sich Geschichten erzählten und Kuchen verspeisten. Auf einer Wiese wurden Spiele gespielt. Stimmen begrüßten sie. Alte Gesichter aus ihrer Schulzeit. Leute, die für sie schon fast in Vergessenheit geraten waren.

Gegen Nachmittag war die Sonne schon so warm wie im Frühsommer. Hannah suchte Elsa, denn auch sie war zur anschließenden Gartenfeier bei ihren Eltern eingeladen. Sie fand sie unter dem Schatten einer großen Eiche, innig umschlungen mit Herbert. Er flüsterte ihr immer wieder Worte ins Ohr, die ihr Gesicht zum Glühen brachten, sie laut auflachen ließen. Ihre Hände waren ineinander verschränkt.

»Elsa«, begann Hannah vorsichtig, »tut mir leid, wenn ich dich störe, aber wir müssen langsam los.«

Murrend löste ihre Freundin sich von Herbert, dessen Augen wieder Hannah abtasteten, sodass diese sich auf der Stelle nackt fühlte.

»In Ordnung. Wir sind so weit. Kommst du?« Sie stand auf und zog Herbert hinter sich her.

»Kommt er mit?«, entfuhr es Hannah erschrocken.

»Er ist mein Freund. Natürlich kommt er mit«, zischte sie.

Das konnte ja heiter werden! Während der Autofahrt bemühte sich Hannah, aus dem Fenster zu schauen, sich nicht an den Gesprächen zu beteiligen, ihre Gedanken auf etwas anderes zu konzentrieren.

Als sie die Straße, die zu ihrem Haus führte, entlangfuhren, stieg Sehnsucht in ihr auf. Sie wollte nichts lieber, als sich in ihrem Zimmer zu verkriechen und unter der Bettdecke zusammenzurollen. An den Obstbäumen sprossen bereits die ersten Knospen, leuchtend pink und schneeweiß, sodass ihr das Herz aufging. Doch ihr stockte beinahe der Atem, als sie sah, dass von einem der oberen Fenster eine Hakenkreuzflagge herabhing. Wie in aller Welt hatte ihr Vater dem zugestimmt? Sie war so groß, dass sie den Efeu, der an den Wänden hinaufkletterte, teilweise verdeckte. Das Eisentor stand offen, damit die Gäste ungehindert eintreten konnten. Ihr Haus stand in makellosem Ebenmaß vor ihr, mit seinem bayerischen Charme, den kleinen Erkern, dem großen Balkon, der nach Süden zeigte. So schön wie eine Frau, die sich ihrer ganzen Schönheit gewiss war. Wie ihre Mutter.

Auf dem frisch ergrünten Rasen tummelten sich bereits zahlreiche Gäste. Kinder spielten Fangen und gaben damit an, wie viel Kuchen sie bereits verschlungen hatten. Die Damen trugen farbige Kleider nach der neuesten Mode. Hannah kam sich in ihrem Dirndl wie ein Trampel vor. Unter der alten Weide war ein großes Buffet errichtet. Die Gartenbank, die sonst im Schatten der Weide stand, war achtlos zur Seite geschoben worden.

»Da seid ihr ja!« Die Stimme ihrer Mutter drang an Hannahs Ohren, ihre Absätze klapperten über den Kiesweg. Sie trug ein brombeerfarbenes Kleid, die Lippen im selben Ton perfekt bemalt. »Elsa, wie schön dich zu sehen. Deine Eltern sind auch schon da. Herbert! Was für eine Freude! Blendend siehst du aus!« Bewundernd wanderten ihre Augen über Herberts Uniform.

»Vielen Dank für die Einladung, Frau Doktor. Was für ein schönes Anwesen Sie hier haben«, sagte er schleimig.

»Vielen Dank, mein Lieber. Fühlt euch ganz wie zu Hause.«

Als Herbert und Elsa zum Buffett gingen, nahm Theresa Sedlmayr ihre Tochter beiseite. »Geh dich umziehen. Du riechst nach Rauch und Fett. Ich habe dir ein neues Kleid aufs Bett gelegt. Beeil dich bitte. Die Gäste wollen dich schließlich sehen. Dein Vater ist schon viel zu lange in der Praxis. Dann solltest wenigstens du dich blicken lassen.«

Das kam Hannah gelegen. Sie hatte ohnehin für einen Moment allein sein wollen. »Und mach etwas aus deinen Haaren«, rief ihre Mutter ihr hinterher. »Am besten kämmst du sie erst einmal und lässt sie dann offen. Wie lange willst du noch diesen Zopf tragen? Damit siehst du aus wie ein kleines Kind!«

Oben angekommen, zog Hannah ihr Dirndl aus und ging in ihrer Unterwäsche ins Badezimmer. Frisch geduscht und nur mit einem Handtuch bekleidet, kam sie zurück in ihr Zimmer und warf einen Blick auf das neue Kleid, das ihre Mutter ihr bereitgelegt hatte. Rot. Natürlich. Die Farbe, die Theresa Sedlmayr am liebsten an ihr sah. Einen Moment überlegte Hannah, ob sie doch lieber ihr blaues Kleid aus dem Schrank holen sollte, doch sie zog es vor, besser nicht mit der Mutter zu diskutieren. Bisher war sie ohnehin noch nie als Siegerin hervorgegangen.

»Du solltest das Kleid anziehen. Es steht dir bestimmt gut.«

Erschrocken fuhr Hannah zusammen, ließ das Kleid fallen und wirbelte herum. Herbert Bauer lehnte lässig im

Türrahmen. Er war ihr einfach nach oben gefolgt, war in ihre Privatsphäre eingedrungen und stand jetzt tatsächlich in ihrem Zimmer.

»Und du solltest ganz dringend wieder nach unten zu den anderen Gästen gehen«, sagte Hannah bestimmt, und zog dabei das Handtuch, das allein ihren nackten Körper verhüllte, enger um sich.

»Warum? Ich finde es eigentlich ganz gemütlich hier.« Herbert kam ins Zimmer und ließ sich auf ihren Schreibtischstuhl fallen. »Nett hast du es hier. Toller Ausblick.« Sein Blick wanderte von ihrem Zimmerfenster zurück zu ihr und strich von den Haaren bis über ihr Gesicht zur Brust hinunter. Dabei verzog er das Gesicht zu einem Grinsen.

Gänsehaut überzog Hannah, und sie wünschte sich nichts mehr, als an ihm vorbei zur Tür rauszulaufen, doch dann hätte sie ihm nahekommen müssen. Viel zu nahe.

»Herbert«, begann sie wieder, diesmal etwas lauter und deutlicher. »Ich möchte mich jetzt anziehen. Geh zurück nach unten. Jetzt gleich.«

Demonstrativ lehnte er sich im Stuhl zurück, streckte die Beine aus und verschränkte die Arme vor der breiten Brust. »Nur zu. Tu dir keinen Zwang an. Ich weiß ehrlich gesagt auch gar nicht, warum du dich so anstellst? Wir passen doch perfekt zusammen, Hannah. Du und ich.«

»Du und ich sind gar nichts!« Ihre Stimme bebte vor Zorn, die Unterlippe zitterte. »Jetzt verschwinde aus meinem Zimmer. Sofort.«

Herbert lachte nur auf. Ein Lachen, das sie von früher kannte, als er Jacob mit seinen Freunden gehänselt hatte.

»Ich habe mich gefreut, dich wiederzusehen. Seit über drei Wochen denke ich daran, dass du bestimmt auf dieser Feier auftauchst. Ich konnte es kaum erwarten. Du bist die letzten Monate noch hübscher geworden. Eine richtige Frau.«

»Was ist mit Elsa?« Hannah ärgerte sich, dass sie auf sein Gespräch einging. Ignorier ihn!, schoss es ihr durch den Kopf.

»Was soll mit ihr sein?«

»Du bist doch mit ihr zusammen.«

»Was heißt schon zusammen. Sie ist ein leichtes Mädchen, mit dem man so seine Erfahrungen sammeln kann, aber du bist etwas ganz anderes. Du spielst in einer deutlich höheren Liga.«

»Sie liebt dich«, versuchte sie an seine Gefühle zu appellieren.

Herbert zuckte die Schultern. »Und wenn schon. Warum sollte ich mich mit einem einfachen Rührkuchen zufriedengeben, wenn eine Prinzregententorte direkt vor mir steht? Ich würde zu gerne mal ein Stück kosten.« Er stand auf.

Sollte sie schreien? Zur Tür laufen? In Gedanken spielte Hannah die Möglichkeiten durch, die ihr blieben. Keine Sekunde wollte sie länger mit ihm allein sein.

Mit ein paar schnellen Schritten war sie bei der Tür, als Herberts Arm wie der Kopf einer Klapperschlange nach vorne schnellte, und er sie am Handgelenk erwischte. Ohne große Mühe zog er sie vom Gang zurück ins Zimmer.

»Lass mich los!« Ihre Stimme war lauter, als sie in dem Moment für möglich gehalten hatte. »Sofort!«

Plötzlich ging alles schnell. Schritte waren zu hören. Jemand schoss an ihr vorbei ins Zimmer. Endlich ließ Herbert sie los. Wie eine Kanonenkugel war Sofia an ihr vorbeigeflogen, in einem Tempo, das Hannah der alten Haushälterin niemals zugetraut hätte. Sie holte aus und verpasste Herbert ein paar schallende Ohrfeigen.

»Was fällt dir ein, du dummer Bengel. Scher dich raus!« Ihr Mund war ein schmaler Strich, die Augen funkelten wie die des Teufels. Drohend hob sie erneut die faltige Hand. »Wie kannst du es wagen? Sofort raus hier, bevor ich mich vergesse!«

Hannah konnte den Ausdruck in seinem Gesicht nicht deuten. Ein Hauch Überraschung – gemischt mit Wut. Sofia stieß noch ein paar russische Flüche aus und verfolgte Herbert bis zur Treppe. Hannah stand noch immer wie angewurzelt im Türrahmen und klammerte sich an ihr Handtuch wie ein Ertrinkender an einen Strohhalm.

»Was ist denn hier los?« Elsa erschien am Treppenabsatz und rannte beinahe die Stufen nach oben. Als sie Herbert und Hannah erblickte, verfinsterte sich ihr Gesicht.

»Also doch! Du kannst den Hals einfach nicht vollbekommen! Was du mit deinem Leben treibst, schert mich einen Dreck, wenn du es zugrunde richten willst, ist das deine Sache. Aber lass deine Finger gefälligst von meinem Freund, du diebisches, dämliches Miststück!«

Mit diesen Worten nahm sie Herbert an der Hand, machte auf dem Absatz kehrt und trabte wutschnaubend die Stufen nach unten.

Tränen brannten wie Säure in Hannahs Augen. Wären nicht Sofias Arme gewesen, die sie in eine warme Umarmung betteten, wäre sie zusammengebrochen. Ungehalten schluchzte sie, den Kopf in Sofias Schoß, die auf sie einredete und ihr übers Haar strich, sie wiegte und herzte. Hannah weinte und zitterte so lange, bis sie keine Träne mehr übrig hatte.

Ende April 1940

Rosenheim

»Hast du etwa davon gewusst?« Seine Frau knallte ihm einige Fotos auf den Schreibtisch. Verblüfft blickte er auf, in ihr feuerrotes, wutverzerrtes Gesicht. »Schau nicht mich an, schau die Bilder an! Himmel noch mal.«

Georg Sedlmayrs Blick fiel zurück auf den Schreibtisch, auf dem ein kleiner Stapel mit Fotos lag. Das erste Bild zeigte Hermann und Hannah. Fragend hob er die Augenbrauen.

»Die anderen Bilder!«, zischte seine Frau.

Er fischte den Stapel heran, steckte das erste Bild nach hinten und verharrte einen Augenblick. Hannah und Jacob. Wange an Wange. Hannah auf Jacobs Rücken in einem Fluss. Hannah und Jacob Hand in Hand. Hannah und Jacob zu einem Kuss verschmolzen. Für einen Moment verschlug es ihm die Sprache.

»Du hast deine Tochter wohl überhaupt nicht unter Kontrolle. Sie lügt uns an, dass sich die Balken biegen, hat Geheimnisse vor uns und bestraft uns, indem sie sich mit einem Juden einlässt. Was haben wir bei ihrer Erziehung nur falsch gemacht, Schorsch? Sag mir, was?«

Es dauerte einen Moment, bis er die Worte wiederfand.

»Wo hast du die Bilder her?«

»Ich habe sie in ihrem Zimmer gefunden. Ich habe von Anfang an gesagt, dass es keine gute Idee ist, ein Mädchen allein nach München zu lassen. Du hast dich wieder mal durchgesetzt. Jetzt siehst du, was dabei rausgekommen ist. Du hast ja diesen Blödsinn forciert.«

»Wo waren die Bilder in ihrem Zimmer? Einfach so auf dem Kopfkissen?«

»Spielt das eine Rolle? Ich habe aufgeräumt, dabei sind sie mir zufällig in die Hände gefallen.«

»Du räumst nie in ihrem Zimmer auf.«

»Um Gottes Willen, Schorsch. Jetzt bin ich schuld, dass ich diese entsetzlichen Fotos gefunden habe? Hätten wir Hannah besser im Auge behalten, dann wäre das doch überhaupt nicht passiert. Aber du hast sie an einer viel zu langen Leine gelassen. Und jetzt das. Sieh es dir an!« Theresa Sedlmayr ließ sich auf das Sofa sinken und vergrub das Gesicht in den Händen. Immer wieder rieb sie sich mit den Fingern die Stirn.

»Eine Katastrophe ist das, Schorsch«, rief Theresa, und Tränen schossen ihr aus den Augen. »Wenn das rauskommt!« Sie schlug sich mit der Hand auf den Mund. »Oh Gott, stell dir vor, wenn die Leute erfahren, dass unsere Tochter mit einem Juden herumhurt. Nicht auszudenken. Der Ruf unserer Familie wird beschmutzt werden.« In Panik flackerten ihre Augen umher. »Nein, nein, das darf nicht sein.«

»Wie bist du überhaupt darauf gekommen, herumzusuchen? Bist du jetzt bei der Gestapo?«, bohrte Georg Sedlmayr nach.

»Mach dich nicht lustig«, zischte seine Frau. »Es ist wohl mein gutes Recht als Mutter zu wissen, was meine Kinder so treiben. Elsa hat mich ein paar Tage nach unserer Gartenfeier informiert. Die Arme war völlig aufgelöst, als sie mir davon erzählt hat. Sie weiß es schon seit der Neujahrsnacht. Du kannst dir nicht vorstellen, wie geschockt sie war. Tränen hat das kleine Ding vergossen, da sie Hannah schützen wollte. Sie hat gesehen, wie Jacob unsere Hannah in der

Neujahrsnacht geküsst hat. Unglaublich dreist! Wir waren schließlich mit ihr dort. Elsa hat sich so lange nicht getraut, darüber zu sprechen. Ich wette, dass dieser Judenjunge ihr Angst eingejagt hat. Du weißt ja, wie sie sind.«

»Theresa! Du kennst Jacob. Er würde niemals jemandem Angst einjagen.«

»Dann verteidigst du den Bengel auch noch? Nach allem was er angerichtet hat?«

»Sieh sie dir doch an. Hannah sieht glücklich aus.«

Theresas Schrei zerriss ihm fast das Trommelfell. Unvorbereitet wie eine explodierende Handgranate.

»Das kann doch nicht dein Ernst sein! Was sie da treibt, ist Rassenschande, verstehst du das nicht? Sie macht sich strafbar. Wenn das rauskommt, sind wir ruiniert. Wer würde noch zu dir in die Praxis kommen? Und Hannah? Ihre Zukunft wäre vorbei. Man würde sie aus der Universität werfen. Eine Judenhure. Ich glaub es einfach nicht. Wie kann sie so etwas nur machen? Warum?«

»Langsam wirst du hysterisch«, sagte Georg Sedlmayr trocken. »Es gibt genügend andere, die sogar mit einem Juden verheiratet sind.«

»Das ist es also, was du willst? Eine Heirat? Du mochtest diese Familie schon immer, hast diesem Jacob auch noch die Tür aufgemacht, damit er sich schön ins gemachte Bett legen kann.« Sie schnalzte verächtlich mit der Zunge. »Wollen wir nur hoffen, dass Elsa ihr Versprechen hält und Stillschweigen bewahrt. Sonst macht diese Geschichte schneller die Runde als ein Lauffeuer.«

»In erster Linie sollten wir Ruhe bewahren. Es nützt keinem was, den Verstand zu verlieren.«

»Dir ist das alles anscheinend überhaupt gar nicht wichtig, habe ich recht? Was bist du nur für ein Vater?«

Die Worte trafen ihn wie ein Peitschenhieb. Er liebte seine Tochter über alles, würde alles für sie tun.

Wieder schluchzte seine Frau. »Das muss aufhören, Schorsch. Sofort. Heute noch.«

Georg Sedlmayr vernahm den Schlüssel im Schloss. Hannah und Sofia waren von den Einkäufen zurück.

»Hannah! Hannah! Komm sofort her!«, schrie Theresa. Erschrocken streckte Hannah den Kopf zur Tür herein.

»Was ist das? Was zum Teufel ist das?« Theresa rannte förmlich auf sie zu und hielt ihr die Fotos vor die Nase.

»Woher hast du das?«, presste Hannah heraus.

»Ich habe sie in deinem Zimmer gefunden.«

»Du durchwühlst einfach meine Sachen, während ich weg bin?« Sie riss ihrer Mutter die Fotos aus der Hand.

»Ich habe ein Recht darauf zu wissen, was meine Tochter so treibt. Du glaubst gar nicht, wie es mir ging, als ich den Beweis schwarz auf weiß in den Händen gehalten habe.«

»Wie es *dir* geht? Du spionierst mir nach, und ich soll Mitleid mit dir haben?«

»Hast du dir auch nur eine Sekunde lang Gedanken gemacht, was passiert, wenn eure kleine Affäre ans Tageslicht kommt?«

Hannah biss sich auf die Unterlippe. Ihr hilfloser Anblick versetzte Georg Sedlmayr einen Stich ins Herz.

»Was glaubst du, wie es deinem Vater geht? Er hat fast einen Herzinfarkt bekommen. Wir können die Praxis schließen, wenn rauskommt, dass unsere Tochter Rassenschande betreibt.«

In Hannahs Augen schwammen Tränen, als ihr Blick auf ihren Vater fiel. Er wollte den Mund aufmachen, um die Sache richtigzustellen, doch seine Frau hatte sich in Rage geredet.

»Jetzt bist du noch jung, willst dir die Hörner abstoßen. Schön. Aber denk nur eine Sekunde lang an deine Zukunft. Ärztin willst du werden? Dass ich nicht lache. Wenn du seine Judenhure bleibst, dann kannst du in der Gosse herumlungern. Wollt ihr kleine Judenbälger großziehen? Mit welchem Geld frage ich mich? Beide arbeitslos. Ohne Zukunftsperspektiven. Keinen Pfennig wirst du von mir sehen, wenn du meinst, dass du uns so enttäuschen kannst.«

Tränen liefen von Hannahs Wangen, tropften über ihr Kinn und versanken in ihrem Oberteil.

»Mama«, schluchzte sie, »ich liebe ihn.«

Verächtlich schnalzte Theresa mit der Zunge. »Liebe also? Bist du wirklich so dumm, dass du denkst, diese gottverdammten Schmetterlinge würden bis in alle Ewigkeit herumflattern? Bist du wirklich so dumm, dass du denkst, du könntest ihn heiraten?«

Georg Sedlmayr wollte etwas sagen, sich einmischen, doch seine Zunge schien verknotet zu sein.

»Du glaubst gar nicht, wie sehr du uns enttäuscht hast, Hannah. Wirklich. Ich kenne dich gar nicht wieder. So egoistisch. So verantwortungslos. So sprunghaft und unüberlegt.«

Hannahs Körper wurde von Schluchzern geschüttelt. Sie sah aus, als hätte sie körperliche Schmerzen.

»Resi, nun ist es aber gut. Du übertreibst.« Hannahs verweinte Augen blickten auf, suchten ihren Vater. Wieso in aller Welt stand er ihr nicht bei?

»Papa«, begann sie, doch die Stimme versagte. »Papa, ich habe es doch nicht … Ich …«

»Lass dich ja nicht wieder von ihr um den Finger wickeln. Damit ist jetzt ein für alle Mal Schluss. Diese Masche zieht ab heute nicht mehr, mein Fräulein.«

Hannah hob schwerfällig die Arme, als ob die Luft Wasser wäre, das sie mühsam zerteilen musste. Sie sah hilflos aus. Gebrochen.

»Du wirst ihn nicht wiedersehen, hast du mich verstanden? Es ist ein für allemal vorbei. Ich werde ab sofort kein

Auge mehr zubekommen, da ich jeden Tag Angst haben muss, dass du dich diesem Judenjungen wieder wie ein Flittchen in die Arme wirfst.«

»Jetzt aber Schluss!« Sofia war lautlos wie eine Katze erschienen und stellte sich neben Hannah. »So nicht reden eine Mama mit Tochter. Niemals sagen Hure oder Flittchen!«

»Misch du dich nicht in Familienangelegenheiten ein, Sofia«, sagte ihre Mutter mit der Schärfe eines Degens.

»Ich will mich nicht einmischen, aber müssen helfen Hannah. Schaun Sie sich doch an. So nur weinen, wenn man liebt. So nur weinen, wenn man beleidigt wird. Von der eigenen Mutter. Eine Schande ist das.«

Georg blickte zwischen seiner Frau, Sofia und Hannah hin und her. Er stand auf. Gleich würde die Luft Feuer fangen.

»Eine Schande? Eine Schande, Sofia? Was unsere Tochter hier treibt, das ist eine Schande! Für die ganze Familie!«

»Sie ist verliebt in den Jungen.«

Theresa brach in hysterisches Lachen aus. »Ich glaube es ja nicht. Sie ist zwanzig! Sie weiß nicht, was Liebe ist.«

»Sie wurden Mama mit jungen Jahren. Man nie zu jung für Liebe.«

»Wage es ja nicht, etwas über mich zu sagen!«

»Jacob ist eine gute Junge. Ich ihn viel kennen.«

Theresa Sedlmayr schnappte nach Luft.

»Du wusstest es.« Aufgelöst schlug sie die Hände über dem Kopf zusammen. »Du wusstest es und hast nichts gesagt. Wir hätten diesen Wahnsinn schon viel eher stoppen können. Dann spielst du das ganze Spiel noch mit. Deckst die beiden, obwohl du genau weißt, dass es verboten ist.«

»Ich immer helfen Hannah«, spie Sofia ihr entgegen.

»Wir beruhigen uns jetzt alle mal«, grätschte Georg Sedlmayr dazwischen, doch seine Frau fuhr ihn an: »Ich will, dass du sie rausschmeißt, Schorsch. Sie hat uns hintergangen. Diese hoffnungslose *Liebe*«, sie lachte bei dem Wort, »noch genährt und unterstützt. Ich will sie nicht länger in meinem Haus haben. Wirf sie raus, sofort!«

»Das meinst du jetzt nicht ernst, Resi.« Er fasste nach ihrer Hand, um zu ihr zu gelangen, sie zu erreichen, doch sie entwand sich ihm.

»Pack deine Sachen, Sofia. Bis Sonnenuntergang bist du weg.«

»Nein!«, schluchzte Hannah und warf sich ihrer Mutter vor die Füße. »Nein, das kannst du nicht machen. Es ist meine Schuld, nur meine! Nimm mir nicht Sofia.«

»Du hast ja völlig den Verstand verloren. Was ist bloß aus dir geworden.« Verächtlich schüttelte sie den Kopf. »Jetzt steh schon auf, du machst dich ja vollkommen lächerlich.«

Sofia machte ohne ein weiteres Wort auf dem Absatz kehrt und verließ das Zimmer. Hannah folgte ihr laut schluchzend.

»Das hätte so nicht sein müssen, Resi. Sofia bleibt.«

»Du kannst dich nur nicht durchsetzen. Im Grunde bist du froh darüber, dass ich alles in die Hand nehme, weil du zu schwach dazu bist.« Ihre Worte waren wie der Stachel einer Wespe, der einem unter die Haut fährt und das Gift freisetzt, dem ein stundenlanger Schmerz folgt.

»Jetzt ruf gefälligst deinen guten Freund Hans Sternlicht an. Er sollte auch Bescheid wissen, was sein Sohn verbrochen hat und dem Ganzen einen Riegel vorschieben. Vielleicht ist es ja noch nicht zu spät.«

Georg Sedlmayr rührte sich nicht.

»Schön«, sagte seine Frau und stieß ihn zur Seite. »Alles muss man hier selber machen.« Dann griff sie mit spitzen Fingern zum Hörer und wählte die Nummer.

Mai 1940

München

»Ist sie bei dir?«, fauchte Theresa Sedlmayr ins Telefon.

»Nein, ist sie nicht.«

»Wo zum Teufel steckt sie? Du solltest doch ein Auge auf sie haben.«

Hermann seufzte. Nach dem großen Streit zu Hause war Hannah völlig aufgelöst in seiner Wohnung in München erschienen. Er hatte sich immer vorgestellt, dass es für seine Eltern, besonders für seine Mutter, eine Überraschung sein würde, wenn sie von der Beziehung zwischen Hannah und Jacob erfahren würden. Vielleicht ein kurzer Schockmoment. Aber dass Hannah der Boden komplett unter den Füßen weggerissen, sie beleidigt und gedemütigt werden würde, das hätte er sich in den kühnsten Träumen nicht ausmalen können. Ihre Mutter schien völlig den Verstand verloren zu haben. Sie war vollkommen darauf versessen, die beiden auseinanderzuhalten und jeden Kontakt im Keim zu ersticken. Sie hatte auch Hans Sternlicht am Telefon beschimpft und bedroht. Dennoch: trotz der Kürzung des Mietzuschusses für Hannahs Wohnung, trotz ihrer ständigen Kontrollen, trotz ihrer dominanten Art war es ihr nicht gelungen, die Beziehung zu beenden.

»Ist der Jude etwa jetzt auch noch bei dir in der Wohnung? Hält er sich dort versteckt?«, hetzte sie weiter.

»Er heißt Jacob«, sagte Hermann ruhig. Diese Art von Gespräch war mittlerweile bedauerlicherweise an der

Tagesordnung. Ihre Mutter wollte ihn unbedingt auf ihre Seite ziehen, damit für Hannah der Druck von allen Seiten zu groß wurde und sie letztendlich zusammenbrach. »Jetzt fängst du auch noch damit an. Wahrscheinlich sitzen die beiden Turteltäubchen in diesem Moment neben dir und lachen sich darüber schlapp, was ich mir für Sorgen mache. Hermann«, begann sie erneut, »denk doch mal nach, was deine Schwester dir alles ruinieren könnte. Es geht schließlich auch um deinen Ruf als zukünftiger Mediziner. Wie willst du denn jemals unsere Praxis hier in Rosenheim übernehmen, wenn deine Schwester mit einem Juden zusammen ist?«

Marlene, die ihren Kopf dicht an Hermanns Wange gedrängt hatte, damit sie lauschen konnte, schüttelte entsetzt den Kopf und deutete einen Vogel. *Sag was*, formte sie mit den Lippen.

»All das sind negative Zukunftsbilder, Mama. Wenn die Leute einen Arzt brauchen, werden sie hingehen, ansonsten bleibe ich einfach in München. In der Großstadt gibt es viele Kliniken. Ich würde gerne hier arbeiten.«

Ein Wimmern drang durch den Hörer. »Sargnägel. Ihr seid meine Sargnägel.«

»Keine Sorge, du hast ja auch noch unseren Karl. Der trägt den ganzen Stolz der Familie auf seinen Schultern.«

»Werd jetzt bloß nicht sarkastisch. Du weißt, ich will nur das Beste für deine Schwester. Das Beste für dich.«

Hermann atmete einmal tief durch, auch ihn kostete es Mut, seiner Mutter die Stirn zu bieten. Sie war Meisterin der Worte, verdrehte einem das Wort im Mund, um mit den eigenen Waffen zurückzufeuern.

»Du willst das Beste für dich selbst, Mama.« Marlene zeigte ihm den erhobenen Daumen. »Hast du einmal gefragt, warum Hannah sich verliebt hat? Man kann das doch überhaupt nicht beeinflussen.«

»Jetzt fängst du auch noch mit diesem Blödsinn an. Interessiert es dich, dass ich seit diesem Theater fast fünf Kilo abgenommen habe? Bis zum Ende werde ich wahrscheinlich nur noch Haut und Knochen sein, aber was kümmert es euch alle, wie es eurer Mutter geht. Hannah hat sich seit Wochen nicht gemeldet. Sie wäre wahrscheinlich dankbar, wenn es so weit kommen würde.«

Seine Mutter verstand nicht. Egal wie sehr er es versuchen würde, sie wollte es einfach nicht verstehen.

»Hannah wünscht sich so etwas ganz und gar nicht. Sie vermisst dich, will sich aber keine Vorschriften machen lassen. Sie ist keine Marionette, die von dir gesteuert wird.«

Stille.

»Es ist ihr Leben. Du musst es entweder akzeptieren oder verstehen, dass sie sich abkapselt.«

»Abkapselt, ja?«

»Ja! Sie kann doch nicht länger nach Hause kommen und sich beschimpfen und beleidigen lassen.«

»Ich habe sie nie beleidigt.«

Marlenes Gesicht nahm langsam die Farbe einer überreifen Tomate an.

»Flittchen, Judenhure«, zitierte er ruhig.

»Das ist keine Beleidigung. Das sind Tatsachen. So wie sie sich aufführt. Keiner von euch traut sich, ihr die Wahrheit zu sagen. Derweil haltet ihr diese Beziehung doch auch für reine Zeitverschwendung und völligen Blödsinn. Ihr wollt ihr nur Honig ums Maul schmieren, damit ich als die Böse dastehe.«

»Ich persönlich halte die Beziehung keinesfalls für Blödsinn. Ich mag Jacob. Er ist …«

»Genug jetzt«, unterbrach Theresa Sedlmayr ihn mit ihrer scharfen Stimme. »Ich habe keine Lust, mir diesen Unfug länger anzuhören.«

»Du kannst uns nicht vorschreiben, wie wir uns fühlen.«

»Ich brauche hier keine psychologischen Belehrungen. Ihr alle wisst doch ganz genau, was die Leute sagen, wenn das alles rauskommt. Mit dem Finger würden sie auf uns zeigen, wenn wir über die Straße gehen.«

»Was die Leute von uns halten, kümmert mich nicht.«

»Du hast leicht reden, hast dir auf unsere Kosten ein schönes Nest in München gemacht. Natürlich bekommst du da nicht mit, wie man bei uns ausgerichtet wird. Von dir habe ich wirklich mehr Verstand erwartet.« Als letzten Ausweg fing sie jetzt auch noch an, ihn zu beleidigen.

»Hermann«, ihre Stimme war plötzlich süß wie Zuckerwatte. »Jetzt denk doch mal an dich selbst. Du wirst einmal unser Haus und Grundstück erben. Was würden da die Leute sagen? ›Da wohnt unser Herr Doktor, dessen Schwester er für immer an einen Juden verloren hat‹. Sollen deine Kinder mit Mischlingen spielen?«

»Mutter, jetzt ist es irgendwann auch mal gut.« Wut kochte in ihm hoch.

»Ich habe schon entschieden, wie ich damit umgehen will. Deine Schwester wird die Uni wechseln. Zum nächsten Semester wird sie zu deinem Onkel nach Berlin ziehen und dort studieren. Das ist das Beste für sie. Dann läuft ihr der Judenbengel nicht ständig vor der Nase herum, und sie hat wieder den Kopf frei für ihr Studium.«

Ihre Worte versetzten ihm einen Stich ins Herz. Das konnte nicht ihr Ernst sein.

»Hannah ist alt genug. Du kannst nicht solche Sachen über ihren Kopf hinweg entscheiden. Sie wird dir das niemals verzeihen.«

»Oh doch, das wird sie. In ein paar Jahren kommt sie auf den Knien angekrochen, um sich bei mir zu entschuldigen. Sie wird sich bei mir bedanken, da ich die Einzige war, die ihr damals die Wahrheit gesagt hat.«

»Es ist ihr Leben …«, fing Hermann noch einmal an.

»Du wiederholst dich. Die Sache ist entschieden.«

»Was sagt Papa dazu?«

»Dein Vater hält sich wie immer aus allem raus. Er macht es sich leicht. Das sieht ihm ähnlich.«

»Ich denke nicht, dass er es gut findet.«

»Deinen Vater überlässt du mal schön mir.« Sie hängte den Telefonhörer ein.

Für ein paar Augenblicke saß Hermann wie versteinert auf der Eckbank. Er starrte den Hörer an, aus dem nur noch das Piepen drang.

»Geht es dir gut?«, fragte Marlene vorsichtig und nahm ihm den Hörer aus der Hand.

»Ich glaube schon. Sie ist eine ...«, er suchte nach dem passenden Wort, »eine Wucht.«

»Das ist noch untertrieben. Sie ist ein Wirbelsturm.«

»Sie wird nicht aufgeben«, meinte Hermann.

»Ich finde, du hast dich wacker geschlagen.«

»Aber auch nur, weil du mir Rückendeckung gegeben hast.«

»Das weiß sie ja nicht. Du musst unbedingt Hannah anrufen. Sie warnen. Nicht, dass sie kurz vor knapp herausfindet, dass sie exmatrikuliert wurde. So hat sie noch die Chance, alles abzuwehren.«

Hermann nickte. Es war höchste Zeit, dass Hannah ihr Leben selbst in die Hand nahm.

31. Mai 1940

Rosenheim

Hochwasser, großräumige Überflutungen. Der Anruf hatte ihn in den frühen Morgenstunden erreicht. Fünf Dammbrüche an der Mangfall waren schon zu verzeichnen. Winter war in München sofort in den Zug gestiegen, um sich selbst ein Bild vor Ort zu machen. Inzwischen pendelte er zwischen der Landeshauptstadt und Rosenheim hin und her. Immer wieder wurden seine Dienste in Anspruch genommen. Der Damm gegenüber dem städtischen Elektrizitätswerk war in einer Länge von mindestens hundert Metern weggeschwemmt worden. Auch das gesamte Betonwerk stand komplett unter Wasser. Was ihm Magenschmerzen verursachte, war, dass sich der Dammbruch am rechtsseitigen Mangfallufer unweit der Eisenbahnbrücke am Schlimmsten auswirkte. Es hieß, dass die Wassermassen die ganze Wohnsiedlung der SA überschwemmt hatten. Sein Haus. Er konnte nur hoffen, dass Helfer seine Habseligkeiten in letzter Minute aus dem Keller ins Obergeschoss getragen hatten. Nervös nahm Winter einen Blick auf seine Taschenuhr. Zeus hechelte aufgeregt. Er spürte, dass etwas nicht in Ordnung war.

Der Bahnhof erstickte im Dampf, als der Zug laut schnaubend zum Stillstand kam. Einer seiner Kollegen winkte ihn sofort heran. Besorgnis war in seinem Gesicht zu lesen.

»Uns hat es übel getroffen, Erich. Die Häuser stehen unter Wasser.«

»Alle Häuser?«

»Ich denke schon.«

»Ich muss mir selbst ein Bild von der Lage machen. Bring mich sofort hin.«

Auf den Straßen herrschte reges Treiben. Aufregung. Panik. Die Schutzpolizei versuchte, aufgebrachte Leute zu beruhigen, an vielen Stellen war sie dabei, Sandsäcke zu stapeln, um einen weiteren Durchbruch des Wassers zu verhindern. An den falschen Stellen hatten sie schon versagt. Wut kochte in Winter hoch. Wäre er hier vor Ort gewesen, hätte nicht alles in einer Katastophe geendet.

»Von hier ab kommen wir nur noch mit einem Boot zu den Häusern in der Siedlung. Ich komme später nach, Erich. Das Auto kann nicht einfach hier stehen bleiben, sonst wird es am Ende noch fortgeschwemmt.«

Ausreden. Winter nickte nur und stieg aus dem Wagen. Oben auf der Brücke konnte er sich selbst ein Bild machen. Wellenförmig schwappte das Wasser herein, pulsierte wie von einem Herzschlag getrieben. Unaufhaltsam. Verbissen versuchte die Brückenwache, angeschwemmtes Material durch die Brücke zu bringen. Bei genauerem Hinsehen erkannte Winter Teile von Bäumen, Geäst, kleine Dächer, die einmal auf ein Gartenhaus gepasst haben mussten, Holz, das Schuppen zusammengehalten hatte. Er musste es wissen. Mit eigenen Augen sehen.

Winter fasste Zeus' Leine kürzer und rief einem der Brückenwächter zu: »Ich muss umgehend zur SA-Siedlung transportiert werden. Wichtige Papiere sind noch im Haus. Ich habe den dringenden Befehl erhalten, diese zu sichern.«

Der Wächter reagierte sofort. »Kommen Sie mit. Von hier aus können Sie nicht in ein Boot steigen. Die Strömung ist viel zu stark.« Der Mann brachte Winter zu einigen Häusern, die mit Sandsäcken geschützt waren. Noch hielten sie das Wasser zurück, das bedrohlich über den Rand leckte.

Ein Ruderboot fuhr dicht heran, und Winter schaffte es, ohne nass zu werden, ins Innere. Zeus sprang mühelos hinterher.

Je näher sie der Siedlung kamen, desto ruhiger wurde das Wasser. Es strömte nicht mehr wie ein reißender Fluss, sondern floss fast entspannt über die Ufer. Winter erkannte vereinzelte, parkende Autos, denen das Wasser fast bis zum Dach stand. Aus den oberen Fenstern der Häuser winkten Frauen und Kinder. Die meisten der Jungen und Mädchen kannte er mit Namen.

»Dort! Fahren Sie dort hin. Das ist mein Haus.« Winter bemühte sich, die Panik hinunterzuschlucken, damit der Schutzpolizist nicht mitbekam, wie sehr ihm die Sache zu Herzen ging. Die Kellerräume waren verloren, daran bestand kein Zweifel. Gut, dass er dort ohnehin nicht viel gelagert hatte. Ein Fahrrad war austauschbar. Es galt, die Fotoalben, die ihn an seine Mutter erinnerten, zu retten. Dokumente aus seinem Arbeitszimmer. Übelkeit kroch in ihm auf, als er sah, wie das Wasser schon über einen halben Meter hoch an der Haustür stand. War er rechtzeitig gekommen?

»Lenken Sie das Boot so nahe wie möglich heran. Ich muss ins Haus gelangen«, kommandierte er.

»Ich darf niemanden ins Haus lassen, Herr Ortsgruppenleiter. Wir müssen die Leute evakuieren, nicht in Gefahr bringen.«

»Führen Sie gefälligst meine Befehle aus, sonst mache ich Sie persönlich dafür verantwortlich, wenn Führerdokumente vom Wasser weggespült werden.«

Der Mann zögerte kurz, dann nickte er und lenkte das Boot nach rechts.

»Passen Sie auf meinen Hund auf, bis ich wieder draußen bin, verstanden!«

Winter drückte ihm die Leine in die Hand. Zeus wimmerte nervös.

»Bleib«, sagte Winter mit schärferer Zunge als sonst zu ihm. Dann ließ er sich ins Wasser gleiten. Es war schwer, sich mit den Kleidern in der schlammigen Brühe fortzubewegen. Damit hatte er nicht gerechnet. Braun schwappte das Wasser schon über seinen Bauchnabel, und Winter hatte das Gefühl, dass es mit jedem Schritt, den er durch den Eingang watete, höher stieg. Der hölzerne Schreibtisch trieb bereits auf der Wasseroberfläche. Da. Der Schrank, in dem seine Alben und seine Papiere schlummerten. In greifbarer Nähe. Voller Schrecken stellte Winter fest, dass eine tote Katze im Wasser trieb. Ein rotes Fellbündel. Jammerschade.

Schwerfällig bewegte er sich durch das Zimmer. Seine Finger umschlossen den Griff der Schranktür. Er rüttelte und zog daran, doch das Wasser drückte erbarmungslos dagegen, sodass er sie nur wenige Zentimeter aufbrachte.

»Verdammt noch mal!«, rief er laut aus, und riss und zerrte immer heftiger, bis die Tür schließlich so weit aufging, dass er seinen Arm ins Innere des Schrankes schieben konnte. Seine Finger strichen liebevoll über die Rücken seiner Fotoalben. Zudem gelang es ihm, einen Ordner mit wichtigen Dokumenten an sich zu nehmen. Er drückte sie sich gegen die Brust, watete durch den Raum bis zur Treppe. Im ersten Stock angekommen, legte er seine wertvollsten Schätze auf das Bett. Die durchnässten Stiefel schmatzten auf dem Teppichboden. Schlamm sickerte ein. Winter machte kehrt, um noch einmal nach unten zu gehen. Etliche Male gelang es ihm, seine Sachen zu evakuieren, während das Wasser weiter anstieg. Als es ihm bis zur Brust schwappte, hatte er fast alles retten können, was er retten wollte. Möbel waren ersetzbar. Erinnerungen nicht.

Ein letztes Mal stieg er die Treppen hinunter und kämpfte sich durchs ertrinkende Wohnzimmer.

Als er durch die Haustür glitt, bellte Zeus freudig und stemmte die Vorderpfoten gegen die Bootsseite.

»Gott sei Dank«, rief der Schutzpolizist aus. »Ich war kurz davor, eine Rettung anzufordern.« Er reichte Winter die Hand und zog ihn zurück ins Boot. Zeus' Zunge leckte ihm warm über die schmutzigen Wangen.

»Konnten Sie alle Dokumente in Sicherheit bringen?«

»Alles ist sicher im ersten Stock verwahrt. So weit wird das Wasser wohl nicht ansteigen.«

Wie eine Nussschale trieb das kleine Boot zwischen den Häusern herum.

»Hilfe!«, rief ein kleiner, strohblonder Junge vom Fenster aus und winkte. Seine Mutter hatte ihn auf dem Arm und blickte hilfesuchend nach unten.

»Hilfe ist bereits unterwegs, Gerda!« Die Frau eines Kollegen. Hoffentlich hatte auch sie alles rechtzeitig in Sicherheit bringen können.

»Rufen Sie mit Ihrem Funkgerät den Notstand aus. Die SA-Siedlung hat bei der Evakuierung oberste Priorität. Die Leute können wohl kaum hier übernachten. Wir müssen sie alle woanders unterbringen.«

Er würde eine Schule vorschlagen. In der Turnhalle war genug Platz, und auch Sanitäranlagen waren vorhanden. Winter würde sich gleich darum kümmern. Zunächst einmal musste er seinen eigenen kleinen Sieg feiern. Ihm war es gelungen, seine Erinnerungen zu retten. Seine wertvollsten Schätze. Die einzigen Bilder, die ihm von seiner Kindheit und seiner Mutter geblieben waren.

3. Juni 1940

Rosenheim

Die Natur hatte den Menschen wieder einmal gezeigt, wie viel Kraft sie hatte. Obwohl das Ausmaß der Katastrophe verheerend war, gab sie Jacob Hoffnung. Der Mensch konnte nicht alles kontrollieren. Trotzdem hatte man seit Jahren das Gefühl, dass dies der Fall war. Die Menschen stellten Gesetze auf, sorgten dafür, dass man sie haargenau einhielt, bestimmten, wer zu einer guten und einer schlechten Menschenrasse gehörte, demütigten, diskriminierten. Wendeten Gewalt an. Doch jetzt, nachdem die eigenen Häuser beinahe weggespült worden waren, konnte man wieder etwas anderes in den Augen der Besitzer erkennen als die übliche Überlegenheit und Arroganz.

Die Natur war am Ende stärker. Scherte sich nicht um dämliche Gesetze oder Menschenrassen. Sie hatte die letzten Tage auch die auserkorenen Führungskräfte der Stadt das Fürchten gelehrt. Jacob glaubte aber nicht daran, dass diese Katastrophe etwas in ihren Köpfen veränderte. Dafür war es zu spät.

Seit Wochen versuchte seine Familie, ein Visum für die USA zu bekommen. Für Levi könnte es aus der Schweiz sehr viel einfacher gehen. Bei dem Gedanken, seinen kleinen Bruder wiederzusehen, huschte ein Lächeln über Jacobs Gesicht. Er vermisste ihn. Wie er sich wohl verändert hatte?

Seine Angst bestand darin, dass Hannah womöglich nicht mit ihm zusammen in die Vereinigten Staaten gehen wollte. Sie war hier verwurzelt, hing an der Stadt wie ein

Hundewelpe an der Zitze seiner Mutter. Ob er ihr wichtiger war als ihr Zuhause? Er schob den Gedanken beiseite, da das Visum und die damit verbundene Ausreise ohnehin noch in weiter Ferne lagen. Er konnte später daran denken, wenn die Sache kristallklar war.

»Hilfst du auch mit oder träumst du nur?«, neckte ihn Simon. Auf seiner Stirn standen Schweißperlen. Die nackten Unterschenkel waren schlammig, ebenso die Hände und Unterarme. Sie hatten sich bereit erklärt, bei einem der Bauernhöfe, von dem sie immer ihre Milch bekommen hatten, zu helfen und die Hochwasserschäden zu beseitigen. Das Ehepaar war schon sehr alt und kinderlos. Sie waren zu alt, um sich für die neuen Gesetze zu interessieren, und es war ihnen egal, welche Rasse Mensch auf ihrem Hof herumlief. Von den wenigen Kühen, die sie noch hatten, war eine in den Wassermassen ertrunken, eine war verschwunden, und die anderen standen auf einer Weide hinter dem Hof. Wenn man das matschige, braungelbe Gras überhaupt als Weide bezeichnen konnte.

»Ihr beiden solltet jetzt Pause machen«, sagte die Bäuerin und brachte ihnen ein paar belegte Brote. Das ließ sich Simon nicht zweimal sagen. Er nahm ihr das Tablett aus der Hand und verzog sich um die Ecke. Die Sonne war seit Tagen endlich wieder zu sehen. Als würde sie über all das lachen, was sich seit ihrer Abwesenheit zugetragen hatte. Frech glitzerte sie auf den seegroßen Pfützen.

Jacob ließ sich neben seinen Bruder sinken und biss in sein Brot.

»Ich bin froh, dass wir was zu tun haben«, kam Simon gleich auf den Punkt. »Oder ich bin froh, dass *ich* was zu tun habe, du bist ja oft genug beschäftigt.« Er grinste und stieß ihm den Ellenbogen in die Rippen.

Jacob schnalzte mit der Zunge. »Jetzt hör schon auf damit. Du weißt, dass wir noch viel vorsichtiger sein müssen, seit ihre Eltern Bescheid wissen.«

»Du glaubst doch nicht, dass Schorsch etwas gegen dich hat? Schließlich kommt er ständig bei uns vorbei, um mit Papa zu reden. Heimlich. Er hat uns schon so viel geholfen. Mit Levi. Als wir im Lager festgehalten wurden. Mit dem Kauf unserer Medikamente. Mit unserem Visum.«

Georg Sedlmayr wusste vom Visum? Das versetzte Jacob einen Schlag in die Magengrube. War seine Freundlichkeit letztendlich nur eine Tarnung, damit es nicht auffiel, dass er sie, vor allem ihn, aus dem Land haben wollte? Damit ein Ozean zwischen ihm und seiner Tochter lag? Sein Misstrauen wuchs.

»Ich weiß, was du gerade denkst«, las Simon seine Gedanken. »So ist es nicht. Ich glaube, er hat Angst, dass das noch nicht alles war.«

»Wie auch immer. Unsere ganze Beziehung steht unter keinem guten Stern.«

»Und willst du jetzt das Handtuch werfen? Beim Boxen wächst du auch an der Stärke der Gegner. Wenn du immer gegen Schwächere kämpfst, dann hast du zwar gewonnen, bleibst aber im Grunde immer ein Verlierer.«

»Ich kämpfe aber gegen deutlich Stärkere. Gegen mehrere Gegner. Von allen Seiten hagelt es Schläge.«

»Du warst schon immer schneller als alle anderen, wenn es darum ging, einem Schlag auszuweichen. Dann, wenn der richtige Zeitpunkt gekommen ist, musst du zuschlagen. Einmal nur. Wenn keiner damit rechnet. Offensive ist nur gut, wenn man die Defensive kennt.« Simon stieß seinem Bruder erneut den Ellenbogen in die Seite. »Außerdem stehst du ja nicht allein im Ring. Du hast schließlich mich. Ich decke dir den Rücken. Die Seiten von mir aus auch noch.«

Jacobs Herz machte einen Hüpfer. Er war dankbar, diese Worte aus dem Mund seines Bruders zu hören. Seine Familie stand hinter seiner Entscheidung. Würde ihn verteidigen, wenn es sein musste. Genau das brauchte er jetzt.

»Und jetzt los, Romeo.« Simon nahm Jacob in den Schwitz-kasten. »Machen wir weiter, damit du auf andere Gedanken kommst.«

Erst als die Sonne in der Abenddämmerung verglühte, machten sich Simon und Jacob auf den Heimweg.

Als sie in die Straße zu ihrem Haus einbogen, sah Jacob, dass eine attraktive, gut angezogene Frau vor dem Eingang stand, als würde sie auf jemanden warten. Als sie sich um-drehte, war sein Mut, der sich nach dem Gespräch mit Si-mon aufgebaut hatte, wieder auf eine harte Probe gestellt. Das Gesicht von Theresa Sedlmayr war wie eine Maske. Eiskalt.

»Ich möchte mir dir reden«, sagte sie direkt, als sie nä-herkamen. Simon zog die Augenbrauen nach oben, doch Jacob gab ihm ein Zeichen, dass er schon hinaufgehen soll-te. Er musste das Gespräch alleine führen.

Kaum war die Tür ins Schloss gefallen, kam sie auf den Punkt.

»Du musst die Beziehung zu Hannah beenden.«

Es machte keinen Sinn, sie weiter anzulügen. Sie wusste, dass sie sich immer noch trafen, obwohl sie es Hannah ver-boten hatte. Jetzt hatte nur noch die Wahrheit eine Chance.

»Ich wusste, dass Sie das sagen.«

»Was sollte ich sonst von dir wollen?« Sie lachte auf und zog sich die Hutkrempe tiefer ins Gesicht.

»Ich hatte gehofft, dass Sie sich meine Seite anhören wür-den.«

»Deine Seite interessiert mich ehrlich gesagt nicht die Bohne. Alles was mich interessiert, ist, dass das Ganze end-lich ein Ende nimmt.«

»Es war nicht so geplant, und ganz sicher sind wir nicht zusammen, damit wir Sie damit belasten«, redete Jacob ein-fach drauflos. »Bisher ist auch alles gut gegangen. Es hat keine großen Wellen geschlagen.«

»Wie naiv bist du eigentlich? Das ist kein Märchen. Es wird kein gutes Ende geben. Du ruinierst sie.«

»Das habe ich keine Sekunde vor.«

»Es ist, wie es ist. Meine Tochter ist viel zu dickköpfig. Es ist ihre Art, gegen mich zu rebellieren. Allein deshalb hat sie mit diesem Spektakel überhaupt angefangen. Sie wird keinen Schlussstrich ziehen. Dafür kenne ich meine Tochter zu gut. Das musst *du* machen.«

Hannah hatte recht. Es war unmöglich, mit ihrer Mutter zu reden. Seine Gefühle auszudrücken. Auf Verständnis zu hoffen. Alles was aus ihren Augen blitzte, war Abneigung, Hass und Ekel. Sie kannte ihre Tochter? Nichts wusste sie von ihren Gefühlen. Rein gar nichts.

»Sie fühlen sich überlegen, weil Sie das richtige Blut haben, nicht wahr? Sie denken, dass Sie die Macht über mich haben. Dass Sie über mich bestimmen können, mir befehlen können, was ich zu tun und zu lassen habe. Wie eine Marionette, die an Ihren Fäden hängt, soll ich nun einen Schlussstrich ziehen, weil Sie das so wollen.« Jacob spürte den Zorn aufflammen. Wie bittere Galle lag er auf seiner Zunge. Er atmete einmal tief durch. »Ich gehöre Ihnen nicht. Damit das ein für allemal klargestellt wurde.«

Verdutzt blieb ihr einen kurzen Augenblick der Mund offenstehen.

»Ich denke nicht, dass ich mich vor dir rechtfertigen muss. Du wirst diese Beziehung beenden, sonst wirst du mich richtig kennenlernen. Dann kannst du am eigenen Leib spüren, wer wem überlegen ist.«

»Ist das eine Drohung?«

»Das kannst du gerne so auffassen. Mit netten Worten kommt man bei Leuten wie dir ohnehin nicht weiter. Ihr versteht nichts anderes als die Sprache der rohen Gewalt.«

»Ich habe nicht vor, Hannah fallenzulassen. Wie wollen Sie uns davon abhalten, dass wir uns sehen? Wenn Sie es immer noch nicht verstanden haben, ich liebe Ihre Tochter.«

»Purer Egoismus«, sagte sie kalt. »Für dich wäre es doch ein Aufstieg, während du Hannah in den Abgrund reißt. Eine Beziehung, die zum Scheitern verurteilt ist. Wie soll es bitte weitergehen mit euch?«

Dieser Gedanke kreiste immer wieder in seinem Kopf, doch er konnte jetzt nicht einbrechen und ihr zeigen, dass sie einen wunden Punkt angesprochen hatte.

»Ich werde einen Weg finden. Sie wird glücklich sein.«

»Ja, das sehe ich. So glücklich wie du im Moment bist, nicht wahr? Glück wäre es, wenn du wenigstens einen Funken Mut in dir trägst und Hannah gehen lässt. Dann kann sie neu anfangen. Einen richtigen Mann kennenlernen.«

Einen richtigen Mann. Tränen der Wut stiegen Jacob in die Augen, doch er blinzelte sie schnell weg, bevor Theresa Sedlmayr sie sehen konnte.

»Schön. Dann habe ich also dein Wort?«

Jacob antwortete nicht. Was sollte er auch noch sagen?

»Ich werde ja sehen, wie die Sache ausgegangen ist.« Bevor sie loslief, blickte sie sich noch einmal nach allen Seiten um, dann reckte sie das Kinn nach oben und stolzierte davon. Ihre Absätze hallten über das Kopfsteinpflaster.

Ihre Worte hatten ihn tief verletzt. Sie hatte laut ausgesprochen, was er immer wieder gedacht hatte. Was er Hannah gesagt hatte. War sie sich ihrer Liebe wirklich so sicher, dass sie alles aufgeben wollte, was sie hatte? Wenn der Würfel fiel, dann war die Entscheidung endgültig. Dann konnte sie nicht einfach wieder in ihr gewohntes Leben zurückkehren. Sein Gewissen nagte an ihm, als er sich alles durch den Kopf gehen ließ. An diesem Punkt hatte Theresa Sedlmayr recht. Er würde Hannah zerstören. Ihr Leben konnte nicht mehr das alte sein. Aber, wenn sie nach Amerika mitkäme? Dann gäbe es keinen Unterschied zwischen ihren Rassen. Jacob könnte anfangen zu studieren. Sie würden eine Praxis aufmachen. Es gab nur diese beiden Möglichkeiten. Entweder musste er die Beziehung wirklich beenden, um Hannah ein sorgenvolles Leben zu ersparen, oder aber sie mussten gemeinsam fort von hier. Gemeinsam ein neues Leben anfangen. Ein Leben, wie er es sich in seinen Träumen wünschte. Sie mussten alles auf diese eine Karte setzen.

Juli 1940

München

Unbehagen. Das war alles, was Hermann spürte, als sie durch die Gänge in der Heilanstalt im Münchner Osten schritten. Der Geruch des Desinfektionsmittels biss ihm in die Nase, die blütenweißen Wände blendeten seine Augen. Hermann hielt wie seine Kommilitonen ein Klemmbrett in der Hand, auf dem er sich Notizen machte. Eine kleine Gruppe aus seinem Kurs über psychische Erkrankungen war vom Professor ausgewählt worden, an einigen Praxistagen teilzunehmen. Hermann war es von seinem Vater gewohnt, dass dieser sich stets viel Zeit nahm für die Sorgen und Nöte seiner Patienten. Die Ärzte hier, die in ihren langen Kitteln wie Gespenster vorbeiflatterten, wirkten aber gehetzt und in Alarmbereitschaft. Zügig huschten sie durch die Gänge, verschwanden wieder hinter den Türen, wobei Hermann auffiel, dass keine einzige jemals offenstand. Nicht einmal angelehnt war. Die Schwestern musterten die Medizinstudenten argwöhnisch und misstrauisch.

»Hast du das aufgeschrieben?«, fragte ihn Günther.

Hermann warf einen Blick auf das Klemmbrett seines Kommilitonen und schüttelte den Kopf.

»An deiner Stelle würde ich mir wirklich alles notieren, nicht dass am Ende all das in der Klausur abgefragt wird.«

Hermann kritzelte schnell Günthers Notizen ab und bemühte sich, den Erklärungen des Arztes zu folgen.

»Ich denke, dass Sie nun lange genug zugehört haben«, erklärte Professor Doktor Prechtl, »jetzt ist es an der Zeit, dass Sie auch die Patienten zu Gesicht bekommen. Wir haben Patienten mit den unterschiedlichsten Krankheiten. Viele von ihnen können hier behandelt werden, andere müssen wir in Spezialkliniken außerhalb Bayerns schicken. Dort können sie besser versorgt werden.«

Eine der Schwestern eilte herbei und flüsterte dem Professor etwas ins Ohr. Er nickte einmal und bedankte sich.

»Wie ich gerade erfahren habe, ist bedauerlicherweise eines der Kinder soeben verstorben. So traurig diese Tatsache auch ist, wir müssen als Mediziner stets einen Schritt weiter denken. An die Forschung. An die Zukunft. Deshalb werden wir dort beginnen. Folgen Sie mir.«

Hermann warf Günther einen überraschten Blick zu, doch dieser nickte nur eifrig und heftete sich an die Fersen von Professor Doktor Prechtl. War er der Einzige, der es seltsam fand, dass sie hier sofort mit Leichen konfrontiert wurden?

»Herein, herein«, sagte der Professor munter und schloss sofort die Tür, als die Studenten alle im Zimmer angekommen waren. Zwei Betten standen darin, ansonsten war der Raum absolut kahl.

Obwohl Hermann schon zuvor Tote gesehen hatte, versetzte ihm der Anblick des kleinen Kindes einen Stich ins Herz.

»Der Patient ist fünf Jahre alt. Liegt seit etwa sechs Tagen hier in diesem Zimmer. Verweigerung der Nahrungsaufnahme. Dehydrierung.« Der Professor hob das tote Kind mühelos aus dem Bettchen und zeigte es herum wie einen toten Hasen. Die Arme und Beine hauchzart wie Spinnenbeine. Der Mund stand offen, die Haut im Gesicht spannte wie das Fell einer Trommel. Blaue Adern zogen sich darüber.

»Bei dem Geschöpf hier drüben wird es womöglich auch nicht mehr lange dauern. Vielleicht noch ein paar Stunden, höchstens aber zwei Tage«, sagte er mit Kennermiene.

Erst jetzt fiel Hermann das kleine, stöhnende Wesen im zweiten Bett auf. Zusammengerollt wie eine Katze lag das Menschlein unter der Bettdecke. Das Gesicht wächsern und ausdruckslos.

»Warum wird ihm nicht geholfen?«, hörte Hermann sich selbst laut sagen. Erstaunte Blicke trafen ihn.

»Das Kind ist zu schwach, um selbst Nahrung zu sich zu nehmen«, erklärte der Professor.

»Das sehe ich. Weshalb bekommt es dann keine Infusion?«

Doktor Prechtl atmete einmal tief durch, als müsse er einem Analphabeten das ganze Alphabet wieder und wieder erklären.

»Diese Geschöpfe«, er deutete auf die beiden Kinder, »stellen nur eine Belastung unseres Volkskörpers dar. Sie werden hier schließlich nicht durch Gift getötet. Wir lassen sie auch nicht ausbluten wie geschlachtete Schweine. Unsere Methode ist viel einfacher und natürlicher, wie Sie sehen. Diese Kinder haben selbst für sich entschieden, dass es an der Zeit ist zu gehen. Sie haben von sich aus die Nahrung verweigert. Wir sind hier keine Wohlfahrt. Was schätzen Sie, was es das Reich kosten würde, wenn wir jeden an einen Schlauch hängen und vollaufen lassen, wenn sie selbst doch zu schwach sind zu essen? Hunderte, tausende Reichsmark jeden einzelnen Tag. Da bliebe kein Geld für etwas anderes. Ein sanfter Tod ist für diese Geschöpfe eine Erlösung. Und für das Reich. Wir brauchen Gesunde, keinen Ballast.«

Hermann wurde schlecht, als der Professor das tote Kind zurück ins Bett legte.

Nur wenige seiner Mitstudenten schienen sein Entsetzen zu teilen. Die anderen hingen dem Professor an den

Lippen und machten sich eifrig Stichpunkte auf ihren Notizzetteln.

»Ich denke, Sie haben genug gesehen. Nicht, dass jemand einen Nervenzusammenbruch erleidet und hierbleiben muss.« Ein paar Studenten stimmten in das Lachen des Professors mit ein. Hermann fasste es als Warnung auf.

»So, bitte hier entlang. Dort geht es zu den Schwachsinnigen und Gestörten«, sagte eine der Schwestern, die plötzlich zur Gruppe dazugestoßen war.

»Das ist so gruselig. Diese Klinik macht mir Angst.« Wilhelmine, Hermanns Kommilitonin, zog ihn am Ärmel etwas zurück und flüsterte mit belegter Stimme: »Also ich werde mich auf gar keinen Fall hier für ein Praktikum bewerben. Am Ende dreht man selbst komplett durch. Dieser Prechtl ist doch auch schon völlig verrückt.«

»Schhh«, mahnte Hermann zur Vorsicht, »nicht so laut. Ich denke nicht, dass wir hergekommen sind, weil unsere Meinung irgendjemanden interessiert.«

»Ich glaube, ich möchte die anderen Patienten überhaupt nicht sehen. Können wir nicht eher gehen?«

»Wo bleiben Sie denn?«, rief Professor Prechtl ihnen zu und hielt die Tür zu einer anderen Station auf.

»Ich fürchte nicht«, sagte Hermann zu Wilhelmine gewandt.

Sobald sie durch die Tür getreten waren, bemerkte Hermann die meterlange Glasscheibe, die den Gang von einem der Aufenthaltsräume trennte. Da Tische und Stühle dort standen, lag es nahe, dass die Patienten hier ihre Nahrung zu sich nahmen.

»Das ist der Speisesaal«, bestätigte Prechtl seine Vermutung. »Hier kann man die Patienten bestens bei ihren Gewohnheiten beobachten.«

»Welche Art von Krankheiten werden auf dieser Station behandelt?«, fragte Hermann.

»Angeborener Schwachsinn, Schizophrenie, Chorea Huntington, Epilepsie, manisch-depressives Irrsein«, zählte er ruhig auf. »Bevor wir sie hier aufnehmen, müssen die Patienten sterilisiert werden.«

»Sterilisiert?«, brach es diesmal aus Wilhelmine hervor.

»Selbstverständlich. Haben Sie sich nicht mit dem Führergesetz zur Verhütung erbkranken Nachwuchses beschäftigt? Wenn Sie als Ärztin arbeiten wollen, dann lege ich Ihnen das dringend ans Herz. Ein Erbkranker, der mit großer Wahrscheinlichkeit seinen körperlichen oder geistigen Defekt an den Nachwuchs weitergeben kann, kann durch einen chirurgischen Eingriff unfruchtbar gemacht werden. Wo kämen wir denn hin, wenn die sich alle fortpflanzen wie die Karnickel?«

»Flink wie Windhunde, zäh wie Leder, hart wie Kruppstahl«, zitierte Hermann Hitlers Worte.

Prechtl überhörte den Sarkasmus. »Sie sagen es. So soll die deutsche Jugend sein. Zukünftige Soldaten und Hausfrauen, keine Armee voller Schwachsinniger.«

Essensgeruch durchflutete die Station, als ein paar Schwestern mit einem Rollwagen durch die Tür kamen.

»Jetzt ist Zeit für das Mittagessen. Schön, schön. Dann können Sie gleich die Patienten beobachten und sich selbst ein Bild von ihnen machen.«

Die Schwestern verteilten die Teller auf die einzelnen Tische und legten einen Löffel dazu.

»Mir ist irgendwie nicht besonders gut«, raunte Wilhelmine Hermann zu. »Ich glaube, ich muss an die frische Luft.«

Die ersten Patienten wankten durch die Tür in den Speisesaal. Eine der Frauen lief zur Glasscheibe, klopfte daran und rief immer wieder um Hilfe. Hermann hätte schwören können, dass er sie schon einmal gesehen hatte, doch ihm fiel nicht ein, wo. Sie wirkte abgemagert, ihre Augen waren glasklar. Rötliches Haar. Blasse Haut. Weshalb sie wohl hier war?

»Ich muss hier raus«, stöhnte Wilhelmine erneut.

»Professor Prechtl, meiner Kommilitonin geht es nicht gut. Ich bringe sie für einen Moment an die frische Luft.«

»Machen Sie das. Für einige ist es zu Beginn ein wenig viel. Man muss sich erst an die Heilanstalt gewöhnen. Das wenige Sonnenlicht hat mir anfangs auch zu schaffen gemacht.«

Hermann fasste Wilhelmine am Arm und steuerte auf die Tür zu. So sehr hatte er sich noch nie auf die wärmenden Sonnenstrahlen draußen gefreut. Das Gezwitscher der Vögel. Das Rauschen des Windes in den Bäumen. In diese Anstalt wollte er nie wieder einen Fuß setzen. Das war so sicher wie das Amen in der Kirche.

26. Juni 1940

Liebevoll strichen Erich Winters Hände über die vergilbten Seiten seines Fotoalbums. Er hatte es in seinem Büro auf den Schreibtisch gebettet und betrachtete die Fotos mit einem Lächeln im Gesicht. Seine Mutter. Wie schön sie doch war. Erst vor Kurzem hatte er die Wahrheit über sie erfahren. Über ihren schrecklichen Tod, der letztendlich doch kein Unfall gewesen war. Der Hass gegen seinen Vater war noch weiter angestiegen. Er hatte sie zu diesem Schritt gezwungen. Wegen ihm hatte er keine Mutter mehr. Natascha Petrow war sein Anker gewesen. Jetzt, wo er von ihrem Schicksal wusste, fiel es ihm leicht, hinter ihre Maske zu blicken. Auf den Bildern mit seinem Vater lächelte sie gezwungen. Nie erreichte dieses Lächeln ihre Augen. Wie sehr musste sie gelitten haben, um sich selbst eine Kugel in den Kopf zu jagen. Hatte sie in den letzten Sekunden noch an ihn gedacht? An ihn, ihren einzigen Sohn. Wie hatte sie ihn nur zurücklassen können? Hatte er sie nicht glücklich machen können, sodass sie ihr Leben leichter ertrug? Eine heiße Träne rollte aus seinem Augenwinkel, als er auf ein Foto sah, das sie beide zusammen zeigte. Wie lange war es her, dass sie ihn so im Arm gehalten hatte? Ein anderes Leben. Hastig, als könnte er den Anblick nicht länger ertragen, blätterte Winter weiter.

Sein Blick blieb auf einem Gruppenfoto mit allen Angestellten hängen. Darunter die Handschrift seiner Mutter. Fein säuberlich hatte sie alle Namen notiert. Winter erinnerte sich an einige der Gesichter. An die Hausmädchen, die Pferdepfleger, die Knechte, die Landarbeiter. Marla stand ganz rechts neben ihrem Mann. Deutlich schlanker als jetzt. Sie war die Einzige, die alle Krisen bis heute überstanden hatte.

Hier! Das musste sie sein. Ein junges Ding mit dunkelblondem, leicht lockigem Haar. Sie hielt die Hände nach vorne verschränkt, als wollte sie einen Fleck auf ihrer blütenweißen Schürze verbergen. Natürlich hatte er sie gekannt. Sie war in den Räumlichkeiten seiner Mutter ein- und ausgegangen, bis zu diesem Tag, an dem sie verschwunden war. Er hatte sie gemocht. Ohne Verabschiedung hatte sie sich aus dem Staub gemacht. Damals hatte er keine Ahnung gehabt, dass sie in anderen Umständen gewesen war. Ein schwerer Schlag für seine Mutter, ihr Dienstmädchen zu verlieren. Wie hatte sie noch einmal mit vollem Namen geheißen? Mit dem Finger fuhr er die Namensliste entlang. Luise. Das war ihr Name gewesen. Luise Cranz. Vielleicht trug auch sie am Ende die Schuld an dem Tod seiner Mutter. Schließlich war es der Tag gewesen, an dem sie sie gesucht hatte.

Ein Klopfen an der Tür riss ihn aus seinen Gedanken. Er erwartete keinen Besuch. Seine Sekretärin streckte den Kopf herein.

»Entschuldigen Sie die Störung, eine Frau Doktor sucht Sie.«

»Natürlich, schicken Sie sie herein.« Winter erhob sich. Überrascht zog er die Augenbrauen hoch.

»Ich muss mit Ihnen sprechen. Haben Sie einen Augenblick Zeit für mich?« Doktor Sedlmayrs Frau stand vor ihm. Ihre beerenfarbenen Lippen zuckten aufgeregt.

»Bitte, kommen Sie doch herein.«

Sie lächelte dankbar.

»Sie können Ihren Hut an den Haken hängen.«

Sie nahm den jadegrünen Hut ab und hängte ihn auf, dann setzte sie sich auf einen seiner Stühle.

»Darf ich Ihnen ein Glas Wasser anbieten?« Eisbrecher. Die Leute kamen leichter ins Reden, wenn sie sich wohlfühlten. Das war das Erste, was er damals gelernt hatte. Man musste eine Wohlfühlatmosphäre schaffen.

»Gerne. Vielen Dank.«

Er füllte ein Glas halbvoll und reichte es ihr. Sofort trank sie einen Schluck, als müsse ihre Kehle geölt werden, damit sie besser sprechen konnte.

»Ich freue mich über Ihren Besuch. Ich habe Sie schon länger nicht mehr gesehen. Wie geht es Ihrem Mann?«

»Ihm geht es gut, vielen Dank.« Ihre sonst so selbstbewusste Fassade schien heute brüchig. Winter hielt fest: Sie hatte ihn aufgesucht, also wollte sie etwas loswerden, aber irgendwie schien sie Hemmungen zu haben. Wenn sie zu zweifeln begann, dann würde sie wohl ziemlich zügig das Büro verlassen, ohne die Informationen mitzuteilen.

»Ich habe zwei Ihrer Kinder vor einigen Monaten im Theater in München getroffen. Ihr Sohn scheint auf einem guten Weg zu sein, bald sein Studium abzuschließen. Ihre Tochter ist wahrlich erwachsen geworden. Sie hat mir erzählt, dass auch sie jetzt Medizin studiert. Eine Schönheit ist sie. Genau wie ihre Mutter.«

Die Frau des Doktors fuhr sich für einen Wimpernschlag mit der Zunge über die Lippe. Er hatte ins Schwarze getroffen. Es musste um eines ihrer Kinder gehen. Hatte Hermann sich von dieser Schauspielerin verführen lassen? Er hatte Georg Sedlmayr damals gewarnt.

»Ich bin wegen meiner Tochter hier«, sagte sie hastig.

»Hannah, nicht wahr? Was für ein schöner Name.«

Sie nickte schnell, und Winter bemerkte, dass sich rote Flecken in ihrem Gesicht ausbreiteten.

»Sie …«, begann Theresa Sedlmayr, »sie, nun ja, wie soll ich es ausdrücken. Sie gleitet uns aus den Händen.«

»Aus den Händen?«

445

»Wir haben es nicht gewusst, das müssen Sie mir glauben. Ich wusste nicht wohin. Wem ich mich anvertrauen könnte.«

»Weiß Ihr Mann, dass Sie hier sind?«

»Nein.«

Das war gut. Georg Sedlmayr konnte ihn nicht ausstehen. Er war zudem viel zu dickköpfig und halsstarrig. Er würde eher einen Fisch mitsamt Angelhaken verspeisen, bevor er freiwillig über Winters Schwelle trat. Das machte die Sache also einfacher.

»Es ist sehr mutig von Ihnen, dass Sie hergekommen sind. Ich sehe Ihnen an, dass Sie Ihrer Tochter helfen wollen.«

Sie nickte.

»Hört sie verbotene Musik? Hört sie verbotene Sender im Radio? Liest sie Bücher von der Liste?« Manchmal half es, einige der Dinge aufzuzählen, damit sich die Zungen schneller lösten.

»Schlimmer«, hauchte Theresa Sedlmayr und Tränen schimmerten in ihren Augen. »Sie hat einen Freund«, brachte sie endlich hervor. »Wir sind nicht damit einverstanden.«

»Einen Freund?« Aus irgendeinem Grund begann sein Magen zu rebellieren.

»Ja. Es ist Jacob Sternlicht«, stieß sie aus. Dabei konnte sie Winter nicht in die Augen schauen. Stille. Für einen Augenblick wusste er nicht, was er darauf sagen sollte.

»Der Jude? Der Sohn von diesem Apotheker Hans Sternlicht?«

Theresa Sedlmayr nickte und Tränen rollten ihr über die Wangen. Winter reichte ihr ein Taschentuch.

»Sind Sie sich sicher?«

»Ich bin mir sicher. Ich habe ein Foto von den beiden in Hannahs Zimmer gefunden. Ich habe sie zur Rede gestellt. Ihr verboten, ihn weiterhin zu sehen. Ich habe versucht, mit meinem Mann über all das zu sprechen, doch er weigert sich,

sich zu positionieren. Ich habe sogar diesen Jacob aufgesucht und auch ihm gesagt, dass er die Beziehung beenden muss.«

»Ich kann verstehen, dass Sie völlig aufgelöst sind.« Er beugte sich nach vorne und senkte die Stimme. »Sie haben alles richtig gemacht. So etwas muss gemeldet werden.«

»Ich habe solche Angst um die Zukunft meiner Tochter. Was, wenn die Leute davon erfahren? Wir wären ruiniert. Sie wäre ruiniert.«

»Sie sind eine gute Mutter. Sorgen sich sehr um Ihre Kinder. Glauben Sie mir, es wird nur eine Phase sein.«

»Es ist keine Phase! Das Ganze geht schon viel zu lange.«

»Wie lange?«

»Ich weiß es nicht einmal genau. Bestimmt schon einige Monate. Wir haben es erst vor Kurzem erfahren.«

»Soll ich mit Ihrer Tochter sprechen?«

»Ich glaube nicht, dass das etwas bringen würde. Sie ist so stur wie ein Esel.«

Ganz der Vater.

»Haben Sie es schon mit Disziplinierung versucht?«

»Ich wollte sie an die Universität nach Berlin schicken.« Ein kluger Schachzug. »Leider hat sie es zuvor erfahren, und die Exmatrikulation verhindert. Ich habe das Geld gekürzt, doch mein Mann arbeitet gegen mich. Er bezahlt weiterhin die Wohnung in München, sodass sie studieren kann. Ich wollte ihr ja komplett den Geldhahn zudrehen.«

»Sie stecken in einer richtigen Zwickmühle, wenn ich das so sagen darf.«

Sie nickte erloschen.

»Ich musste es einfach jemandem sagen. Jemandem, der die Macht hat, etwas dagegen zu unternehmen. Ich habe lange überlegt, dann bin ich auf Sie gekommen.«

Es schmeichelte ihm, dass Theresa Sedlmayr, obwohl sie wusste, wie ihr Mann zu ihm stand, dennoch zu seiner Tür gekommen war.

»Eine Tragödie, wie die Juden die deutsche Bevölkerung infiltrieren. Jetzt machen sie sich schon an junge, unschuldige deutsche Mädel heran. Glauben Sie mir, dass Hannah am allerwenigsten die Schuld dafür trifft. Diese Leute sind raffiniert und manipulativ.«

»Aber es muss doch einen Ausweg geben«, jammerte Theresa Sedlmayr. »Irgendetwas, was das Ganze stoppt.«

»Es gibt für alles eine Lösung.«

»Sie meinen, dass ich Hannah nach Berlin zwingen sollte?«

»Ich glaube nicht, dass die Lösung bei Hannah liegt. Sie ist das Opfer. Sie ist unschuldig.«

»Was wollen Sie mir damit sagen?«

»Ich sage Ihnen, dass diese Familie Sternlicht das Problem ist. Jeder einzelne von ihnen. Sie müssen weg von hier.«

»Weg aus der Stadt?«

»Ganz genau. Bevor sie noch mehr Schaden anrichten.«

»Wie wollen Sie das anstellen? Sie wollen die Sternlichts doch nicht …«, sie suchte nach einem passenden Wort.

»Frau Sedlmayr. Ich bedanke mich für Ihr Vertrauen. Ich werde es nicht missbrauchen und Sie nicht enttäuschen. Bitte vertrauen Sie jetzt auch mir. Kein Wort zu niemandem. Ich werde mich persönlich um diese Angelegenheit kümmern.«

Ein kleines Lächeln umspielte ihren Mundwinkel.

»Ich kann Ihnen gar nicht sagen, wie dankbar ich Ihnen bin, Herr Ortsgruppenleiter Winter.«

»Ich mache das gerne. Für Ihre Tochter. Für das Deutsche Reich.« Er verabschiedete sie mit einem Handkuss. Als sie fort war, griff er nach den angesammelten Papieren, die er über die Familie Sternlicht hatte. Er konnte nicht zulassen, dass dieser Jacob Hannah die Unschuld nahm. Was würde das auch für ein Licht auf ihn selbst werfen, wenn in seiner Stadt arische Mädchen mit Juden zusammen sein durften? Diese Nachrichten würden bis nach München schwappen. Nein, das konnte er unmöglich dulden. Er blätterte und blätterte, bis er gefunden hatte, was er suchte. Winter brach in Lachen aus. Die Lösung war so einfach. Schwarz auf weiß lag sie vor ihm. Er musste nur einen einzigen Anruf tätigen. Winter streckte die Hand aus und griff zum Hörer.

Ende Juli 1940

Rosenheim

»Nach Polen?«, fragte Sarah Sternlicht erschrocken. »Bist du dir wirklich sicher?« Mit einem Schlag hatte der Sommerabend seinen Glanz verloren. Simon und Jacob kamen aus ihren Zimmern gelaufen.

»Was ist los?«

»Wir müssen nach Polen«, wimmerte ihre Mutter.

Hans Sternlicht hielt das Schreiben nach oben. Jacob riss es ihm förmlich aus der Hand und seine Augen verschlangen die Buchstaben. Einen nach dem anderen.

»Das kann nicht sein. Da muss ihnen ein Fehler unterlaufen sein! Was sollen wir bitteschön in Polen?«

»Hast du nicht gelesen? Es steht im Brief. Die aus Polen eingewanderten Juden, die im Deutschen Reich leben.«

»Aber wir sind doch gar keine Polen«, stöhnte Sarah Sternlicht. »Wie kommen sie denn darauf? Wir leben schon seit Jahrzehnten hier.«

»Ich bin in Polen geboren und habe dort acht Jahre lang gelebt. Das scheint für die ausschlaggebend zu sein. Ich besitze beide Pässe.«

»Was ist mit uns? Mit den Kindern? Was ist mit dir? Du hast im Krieg für Deutschland gekämpft. Das können sie doch nicht vergessen haben.«

»Die Deutschen scheinen sehr viel vergessen zu haben. Es werden keine Ausnahmen gemacht. Die ganze Familie wird abgeschoben. Am Montag müssen wir uns am Bahnhof einfinden. Um neun Uhr. Gezeichnet Ortsgruppenleiter Erich Winter.«

»So ein gottverdammter Hurensohn«, stieß Simon aus.

»Simon! Hör bitte auf zu fluchen«, sagte seine Mutter.

»Wenn es jetzt nicht an der Zeit ist zu fluchen, dann weiß ich auch nicht weiter, Liebling«, meinte Hans Sternlicht ruhig. »Ich werde versuchen Schorsch zu erreichen. Vielleicht kann er uns helfen.«

»Wie sollte er uns helfen können? Oder helfen wollen? Wahrscheinlich ist er froh, dass wir weg sind.«

»Das darfst du nicht sagen, Schatz.« Sarah Sternlicht legte Jacob ihre Hand auf den Unterarm.

»Es kann schon gut sein, dass es etwas mit Hannahs Mutter zu tun hat. Sie hat doch vor wenigen Wochen mit dir gesprochen und dir gedroht, dass du sie kennenlernen wirst«, meinte Simon.

»So ein Blödsinn. Es hat ganz bestimmt nichts damit zu tun.«

Stille kehrte ein, während Hans Sternlicht nebenan am Telefon sein Glück bei Georg Sedlmayr versuchte.

Jacobs Gedanken waren wie gefesselt. Er hatte seine Familie ins Elend gestürzt. Er hatte all die Zeichen nicht wahrhaben wollen. Sie saßen schweigend, bis die Sonne langsam unterging. In ihrem Schweigen lag der stumme Abschied von einer Zeit. Der Abschied von ihrer Wohnung hier in der Innenstadt. Der Abschied von der geliebten Stadt. Abschied von Hannah.

»Schorsch war völlig überrascht«, sagte Hans, als er wieder in die Küche kam. »Er wird versuchen uns zu helfen.«

»Das ist nett von ihm«, meinte Sarah.

Simon schnalzte mit der Zunge.

»Wir dürfen nicht die Nerven verlieren. Es liegt bestimmt nur ein Fehler vor. Was sollten wir denn alle in Polen anfangen? Die Kinder und ich können kein Wort polnisch.

Wir kennen keine Menschenseele. Wo wollen die uns überhaupt hinbringen?«

»An die polnische Grenze«, sagte Hans.

»Einfach dort aussetzen? Wie geht es dann weiter?«

»So weit wollen wir erst denken, wenn es ganz sicher ist. Vorher sollten wir uns keine Sorgen machen. Wenn es sein muss, sorge ich dafür, dass nur ich gehen muss. Ich habe polnische Wurzeln. Ich kann die Sprache. Vielleicht könnt ihr dann hierbleiben.«

»Das kommt überhaupt nicht in Frage!«, entrüstete sich Simon. »Wir sind eine Familie und das bleiben wir auch. Wenn wir gehen müssen, dann zusammen. Wir haben schon Levi aus den Augen verloren. Das machen wir sicher nicht noch einmal mit.«

Sarah Sternlicht fasste nach der Hand ihres Mannes. »Ich habe Angst, Hans. Angst, dass alles nichts hilft, und wir unsere Koffer packen müssen. Was sollen wir nur mitnehmen?« Ihre Stimme brach. In ihren Augen schwammen Tränen.

»Ich werde mich hinlegen«, sagte Jacob und küsste seine Mutter auf die feuchte Wange.

»Gute Nacht, mein Schatz!«, rief Sarah ihm hinterher.

Jacob schlief schlecht. Immer wieder wachte er schweißgebadet auf, träumte davon, dass sie in ein Arbeitslager transportiert wurden. Träumte davon, dass sie getrennt wurden. Dass sie hungern mussten. Dass sie starben.

Auch der nächste Tag brachte keine Besserung. Winter schien nicht erreichbar zu sein. Angeblich war er beruflich in München. Was für ein Feigling er war.

Vierundzwanzig Stunden, nachdem der Brief ins Haus geflattert war, hatte Jacob aufgegeben. Es würde kein Zurück geben. Hannah war dieses Wochenende zu Hause in Rosenheim. Er musste sie sehen.

Seit Sofia nicht mehr bei Sedlmayrs wohnte und arbeitete, war es deutlich schwieriger, an Hannah heranzukommen.

Er hatte vorhin bei ihr angerufen. Zweimal hintereinander hatte er das Telefon dreimal klingeln lassen, bevor er den Hörer einhängte. Sie kannte das Zeichen und musste wissen, was es bedeutete. Ließ sich nur hoffen, dass sie eine Möglichkeit fand, außer Haus zu kommen.

Jacob wartete an ihrem geheimen Treffpunkt. Zerfledderte Wolken hingen am Himmel und wiegten sich in der Dämmerung. Die Rücken der Berge leuchteten dunkelblau, als hätte ein Maler sie mit einem Pinselstrich verstärkt. Die Schatten der Obstbäume wurden länger. Träge fiel das letzte Sonnenlicht durch ihre Häupter.

Er hörte sie, bevor er sie sah. Schnelle, hastige Schritte.

»Ist alles in Ordnung?« Besorgnis zeichnete sich auf ihrem Gesicht ab, als sie näherkam. Als sie sich in seine Arme lehnte, ihr Duft seine Sinne benebelte und ihre Lippen auf die seinen trafen, hatte Jacob fast seinen Mut verloren.

»Komm. Gehen wir ein wenig spazieren«, sagte er mit gezwungener Entschlossenheit. Er vermied es, Hannah dabei anzusehen. Sie zögerte einen Augenblick, folgte ihm aber dann.

Jacob führte sie weg von den Häusern auf die Feldwege. Frischer Heugeruch stieg ihm in die Nase. Ein Geruch, den er sich einzuprägen versuchte. Ein Duft, der ihn an seine Kindheit erinnerte.

Auf einer Bank unter einer großen Kastanie blieb er stehen. Im Schatten des Baumes fühlte er sich sicher.

»Setzen wir uns.« Er fasste nach Hannahs Hand und zog sie neben sich auf die Holzbank. In den Stamm der Kastanie hatten sie ihre Initialen geritzt.

»Dir liegt etwas auf dem Herzen. Reden wir«, sagte Hannah.

Wie schwer es war, die richtigen Worte zu finden, für etwas, das so falsch war. Jacob holte tief Luft. Sein Mut war zurückgekehrt. Ein entschlossener Mut.

»Hannah«, begann er, »wir müssen abreisen.«

Jetzt zog auch Hannah die Luft lautstark ein, sagte aber nichts. Stille kehrte ein, die nur vom Konzert der Grillen durchbrochen wurde.

»Wen genau meinst du mit *wir*?«

»Meine Familie und mich.«

Sie biss sich auf die Unterlippe.

»Gut«, sagte sie, »ich komme mit euch. Wie wir es abgemacht haben.«

Wieder wurde Jacob das Herz schwer.

»Das geht leider nicht. Da, wo wir hingehen, ist kein Platz mehr frei.«

»Hat es endlich mit dem Visum geklappt? Ihr geht nach Amerika?«

An diese Möglichkeit hatte Jacob bis zu dieser Sekunde noch gar nicht gedacht. Wäre es nicht einfacher, sie glauben zu lassen, dass sie dort hingehen würden?

Er nickte. Es schmerzte, sie anlügen zu müssen.

»Also nach Amerika. Das ist doch wundervoll. Ihr habt es so lange versucht.« Sie schlug sich die Hände vors Gesicht und drückte sich an seinen Körper. Er schaffte es nicht, seine Arme um sie zu legen.

»Ich kann nachkommen. Für mich wird es viel einfacher sein, ein Visum zu bekommen. Ich komme nach, ich verspreche es dir. Wir können uns ein neues Leben aufbauen. Endlich zusammen sein.«

»Hannah«, bremste er sie ruhig. »Es geht nicht. Das musst du verstehen.«

»Wie meinst du das? Wir haben doch immer davon geredet, nach New York zu gehen. Jetzt haben wir endlich die Möglichkeit und es geht nicht?«

»Ich habe immer gesagt, ich werde alles tun, was gut für dich ist. Und ich halte mein Versprechen. Es ist nicht länger gut für dich. *Ich* bin nicht länger gut für dich.«

»Was redest du da? Das meinst du doch nicht so.« Sie griff nach seiner Hand. Er musste jetzt hart bleiben. Für sie. Er entzog sich ihrem Griff und legte ihre Hände zurück auf ihren Schoß. Sie starrte mit offenem Mund auf ihre Finger, als hätte sie sich verbrannt.

Eine Weile schwiegen sie beide, während Jacob weiter nach Worten suchte, die Hannah beruhigen konnten. Vergeblich.

»Liebst du mich denn nicht?« Ein Vorwurf lag in ihrer Stimme, und spätestens jetzt war er zu schwach. Wellen des Widerstands schwappten gegen seine Brust.

»Wie kommst du darauf?«

»Es klingt ganz so, als wolltest du mich nicht dabeihaben. Wir haben immer und immer wieder darüber geredet. Dass wir endlich frei sein können. Zu unserer Liebe stehen können.«

»Hannah. Es ist nicht so, wie du denkst.«

»Erklär's mir. Sag mir, wie es ist.« Verständnislosigkeit lag in ihren Augen.

»Ich muss es tun, weil ich dich liebe, Hannah.«

Sie schüttelte den Kopf.

»Das macht überhaupt keinen Sinn. Wann müsst ihr fort?«

»Am Montag«, sagte er so leise, dass es kaum zu hören war.

»Übermorgen schon? Wie lange weißt du das schon von eurem Visum?«

»Seit gestern Abend.«

»So plötzlich? Wie ist das möglich? Von welchem Hafen geht die Reise los? Wann werdet ihr in New York ankommen?«

»Du stellst zu viele Fragen.« Fragen, auf die er keine Antworten hatte, da es nie eine Reise nach New York geben würde.

»Ich habe wohl nicht das Recht zu erfahren, wie genau es abläuft«, sagte sie spöttisch, doch der Spott sollte nur verbergen, wie verletzt sie war. Jacob kannte sie.

»Ich werde dich immer lieben«, versuchte er es erneut, doch sie lachte auf.

»Sprich nicht von Liebe, wenn du mir die kalte Schulter zeigst. Wir haben so viel durchgestanden. Jetzt wo alles einen Sinn ergibt, ziehst du dich von mir zurück. Warum?«

»Ich bin Jude, Hannah. Ein gottverdammter Jude. So ein Leben will ich nicht für dich. Ich will, dass du glücklich wirst. Frei. Hier, in deinem Land. Glücklich ohne mich.«

»Nein!« Ihre Stimme war nicht mehr als ein Flüstern. Die Wahrheit sickerte allmählich in ihr Bewusstsein, strömte wie Säure durch ihre Adern. Er konnte es an ihren Augen sehen. Sie waren hart geworden, doch immer noch so klar wie ein Bergsee, sodass er tief in sie hineinblicken konnte.

»Du willst mich also nicht mehr?«

»Ich muss mich jetzt um meine Familie kümmern. Dass wir sicher ankommen und zusammenbleiben.«

Sie schluchzte kaum hörbar. »Also gehöre ich nicht zu deiner Familie«, wisperte sie.

Jacobs ganzer Körper wurde taub. Vom Hals abwärts bis zu den Zehenspitzen hatte er überhaupt kein Gefühl mehr. Als er aufsah, bemerkte er, dass Hannahs Finger so sanft über die Initialen im Baumstamm strichen wie über die Flügel eines Schmetterlings.

»Alles nur ein Traum. Alles umsonst. Monatelang haben wir davon geredet, wie es wäre, wenn ihr endlich dieses gottverdammte Visum bekommt. Wir haben davon geredet nach New York zu gehen. Zusammen. Es war nie die Rede davon, dass du allein gehen würdest. Niemals.«

Ihre Worte wirbelten in seinem Kopf herum, und er tat etwas Dummes. Er zog sie zu sich heran und küsste sie.

Ohne den Kuss zu unterbrechen, kletterte Hannah auf seinen Schoß. So saßen sie eng umschlungen.

»Nimm mich mit, Jacob. Bitte, nimm mich mit. Lass mich nicht allein hier.« Ihr Flehen schmerzte ihn, und ihre Küsse gingen ihm unter die Haut wie Nadelstiche. Wie sollte er sich jemals von ihr trennen können?

»Nimm mich mit«, wisperte sie erneut, diesmal nahe an seinem Ohr, Tränen rannen über ihre Wangen. Er konnte sich nicht länger wehren und schließlich nickte er.

»Ja«, murmelte er, und spürte ihr Lächeln an seiner Wange. Wie schön war es, sie zu halten. Sie gehörte ihm, wenn auch nur noch diese Nacht. Es war besser, wenn sie es nicht wusste. Ein glatter Bruch. Dann blieb ihr zumindest die Hoffnung.

»Versprich mir etwas, mein Herz.« Er küsste sie auf die Stirn und strich ihre Haare hinters Ohr. »Komm nicht zum Bahnhof, um dich von mir zu verabschieden. Ich würde das nicht aushalten, verstehst du. Bitte komm nicht.« Schweigen.

»Hannah, ich meine es ernst. Ich werde dir schreiben, sobald wir da sind. Das kann einige Wochen dauern. Die Überfahrt. Die Ankunft. Ich weiß nicht, was uns dort erwartet, aber ich werde dir schreiben, sobald ich die Möglichkeit habe.«

»Wir sehen uns doch bald wieder?« Hoffnung lag in ihrem Gesicht, und er nickte. »Ja. Wir werden uns wiedersehen. Das verspreche ich dir. Bis dahin müssen wir uns aber voneinander verabschieden.«

»Oh Jacob, was mache ich bloß ohne dich«, weinte sie an seiner Schulter. Jacob schluckte den großen Kloß, der sich in seinem Hals gebildet hatte, hinunter und blinzelte die Tränen weg. Ein Beben ging durch ihren Körper. »Bitte, bitte geh nicht ohne mich. Verlass mich nicht.«

»Hannah, ich muss es tun. Das ist unsere einzige und letzte Chance. Bitte mach es mir nicht so schwer. Wir sehen uns doch bald wieder.«

Er küsste sie noch einmal fest, dann stand er auf.

»Komm. Ich bringe dich nach Hause.«

Mit schwarzen Augen blickte die Finsternis aus den Sträuchern und Bäumen. Die Zeit schien wie eingefroren zu sein.

»Wir sind da«, sagte Jacob, als sie die Lichter von Hannahs Haus erkannten.

Er zog sie in seine Arme und küsste sie sanft. Es würde das letzte Mal sein, dass er sie halten konnte. Sie durfte nichts davon wissen. Der Schmerz kam so plötzlich, dass er Angst hatte, sie könnte es bemerken. Wie konnte das Leben nur so ungerecht sein? So furchtbar ungerecht. Er biss sich hart auf die Zunge und kämpfte mit den Tränen. Wenn er weinte, würde sie merken, dass es ein Abschied für immer war.

»Versprich mir, dass du mir schreibst, wenn du angekommen bist.« Sie suchte in seinen Augen nach einer Antwort.

»Natürlich schreibe ich dir. Versprich du mir, dass du nicht zum Bahnhof kommst«, sagte er erneut. Sie nickte.

»Sag es. Ich muss es von dir hören.«

»Ich werde nicht zum Bahnhof kommen«, flüsterte sie.

Ein letztes Mal trafen ihre Lippen aufeinander, dann verschwand sie im Schatten der Obstbäume. Allein ihre Silhouette war noch kurz zu sehen. Als er das Eisentor hörte und ihre Schritte auf dem Kies, sank Jacob in die Knie. Er ließ seinen Tränen endlich freien Lauf. Zu lange hatte er sie zurückgehalten. Er hatte sie anlügen müssen, damit sie keine Dummheiten machte. Damit sie Hoffnung haben durfte. Eine Hoffnung, die für ihn jetzt vorbei war. Sein Körper bebte, die Beine zitterten. Schmerz. Überall Schmerz. Mit diesem Brief hatte er alles verloren, was er liebte.

»Warst du schon wieder bei ihm? Obwohl ich ihm gesagt habe, dass er die Finger von dir lassen soll?« Theresa

Sedlmayr saß auf dem Sofa im dunklen Wohnzimmer und stand auf, als Hannah zur Tür hereinkam. Sie hatte auf sie gewartet. Grell gingen die Lichter an.

»Du hast was?«

»Ich habe mit ihm gesprochen. Du willst ja nicht hören. Es geht einfach nicht in deinen Kopf hinein.«

»Du hattest kein Recht dazu.« Zorn flammte auf. Diesmal war ihre Mutter zu weit gegangen. Jetzt war es an der Zeit, die Karten offen auf den Tisch zu legen. »Die Sternlichts haben ein Visum für die USA bekommen. Sie reisen schon übermorgen ab. Ich werde sobald wie möglich nachkommen.«

Stille kehrte ein, dann brach Theresa Sedlmayr in schallendes Gelächter aus. Ein schrilles, hohles Lachen, das Hannah durch Mark und Bein ging. Ihr ganzer Körper bebte dabei und sie warf den Kopf in den Nacken.

»So einen Blödsinn habe ich ja noch nie gehört. Wie zum Geier willst du das anstellen? Du brauchst ein Visum. Wie willst du die Überfahrt bezahlen?«

»Ich werde mein Geld sparen«, gab Hannah tonlos zurück.

»Er lügt doch das Blaue vom Himmel herunter. Macht dir leere Versprechungen. Von einem Leben, das es niemals geben wird. Er ist Jude, Hannah!«

»Ich weiß, wer er ist.«

»Er wird sich nie mehr bei dir melden, das kannst du mir glauben. Sobald er über die Grenze ist, wird er sich nicht mehr an dich erinnern.«

»Das ist nicht wahr! Du lügst!« Obwohl Hannah nicht vor ihrer Mutter weinen wollte, stiegen ihr die Tränen in die Augen.

Die Körperhaltung ihrer Mutter drückte höchste Anspannung aus. Der Mund verkniffen, die Augen aufgerissen.

»Schau, was er aus dir gemacht hat. Du glaubst deiner eigenen Mutter nicht. Ich wollte immer nur das Beste für dich. Er ist es, der dich belügt. Von Anfang an.«

»Nein«, sagte Hannah entschlossen. Sie würde es nicht mehr länger zulassen, dass ihre Mutter seinen Namen in den Dreck zog. »Ich glaube dir nicht. Er war eben noch hier. Er hat mir von ihrem Visum erzählt.«

»Hannah, Liebling, sei nicht traurig. Glaub mir, es ist besser so. Du kannst endlich wieder richtig leben. Er ist jetzt weg. Für immer. Und ich habe bald meine glückliche Tochter zurück.«

»Du denkst allen Ernstes, dass ich ohne Jacob glücklich sein kann?«

Theresa Sedlmayr trat einen Schritt auf sie zu und berührte Hannah fest an der Schulter.

»Hannah«, begann sie erneut, »er ist weg!« Sie berührte ihren Arm. Wollte sie trösten. Wollte sie an sich ziehen.

»Lass mich«, rief Hannah aus und sprang zur Seite.

Ihre Mutter blickte sie an, als hätte sie vollkommen den Verstand verloren.

»Du bist ja völlig verrückt, Kind. Ich versuche, deinen Vater zu erreichen. Er soll dir ein Beruhigungsmittel spritzen.« Sie drehte sich um und wollte zum Telefon gehen.

»Gib es zu«, schrie Hannah, jetzt wo ihre Mutter ihr den Rücken kehrte, »du bist froh, dass sie weg sind. Du kannst es kaum erwarten, dass sie auf ein Boot steigen und nie mehr wiederkommen.«

Abrupt drehte Theresa Sedlmayr sich wieder um und spie ihr die Worte förmlich vor die Füße.

»Natürlich bin ich *froh* darüber. Unendlich froh! Mir ist es vollkommen gleichgültig, wohin sie gehen. Hauptsache, er ist weg von dir!«

»Wie kannst du so etwas sagen. Man weiß nicht, was sie dort erwartet. Sie haben noch nicht einmal ein Haus, in dem sie wohnen können. Sie kennen niemanden. Sie sind dort völlig allein.« Ihre Kehle wurde zugeschnürt, als hätte jemand ein dünnes Seil darumgelegt und würde langsam daran ziehen.

»Äußerst tragisch«, sagte Theresa Sedlmayr spitz. Ihre Augen hatten einen merkwürdigen Glanz angenommen. Glück? Schadenfreude? Zufriedenheit?

»Ich kann es einfach nicht glauben«, wisperte Hannah vor sich hin. Sie musste weg. Weg von ihrer Mutter, die mittlerweile ein Lächeln auf den Lippen trug. Bevor sie noch etwas sagen konnte, taumelte Hannah zur Treppe. Ein Bein vor das andere. Warum war es plötzlich so schwer, die Stufen nach oben zu gehen? Sie musste sich am Geländer festhalten, um nicht zu stürzen. Im Zimmer angekommen, hatte sie gerade noch Kraft, um die Tür abzuschließen und zu ihrem Bücherregal zu wanken. Schwach zog sie an einem Buchrücken, der sich erst nach mehreren Versuchen von den anderen löste. Sie schlug das Buch auf und ein Foto von ihr und Jacob fiel ihr entgegen. Wange an Wange. Lächelnd in der Abendsonne. Ihre Hände zitterten so sehr, dass die Gesichter nach und nach verschwammen. Tränen verschleierten ihren Blick. Hannah spürte den glatten Holzboden unter ihren Füßen plötzlich unter ihren Knien, unter ihren Händen. Kroch sie? Ihre Wange traf auf den Teppich. Würde sie ohnmächtig werden? Zu ihrer Enttäuschung verlor sie nicht das Bewusstsein. Wellen des Schmerzes türmten sich auf, schlugen hart auf sie ein, zogen sie unter Wasser. Was, wenn sie einfach aufhörte zu atmen? Tiefer und tiefer tauchte sie ab in ihre neue Welt, in der es keinen Jacob gab. In der sie allein war. In der es nichts gab außer dem alles erfüllenden Schmerz, der in jede Faser, jede Pore ihres Körpers strömte, der seinen Stachel tief in sie trieb und sich ausbreitete wie Gift. Sie tauchte nicht mehr auf.

29. Juli 1940

Rosenheim

»Nimm die Kinder an die Hand«, rief ein Mann seiner Frau zu, »und lass sie nicht aus den Augen.« Er selbst schleppte zwei große Koffer, der älteste Sohn trug einen Vogelkäfig mit einem bunten kleinen Vogel darin. Die Mutter hielt an der einen Hand ein Kleinkind, auf dem Arm ein Baby.

Auf welche Ideen die Leute kamen. Wollten sie ernsthaft einen Vogel mitnehmen? Winter schüttelte den Kopf und überlegte einen Augenblick, ob er dem Jungen den Käfig abnehmen sollte. Aber das gehörte nicht zu seinen Aufgaben. Das sollten die Polizisten machen. Der Zug rollte laut schnaufend ein und Winter hielt Ausschau. Menschen wuselten durcheinander über den Bahnsteig. Hektisch. Aufgewühlt. Seine wachsamen Augen tasteten wie Scheinwerfer über die Menge, und dann sah er sie.

Vorne weg ging Hans Sternlicht. Obwohl es Sommer war, trug er einen langen Mantel, ebenso wie seine Frau. Er konnte sich nicht mehr an ihren Namen erinnern, genauso wenig wie an den des ältesten Sohnes. Hatte es nicht noch einen Jungen gegeben? Waren es nicht drei Söhne gewesen? Vielleicht täuschte er sich auch. Dieser dämliche Jacob hielt den Kopf gesenkt, schien ganz in Gedanken versunken zu sein. Unvermittelt hob er den Kopf, blickte sich um und plötzlich blieben seine Augen an ihm kleben wie Fliegen auf dem Honig. Der Judenbengel verengte die Augen zu Schlitzen, taxierte ihn förmlich, blieb dabei aber nicht stehen. Sein Bruder schien zu bemerken, dass etwas nicht in Ordnung war und folgte seinem Blick. Er stieß seinen Vater an, der Winter auch sogleich erkannte. Hans Sternlicht sagte etwas, dann beschleunigte er seinen Schritt und kam auf ihn zu. Wollte er ernsthaft zu ihm?

»Ich habe seit Freitag versucht, Sie zu erreichen«, kam Hans Sternlicht gleich auf den Punkt. Vorwurf lag in seiner Stimme.

»Bedauerlich, dass ich meinen Tagesablauf nicht nach Ihnen und Ihrer Familie richte«, antwortete Winter.

»Sie haben diesen Brief veranlasst.«

»Das ist korrekt.«

»Ich bitte Sie, Sie können es bestimmt rückgängig machen. Dass wir bleiben können.«

»Alles hat seine Richtigkeit. Sie sind polnischer Staatsbürger, Herr Sternlicht. Sie waren lediglich Gast hier im Deutschen Reich. Jede Gastfreundschaft hat ein Ende. Sie haben lange genug auf Staatskosten gelebt. Damit ist jetzt Schluss!«

»Staatskosten?«, mischte sich nun der Ältere ein. »Staatskosten? Mein Vater hatte eine Apotheke. Er hat gearbeitet. Jeden verdammten Tag.«

»Das tut nun nichts mehr zur Sache. Sie können ja in Polen wieder eine Apotheke eröffnen. Manchmal braucht es einfach einen Tapetenwechsel.«

Das Gesicht des jungen Mannes lief feuerrot an und er ballte die Fäuste.

»Nehmen Sie das Schreiben zurück. Rufen Sie an den entscheidenden Stellen an. Ich weiß, dass Sie die Macht dazu haben«, begann Hans Sternlicht und fasste dabei seinen Sohn fest am Arm. »Sie haben uns doch schon einmal geholfen.«

»Tut mir leid. Dafür ist es jetzt zu spät. Es ist bereits bekannt, dass Sie polnische Wurzeln haben. Weshalb sollte ich das verschleiern, es ist ein Fakt. Nicht meine Schuld.«

Winters Blick fiel auf Jacob Sternlicht, der mit dem Rücken an der Wand lehnte. Die Augen hielt er halb geschlossen. Es sah aus, als würde er gegen innere Dämonen kämpfen.

»Rufen Sie schon an«, raunzte der Ältere ihn an.

»Simon, halt dich zurück«, fauchte Hans Sternlicht. Simon. Das war also der Name gewesen, nach dem er gesucht hatte. Er erinnerte sich daran, dass Vater und Sohn damals in der Reichskristallnacht festgenommen worden waren. Gewalttätig war der Bengel damals gewesen. Automatisch schlossen sich Winters Finger um den Gummiknüppel, der in seinem Gürtel steckte. Warum hatte er Zeus zu Hause gelassen? Seine Zähne hätten sicherlich Eindruck gemacht.

»Bitte. Bitte, geben Sie sich einen Ruck. Rufen Sie an.« Hans Sternlicht sah ihn an wie ein Kind, das nicht einsehen wollte, dass seine Mutter ihm die Süßigkeiten wegnahm. Begann er ernsthaft zu betteln? Winter kostete seine Verzweiflung ein paar Augenblicke aus, tat so, als würde er nachdenken. Hans Sternlicht zog die Augenbrauen fragend nach oben. Hoffnungsvoll.

»Wenn ich ehrlich mit Ihnen sein darf, Herr Apotheker.« Er legte den Kopf leicht schief und sah von einem Familienmitglied zum anderen. »Ich halte nichts von Lügen und Heuchelei. Ich halte nichts von Juden. Ich bin froh, wenn Sie endlich in den Zug steigen und ich einen Haken hinter Ihren Namen machen kann. Jetzt nehmen Sie Ihre Brut und verschwenden Sie nicht länger meine Zeit.«

Der Schlag traf ihn unvorbereitet. Frontal ins Gesicht. Sein Kopf schnalzte durch die Wucht wie ein Klappmesser nach hinten. Blut rann aus seiner Nase, das er mit der Hand auffing. Der Eisengeschmack legte sich bleiern auf seine Zunge. Wo blieb der Schmerz?

»Sie dreckiges Schwein, Sie elendiges!« Hans und Simon hielten Jacob zurück. Winter presste sich die Hand auf die Nase. Ohne es zu wollen, brannten Tränen in seinen Augen.

Passanten um sie herum blieben stehen. Glotzten. Musterten ihn. Warteten auf eine Reaktion, doch sie blieb aus. Ein Schwall an Beleidigungen schoss aus Jacobs Mund, doch Winter konnte ihn nicht hören. Demütigung in der Öffentlichkeit. Winter blickte sich um, ob einer der Polizisten das Spektakel mitbekommen hatte. Es würde ihn schwach aussehen lassen. Er schluckte das Blut und trat dicht an die Sternlichts heran. Er musste die Auseinandersetzung so schnell und vor allem so leise wie möglich beenden. Er atmete ein paarmal tief ein und aus, nahm seine ganze Kraft zusammen und räusperte sich so gut es ging.

»Gute Reise wünsche ich«, presste Winter zwischen den Zähnen hervor. »Ich grüße deine kleine Freundin von dir, wenn ich sie sehe. Vielleicht fahre ich diese Woche noch bei ihr zu Hause vorbei.« Er entblößte die rotgefärbten Zähne zu einem entschlossenen Lächeln. Jacobs Gesicht erstarrte, als hätte er einen Stromschlag erhalten. Erkenntnis breitete sich darauf aus. Er wusste genau, was er meinte.

»Sie waren das!«, zischte er wütend und schaffte es, eine Hand freizubekommen. Drohend hob er den Zeigefinger nach oben. »Sie haben das alles eingefädelt, Sie gottverdammtes Stück Schweinedreck!« Er bemühte sich nicht darum, leise zu sprechen.

Winter versuchte, den pulsierenden Schmerz zu ignorieren. Auch den Zorn musste er kontrollieren, sonst würde dieser Jude noch gewinnen. Wenn er ihn verhaften ließ, dann würde er hier in Deutschland bleiben. Genau das, was es zu verhindern galt. Der Bahnsteig erstickte beinahe im Zugdampf. Wie Nebelschwaden stieg er um sie herum auf.

»Gibt es hier ein Problem?« Ein junger Polizist war herangetreten, doch Winter hob zackig die Hand.

»Verschwinden Sie, aber plötzlich!«, fuhr er den Mann an, der auf der Stelle das Weite suchte. Er würde schon allein mit diesem Gesindel klarkommen.

»Hör mir gut zu, Jacob.« Verächtlich spuckte er seinen Namen aus. »Du hast mir vielleicht die Nase gebrochen, aber du wirst in diesen Zug steigen, komme was wolle, während ich hierbleibe. Du bist ein Nichts. Eine dreckige, kleine Kakerlake.« Er war seinem Gesicht so nahe, dass sein Blut fast auf Jacobs Kragen tropfte. Flüstern. Mehr brauchte es nicht. »Ich wünsche dir eine gute Fahrt. Eine schöne Ankunft. Schließlich liegt mir am Herzen, dass es euch allen gut geht.« Spott troff aus seiner Stimme, während Jacob ihm direkt in die Augen sah. Ein stechender Blick. Blau traf auf Grün.

»Jeder sieht sich zweimal im Leben!«, stieß Jacob verächtlich hervor.

»Oh ja, das hoffe ich. Ich kann es kaum erwarten.« Er hob Daumen und Zeigefinger, presste sie gegeneinander, und rieb die Haut, als würde er eine Fliege zerquetschen. »Auf Wiedersehen.« Winter nickte, drehte sich um und stolzierte davon.

»Wenn ich Sie wiedersehe, dann bringe ich Sie um. Das schwöre ich!«

Winter sah nicht mehr zurück. Sein Lächeln wurde immer breiter und breiter, als er den Bahnsteig entlanglief. Diese dämliche Familie würde nicht länger sein Problem sein. Jetzt konnten sich die Kollegen in Polen mit ihr herumschlagen. Winters Blick fiel auf die große Bahnhofsuhr. Fünf vor neun. In wenigen Minuten würde der Zug aus dem Bahnhof rattern. Kilometer zwischen sie bringen. Erst jetzt bemerkte er den kleinen bunten Vogel, der sich ganz oben auf der Bahnhofsuhr festgeklammerte. Giftgrüne Federn, die Brust sonnengelb. Er stach hervor zwischen all den grauen, fetten Tauben. Ein Wellensittich. Der Vogel sah aus wie jener, den der Junge vorhin in seinem Käfig getragen hatte. Er piepste ein paarmal aufgeregt, dann flatterte er davon. Winter folgte seinen Schwingen und war sich sicher, dass der Vogel nicht lange durchhalten würde. Jemand, der in einen Käfig gehörte, überlebte nicht lange außerhalb. Er war es schließlich gewohnt, dass man ihm täglich seine Körner hineinwarf und das Wasser auffüllte. Zumindest konnte er noch kurze Zeit seine Freiheit genießen. Ein Exot. Ein Fremder. Er passte nicht hierher. Ein letztes Mal fiel sein Blick auf den kleinen, bunten Vogel, bevor er die Treppen nach unten ging und die warme Luft des Sommermorgens einatmete.

August 1940

Bern, Schweiz

Weich und schwer zugleich lagen sein Reisepass und die Ausreisegenehmigung in die USA in seiner Hand. In einer der langen Nächte, in denen ihn die Sehnsucht nach seiner Familie quälte, hatte er bei Sedlmayrs angerufen. Anstelle von Georg Sedlmayr, hatte Hannah sich am Telefon gemeldet.

»Sie sind weg. Sie sind nach New York gegangen.« Ihre Stimme ging ihm durch Mark und Bein.

New York. Sie hatten es geschafft. Weg aus Deutschland. Weg aus einem Land, in dem sie keine Rechte mehr hatten, obwohl ihr Vater für Deutschland gekämpft hatte. Aber auch weg von ihm. Warum hatten sie ihm nicht Bescheid gegeben? Warum hatten sie nicht versucht, ihn abzuholen? War er kein Teil mehr ihrer Familie? In ihm war der Plan gereift, ihnen nach New York zu folgen. Ein Neuanfang. Alle zusammen. Wenn sie ihn wiedersehen würden, würde bestimmt alles so sein wie früher.

Im Sommer war er sechzehn geworden. Ein Halbstarker. Die rötlichen Bartstoppeln, die sich über die Wangen zogen, verdeckten die kindlichen Sommersprossen. Damit sah er nach seiner Meinung viel männlicher aus. Beinahe erwachsen. Levi war in die Höhe geschossen und immer wieder ertappte er sich bei dem Gedanken, ob er inzwischen wohl genauso groß wie seine Brüder geworden war. Es verging kein Tag, an dem er nicht an sie dachte. Levi hatte in der Schweiz das Boxen angefangen. Ein Sport, der sie alle drei verband und wodurch es ihm gelang, sich ihnen näher zu fühlen, auch wenn er Schläge einstecken musste.

Um sich von den anderen in seinem Alter abzusetzen, trug Levi seine Haare nicht kurz geschoren. Die rote, dichte Mähne reichte inzwischen fast bis zu den Schultern. Bei einem Kampf musste er sie wie ein Samurai zusammenbinden.

Alfons Weyss hatte er versprochen, dass er die Schule abschließen würde, bevor er weiterziehen wollte. Sechzehn war ein gutes Alter, um selbstständig zu werden. Ein Alter, in dem man für sich selbst sorgen konnte, ohne anderen zur Last zu fallen. Alfons' und Linas Kinder und Peter waren ihm beide ans Herz gewachsen. Freunde, die jedoch nicht seine Geschwister ersetzen konnten. Obwohl er traurig war, dieses schöne Land, das ihn mit Wärme aufgenommen hatte, zu verlassen, so konnte er doch unmöglich länger hierbleiben. Er musste weg.

Levi las täglich die Zeitung, verschlang alle Nachrichten, die ihm in die Hände fielen, hörte Radio. Betroffen machte ihn die Lage der Juden in Deutschland. Alle Rechte hatten sie verloren. Seine Familie hatte solch ein Glück gehabt, dass sie noch zu einem Visum gekommen war. Für sie war es die Reise in eine bessere Welt. In New York würden sie sich alle wiedersehen. Jacob war inzwischen zwanzig, Simon zweiundzwanzig Jahre alt. Junge Männer. Sie alle drei hatten die Zukunft vor sich. Sie mussten nur danach greifen.

Levis Flieger nach Frankreich ging um acht Uhr morgens. Von dort konnte er auf das Schiff steigen, das ihn weiter bis nach Amerika bringen würde. Er ging früh zu Bett, konnte vor Aufregung jedoch kaum Schlaf finden.

Um vier Uhr morgens schrillte sein Wecker. Die Koffer waren gepackt. Alfons Weyss wartete bereits angezogen auf ihn. Seine Frau Lina, die sich so liebevoll um ihn gekümmert hatte, Peter und Elvira standen in ihren Morgenmänteln am Treppenabsatz.

»Möchtest du etwas frühstücken?«, fragte Lina und drückte Levis Hand.

»Eine Tasse Kaffee wäre schön.« Kaffee. Auch das kam wohl mit dem Erwachsenwerden. Alle Augen waren auf ihn gerichtet, als er sich an den Tisch setzte und Lina ihm die dampfende Brühe eingoss.

»Du wirst uns hier so fehlen«, begann Elvira, doch Peter warf ihr einen vernichtenden Blick zu, der sie verstummen ließ.

»Wir hatten eigentlich vereinbart, dass wir dir den Abschied nicht so schwer machen.« Vorsichtig beäugte sie ihren Bruder, ob der ihr erneut ins Wort fallen würde. »Das wollen wir nicht, aber es ist ja auch unser Abschied. Ich werde dich so sehr vermissen, Levi!« Ihre Unterlippe begann zu zittern. Rasch drehte sie den Kopf zur Seite.

Der Kaffee rann schwerfällig seinen Hals hinunter und musste sich einen Weg an dem Kloß vorbei bahnen, der sich gerade gebildet hatte.

»Schreib uns, sobald du da bist«, meinte Peter und klopfte Levi auf die Schulter.

»Versprochen.«

»Ich bin mir sicher, dass du deine Familie in Amerika schon bald wiedersehen wirst. Die Leute werden da drüben ja registriert und müssen irgendwo unterkommen. Du bist ihnen dicht auf den Fersen.«

Levi nickte.

»Ich danke euch für eure Gastfreundschaft. Für eure Hilfe und Unterstützung. Ich ... ich ...«, stotterte er.

Lina kniff ihm in die Wange.

»Ist schon gut. Sieh du nur zu, dass du heil drüben ankommst und uns sofort schreibst. Sonst zieh ich dir eigenhändig die Ohren lang.« Sie gluckste leise auf.

Nachdem sie sich verabschiedet hatten, brachte Alfons Weyss seinen Koffer zum Auto und fuhr ihn zum Flughafen. Noch nie zuvor war Levi in ein Flugzeug gestiegen. Beim Start war ihm das Herz in die Hose gesunken, doch als der Flieger über den Wolken schwebte, drückte er sich die Nase an der Scheibe platt.

Nach zwei Stunden, in denen er den Blick nicht hatte abwenden können, landeten sie nahe der französischen Küste, wo sein Schiff bereits im Hafen lag. Levi presste die Tasche, in der er seinen Pass, das Visum und die Fahrkarte für die Überfahrt verstaut hatte, fest gegen seine Brust. Der Kontrolleur warf einen genauen Blick darauf, nickte aber dann und verwies Levi auf die Treppen, die ins Untergeschoß der dritten Klasse führten. Noch einmal zog Levi die frische Meeresluft ein, bevor er seinen Koffer unter Deck schleppte. In wenigen Wochen schon würde er amerikanischen Boden betreten.

Er suchte seine Kabine auf und stellte fest, dass er sich diese mit zwei weiteren Männern teilte. Einer der beiden lag bereits im unteren Bett und schnarchte lautstark. Das Hemd war dabei nach oben gerutscht und entblößte seinen haarigen, dicken Bauch. Levi wunderte sich, wie man jetzt bereits seelenruhig schlafen konnte, wo das Schiff sich noch nicht einmal aus dem Hafen bewegt hatte. Der andere Mann war blutjung. Vielleicht zwanzig. So alt wie Jacob. Sein Lächeln schien von einem Ohr zum nächsten zu reichen, als er Levi die Hand hinstreckte.

»Joe. Joe Parker.«

»Bist du Amerikaner?«

»Klingt ganz danach, huh?«

Joe sprach mit deutlichem Akzent Deutsch, also wechselte Levi ins Englische. Warum nicht jetzt schon damit anfangen, wo er doch bald schon nur noch diese Sprache sprechen würde?

»Das wird eine lange Überfahrt werden. Auf dem Hinweg war ich seekrank. Ich hoffe für euch und für mich, dass das nicht noch einmal passiert. Aber wir hatten mitten auf dem Ozean meterhohe Wellen und wären um ein Haar untergegangen.« Als er Levis erschrockenen Gesichtsausdruck sah, grinste er und tat das Gesagte mit einer Handbewegung ab. »Ich mache nur Witze.«

»Was hast du in Frankreich gemacht?«

»Ach, so dies und das. Ein paar Erledigungen«, meinte er verschmitzt. »Wir sollten nach oben gehen, wenn das Schiff ablegt. Das musst du gesehen haben.« Die Schiffssirene brachte die Betten zum Vibrieren. Der Schlafende grunzte empört und drehte sich auf die Seite.

»Den bekommen wir nicht mehr wach. Ich wette, der schläft so lange, bis wir die Freiheitsstatue zu Gesicht bekommen. Komm, wir gehen nach oben.«

Levi wollte ihm zur Tür folgen, doch Joe hielt ihn zurück.

»Du solltest lieber deine Wertsachen mitnehmen. Auf dem Schiff bekommt alles ganz schnell Füße.«

Hintereinander stiegen sie die Treppen nach oben und bahnten sich einen Platz durch die Menschen, die sich bereits wie Seemöwen an Deck tummelten. Joe drückte sich an ihnen vorbei, sodass sie an der Reling standen. Die Sirene brummte ein weiteres Mal auf, und die Arbeiter lösten die schweren Taue. Langsam schob sich das Schiff nach vorne.

»Oh boy, jetzt geht es los«, rief Joe und lachte.

Der Bug pflügte durch das aufschäumende Wasser. Weg vom Ufer. Weg aus Frankreich. Weg aus Europa. Immer weiter schob sich das Schiff tief in den Atlantik hinein, über dem Boot die Möwen und die Mittagssonne.

»So fühlt sich Freiheit an, was?«, grinste Joe ihn an, und Levi war nur in der Lage zu nicken. Der Wind zerrte an seinen langen Haaren, die salzige Luft legte sich auf seine Lippen.

»Hast du Familie in Amerika?«, fragte Joe plötzlich und riss Levi aus seinen Gefühlen.

»Ja«, sagte er, »sie ist schon vorausgefahren. Meine Eltern und meine beiden Brüder.«

»Sind sie in New York City?«

»Ehrlich gesagt weiß ich das nicht«, gab Levi zu.

»Oh boy, die ganze Welt steht dir da drüben offen. Ich komme aus Kentucky. Meine Eltern und meine Schwester sind noch da. Ich bin bei der Army.«

»Die Army?«

»Yes! Lange werden wir uns dieses Theater hier drüben nicht mehr mit ansehen. Das kannst du mir glauben. Du kannst mit mir kommen, wenn du deine Familie nicht finden solltest. So Leute wie dich können wir immer brauchen.«

Eine Chance. Ein Freund. Er war nicht allein.

»Boy«, sagte Joe, »du hast mir noch gar nicht gesagt, wie du heißt.«

»Ich heiße Levi. Levi Weyss.«

»White, ja? Das passt gar nicht zu dir. Ich nenne dich Red.« Er deutete mit dem Finger auf Levis Löwenmähne, die aussah wie eine brennende Fackel im Sturm.

Das Land war nur noch eine dunkle Linie am Horizont. Levi wandte sich ab und blickte aufs offene Meer hinaus. Red. An den Namen konnte er sich gewöhnen.

September 1940

Rosenheim

»Ich wollte mich von dir verabschieden.« Winter betrat die Kanzlei. Erwin Holzer saß am Schreibtisch und blickte überrascht auf.

»Du gehst?«

»In die Hauptstadt. Ich hatte in München mehrere Gespräche mit den Höchsten der SS. Sie haben mich für Berlin empfohlen und ich kann dieses Angebot unmöglich ausschlagen.«

Holzer bettete seine Fingerspitzen aneinander und lächelte. »Erich«, rief er aus, »du hast es geschafft! Meinen herzlichen Glückwunsch!« Er stand auf und schüttelte Winters Hand. »Das sind ja großartige Neuigkeiten! Du wirst hier natürlich vermisst werden, aber das ist ein gewaltiger Sprung auf der Karriereleiter. Um was geht es denn?«

»Das ist alles streng geheim.«

»Das klingt ja ganz nach dir. Ich bin stolz auf dich, Erich!«

Als Grünschnabel war Winter damals in Holzers Kanzlei gestolpert. Gut sieben Jahre war das inzwischen her. Holzer hatte ihn zwar unter seine Fittiche genommen, aber nie wie einen Frischling behandelt, der gerade erst die Universität abgeschlossen hatte. Dreiunddreißig Jahre war Winter mittlerweile alt. Ein Mann in der Blüte seines Lebens. Alt genug, um die Schatten seiner Kindheit hinter sich zu lassen. Alt genug, um voll und ganz die Verantwortung für sein Leben zu tragen und Entscheidungen zu treffen. Es war an der Zeit, nach Berlin zu gehen. All die Jahre hatte er davon geträumt. Er wollte die ganz Großen der Politik treffen. Viel mehr noch: Er wollte sie kennenlernen, verstehen, von ihnen lernen. Er wollte sich einen Namen machen und selbst bekannt werden. Dass er in die Hauptstadt kommen sollte, war der erste Schritt. Danach würde er weiterschauen. Seine Intelligenz hatte ihn schon an vielen Stellen vorangebracht, und wenn er einmal den Fuß in der Tür hatte, würde sich diese nicht so schnell wieder zuschlagen lassen.

Sie brauchten ihn für geheime Operationen im Osten. So viel hatten sie ihm am Telefon verraten. Genaueres würde er vor Ort erfahren. Telefone konnten abgehört werden, deshalb musste er persönlich vorsprechen.

Für den Krieg war Winter untauglich. Seit der Explosion im Bürgerbräukeller vor knapp einem Jahr hatte sich sein Ohr noch immer nicht vollständig erholt. Aber was war schon ein Hörschaden. Wäre er nicht selbst im Bürgerbräukeller gewesen, hätte man ihn danach auch nicht bei den Verhören hinzugezogen. Für die Festnahme des Täters hatte er den entscheidenden Tipp geben können.

Plötzlich flammte das Gesicht dieser Schauspielerin vor ihm auf. Marlene Liebreiz. Wie war nur ihr richtiger Name gewesen? Winter grub in seinem Gedächtnis, doch alles, woran er sich erinnerte, waren ihre grünen Schlangenaugen. Ein entsetzliches Weibsbild!

»Hast du etwas Neues von Helene gehört?«, riss ihn Holzer aus den Gedanken. Ein Gedanke, den er die letzten Wochen und Monate immer erfolgreich beseite geschoben hatte.

»Es ist mir sehr unangenehm, dir das zu sagen. Helene scheint vollkommen den Verstand verloren zu haben. Sie haben mich angerufen, um mir davon zu berichten. Sie rennt mit dem Kopf gegen die Wand und erkennt niemanden mehr. So eine Schande. Ich hatte so sehr gehofft, dass wir ihrem Problem auf die Schliche kommen werden. Alles, was wir wollten, war doch nur eine Familie zu gründen.« Winter hatte Holzer in sein Geheimnis eingeweiht. Seit Anfang an genoss dieser sein Vertrauen und hatte ihn mit keiner Silbe verurteilt. »Ich habe doch nur versucht, ihr zu helfen. Uns zu helfen.«

»Natürlich wolltest du ihr nur helfen, Erich! Das steht doch völlig außer Frage. Du hast das Recht auf eine Familie. So will es unser Führer doch schließlich auch.«

Winter schüttelte den Kopf. »Ich hätte mir nie ausmalen können, dass es so weit kommen würde.«

»Du konntest das doch nicht wissen. Gib dir keine Schuld. Ich möchte dir nicht zu nahe treten, Erich, aber vielleicht war schon immer etwas mit ihrem geistigen Zustand nicht in Ordnung. Sie haben es eben erst jetzt herausgefunden.«

»Eine Schande ist sowas! Ich habe schon überlegt, die Scheidung einzureichen, aber das würde mich in sehr schlechtes Licht rücken, wenn ich mich von meiner schwerkranken Frau trenne. Nein, so weit darf ich nicht gehen.«

»Sie ist in der Klinik in den besten Händen. Sicher kann ihr dort geholfen werden. Sie finden bestimmt heraus, was ihr fehlt.« Draußen spazierten Passanten vorbei. Es war schön, einen Augenblick innezuhalten und sie bei ihrem alltäglichen Leben zu beobachten. Auf einer Parkbank blätterte ein alter Mann in einer Zeitung. Eng umschlungen schlenderte ein Liebespaar über die Straße. Während er sie beobachtete, musste er wieder an Helene denken.

»Ich hoffe, dass sie ihr helfen werden, Erwin. Helene ist aber schwach. Das war sie schon immer. Vielleicht wird sie es nicht schaffen.« Er bemerkte Holzers erschrockenen Blick. War er zu ehrlich gewesen? Aber es machte keinen Sinn zu lügen. Durch eine Lüge konnte man die Wahrheit auch nicht ändern.

»Es ist schön draußen.« Holzer legte ihm väterlich die Hand auf die Schulter. »Komm, wir machen für heute Feierabend und gehen eine Runde spazieren.«

Winter wandte sich vom Fenster ab. »Das ist eine gute Idee, Erwin.«

So konnte er Abschied nehmen. Ein letztes Mal durch die Straßen Rosenheims streifen.

»Ich möchte mich von ein paar Leuten persönlich verabschieden, wenn das für dich in Ordnung ist. Die nächsten Tage werden bei mir turbulent werden.«

»Selbstverständlich.«

Sedlmayr. Der Arzt war die erste Person, die ihm ins Gedächtnis kam. Winter konnte sich nicht erklären weshalb, aber irgendetwas an ihm zog ihn an wie ein Magnet. Seine Ruhe. Sein Wille. Sein Durchsetzungsvermögen. Liebe für seine Kinder. Er hatte alles, was er sich bei seinem eigenen Vater gewünscht hatte.

»Vergiss deinen Hut nicht.« Holzer nahm ihn vom Haken und streckte ihn Winter entgegen.

»Danke.« Winter setzte den Hut auf den Kopf und trat nach draußen in die Herbstsonne.

Oktober 1940

Polen

Jacob wischte sich den Schweiß von der Stirn. Den ganzen Tag schon schufteten sie auf den Feldern des angrenzenden Bauernhofs. Erst hatten sie den Mais geerntet und die goldenen Kolben verarbeitet und gelagert. Jetzt war es an der Zeit, zu pflügen und neu anzusäen.

Der Oktobertag war von atemberaubender Klarheit. Der Himmel über ihnen leuchtete strahlend blau, keine Wolke hing daran. Hier stand die Welt still. Keine Spur von Verwüstung, Hunger und Tod. Der Krieg spielte sich an anderen Schauplätzen ab, von denen Jacob nur in der Zeitung las. Hier waren sie weit ab von jeglichem Wahnsinn, der nächste Nachbar war einen zwanzigminütigen Fußmarsch entfernt. Nie hätte er gedacht, dass sie an einem so wunderschönen Ort ankommen würden. Einem Ort, an dem man sich wohlfühlen konnte, obwohl er fernab von der Heimat lag. Sie hatten Glück gehabt. Er wusste, dass es vielen Familien anders ergangen war. Der Sohn des Bauern war mit seiner Freundin bei ihnen im Zugabteil gesessen und hatte von den großen Feldern, dem alten Bauernhaus, das seit Generationen in der Familie war, den Tieren und Wäldern erzählt. So hatten sie einen Wohnort vorweisen können.

Das Gute an einem Bauernhof war, dass es rund um die Uhr etwas zu tun gab. Harte, körperliche Arbeit, die ihn von seinen Gedanken und Gefühlen ablenkte. Jacob schuftete meist bis spät in die Nacht, damit er vor Erschöpfung sofort einschlief, sobald sein Kopf das Kissen berührte.

Die ersten Wochen waren schrecklich gewesen. Alpträume hatten ihn wachgehalten. Die Gedanken an Hannah. Er hatte sich entschieden, dass er nicht so weitermachen konnte. Zu lange hatte er sich mit Selbstmitleid und Trauer gequält. Zu lange war er wie ein Häufchen Elend des Nachts durch die Zimmer gelaufen, ihr Gesicht vor Augen. Rastlos. Ruhelos. Aber er musste weitermachen. Solange er etwas zu tun hatte, gelang ihm das gut. Seine Erinnerungen an sein altes Leben und an Hannah hütete er mit präziser und kontrollierter Sorgfalt. In seinem Gedächtnis hielt er sie fest wie in Regale gereiht, in Aktenordner geheftet. Eine ganze Bibliothek, in der er nur ein Buch aufschlagen musste und schon war alles wieder präsent. Jacob wusste, dass er nicht zu oft darin stöbern durfte. Er musste weiterleben. Für sich. Für seine Familie. Für sie. Vielleicht würden sie sich irgendwann einmal wiedersehen.

Der Ochse vor ihm stapfte willig durch die aufgewühlte Erde. Jacob hatte schon immer ein Händchen für Tiere gehabt. Simon warf hinter ihm die Samen aus. Sein Vater, der Bauer und dessen Sohn bearbeiteten den Boden mit einer Spitzhacke.

Aus dem Kamin des Hofes quoll der Rauch. Das Bauernhaus war alt und baufällig. Ein paar Hühner flatterten auf, als seine Mutter über den Hof lief.

»Das Abendessen ist in einer halben Stunde fertig!«, hallte ihre Stimme über das Feld.

»Schluss für heute«, rief der Bauer, »bringt den Ochsen in den Stall und gebt ihm sein Heu.«

Während die anderen über den Acker zum Wohnhaus schlurften, zog Jacob noch die letzten Kreise. Es war schön, allein zu sein. Der Ochse brummte ungeduldig, wahrscheinlich hatte er schon längst genug von der Arbeit.

Jacob tätschelte den nassen Hals des Tieres und führte es zum Stall. Dort rieb er es mit frischem Stroh ab, gab ihm Wasser und Futter. Eine der beiden Milchkühe stupste ihn mit der nassen Nase an und leckte dann mit der rauen Zunge über seinen Handrücken. Jacob musste schmunzeln und schüttelte auch für die beiden Kühe Heu auf. In den frühen Morgenstunden würde er wieder in den Stall kommen, um sie zu melken. Vielleicht konnten sie sich irgendwann einmal ein Pferd kaufen.

»Jacob«, seine Mutter lehnte sich zur offenen Stalltür herein. »Wir haben schon mit dem Essen angefangen.« Ein sorgenvoller Blick streifte ihn. Sorgen, die er nicht ertragen konnte. Er wollte seiner Mutter keinen Kummer bereiten.

»Ich komme gleich. Ich wollte nur sichergehen, dass es den Tieren gut geht.« Sarah lächelte sanft, bevor sie verschwand. Jacob hörte ihre Schritte über den Kies knirschen. Er wusch seine Hände in einem der Wassereimer und wischte sie sich am Hemd trocken. Mit der Schulter musste er sich gegen die Stalltür werfen, um sie zu schließen. Gleich morgen würde er sie reparieren, damit sie wieder leichter zu bewegen war.

Jacob trat in den Innenhof. Stille der Dämmerung. Er spürte den Tau, der langsam niedersank. Die Sonnenblumen leuchteten am Zaun des Gemüsegartens. Aus den schweigenden Wäldern drang das Klagen einer Amsel heran. Etwas Nasses berührte seine Fingerspitzen und Jacob erschrak.

»Ach, du bist es, Zuza.« Er ging in die Knie, um den Hofhund zu steicheln. Ein großer Mischling mit wachsamen, treuen Augen. »Ich nehm dich besser mit rein, nicht dass du wieder zum Jagen abhaust.« Er fasste die Hündin am Halsband und lockte sie mit.

Mit einem Mal ohrenbetäubender Lärm. Zuza zog den Schwanz ein und winselte. Fünf Kampfflugzeuge in Pfeilformation rauschten über den Himmel. Stukas. Daran bestand kein Zweifel. Jacob kannte ihr Bild aus der Zeitung. Sie konnten atemberaubende Sturzflüge hinlegen, um ihr Ziel genau unter Beschuss zu nehmen. Sie hatten eine beachtliche Trefferquote vorzuweisen. Die Piloten steuerten ihre Maschinen so tief, dass die Bäuche der Flugzeuge beinahe die Baumwipfel streichelten. Wind rüttelte den Wald auf und Jacob spürte ihn kalt im Gesicht. Auf einem Bild in der Zeitung waren sie beeindruckend, doch jetzt, wo sie wie Raubvögel über ihm kreisten, verwandelte sich die Bewunderung in Angst. Suchten sie etwas? Warum sonst sollten sie so tief fliegen? Die Flugzeuge verschwanden so schnell, wie sie gekommen waren. Wahrscheinlich waren sie wirklich nur einen Wimpernschlag lang am Himmel gewesen, doch dieser Moment hatte sich gezogen wie Honig. Das Geräusch ihrer Motoren verklang. Geblieben waren nur das laute Pochen seines Herzens und das Rauschen der aufgewachten Wälder. Zuza war verschwunden. Wahrscheinlich hatte sie sich im Haus oder in der Scheune verkrochen.

Es war das erste Mal, seit sie hier lebten, dass Kampfflugzeuge aufgetaucht waren. Mit einem Schlag kam es Jacob so vor, als wäre ihr geheimer Platz entdeckt worden. Ihre heile Welt. Ihr Rückzugsort, den niemand kannte, der abseits von großen Straßen lag, auf denen sich niemand aus Versehen verlief. Sie hatten sie im Auge. Unter Beobachtung.

Ein Verlangen nach der Nähe seiner Familie kroch in ihm hoch. Ein letztes Mal streiften seine Augen über den Horizont. Nein, die Piloten hatten nicht nach ihnen gesucht. Sie waren hier in Sicherheit.

Jacob betrat das Wohnhaus und ging noch mit seinen Arbeitskleidern in die Küche. Zuza tauchte hinter ihm auf, trottete sofort zu ihrem Platz und rollte sich zusammen.

Da saßen sie alle um den Tisch versammelt. Gläser klirrten. Sie lachten und erzählten. Jacob verharrte einen Moment im Türrahmen. Die Hände in den Hosentaschen. Was für ein schönes Bild sie abgaben.

Die alte Bäuerin hatte ihn als erstes bemerkt, da sie gerade Wasser in den Krug füllte.

»Dir knurrt bestimmt der Magen. Setz dich«, sagte sie auf Polnisch. Jacob lächelte und nahm am Tisch Platz. Solche Augenblicke waren schön und etwas Besonderes. Sie hatten zu Essen, ein Dach über den Kopf und sie hatten einander.

»Guten Appetit«, sagte er in die Runde, nahm Messer und Gabel in die Hand und begann zu essen.

Dezember 1940

Berlin

Die Stadtvilla befand sich in der Tiergartenstraße in Berlin. Eine schlichte Fassade aus hellem Sandstein und Muschelkalk. Zwei monumentale Säulen befanden sich rechts und links von der Eingangshalle. Nach hinten erstreckte sich ein großer Garten mit Blumenterrasse und eigenem kleinen See. Die Bäume spendeten im Sommer natürlichen Schatten, sodass die Herrschaft draußen sitzen konnte, ohne sich einen Sonnenbrand zu holen.

Hannahs Finger umklammerten eine Zacke des Eisenzaunes, der das Grundstück an der Vorderseite umschloss. Die müde Sonne sandte schräge Strahlen auf den winterlichen Garten und übergoß die kahlen Büsche und Hecken des Vorgartens mit Licht. Schuhe klackerten über den Boden und Hannah lächelte, als sie Marlene sah. Ihre Erscheinung ähnelte in keiner Weise der eines Dienstmädchens. Ihr Hals ragte majestätisch aus dem pelzbesetzten Wintermantel hervor, auf dem Kopf trug sie ihren smaragdfarbenen Hut, der die Farbe ihrer Augen untermalte. Genüsslich zog sie an ihrer Zigarette und blies den Rauch langsam in den Himmel.

»Wartest du schon lange auf mich?«, fragte sie und küsste Hannah zur Begrüßung auf beide Wangen. Der Geruch von Rauch mischte sich mit dem typischen Duft des Parfüms, das Marlene Liebreiz stets wie eine Wolke umgab.

»Nicht zu lange. Es war nicht so schlimm«, spielte Hannah die Warterei herunter, obwohl ihre Wangen bereits gerötet waren und die Kälte sie mit scharfen Zähnen biss.

»Das Balg wollte noch eine heiße Schokolade. Ich habe Gudrun damit beauftragt. Ich habe für heute Feierabend.« Hannah lachte laut auf. Das sah Marlene ähnlich. Während andere Dienstmädchen ihre Herrschaft umschwärmten und wie Heuschrecken von einer Aufgabe zu anderen hüpften, kommandierte sie die Kolleginnen ab, ihre Pflichten zu übernehmen.

»Der Junge der Familie geht ja noch, aber das Mädchen ist eine Plage. Ein paar kräftige Ohrfeigen würden dem Fräulein Lina ganz guttun, damit ihr Kopf wieder geradegerückt wird.« Hohn glitzerte in ihren Augen. »Acht Jahre ist die dumme Göre alt und schlägt einen Ton an, um den jeder General sie beneiden würde.« Hannah konnte ihr ansehen, dass sie diese Aufgabe gerne selbst übernehmen würde.

»Pass bloß auf, dass dir nicht die Hand bei der kleinen Madame ausrutscht. Dann ist es vorbei mit deinem Plan, Geld anzusparen«, prustete Hannah los.

Jetzt war es an Marlene zu lachen. Hannah mochte es, wie ihre Augen dabei blitzten und funkelten und sich ihre Grübchen über die Backen zogen.

»Keine Angst. Ich habe mich gut im Griff. Auch wenn es zu schön wäre. Stell dir ihren Gesichtsausdruck vor, wenn sie das erste Mal im Leben eine Ohrfeige bekommt.« Wieder gackerten sie laut los. »Wie läuft es bei dir mit dem Lernen?«

»Eigentlich ganz gut. Ich habe die Bücher einem Kommilitonen aus dem höheren Semester abgekauft. Jetzt sitze ich stundenlang an Zeichnungen und Beschriftungen.«

»Ich finde es toll, wie du dich durch diesen Bücherdschungel kämpfst. Wo doch angeblich nur die Männer

Mediziner sind.« Sie stupste Hannah mit dem Ellenbogen an und zwinkerte ihr neckisch zu.

Im Spätsommer waren die beiden jungen Frauen zusammen nach Berlin gezogen. Nach Jacobs Abschied war es für Hannah schwer gewesen, in ihr altes Leben in Rosenheim und München zurückzufinden. Zu groß war das Loch, in das sie immer wieder fiel. Sie vermisste Jacob. Jeden Tag.

Berlin hatte es ihr einfacher gemacht. Zum Wintersemester war es ihr gelungen, einen Platz an der Universität zu bekommen. In den Vorlesungen saßen fast nur junge Männer, Frauen mussten sich ihre Rechte an der Fakultät hart erarbeiten. Respekt und Ansehen wurden einem hier genausowenig geschenkt wie in München. Der Aufbruch in ein neues Leben war Marlenes Idee gewesen. Ein glatter Bruch. Abschied von der Heimat. Abschied von den immergrauen Gedanken, die sie nicht loslassen konnte. Marlene hatte ihr versichert, dass sie selbst auch in die Hauptstadt gehen wollte. Sie kannte sich aus in den Straßen Berlins, da sie hier gelebt und gearbeitet hatte. Raffiniert wie sie war, hatte sie ein Dienstbotenbuch aus dem Hut gezaubert, in dem vermerkt stand, welchen Familien sie angeblich in Bayern gedient hatte. Wie leicht ihr die Lügen über die Lippen rollten.

Im September war sie in der Villa der Familie von Schwarz eingezogen. Der Vater war leitender Chirurg in einem Berliner Klinikum. Marlene war sich sicher, dass er schon bald für größere Aufgaben gebraucht werden würde. Dieter von Schwarz war zwar Parteimitglied, hielt sich aber aus dem politischen Leben sehr zurück. Seine Frau war einfach gestrickt und gut zu ertragen. So hatte Marlene jedenfalls ihre Persönlichkeit in einem Satz zusammengefasst. Abends schlich sie sich mit irgendwelchen Vorwänden aus dem Haus und sang in Bars und Kneipen. Wie schnell sie sich wieder einen Ruf gemacht hatte. Hannah bewunderte sie.

Eine Person wie Marlene Liebreiz war nicht aus der Ruhe zu bringen. Sie packte jede Chance, die ihr das Leben bot und machte das Beste daraus.

»Ich habe gestern Abend mit Hermann telefoniert«, sagte sie und steckte sich eine weitere Zigarette an.

»Wie geht es ihm?«

»Es geht ihm gut. Er ist genauso im Prüfungsstress wie du.«

»Das kann ich mir vorstellen. Sein Studium neigt sich ja nächstes Jahr dem Ende zu. Hoffentlich besteht er alles.«

»Du kennst doch deinen Bruder. Er steht wahrscheinlich nur vom Schreibtisch auf, um auf die Toilette zu gehen.«

Hannah hatte in ihrer kleinen Wohnung kein eigenes Telefon. Sie schrieb immer wieder Briefe an Hermann und ihre Eltern. Das Verhältnis zu ihrer Mutter war nach wie vor abgekühlt. Zu Beginn hatten die beiden Frauen bei alten Freunden von Marlene gewohnt, doch jetzt konnte Hannah ihre eigenen vier Wände bezahlen. Ihr Vater unterstützte sie finanziell. Außerdem arbeitete sie am Wochenende als Bedienung in einer der Bars, in der Marlene regelmäßig sang.

»Die Leute rennen heute wie die Verrückten in den Tiergarten.« Marlene nickte zur anderen Straßenseite hinüber. Familien und junge Paare pilgerten zum Zooeingang.

»Jeder möchte noch Zeit mit der Familie verbringen. Schließlich ist ja bald Weihnachten.«

»Fährst du an Weihnachten eigentlich nach Hause?«

»Mein Vater hat mir eine Fahrkarte geschickt. Ich denke, dass ich fahren werde. Mein Onkel hier in Berlin hat mir zwar auch angeboten, dass ich zu ihnen kommen kann, aber ich glaube, ich möchte nach Hause. Hermann ist schließlich auch da.«

»Was ist mit Karl?«

»Er wird nicht freibekommen. Er wird gebraucht.« Karl war Funker. Morsezeichen las er schneller und leichter als die normale Schrift.

»Komm«, sagte Marlene und hakte sich bei Hannah unter, »lass uns in ein Café gehen und eine heiße Schokolade trinken. Ich kenne ein hervorragendes Plätzchen.«

Die beiden Frauen stiegen in die Straßenbahn und fuhren durch die Stadt zum Kurfürstendamm. Dort betraten sie das Café Schilling.

Sie hängten ihre Mäntel und Hüte an die Garderobe. Ohne auf eine Bedienung zu warten, die einen zu einem der Plätze begleitete, stolzierte Marlene zu einem freien Tisch an der Fensterfront.

Hannah ließ sich auf einen der Stühle fallen, sodass sie mit dem Gesicht zum Fenster saß.

»Es gibt doch nichts Schöneres, als in einem Café zu sitzen und die Leute draußen zu beobachten«, sagte Marlene und beugte sich über den Tisch, damit sie noch weiter auf die Straße blicken konnte.

Die Bedienung kam angelaufen und reichte ihnen die Karte, doch Marlene winkte ab.

»Wir nehmen beide eine heiße Schokolade und den Kuchen auf Empfehlung des Hauses. Macht nichts, wenn es schnell geht. Wir sind durchgefroren.« Marlene zog langsam ihre Handschuhe aus. Die Bedienung nickte aufgeregt und verschwand mit hastigen Schritten.

»Alles muss man hier selber machen«, sagte Marlene, als das Mädchen wieder abgezogen war und fischte ihre Streichholzpackung aus der Handtasche. Sie hielt das Feuer an die Kerze, die in der Mitte des Tisches stand. Hannahs Augen hafteten auf der Flamme, bevor ihr Blick wieder aus dem Fenster fiel.

»Ich gehe noch schnell auf die Toilette. Meine Nase pudern«, raunte Marlene Hannah mit einem Augenzwinkern zu.

Es hatte zu schneien begonnen. Die Schneeflocken winkten tanzend aus der Ferne. Obwohl sie so klein und zierlich waren, blieben sie glitzernd an der Scheibe hängen. Die Tür des Cafés öffnete sich und brachte einen kalten Windstoß herein. Empört flackerte die Kerze. Hannah sah auf.

Ein Mann war hereingekommen. Er trug einen langen schwarzen Mantel und einen dunkelgrauen Hut mit breiter Krempe. Seine Stiefel kratzten über den Boden, als er zur Bar schritt. Seine Kleidung ließ darauf schließen, dass er irgendein hohes Tier war. Politiker? Gestapo? SS?

Wie versteinert saß Hannah auf ihrem Stuhl. Wie sollte sie jetzt in Ruhe ihre heiße Schokolade genießen? Sie warf ihre langen, blonden Haare nach hinten, damit sie wie ein Schutzschild zwischen ihr und dem Mann lagen. Obwohl sie nichts zu verbergen hatte, krampfte sich ihr Magen schmerzhaft zusammen.

Sah er sie an? Hannah drehte leicht den Kopf, um zwischen ihren Haaren durchzuspähen. Der Hut beschattete sein Gesicht. Es war ihr zugewandt. Hannah verschränkte die Hände so lange, bis die Knöchel weiß anliefen.

»Zweimal heiße Schokolade und Apfelstrudel«, piepste die Bedienung und stellte die dampfenden Tassen vor sie auf den Tisch.

»Danke.«

Sie trippelte davon.

»Was darf es für Sie sein?« Die Bedienung war zurück an die Bar geeilt.

»Kaffee. Schwarz.«

Adrenalin pulsierte durch Hannahs Adern. Die Stimme. Es gab keinen Zweifel. Sie spürte, wie sich seine Augen in ihren Rücken bohrten. Wie Pfeile. Er musste sie erkannt haben.

Hannah löste sich aus ihrer Schockstarre, eilte zur Garderobe und riss ihre Mäntel vom Haken. Marlene trat eben aus der Toilettentür und stolperte beinahe über sie.

»Was ist denn los? Ist die Schokolade so scheußlich?«, fragte sie überrascht.

»Wir müssen hier raus. Ich fühle mich nicht wohl. Mir ist plötzlich ganz schwindlig.«

»Los komm, es ist bestimmt die Hitze hier drinnen.«

Hannah stürmte zur Tür hinaus. Kälte umfing sie. Kälte, die ihren hitzigen Kopf abkühlte.

Marlene steckte sich eine Zigarette an und blickte Hannah fragend ins Gesicht.

»Ist wirklich alles in Ordnung mit dir? Du siehst aus, als hättest du ein Gespenst gesehen.«

»Die Hitze«, stammelte Hannah. »Du hattest recht.«

Ihre Tassen standen unberührt auf dem Tisch. Dampf stieg nach oben. Der Mann hatte sich ans Fenster gestellt. Die Hände in den Hosentaschen vergraben. Er hob eine Hand an die Hutkrempe und nickte. Als er den Hut dabei ein wenig nach oben schob, funkelten seine Augen darunter hervor. Grün wie gemähtes Gras. Hannah versuchte, seinem Blick standzuhalten. Er zog einen Mundwinkel nach oben, setzte sich an Hannahs Tisch und begann den Apfelstrudel zu essen. Genussvoll und seelenruhig.

»Jetzt komm schon.« Marlene hakte sich bei ihr unter und zog sie mit sich. Erst als sie um die Ecke bogen, konnte Hannah wieder frei atmen. Schnee rieselte vom Himmel, und die Flocken klammerten sich an ihre Haare.

»Wie Sterne«, flüsterte Marlene und nahm eine auf den Finger. Obwohl um sie herum das Leben pulsierte, sie hier stand, mitten am Kurfürstendamm in Berlin, musste sie an daheim denken. Wie schön die Winter in der Heimat waren. Die schneebedeckten Felder. Bäume, die aussahen, als wären sie mit Puderzucker bestäubt. Blütenweiße Berggipfel.

Stille. In der Stille und der Geduld des Winters lag die Kraft für etwas Neues. Der Gedanke an die Heimat wärmte sie. Und während die Schneeflocken vom Himmel schwebten, musste sie an den Frühling denken.

Das Leben, das die Charaktere durch die Jahre trug, ist deutlich sichtbar. Man erkennt es an ihren Händen, in ihren Augen, jeder trägt es in seinem Herzen. Hannah und Jacob, die getrennt sind, aber im Herzen vereint. Es ist die Hoffnung darauf, sich bald wiederzusehen, die ihre Liebe nährt.

Es ist der Krieg, der den Sternlichts die Heimat geraubt hat. Aus den Schmerzen, dem Verlust und der Angst wächst eine neue, aufkeimende Hoffnung. Hoffnung, dass sie wieder Mensch sein dürfen, Hoffnung, dass sie zurückkehren können aus dem fremden Land. Hoffnung auf Frieden.

Die Lebensgier ist es, die Levi den Mut gibt, über den Ozean zu reisen, um ein neues Leben zu beginnen. Einen Neuanfang zu wagen ohne Grenzen und Verfolgung. Obwohl er sich schon längst an die Einsamkeit gewöhnt hat, blüht in ihm die Erinnerung an seine Familie, und die Hoffnung, diese irgendwann wiedersehen zu können.

Auch wenn er selbst nicht den Granaten, aber dem Tod im vorigen Krieg entkam, hält Georg Sedlmayr die Hoffnung an ein baldiges Ende des zweiten Krieges aufrecht. Eine Hoffnung, die er mit seiner Frau teilt, dass ihre gemeinsamen Söhne auch das Glück haben werden, wieder heimzukehren.

Hermann, der noch die Ruhe vor dem Sturm kennt, trägt in sich die Hoffnung, den Menschen zu helfen, selbst dadurch ein besserer Mensch zu werden, vielleicht sogar in Zeiten des Friedens.

Marlene Liebreiz träumt vom Rampenlicht, von der Bühnenluft und davon, ein großer, bekannter Star zu werden. Von ihrem Ruhm verspricht sie sich Freiheit und Unabhängigkeit. Vielleicht neben all der Bewunderung sogar einen Hauch von Liebe.

Zu den Menschen, die vom Krieg groß werden, gehört Erich Winter, der es geschafft hat, über die Kleinstadt über

München bis nach Berlin zu kommen, sich hochzukämpfen, um dort seine erhoffte Karriere zu beginnen. Seine Frau, die davon träumt, wieder freizukommen und in ihr Leben zurückzukehren, hat er auf seinem Weg scheinbar vergessen.

Obwohl alle nicht unterschiedlicher sein können, verschieden leben, fühlen, denken und handeln, ist es doch eines, was sie alle gemeinsam haben und in sich tragen: Hoffnung.

Hoffnung auf das Beste, was ihnen das Leben zu bieten hat.

Hoffnung, die ihrem Leben Sinn und Zuversicht gibt. So lange das Leben da ist, wird es sich seinen Weg für sie alle suchen.

Danksagung und Schlusswort

Als ich als junges Mädchen im Alter von zwölf Jahren »Das Tagebuch der Anne Frank« gelesen habe, hat mich ihr Schicksal sowie das von Millionen anderer Menschen in ihrer Zeit sehr bewegt. Was, wenn man selbst in dieser Zeit geboren worden wäre? Was hätte man anders machen können? Wie hätte man sein Schicksal gemeistert?

Ich selbst hing seitdem gebannt an den Lippen meiner Großeltern, die mir von ihrer Kindheit und Jugend im Dritten Reich erzählten. Mein erster Dank gilt also ihnen, da sie ihre Geschichten mit Emotionen und Leben füllten, sodass ich regelrecht in die damalige Zeit zurückreisen konnte.

Die Tagebücher meines Großvaters aus seiner Zeit als Arzt in Russland waren eine meiner wichtigsten Inspirationsquellen. Ich freue mich immer wieder über all seine Aufzeichnungen, seine akribisch geführten Ordner und die ausgeschnittenen Zeitungsartikel, die er in die thematisch passenden Bücher eingeordnet hat. Ohne ihn wäre ich auf manche Informationen oder vergessene Bücher nicht gestoßen.

Mein anderer Großvater diente als Funker, da er Meister beim Entschlüsseln von Nachrichten war und das Morsealphabet im Schlaf beherrschte. Er wurde im Frühjahr 1945 noch bei der Schlacht von Berlin eingesetzt und geriet dort in russische Gefangenschaft.

Meine Großmutter, Tochter eines Landarztes, kämpfte für ihr Ziel, selbst auch Ärztin zu werden und studierte als eine der wenigen Frauen in der damaligen Zeit Medizin. Für mich ist sie der Inbegriff einer starken, mutigen und unabhängigen Frau und Vorreiterin der Emanzipation, da sie sich mit meinem Opa zusammen selbstständig machte und eine eigene orthopädische Praxis leitete.

Meine andere Oma, eine der selbstlosesten und herzlichsten Frauen, die ich kenne, erzählte mir von ihrer Kindheit und Jugend auf dem Land und lebte mir Werte wie Hilfsbereitschaft und Geduld vor. Sie stellte die Bedürfnisse der anderen stets vor ihre eigenen.

Mein zweiter Dank gilt meiner ganzen Familie, die mich bei der Realisierung dieses Projekts unterstützt und an seine Umsetzung geglaubt hat. Auch jetzt schwingen alle für mich die Werbetrommel und stehen hinter mir! Vielen Dank für euren Zuspruch und eure Liebe.

Auch viele Freunde haben zur Entstehung dieses Buches beigetragen. Ich bedanke mich aus vollem Herzen bei meinen Erstleserinnen und Erstlesern, allen voran meiner Kollegin, die mir kapitelweise im Nacken saß und mich dadurch angetrieben hat, schnell weiterzuschreiben. Vielen Dank auch an die vielen Nachrichten und Audios, die Hilfe bei meinem Exposé, die aufmunternden Worte und eure Begeisterung, die mir viel Kraft gegeben haben.

Auch bedanke ich mich bei meiner Lektorin, die dem Roman den letzten Schliff gegeben, und mich mit ihrem Feedback zum Strahlen gebracht hat.

Mein Dank richtet sich auch an meinen Verlag, in dem ich immer mit offenen Armen empfangen werde. Alle zusammen haben sich dafür eingesetzt, dass aus den losen Blättern letztendlich dieses Buch entstanden ist.

In meiner Danksagung zuletzt, aber in jeder anderen Hinsicht zuerst: Mein Verleger Klaus G. Förg, der mir die Möglichkeit gab, ihm mein Buchprojekt vorzustellen und letztendlich dafür sorgte, dass es Realität werden konnte. Vielen Dank für dein Engagement und dein Vertrauen.

Nicht zu vergessen sind meine Protagonisten, die mir alle sehr ans Herz gewachsen sind und deren Lebensweg an dieser Stelle noch nicht endet. Gerade schreibe ich an meinem zweiten Buch, das die Geschichte aller weitererzählen wird. Liebe und Hoffnung dürfen also weiterleben.